高等院校财经类专业应用型本科系列教材

市场营销策划

SHICHANG YINGXIAO CEHUA

◎主编 朱雪芹 李丰威

◎参编 王丽霞 瞿家保 王娟娟

重庆大学出版社

内容简介

市场营销策划是研究营销策划活动及其规律的一门学科。其主要研究内容包括:策划与营销策划的基本理论和概念,企业所处的宏观和微观形势的分析,营销战略规划、营销策略的设计,营销行动方案的设计、执行和控制等。本书相对于市场营销学在内容体系上有较大差异,更重视策划方案设计和创意,可以对策划者带来启发和引领。

本书既可作为本科、研究生用书,也可作为企业培训用书。

图书在版编目(CIP)数据

市场营销策划/朱雪芹,李丰威主编. —重庆:重庆大学出版社,2015.3

高等院校财经类专业应用型本科系列教材

ISBN 978-7-5624-8704-3

Ⅰ.①市… Ⅱ.①朱…②李… Ⅲ.①市场营销—营销策划—高等学校—教材 Ⅳ.①F713.50

中国版本图书馆 CIP 数据核字(2014)第 277789 号

高等院校财经类专业应用型本科系列教材

市场营销策划

主　编　朱雪芹　李丰威

参　编　王丽霞　翟家保　王娟娟

责任编辑:沈　静　　版式设计:沈　静

责任校对:邹　忌　　责任印制:赵　晟

*

重庆大学出版社出版发行

出版人:邓晓益

社址:重庆市沙坪坝区大学城西路 21 号

邮编:401331

电话:(023) 88617190　88617185(中小学)

传真:(023) 88617186　88617166

网址:http://www.cqup.com.cn

邮箱:fxk@cqup.com.cn(营销中心)

全国新华书店经销

万州日报印刷厂印刷

*

开本:787×1092　1/16　印张:18.75　字数:433千

2015 年 3 月第 1 版　2015 年 3 月第 1 次印刷

印数:1—3 000

ISBN 978-7-5624-8704-3　定价:37.00 元

前言 PREFACE

《孙子·计篇》曰:"夫未战而庙算胜者,得算多也;未战而庙,算不胜者,得算少也。多算胜少算,而况于无算乎?"也就是:"凡事预则立,不预则废。"《史记·高祖本纪》提出:"运筹帷幄之中,决胜千里之外。"马克·麦高梅认为:"任何高层次复杂的竞争,几乎都是脑力的竞争,我们可称之为'商业心灵竞赛'。"21世纪企业之间的竞争,主要是知识和智力的竞争,而以知识和智力为内涵的策划,必将成为各行各业竞争取胜的法宝之一,超越金钱和权力,占据越来越尊贵的地位,并越来越受到组织推崇,帮助组织释放出更大的能量。其实策划古已有之,例如,诸葛亮"隆中对",后人评价:"隆中对——一对足千秋,一对酬三顾;两表足千秋——忠义薄云天,智勇盖群伦。"尤伯罗思通过"经营洛杉矶奥运会出新招",使奥运会由烫手山芋变成香饽饽。20世纪70年代,受石油危机的影响,英国经济陷入滞胀,当时的保守党撒切尔夫人采取4项措施:企业私有化,控制货币,削减福利开支,打击工会力量,使英国经济囚徒出困。

营销策划因为是知识和智慧的结晶,所以充满了趣味、激情和挑战,它不仅为企业所推崇,更渗透于我们的日常生活,已成为当前企业竞争中最有力的竞争利器。它不仅激发出最具有创造力的灵感,更能吸引人的眼球,吸引更多企业界和新闻界的学者学习它、研究它,并投身于这项事业中。通过营销策划也创造出了很多奇迹:从"超级女声、碧桂园神话"到"非诚勿扰、失恋33天、阿凡达",再到"海尔网购、支付宝、余额宝、打车软件",无一不是营销策划智慧的结晶。要学好营销策划,必须认清以下几个方面的问题:

一、营销策划学的研究对象

营销策划是研究策划的一般原理、策划程序、原则、方法及其发展规律的一门科学。具体讲就是研究与市场有关的一系列的营销策划和实施活动过程。包括:营销策划过程中的市场进入障碍分析、企业自身资源的优势和劣势、营销策划目标、目标市场定位、营销哲学思想、营销理念创意、营销策略、营销战术及预算、营销实施过程的控制和管理。在策划过程中不仅要巧用营销策划创意的工具和方法,如"周易论""矛盾论""符号论""全息论"、价值链分析模型、波特五力模型、波士顿模型、GE模型、SWOT分析法、雷达图、PEST分析法、利益相关人分析模型、7S分析模型、平衡计分卡模型、OK决策模型、金三角策划模型、时空运筹法等,还要遵循在长期营销实践中形成的规律和理念,如创新出奇原,集约化序参量原理,整体制胜原理,发展原理,高段位原理,奇门作局原理,整合原理等,以及辩证营销理念,可持续发展理念,知识营销理念等,来指导我们营销策划的实践活动,不断推动营销策划理论的丰富和发展。

二、营销策划的研究内容

营销策划的内容相当广泛和丰富,它涉及企业任务、使命、目标和价值观的研究,对企业所处的宏观和微观形势的分析,营销战略规划,营销策略的设计,营销行动方案的设计,执行和控制等。一般来讲,营销策划过程中,在确定了策划的基本任务和目标以后,其策划的内容大致可分为3个部分:

1. 营销策划的基础理论部分

本部分主要包括界定策划与营销策划的基本概念、特点和营销策划基础理论(详见第1章和第2章)。分析营销策划的组织建设、策划程序和营销策划文案的写作要求和技巧(详见第3章)。重点分析了营销策划案的指导思想、创意思维方式和方法(详见第4章和第5章)。

2. 营销策划的战略设计部分

分析影响企业的宏观和微观因素、消费者的购买行为,进而提出企业面对机会和威胁时进入市场的营销战略,即营销策划的思路。包括确定调研方法和调研内容,进入市场的营销战略和战术策划,企业形象策划等(详见第6章和第7章)。

3. 营销策略和技巧的设计部分

在营销战略的理念和策划思路确定以后,就要对营销策略和技巧进行可实施性的设计。营销策略就是"4P"产品、价格、渠道和促销。本书主要针对产品品牌的构建策划、支撑体系策划、品牌延伸策划、公关策划、营业推广策划、营销造势策划等进行深入地分析和探索,渠道策划和价格策划不再单独论述(详见第8章和第9章)。

三、学习市场营销策划的意义和作用

1. 更好地面对未来环境的挑战

我们正在面对知识经济时代严峻挑战,学习、研究市场营销策划,是知识经济时代的要求,是迎接新世纪挑战、适应环境变化所必需的。知识经济改变了人们的工作环境,既是一个商店的服务员要做好本职工作,也需要了解客户的需求,了解服务所需要的技巧和手段,具备营销人员工作素质,知道规范化的行业标准,能够对客户需求满意度进行统计,对客户的心理需求进行分析等,这些工作都需要营销理论的指导。这些理论是前人无数成功和失败经验的总结。相当于在你去做一件事情之前,已经做了几千遍几万遍。于是你的生命扩大了很多倍。孟子云:"尽信书,则不如无书。"一味地照搬理论只会使自己故步自封,寸步难行。李时珍毕其一生,修改《唐本草》,著成《本草纲目》。他虽然对旧本草颇多微词,但仍然仔细研读。这便是对理论的学习,继承而不盲从。牛顿对理论的感恩之词:"我之所以站得很高,是因为我踩在巨人的肩膀上。"市场营销策划便是我们从事商业行为的一块基石。

2. 提高人们的营销意识

《你有营销意识吗》一文的作者张建认为:营销之魂是什么?营销意识。没有营销意识,企业的一切看似先进合理的营销理念、营销技术、营销行为都只能停留在机械实施阶段,都可能造成一种“画虎不成反类犬”的营销悲剧。营销意识是什么？简单地说，就是营销在我心中，顾客在我手中，就是：“营销思想，无处不在；营销问题，人人有责。”（文章来源《经营管理者》，2005 年第 9 期）。当然，不同的人营销意识有所不同。可以说，每种营销意识便可以带来一种营销策划上的成功。例如，Sony 的总裁能够从职员手中的破录音机想到便携式播放器，从而开创 MP3 的时代，这是一种创新意识；王老吉的公司能够通过拍摄与凉茶历史有关的《岭南药侠》电视剧，并在央视播出，从而一举走向全国，这是一种宣传意识；某服务员面对顾客吃鸡蛋，用选择式问法，吃 1 个或是 2 个，这是沟通意识；沃尔玛要求员工面对顾客询问与本柜台经营无关的商品时，要求服务员要把顾客带到出售商品的柜台，这是服务意识。而这些营销意识的形成，离不开对营销策划理论的系统学习和理解。

3. 促进企业成长

企业用市场营销策划理论和技巧作指导，就可以密切注意和了解市场需要的现状与变化，发现一些未满足的需要和市场机会，然后，根据企业的任务、目标和资源条件等，选择本企业能够最好地为之服务的目标市场，并根据目标市场的需要，开发适销对路的产品，制定适当的价格，选择适当的分销渠道，制定适当的促销方案，千方百计地满足目标市场的需要，这样就可以扩大销售，提高市场占有率，增加盈利，实现企业的任务与目标。由此可见，市场营销是连接社会需要与企业反应的中间环节，是企业用来把社会需要变为有利可图的企业机会的行之有效的手段，是现代企业整个经济活动中的一个极为重要的组成部分，它对企业的生存与发展起着决定性的作用。

4. 使人人学会营销自己

现在，营销策划的发展已经远远超过了经济范畴。经济活动离不开营销策划是毋庸置疑的，但凡人类活动与营销策划也是密切相关的。现代营销学之父菲利普·科特勒认为，营利部门需要营销，非营利部门也需要营销。经营之神松下幸之助认为，国家需要营销，企业需要营销，个人也需要营销。他们都指出了营销对非营利部门及人生的重要性。“要学会策划商品首先要学会策划自己。”人生的过程实质就是营销策划自己的过程。人生就是一台戏，导演就是每个人自己。人生要有正确的价值观，要学会适应环境，要正确定位自己，要提高自身素质（质量、品牌、包装），要通过合适的渠道寻找工作，要宣传和推广自己等，都是营销策划。会营销策划自己就可能早日达到成功的彼岸，不会营销策划自己恐怕就要在黑暗中摸索一生。所以，学习营销策划学的目的就是要使每一个人学会营销策划自己。

四、市场营销策划的学习方法

市场营销策划是实践性很强的一门学科，因此在实际的教学过程中要着重从提高学生实践技能出发，坚持“课内教学与课外实践相结合，理论讲授与实务指导相结合”的原则，密切联系营销实践活动，强化学生基础素质，拓宽学生知识视野，积极采用案例教学法、专题讨论法、项目专题调研与策划等方法，努力探索各种行之有效的教学途径。

1. 重视课堂教学安排

包括理论讲授、案例分析、情景模拟、专题讨论和学期实践、作业与调研策划报告等活动。课堂讲授的课时占较大比例，大约70%，其中穿插启发式案例和课堂互动。课堂介绍紧紧围绕章节重点和难点内容，基于教材，高于教材，精讲多练，按“复习—讲授—总结”的模式，将前后相关内容贯穿起来，帮助学生熟练掌握。课堂案例讨论与项目专题讨论一学期进行3~4次，课时占20%~30%。案例内容主要针对重点章节选择，强调案例选用的适应性和典型性。

2. 注意第二课堂活动的开展

由于课堂教学的学时限制，要保证课程教学的质量，还需要结合学生的日常活动有目的地安排案例收集、专题调研与策划等内容，要求学生组合团队，利用业余时间完成，在课程教学中可安排适当的时间进行讨论及答辩，但一般比例在10%~20%。也可以将此类任务与学生自主性的集体活动结合起来，一方面作为专业教学的补充，另一方面充实学生集体活动的内容，在激发学生学习本专业知识兴趣的同时坚定学生从事本专业工作的信心。

3. 专题题讨论

根据教学需要，建议经常性地布置一些思考题，以理论运用和案例分析的形式为主，要求学生自主完成，在每节课开始由学生代表进行3~5分钟专题发言，以强化对知识的记忆，提高学生主动学习的积极性。

4. 师生互动

教学方法上要特别强调学生参与教学的积极性，达到师生互动，教学相长的目的。在教学过程中，充分尊重学生，了解学生的需求，张扬学生的个性，激发学生主动探究知识的积极性和主动性，提高学生的全面素质。鼓励学生不仅学好营销理论，还要培养营销意识，大胆运用与实践，在实践中创造性地学习和运用营销理论。庄子说过：“吾生也有涯，而知也无涯，以有涯学无涯，殆已。”我们学习的最终目的是应用于实践，因此找到自己的营销策划意识尤为重要。否则，过分追求理论知识，那一辈子只能做个老学究。

本书在各章节后均配有思考题和案例分析，供老师根据教学需要选用。

本书由河南师范大学新联学院朱雪芹和郑州航空工业管理学院教授李丰威担任主编。其中第1章、第4章、第10章由河南师范大学新联学院朱雪芹编写，第5章、第9章、第10章由郑州航空工业管理学院李丰威编写，第2章、第3章由河南师范大学新联学院王丽霞编写，第6章和第7章由华北水利水电大学翟家保博士编写，第8章由河南师范大学新联学院王娟娟编写。

两位研究生王玉梅和张丹丹也帮助做了一些文字上的整理工作。

本书可作为经济和管理类本科生的营销策划教材，也可供企事业单位管理人员及研究人员学习之用。

本书在编写过程中参考和引用了部分国内外有关研究成果与文献资料，在此谨表谢意。

由于水平有限，书中难免有不妥之处，敬请指正，以便修改。

朱雪芹于河南师范大学新联学院

2014年12月

目录 CONTENTS

第1章　营销策划学导论

【案例引入】

"罗斯福三次炉边谈话"

罗斯福一直被视为美国历史上最伟大的总统之一，是20世纪美国最孚众望和最受爱戴的总统，也是美国历史上唯一连任4届总统的人。从1933年3月起，到1945年4月去世时为止，任职长达12年。1910年任纽约州参议员，1913年任海军部副部长，1921年因患脊髓灰质炎致残，1928年任纽约州长，1932年竞选总统获胜。

1921年夏天，罗斯福带全家在坎波贝洛岛休假，在扑灭了一场林火后，他跳进了冰冷的海水，因此患上了脊髓灰质炎症。高烧、疼痛、麻木以及终生残疾的前景，并没有使罗斯福放弃理想和信念，他一直坚持不懈地锻炼，企图恢复行走和站立能力，他用以疗病的佐治亚温泉被众人称之为"笑声震天的地方"。1924年，他拄着双拐重返政坛。

罗斯福借助广播这个当时最先进且最普及的传媒工具，以围坐在壁炉边与家人、朋友聊天的形式发表谈话，他第一次开始时是这样说的："我想就信贷问题与美国人民聊几分钟。"这样的"炉边谈话"吸引了全美国人民。他每次都以谈话式的"我的朋友们"开头，用平和轻松的语调及时把大政方针传达给听众。他将"炉边谈话"看成是潜移默化地实施舆论导向的极佳载体。在那个特殊时代，不管是谈论经济问题、珍珠港袭击，还是谈论二战进程，罗斯福总统的炉边讲话都像给人们注射了一支镇静剂，帮助当时的人们渡过了一道道难关。最著名的三次炉边谈话内容为：

"我希望美国将不会介入这场战争，我认为它不会介入。我向你们保证，并再次保证，你们的政府将为实现这个目标作出一切努力。"

美国的安全现在和将来都是同西半球及其临近海域的安全联系在一起的。总有一天，美国应该为受到创伤的人类提供尽可能多的帮助。警告国民，英国战事吃紧，美国已很难隔岸观火，号召人们丢掉同纳粹和平共处的幻想，准备斗争。为此，先后两次修改中立法以适应形势需要。

《我们将打赢这场战争，我们还将赢得战后的和平》的"炉边谈话"后，"美国参战"成为美国社会的共同呼声。美国上下同仇敌忾，积极投入了反法西斯战争。罗斯福总统的良苦用心终于得到了预期的回报。

资料来源：baike. baidu. com/2013-06-17

1.1　策划的概念和特点

1.1.1　策划的含义

1)关于策划的观点

关于策划的内涵,从古到今,不同的人,出发点不同,视角不同,都有不同的解释。策划一词最早出现在《后汉书·隗器传》中"是以功名终申,策画复得"之句。其中"画"与"划"相通互代,"策画"即"策划",是计划、打算的意思。《词源》把策划解释为筹划、计划;《辞海》中写到策划是指人们的事先筹划活动,就是思维主体运用知识和能力进行思考运筹的过程。其中最具有代表性的观点有:《吕氏春秋简选》中,策"谋术也",即作为名词,指计谋和谋略;《孙子》虚实篇中"策之而知得失计"中的策是动词,指谋划,划指筹谋。由此可见,策划一词在古代有谋划、筹划、策略、计划、计策、对策等意思。

当前,策划一词,已渗透到各行各业的运营中,并赋予其新的内涵,其主要代表性的观点综合如下:

(1)事前设计说

事前设计说是指为实现特定目标,在行动前对所需行动的设计。代表人物是美国学者威廉·H.纽曼(William H Newman),他认为策划就是事前决定做什么事情。韩国权宁赞认为策划是为达成目标寻找适当的手段,对未来采取的行动作决定的过程。西方马修·E.迪莫克认为策划使将来的问题与预期的结果连接在一起,为有效掌握未来的问题而展望未来,寻找合理对策。

(2)管理行为说

管理行为说认为策划与管理密不可分,是管理的一个部分,是一种有效的管理方法。其主要代表性人物是西方哈罗德·D.斯密斯,认为策划与管理两者不可分,分开就无效率可言。策划能影响管理者决策、预算、意见沟通等,即策划就是管理。陈放《策划学》认为:策划是指运用人的智能,对未来所做的事情进行预测、分析,使之有效完成。

(3)选择决定说

策划就是决定,是在多个计划、方案中寻找最佳。代表人物是美国哈罗德· 库恩兹,认为策划是管理者从众多的方案中,选择目标、政策、程序及计划的机能。

(4)程序思维说

程序思维说认为策划是一种创新思维活动。其代表人物是西方赫伯特·A.斯密斯,认为策划是对将来的构想,是对此构想方案予以评价和实施的各种有关活动。日本学者星野匡,认为所有策划或多或少都有虚构的东西,从虚构出发,然后创造事实,加上正当理由,而且要光明正大地去做。日本策划家和田创认为策划是通过实践活动获取更佳效果的智慧,它是一种智慧创造行为;美国哈佛企业管理丛书认为:策划是一种程序,"在本质上是一种运用脑力的理性行为";"小鸭"集团策划总监韩志辉认为:策划=充分的信息+广博的知识+创造性思维。

2)策划的内涵

策划活动的多样性,已经导致策划含义的多元化,如果给策划下一个较为完整的定义的话,本书认为策划是指对未来要发生的事物做当前决策。

具体包括几层含义:

①有策划对象。

②信息。

③以现代科学方法论为基础。

④前瞻、创新思维,现实可行的统一。

⑤事半功倍,追求最佳成效。

⑥策划是一个过程,包括确立目标、分析环境、制定方案、选择方案、调整方案。而且是一个持续过程,随时而动。

1.1.2 策划的特点

1)创新性

创新性是营销策划活动的灵魂。1991年,前苏联报刊大幅度提价,报刊面临失去大批读者的危险,但《消息报》的征订启事则别出心裁。

从1991年起开始征订的《消息报》,遗憾的是用户将不得不增加负担,全年的订费为22卢布56戈比。订费是涨了,在纸张涨价、销售费用提高的新形势下,我们的报纸将生存下去,我们别无出路。而你们有办法,你们完全有理由拒绝订阅,将22卢布56戈比的征订费用在急需的地方,可以用来:在莫斯科的市场上购买924克猪肉,或在车里亚宾斯克购买1 500克蜂蜜,或在列宁格勒购买1 102克牛肉,或在各地购买一包美国香烟。这样的或者还能写上许多,但任何一次选择只有一次享用,而您选择《消息报》——将全年享用,事情就是这样,亲爱的读者。

这一别出心裁的诉求,赢得了观众的厚爱。

2)目的性

策划的目的性是指进行策划时,应首先明确该项活动应达到什么样的目的——是为了扩大影响,提高知名度,创建名牌,追求社会效益,还是为了配合营销策略,抢占市场或促进产品销售,追求经济效益,还是为了清除库存、推广新产品、改变企业形象、开拓新的市场。目的不同,各类资源整合的思路和策略不同。例如,柯达公司生产的彩色胶片在20世纪70年代初突然宣布降价,立即吸引了众多的消费者,击垮了其他国家的同行企业,柯达公司甚至垄断了彩色胶片市场的90%。到了20世纪80年代中期,日本胶片市场被富士垄断,富士胶片压倒了柯达胶片。对此,柯达公司进行了细心地研究,发现日本人对商品普遍存在重质而不重价的倾向,于是制定高价政策提高知名度,打响牌子,保护名誉,进而实施与富士竞争的策略。他们在日本发展了贸易合资企业,专门以高出富士1/2的价格推销柯达胶片。经过5年的努力和竞争,柯达终于被日本人接受,走进了日本市场,并成为与富士平起平坐的企业,销售额也直线上升。

3)系统性

按时间进程来看,策划是对整个营销活动的运筹规划,是有步骤、有重点、分阶段进行的。因此,策划要通过合理、有序的计划而达到系统性。这包括:

①要对策划对象的各个方面、各个环节进行权衡,从而客观地估计自己所处的环境。

②要在活动的各个环节中保持统一性,包括目标的统一性,策略的统一性,宣传主题的统一性等,这有利于避免造成用户的错觉或混乱模糊,从而最大限度地实现营销策划目标。

4)变通性

策划活动是一项创造性思维活动,灵活变通是策划的关键和保证。战略性的思考相对稳定,战术性的策略非常强调灵活性。灵活性主要表现在企业定位的抉择,宣传语言的艺术渲染,宣传表现的独特形式,宣传媒体的利用等各个方面。策划者切忌简单化、程式化。例如,某一旅游胜地,通过一则创新出奇的反向广告,告诫游人"九大危险"吸引人们的眼球,获得空前成功。"小心购物太多,因为这里货物便宜;小心吃得太饱,因为这里食品物美价廉;这里的阳光充足,小心被晒黑;小心潜入海底太久,记住勤出水换气;因为名胜古迹太多,小心胶卷不够用;上下山要小心,因为这里山光云影常使人不顾脚下;×××的姑娘热情美丽,小心坠入爱河;小心被亚洲最好的酒店餐馆宠坏;小心对×××着了迷而舍不得离去。亲爱的读者,你惧怕这"九大危险"吗?原来,这则广告是在正话反说。

5)可行性

可行性是策划的价值所在,不具有可行性的策划方案,无论怎样新颖独特、富有诗意,都只能是毫无价值的异想天开,胡思乱想,对实际工作毫无意义,当然也不可能实现策划目标。

考察策划方案的可行性,一般有 3 种方法:

①预演法。在策划案大规模推广前期,先在小范围内进行实际演练,在总结经验的基础上,再大范围推开。

②模拟法。先依照原型的主要特征,创设一个相似的模型,然后通过模型来间接研究原型的一种方法 。通过模拟演练,发现问题和不足,及时加以改进。

③分析法。通过对各环节之间的关联的分析,提出其内在隐秘,从而得出缜密细致的可行性判断。总而言之,策划方案必须经过可行性论证或试验,才可以付诸实施。

6)前瞻性

策划是对未来要发生的活动进行的当前安排。因此,策划必须建立在对未来进行调查和预测的基础上,策划活动坚持"凡事预则立,不预则废"的指导思想,做到未雨绸缪,先知先觉。据说古希腊哲学家泰勒斯,有一年,由于天气不好,橄榄(希腊的主要油料作物)歉收,许多做橄榄油生意的商人都有些心灰意冷。但泰勒斯利用他所具备的气象学知识,经过仔细地观察和分析天象,认定来年会风调雨顺,橄榄将大获丰收。第二年开春后,泰勒斯不动声色地租下了米利都的全部榨油机。等到橄榄收获季节到来时,他靠高价出租榨油机便狠狠地赚了一笔钱。

1.2　策划与策划业的过去、现在与未来

1.2.1　策划的起源与发展

策划起源于军事，后向经济、政治、外交、文化、体育、教育扩展。

从远古时期看，第一位点子大师是女娲。据文献记载："往古之时，四极废，九州裂。天不兼覆，地不周载。火爁焱(烂焰)而不灭，水浩洋而不息。猛兽食颛民，鸷鹰攫老弱。于是，女娲炼五色石，以补苍天；断鳌足，以立四极；杀黑龙，以济冀州；积芦灰，以止淫水。苍天补，四极正，淫水涸，冀州平，狡虫死，颛民生。"

第一位策划大师是伏羲。伏羲氏创造了先天易(也叫先天八卦)。《易・系辞传》讲他"仰则观象于天，俯则观法于地，观鸟鲁之文与地之宜，近取诸身，远取诸物，于是作八卦，以通神明之德，以类万物之情。做结绳而为网罟，以佃以渔"。察天地之象，他是最早的天文学家；推八卦六十四复卦，他又是最早的数学家；教人结网捕鱼、耕田种植，他还是最早的渔翁和农夫。

第一位战略大师是黄帝。《史记・五帝本纪》记载：黄帝统帅炎、黄二部与蚩尤战于涿鹿之野，黄帝在大将风后、力牧的辅佐下，大败蚩尤，结果蚩尤被杀。涿鹿之战后，炎黄两部落发生战争，黄帝击败了炎帝。从此，中原各部落咸尊黄帝为共主，炎、黄等部落在黄帝的领导下融合成华夏民族。故中华民族素自称为"黄帝后裔"，又因炎、黄两部落融合成华夏民族，故也称为"炎黄子孙"。据说，黄帝奠定天下后，制定国家的职官制度，如以云为名的中央职官，管宗族事务的称青云，管军事的称缙云，又设置了左右大监，负责监督天下诸部落。风后、力牧、常先、大鸿被任命为治民的大臣，并制定了历法。他定期巡视各地，了解人民生活情况，因此深得人民的爱戴。

第一位谋略大师周文王。第一部战略巨著《周易》。《史记》记载"文王拘而演周易"，被商王囚禁期间在狱中写了《周易》一书。《周易》研究的对象是天、地、人三才，而以人为根本。认为天有天之才，如风雨云晖，寒暑轮值。地有地之才，如山川湖泊，金银玉石。而人独为万物之灵，是天才地才所孕育之精华的最高表现。三才又各具阴阳，所以《周易》六爻而成六十四卦。正如《说卦》："立天之道曰阴与阳，立地之道曰柔与刚，立人之道曰仁与义。"即确立天的道理有"阴和阳"两方面，确立的道理有"柔"和"刚"两方面，确立人的道理有"仁"和"义" 两方面。所谓卦象，并无吉凶之分，是分析说明人在顺境、逆境之中的正确态度和行为准则与处事方法。所谓易，郑玄解释有三：一是易简，二是变易，三是不易。就是讲万物纷繁复杂，要善于化繁为简，即大道至简；万物之理有变有不变，现象在不断变化，而一些最基本的原则是不会变的。

第一部兵法经典《孙子兵法》。"孙子兵法"被称为镇国之宝，在中国被奉为兵家经典。李世民说："观诸兵书，无出孙武。"兵法是谋略，是大战略、大智慧。

孙子曰："兵者，国之大事，死生之地，存亡之道，不可不察也。故经之以五事，校之以七计，而索其情。一曰道，二曰天，三曰地，四曰将，五曰法。

道者，令民于上同意，可与之死，可与之生，而不危也。

天者，阴阳、寒暑、时制也。

地者，远近、险易、广狭、死生也。

将者，智、信、仁、勇、严也。

法者，曲制、官道、主用也。

凡此五者，将莫不闻，知之者胜，不知之者不胜。"

【相关链接】

《孙子兵法》主要观点节选

兵者，诡道也。故能而示之不能，用而示之不用，近而示之远，远而示之近。利而诱之，乱而取之，实而备之，强而避之，怒而挠之，卑而骄之，佚而劳之，亲而离之，攻其无备，出其不意。此兵家之胜，不可先传也。

夫未战而庙算胜者，得算多也；未战而庙算不胜者，得算少也。多算胜少算，而况于无算乎！吾以此观之，胜负见矣。

孙子曰："知可以战与不可以战者胜，识众寡之用者胜，上下同欲者胜，以虞待不虞者胜，将能而君不御者胜。此五者，知胜之道也。"

孙子曰："故上兵伐谋，其次伐交，其次伐兵，其下攻城。攻城之法为不得已。故善用兵者，屈人之兵而非战也，拔人之城而非攻也，毁人之国而非久也，必以全争于天下，故兵不顿而利可全，以谋攻之法也。"

资料来源：孙子兵法，tieba. baidu. com/2012-01-10

第一部点子咨询巨著《论语》。古人云："半部论语治天下。"自从汉武帝"罢黜百家，独尊儒术"以来，儒家思想统治中国近2000年。《论语》是儒家学派的经典著作之一，由孔子的弟子及其再传弟子编撰而成。它以语录体和对话文体为主，记录了孔子及其弟子言行，集中体现了孔子的政治主张、伦理思想、道德观念及教育原则等。与《大学》《中庸》《孟子》《诗经》《尚书》《礼记》《易经》《春秋》并称"四书五经"。通行本《论语》共20篇。其核心思想体现了仁、礼、忠、孝、节、义、信、中庸以及积极入世精神。

资料来源：沈子靖. 从《论语》看儒家思想的核心及其发展中的继承与歪曲[J]. 文学界(理论版). 2011(02).

【相关链接】

学论语

子曰："学而时习之，不亦说乎？有朋自远方来，不亦乐乎？人不知，而不愠，不亦君子乎？"

子曰："其为人也孝弟，而好犯上者，鲜矣；不好犯上，而好作乱者，未之有也。君子务本，本立而道生。孝弟也者，其为人之本与？”

子曰：巧言令色，鲜仁(花言巧语，装出和颜悦色的样子，这种人的仁心就很少了)。

曾子曰：“吾日三省吾身。为人谋而不忠乎？与朋友交而不信乎？传不习乎？”

子曰：“弟子入则孝，出则弟，谨而信。爱众，而亲仁，行有余力，则以学文。”

子曰：“礼之用，和为贵。先王之道，斯为美。小大由之，有所不行。知和而和，不以礼节之，亦不可行也。”

子曰：“君子食无求饱，居无求安，敏于事而慎于言，就有道而正焉，可谓好学也已。”

子贡曰：“贫而无谄，富而无骄，何如？”子曰：“可也。未若贫而乐，富而好礼者也。”

子曰：“不患人之不己知，患不知人也。”

子曰：“为政以德，譬如北辰，居其所而众星共之。”

子曰：“吾十有五而志于学，三十而立，四十而不惑，五十而知天命，六十而耳顺，七十而从心所欲不逾矩。”

子曰：“君子不器。”

子曰：“先行其言而后从之。”

子曰：“君子周而不比，小人比而不周。”

子曰：“学而不思则罔，思而不学则殆。”

子曰：“攻乎异端，斯害也已。”

子曰：“君子喻于义，小人喻于利。”

子曰：“见贤思齐焉，见不贤而内自省也。”

子曰：“德不孤，必有邻。”

子曰：“君子欲讷于言而敏于行。”

子曰：“知者乐水，仁者乐山；知者动，仁者静；知者乐，仁者寿。”

子曰：“笃信好学，守死善道，危邦不入，乱邦不居。天下有道则见，无道则隐。邦有道，贫且贱焉，耻也；邦无道，富且贵焉，耻也。”

子曰：“不在其位，不谋其政。”

子贡问曰：“有一言而可以终身行之者乎？”子曰：“其恕乎！己所不欲，勿施于人。”

资料来源：baike. baidu. com/ 2014-02-06

春秋后期的智谋大师越国大夫范蠡。当越王勾践听说吴王夫差“日夜练兵”欲伐越报仇，便想先发制人，主动出兵讨伐吴国。范蠡极力劝阻，可是勾践不听，招致大败，而当勾践被吴王围困于会稽山上，请降不得许，范蠡献计委曲求全，并随勾践赴吴为质3年，以图东山再起。归国后，他佐勾践卧薪尝胆。回国后，范蠡又辅佐越王励精图治，转弱为强，后来终于大败吴军。就在这时，他作书辞别勾践，尽管勾践坚决不让他走，说：“孤将与子分国而有之。”并带信给文种说：“飞鸟尽，良弓藏；狡兔死，走狗烹。越王为人长颈鸟喙，可与共患难，不可与共欢乐。先生为何还不离去呢？”文种没听其言，后来文种果然被越王赐剑自杀。范蠡在齐国海滨自食其力生活，后经商，号陶朱公，成为当时天下第一的亿万富翁。(资料来源：baike. baidu. com/ 2014-01-28)。

战国时期著名的思想家、谋略家、兵家、教育家鬼谷子，也是纵横家的鼻祖，精于心理揣摩，深明刚柔之势，通晓纵横捭阖之术。章太炎评鬼谷子“儒家不兼纵横，则不能取富贵。”刘勰《文心雕龙·论说》评鬼谷子：“一人之辩，重于九鼎之宝，三寸之舌，强于百万雄师。”《鬼谷子》具有一个极为完整的智谋策略学体系，是纵横家的理论宝典，现存仅12篇。关于谋划，鬼谷先生也曾说过：天下有三件事很难，第一是谋划难于必定周密，第二是策划建议难于必定被上面采纳，第三是做事难于必定成功(《摩篇》)。

【相关链接】

《鬼谷子》主要观点

鬼谷先生说：故谋必欲周密，必择其所与通者说也，故曰：或结而无隙也。夫事成必合于数。故曰：道、数与时相偶者也。说者听，必合于情。故曰情合者听。故物归类，抱薪趋火，燥者先燃；平地注水，湿者先濡。此物类相应于势，譬犹是也。”胆主决断，肝者，将军之官谋虑出焉。(《摩篇》)

即出谋划策共事者之间，若不能同义相亲，同类相依，谋划就不得周、密，所以，先生说，择人必须择“所与通者”。还要彼此相结，同声同气，同利同害，不得容许一点隙缝存在。谋划出来的方案，合情，合理(道)，合时，合数(规律)。自然就能得到领导者的采纳。执行之后，大事才能成功。

鬼谷先生说：计谋之用，公不如私，私不如结，结而无隙者也。正不如奇，奇流而不止者也……故圣人之道阴，愚人之道阳……故先王之道阴。言有之曰：天地之化，在高与深，圣人之制道，在隐与匿。”(《谋篇》)

就是说：计划谋略的运用，公开运用不如私下进行。私下进行又不如运用者能密结成同心。所谓结成同心，就是共同策划的人们，一定要能完全结合得没有一点隙缝。简言之就是利、害完全一致。一旦有丝毫的分歧，一定导致泄漏，甚至出卖，以致满盘皆输。

鬼谷先生说：为人凡谋有道，必得所因，以求其情。审得其情，乃立三仪。三仪者，曰：上，曰：中，曰：下。参以立焉，以生奇，奇不知所拥，始于古之所从。

就是说：出谋划策有一定的理则。在汇集到一切情报资料之后，所拟计划，必须有三部分，就是上策、中策和下策。

鬼谷先生说其摩者，有以平，有以正；有以喜，有以怒；有以名，有以行；有以廉，有以信；有以利，有以卑。平者，静也。正者，宜也。喜者，悦也。怒者，动也。名者，发也。行者，成也。廉者，洁也。信者，期也。利者，求也。卑者，谄也。故圣人所以独用者，众人皆有之；然无成功者，其用之非也。

故口者，机关也；所以关闭情意也。耳目者，心之佐助也；所以窥间见奸邪。

故与智者言，依于博；与博者言，依于辨；与辨者言，依于要；与贵者言，依于势；与富者言，依于高；与贫者言，依于利；与贱者言，依于谦；与勇者言，依于敢；与愚者言，依于锐；此其术也，而人常反之。

资料来源：兰彦岭. 鬼谷子纵横智慧. 中国科学文化音像出版社.

战国时的兵家孙膑。据《史记》记载:孙膑逃到齐国以后,齐将田忌以贵客相待。田忌几次和齐诸公子赛马而不能取胜。孙膑看他们的马相差不远,都有上、中、下三等就给田忌出主意:以他的下等马对别人的上等马,以上等马对中等马,以中等马对下等马,与国王和诸公子赌以千金。结果三战两胜,得了国王千金,由此而受到齐王的重用,做了军师,指挥齐军屡破敌军。终以军次"逐日减灶"之计迫使魏将庞涓兵败自刎,报了庞涓因妒忌而断其两足之仇。

战国时期另一伟大策划家吕不韦。吕不韦是个商人,其父问他,万事以追逐利润为目标,为什么他却肯在一个落难的王孙"异人"的身上下这么大的功夫呢?他问其父:"耕田之利几倍?"父答:"十倍。"再问:"珠玉之赢几倍?"父答:"百倍。"又问:"立主定国之赢几倍?"父答:"无数。"于是,吕不韦说:"今力田疾作,不得暖衣余食。今建国立君,泽可遗后世,愿往事之。"原来在决定与异人交往那一刻起,他已经酝酿好了一个立主定国的计划。通过促成异人成为受皇帝宠爱的华阳夫人的继子,异人成功登上王位,并兑现与吕不韦共享秦国的承诺。以吕不韦为丞相,封为文信侯。至此,所有的事情都按照吕不韦的策划变成了现实。

汉代以后,还有许多著名策划家,如陈平、张良、诸葛亮、刘伯温、李世民、曹操、孙权、毛泽东等。

【相关链接】

西汉王朝的开国功臣陈平

在楚汉相争时,曾多次出计策助刘邦:

第一,离间项羽、范增,楚势由此颓衰。

第二,乔装诱敌,使刘邦从荥阳安全撤退。

第三,封韩信王郊,使韩信耿心效命刘邦。

第四,联齐灭楚,刘邦于是战胜项羽。

第五,计擒韩信,使刘邦翦灭异姓王而固其刘家天下。

第六,解白登之围,使刘邦脱离匈奴险境。

【相关链接】

刘基

刘基字伯温,谥曰文成,汉族,青田县南田乡。帮助国主朱元璋废小明王(韩林儿)而自立,协助朱元璋制定"征讨大计"。东有张士诚,西有陈友谅,均为劲敌,稍有不慎,就有败亡之危。当时许多人认为张士诚据有苏湖富饶地区,宜先攻取。但刘基认为"士诚自守虏,不足虑;友谅劫主协下,名号不正,地据上流,其心无日忘我,宜先图之。陈氏灭,张氏势孤,一举可定。然后北向中原,王业可成也。"朱元璋采用了这项战略决策,遂成帝业。

毛泽东可以说是非常有名的战略家、谋略家,他的《实践论》《矛盾论》《论持久战》《星星之火,可以燎原》《新民主主义论》《改造我们的学习》无不透视着他的智慧和远见。

【相关链接】

《为人民服务》节选

人总是要死的，但死的意义有不同。中国古时候有个文学家叫作司马迁的说过："人固有一死，或重于泰山，或轻于鸿毛。"为人民利益而死，就比泰山还重；替法西斯卖力，替剥削人民和压迫人民的人去死，就比鸿毛还轻。张思德同志是为人民利益而死的，他的死是比泰山还要重的。

因为我们是为人民服务的，所以，我们如果有缺点，就不怕别人批评指出。不管是什么人，谁向我们指出都行。只要你说得对，我们就改正。你说的办法对人民有好处，我们就照你的办。"精兵简政"这一条意见，就是党外人士李鼎铭先生提出来的，他提得好，对人民有好处，我们就采用了。只要我们为人民的利益坚持好的，为人民的利益改正错的，我们这个队伍就一定会兴旺起来。

资料来源：《为人民服务》，毛泽东，1949 年

另外，还有有关策划的相关著作，也都闪现着谋略和智慧的光芒，为今天策划业的产生和发展奠定了坚实的理论基础，如《三十六计》《三国演义》《史记》《战国策》《水浒传》《菜根谭》《西游记》《毛泽东选集》等。

【相关链接】

三十六计

瞒天过海　围魏救赵　以逸待劳　趁火打劫　声东击西　无中生有　暗度陈仓　借刀杀人　隔岸观火　笑里藏刀　李代桃僵　顺手牵羊　打草惊蛇　借尸还魂　调虎离山　欲擒故纵　抛砖引玉　擒贼擒王　釜底抽薪　浑水摸鱼　金蝉脱壳　关门捉贼　远交近攻　假途伐虢　偷梁换柱　指桑骂槐　假痴不癫　上屋抽梯　树上开花　反客为主　美人计　空城计　反间计　苦肉计　连环计　走为上

资料来源：孙子兵法与三十六计，wenku. baidu. com/2011-12

1.2.2　策划已成为高智力竞争产业

策划因竞争而生，当今面临 3C（Change，Challenge，Chance ）时代，充满变化、挑战与机会，没有永远的赢家，高度竞争迫使组织必须快速改变，只有善于运筹帷幄，才能把握时机，成为最后的赢家。因此，策划已渗透到社会的各个角落，如果按照策划所涉及的主体划分，可以分为：企业策划、政府策划、国家策划、个人策划。

企业策划是对企业运营过程进行的策划，包括营销策划、公关策划、形象策划、新闻策划等。而营销策划又包括：战略策划、战术策划、品牌策划、价格策划、渠道策划、定位策划等。

政府策划是对政府部门活动进行的谋划，如招商引资、树立政府形象、创立诚信公务员等。

国家策划或国家计划，是国家进行宏观调控的重要手段，是由一定组织机构负责制定和实施的关于经济和社会事业发展的预测以及目标的相互协调的政策性措施，其内容包括经济、科学技术和社会发展3个方面，如交通运输和邮电计划、科学技术发展计划、教育计划、环境保护计划、城乡居民收入和消费水平计划、人口计划等，都是国家计划的载体形式。

个人策划也可以叫个人计划，是一种可以让一个人智慧生活的工具，如生涯规划、时间管理、自我管理、反省自悟等。

1.2.3　策划已成为全球所推崇的行业

有人认为：策划与咨询是等同的概念。西方人称为咨询，东方人称为策划，日本人称为企划，几乎每家企业都设有自己的企划部。20世纪70年代丰田进军中国，考虑中国的情绪用唐诗式的广告："车到山前必有路，有路就有丰田车。"日本三菱20世纪80年代进入中国时提出"有朋自远方来，喜乘三菱车"的广告语。这都是利用中国文化特点进行的企业广告创意活动。美国的软科学也叫咨询业、顾问业或信息服务、公关传播。在美国等发达国家，已经出现了一个新的智力阶层——策划家和脑库，并发展成为一个产业，世界已形成五大智囊巨头。

美国的兰德公司，是全球第一智囊巨头，也是世界最大的全能型智囊团，始建于1904年，拥有专业研究人员600人，还在各大学、各大研究机构和组织里重金聘请了700多知名人士、知名学者做顾问，成为美国在经济、文化、政治、军事、科技等领域追求全球垄断的巨大知识力量。

美国的国际应用系统分析研究所，1966年由美国总统建议成立，主要研究发达国家所面临的共同性问题，如环境、都市、能源、生态、人口等，拥有来自美国、英国、瑞士等国的专业研究人员100多人。

美国的斯坦福国际咨询研究所，是世界上享有盛誉的综合性研究机构，着重研究国际问题、全球性战略问题，并且提供专业咨询，有专职工作人员3 000多名。

日本的野村综合研究所，建于1965年，是日本最早成立的智囊团之一，专门研究政策课题和经营性问题，拥有专业研究人员270名。

德国的工业设备企业公司，是一个类似于兰德公司的软科学研究组织，拥有欧洲最大的运筹学研究机构和高水平的大型试验设备，拥有科研人员1 400多名。

此外，在美国、日本、德国等国家，还有数不清的政府智库、公司脑库、大学研究所思想库、社会智囊基金会、专业性公关公司、传播公司、形象公司、文化公司、点子公司、策划公司、战略公司、谋略公司、咨询公司、顾问公司、服务公司等。"策划经济"这个特定称谓已同"法制经济"一样，成为对"市场经济"最有力的注解。

【相关链接】

大卫·奥格威眼中的广告

大卫·奥格威（David MacKenzie Ogilvy，1911—1999年）举世闻名的"广告父"（又称广告教皇，"The Father of Advertising"），其创办的奥美广告公司今天已成为世界上最大的广告公司之一。

奥格威认为"标题代表着为一则广告所花费用的80%",并坚持它们必须有助于销售。他最喜欢的标题如:

1. 治疗脱发的羊毛脂广告:你见过不长毛的羊吗?

2. 痔疮药广告:给我们寄钱来,我们给您治痔疮;要不就留着您的钱,也留着您的痔疮。

资料来源:(美)奥格威. 一个广告人的自白. 中国物价出版社,2003.

目前有影响力的咨询公司:波士顿咨询和贝恩(Bain & Co.)、科尔尼、麦肯锡,罗兰·贝格。麦肯锡、波士顿和贝恩咨询业务20世纪80年代便进入中国。

麦肯锡是全球最大的战略咨询公司之一。在中国市场提供涉及26个行业和职能的服务,除了发扬该公司在战略和组织领域的业务优势,还因地制宜向客户提供包括企业财务、商业技术和运营等实施层面的专业咨询。

【相关链接】

克林顿囚徒出困

1992年1月17日,《明星》周刊载文披露:克林顿曾有5段"婚外情",使1992年美国总统大选,民主党的总统候选人克林顿遇到了严峻的考验。经世界级的策划大师科维和罗宾斯,悉心指点,走出困局。

1月26日,克林顿夫妇出现在哥伦比亚广播公司的"60分钟"节目上。克林顿非常坦诚地对选民说:"我承认曾做过错事,承认我曾使我的婚姻受到过挫折。我认为大部分美国人明白我所说的话,会感到我十分坦率。"

克林顿夫人希拉里也说:"我认为我们夫妻生活中发生的事及其细节如何,与其他任何人没有关系,我爱我的丈夫,我尊敬他,我珍惜我们走过的路,如果这还使你们信不过克林顿的话,那就实在没办法了。"

正说着,演播室上方突然落下了个什么东西来,几乎砸在希拉里身上,克林顿眼疾手快,一把将夫人抱在怀里,长达30秒钟死不松手。

资料来源:谭启泰. 谋事在人:王志纲策划实录[M]. 北京:人民出版社,2007.

1.2.4 中国营销策划业的过去、现在和未来

1)中国策划业的过去

中国营销策划业从20世纪80年代末,已经走过了20多年,最初阶段可称为点子策划阶段,20世纪90年代初曾一度出现过一些名噪一时的风云人物,例如,牟其中策划的"飞天计划","南德经济集团"用500个车皮数以千吨计的罐头食品、服装鞋帽和机电用品,购进的俄制图154客机共有4架,交易总额达2.4亿瑞士法郎(约折合为9亿多元人民币),王力运筹"中原商战"。在当时的中国,出现了4大知名策划学派:点子策划派,代表人物何阳,被誉为点子大王的何阳曾是北京市和洋民用技术研究所所长,北京和洋咨询公司总经理,曾兼任

过中国质量万里行主持人，是北大、人大、矿业大学等12所院校兼职教授，以点子多并使其商品化而闻名，著有《点遍中国》等。2000年3月15日，何阳获诈骗罪。公关策划派，代表人物王力，代表作《恩波智业》。经典策划案：亚都加温器、策划亚细亚；战略策划派，代表人物贵州的宋太庆，代表作《中国时代》；市场策划派，代表人物孙黎，代表作《策划家》。

1994—1995年间王志刚又掀起了南方的"碧桂园神话"。王志刚提出碧桂园楼宇的策划思路，"一个中心，两个基本点"。一个中心，就是"碧桂园生活方式"的营造与炒作；两个基本点，一个是国际性的碧桂园学校，另一个是五星级的国际俱乐部。每个点都是围棋上的生死劫，是系统工程的一个部分。王志刚认为，策划是一个系统工程，是知识在合作时的增值作用。策划是转动生产力的魔方，要善于整合多种资源，"造出一个市场来"。点子仅仅是策划过程中的一个环节，是一个创意阶段。

中国营销策划业前期的实践积累了丰富的经验，形成了营销策划的基本理论体系和框架，但也存在一些失误，具体表现在：

①缺乏精耕细作，宣传过度夸大。部分策划人不作事前营销调研，依靠不切实际的假想便贸然入市，导致投资决策失误。有的企业想依靠"点子"来指点就能脱困。而经过专家走马观花式的调查指出来的忽视企业个性的"点子"给企业经营理念以及产品开发、销售带来了不利影响。媒体甚至把策划夸张为灵丹妙药，去除百病。如新闻界对"何阳""牟其中"的过度炒作，"智慧上市""点子挣大钱"一时被传为神话，一些点子公司由此而如雨后春笋般诞生。

②热衷概念炒作，忘记消费者的买点。有相当多商业性的策划疲于应付，热衷炒作"概念"，甚至有人说："卖产品就是卖概念。"以概念来制造"卖点"。这实际上违背了"客户中心"的营销观念，即以客户的需求为核心，开发、设计满足用户需要的产品和解决方案。不是先有产品，再找想象中的目标人群。当产品找不到合适的目标群后，就盲目地创造概念，制造所谓的"卖点"，结果消费者并不买账。买卖双方观念的错位，使得许多企业在付出巨额的广告投入后只好在市场的优胜劣汰中败走麦城，如乡巴佬、南极棉等都成了昙花一现的神话。

③策划过度依赖广告效应，缺少规范的可行性分析。有些企业为打开市场、扩大知名度，什么话都敢说，虽然心中无底，广告却气壮如牛。一方面宣传自己曾经有过的某些业绩；另一方面无所顾忌地承诺超越自己能力范围的任务，并伴随着过分夸张的媒体炒作，结果落下一个搬起石头砸自己脚的下场。如秦池，两次标王，反而成企业快速消亡的加速器。

【相关链接】

秦池失败的原因是什么？

秦池酒厂的前身是1940年成立的山东临朐县酒厂，新中国成立后一直是小型国有企业。20世纪80年代至90年代初，秦池酒厂年产量仅保持在万吨左右，一直经营不善，连年亏损，处于倒闭的边缘。1992年，王卓胜临危受命，接任秦池酒厂厂长。秦池选择了一条充满风险，同时又满怀希望的渠道：争夺1996年CCTV标王。1995年11月8日，秦池以6 666万元的最高价击败众多对手，勇夺CCTV标工。1996年11月8日，秦池集团以3.2亿元的天价卫冕标王。

与首夺标王的反应截然不同的是舆论界对秦池更多的是质疑，要消化掉3.2亿元的广告成本，秦池必须在1997年完成15亿元的销售额，产、销量必须在6.5万吨以上。秦池准备如何消化巨额广告成本？秦池到底有多大的生产能力？广告费会不会转嫁到消费者身上？消费先知先觉者和理论界都充满了疑问。

1997年初某报编发了一组三篇通讯，披露了秦池的实际生产能力以及收购川酒进行勾兑的事实。这组报道被广为转载，引起了舆论界与消费者的极大关注。由于秦池没有采取及时的公关措施，过分依赖于广告效应，因此，在新闻媒体的一片批评声中，消费者迅速表示出对秦池的不信任，秦池的市场形势开始全面恶化。

究其原因，笔者认为：秦池失败的原因是生产能力与市场开发能力不配套而至。秦池集团，本应在1997年标王争夺中急流勇退，将经营管理的重点回转，利用1996年的资金积累，真正在提高秦池酒的竞争力方面下工夫，改进生产工艺，扩大或增加生产线，培训熟练技术工人等，但是出于短期的经济利润思维，出于维持秦池酒虚幻地位的虚荣心理，秦池进行了争夺97CCTV标王的豪赌，其结果必然是自掘坟墓，自己把自己送上灭亡的道路。

资料来源：秦池失败原因，wenku. baidu. com/2011-10-27

中国营销策划业在经历了20世纪90年代初期的盲目发展遭受挫折下滑的过程之后，1997年理论与实业界逐步开展了对策划业的反思，人们认识到：

①策划不是神话。策划是一个包括界定问题、明确目标、收集信息、定制策划方案、方案沟通、方案执行、结果反馈、方案调整和持续策划的动态的、复杂的过程。策划书完成后，还需要策划师向策划主体(企业)进行反复沟通，使他们支持你的策划剧本，为你的策划案实施开绿灯；还需要策划导演为策划案实施配备合适的演员，搭建适合方案实施的舞台。同时，还要向消费者证明其价值，是消费者与你的创意形成互动，心甘情愿买单。

②策划是马拉松，而不是百米冲刺。事实上，策划的成功，本身就是一个持续沟通、修订方案，使之具有创造出价值的过程。而且还要善于立足长远，为下一次策划推进留下管线，使本次策划与下一次策划有机地结合起来，达到策划成果动态化延续的目的。

③策划不是灵机一动，策划必将走产业化、规范化、品牌化之路。初级阶段的点子策划已成为过去，高水准的科学策划必将创造未来。从“点子策划”到“科学策划”，这是20世纪末中国策划界经历挫折后所走过和要走的道路。科学策划就是在市场调查的基础上提出系统策划方案，然后全程实施，宣传推广，跟踪服务，系统控制，在出奇制胜中为企业创造辉煌业绩。

2)中国营销策划业的现状

据有关资料显示，中国目前工商登记有信息咨询业务的公司约13万家，其中在科委等有关部门注册的有4 500～5 000家。而真正从事咨询业务、有一定实力、在相关行业有一定知名度的在1 000家之内。据零点调查公司对293户企业单位的电话访问，和对全国209户咨询服务机构的面访结果，管理咨询业务约占整个咨询业的15.4%，企业对接受管理咨询的满意率为55%。与国外的大型咨询公司相比，国内的管理咨询公司还有不少差距，主要表现为没有成型的咨询体系；没有咨询案例数据库；咨询队伍整体素质不高，缺乏咨询和企业管理经验，因此难以向客户提供高质量的咨询服务。

中国营销策划业从业人员的构成大致有以下几类情况：

①由咨询公司担任。如屈云波，北京派力营销管理咨询有限公司高级咨询顾问，1994年创办北京派力营销管理咨询有限公司，主持过包括科龙、美的、小天鹅、TCL、青岛啤酒、承德露露、蓝带啤酒、嘉陵摩托等30多家中国著名企业的营销咨询和培训项目。孔繁任，奇正沐古（中国）咨询机构董事长，先后提出了"精细化营销""商业创意整合（BCI）""品牌方式论"等一系列独有的研究模型，著有《孔繁任"卖"品牌》《在创意经济高地上舞蹈》等。

②由从事战略、营销研究的学者兼任，如陈放，创立创意策划派，代表作《中国营销的三十大病症》，提出了"智能原子弹裂变法"创意方法。从中国军事科学院战略研究部下海，任东方创意策划专家团创意总监。余明阳，企业CIS策划代表人，知名品牌专家，现任上海交通大学品牌研究所所长。

③由广告商业务拓展而成。如李光斗，1996年，李光斗和复旦大学的校友胡刚合伙开办华视广告。参与策划了中国VCD和乳业营销大战。先后担任小霸王电子、伊利集团、蒙牛乳业、广日电梯、古越龙山、交通银行、长虹等常年品牌战略和营销广告顾问，出版有《仅次于总统的职业》《品牌卓越7项修炼》《品牌战：全球化留给中国的最后机会》等著作，提出"策划就是生产力"。叶茂中，1993年，叶茂中在北京创立了自己的广告公司，陆续服务了"圣象地板""北极绒保暖内衣""真功夫快餐""大红鹰""柒牌男装""雅客V9""361度""红金龙""蚁力神"等多个品牌，代表作《广告人手记》。

④新闻界人士的介入，如王志刚，1985—1994年任新华社记者，1994年下半年成为独立策划人，现任王志刚工作室首席策划，主要著作有《谋事在人》《成事在天》《策划旋风》《找魂》等。成功案例：房地产业策划"顺德碧桂园"，提出先办学后建楼，还有郑州思达房产，提出"买房上实验中学"等。

中国策划业初期是在不规范的状况下多路杂家混入兴办的，因此形成了行为个人化、杂家主事、短期行为等状态。随着经济发展的需要，策划业已成为一个新兴行业，其中又以营销策划为主。有人根据营销策划人各自的特点，把他们重新划分成5大流派，分别为：管理规范的西洋派，理论基础雄厚的学院派，善于提升知名度的飞天派，善于实战的落地派，正和奇胜的革命派。

策划作为咨询业的一种，涉及多学科知识，它是以管理学、哲学、市场营销策划、美学、软科学理论和方法为指导，以数学、计算机科学、数理统计等工科知识为背景，运用先进技术、分析软件及仪器设备，具有很强的实践性、创造性和创新性思维的活动过程。但策划的商品形态还没有一个清楚的界定，需要进一步界定策划业的行业归属、资格认证、资质评定、服务收费等内容。

3）中国策划业的未来

欧美等发达国家的咨询业在20世纪初崛起，已经有了近百年历史。如美国从事企业咨询的公司超过5 000多家，从业人员有20万人，年营业额达到了45亿美元。欧洲的管理顾问公司总数有14万家，年收入超过200亿美元。由这些数据可以看出，发达国家的咨询服务业已经达到了很高的社会化程度。从公司雇员情况看,国外策划咨询业从业人员的素质也很高。美国的兰德公司,有近千名的雇员,48%是博士,30%是硕士,并向社会聘请了600多位有名望的各类专家。进入21世纪,特别是中国经济的腾飞,对营销策划的需求越来越大。中国营销策划业将成为社会分工中的一个经济门类,成为新的经济增长点。

国外咨询机构进入中国,企业家素质越来越高,对策划业的要求也越来越高,中国策划业将由个人英雄主义向团队行为发展,从杂家主事向专家负责发展,从短期行为向长期行为发展,从追求单一目标经济效益向多目标兼顾(经济效益、美誉度、知名度、品牌形象、市场占有率)发展。中国营销策划业的发展应采取以下途径:

①提升社会对策划的认知度。通过宣传,树立策划业是知识经济时代重要的新型服务产业,策划业也是生产力,让全社会都来关心、支持策划业的发展。

②提升策划队伍的素质。策划队伍的成员必须是具有较高素质和较强能力并具有实践经验的复合型、知识型人才。在策划行业内部,要推出对从业人员的考核认证制度,策划从业人员都要经过相应的考核认证。策划机构施行资质等级评定制度,策划服务对象可以通过有无相应的认证以及认证的级别来鉴别策划咨询机构的可信度,使策划从业人员、策划服务有章可循。

③强化策划业的行业管理。在加强调查研究的基础上,参与国际惯例和相关法规,将策划行业划归适当的部门统一管理,成立行业协会,制定行业规范,并进一步健全相关法规制度,如知识产权制度、资格认证、资质评定、服务收费、产权制度、纠纷处理等。

④优化策划业发展的环境,对策划业发展的引导要有正确的舆论导向。一方面,应正确引导社会对策划业发展的支持和关注,消除社会上不健康的、愚昧的偏见;另一方面,要恰到好处地宣传策划的作用,杜绝虚假炒作、无中生有的浮夸宣传,使策划业能够健康有序地发展,成为推动经济增长的有效工具。

1.3 营销策划的概念和特点

1.3.1 营销策划的概念

所谓营销策划是指企业对将要发生的营销行为进行超前规划和设计,也就是提供一套系统的有关企业营销的未来方案,这套方案是围绕企业实现某一营销目标或解决营销活动的具体行动措施。这种策划以对市场宏观和微观环境的分析和有效的信息为基础,综合考虑企业外部的机会与威胁,自身的资源条件及优势劣势,竞争对手的谋略和市场变化趋势等因素,编制出规范化、系统化的行动方案,包括从构思、创意、分析、归纳、判断到拟订策略、方案实施、跟踪、调整与评估等环节。

营销策划同样包含创意、目标和可操作性这三要素。没有独辟蹊径,令人耳目一新的营销谋略,不能称为营销策划。没有具体的营销目标,策划也落不到实处。而不能操作的方案，无论创意多么巧妙杰出，目标多么具体，富有鼓动性，也没有任何实际价值，这种所谓的策划只能是资源浪费的过程。

营销策划没有固定的模式，营销策划工作也不能刻舟求剑，生搬硬套。纵观国内外所有的成功策划案，它们都有一个共同的特性——富有创意。

【相关链接】

案例　西铁城手表从天而降

在澳大利亚一家发行量颇大的报纸上，某日刊出一则引人瞩目的广告，意思是说广场空投手表，捡到者等于免费奉送。这一下子引起了澳大利亚人的广泛关注。空投那天，直升机如期而至，数千只手表从上空天女散花般地纷纷落下，早已等候多时的来自四面八方的人们沸腾了，那些捡到了从几百米高空扔下的手表的幸运者发现手表依然完好无损、走时准确时兴奋不已，一个个奔走相告。西铁城的这一伟大创举成为各新闻媒介报道的一大热点。从此，西铁城手表世人皆知，西铁城手表的质量更是令人叹服！

分析：西铁城手表营销策划的目的是为了扩大西铁城手表的知名度，于是这个策划的一切活动都是为了实现这一目标。手表的宣传本来可以利用电视广告等手段来达到这一目标，但是一般的电视广告不具备创造性，也不会引起如此巨大的轰动，而西铁城手表的策划者在促销活动中融入了自己的创意，运用飞机来表现自己商品的质量，这是一种前无古人的策划。这种策划就当时的条件来说是可以实现的，操作性很强。

资料来源：西铁城时间故事，西铁城中国官方网站.

1.3.2　营销策划与营销计划的区别

营销计划（Marketing Planning）是按经验和常规对企业营销活动涉及的人、财、物率先所作的安排和平衡。营销策划（Marketing Planning）更强调创造性、主动性、针对性和可操作性，它不拘泥以往的经验。面对一个将要解决的问题，总是先策划，后计划。如针对西铁城手表要解决“如何扩大西铁城手表的影响”这一营销问题，智囊部门首先进行营销策划。经过一段时间的研究，选择了飞机空投手表这一举动，并选择在澳大利亚这块神奇的土地上空投，还拟订出营销策划方案，到此营销策划完成了，接下来的工作就是营销计划了。有关人员根据营销策划方案进行具体实施过程中每一细节的安排。如第一步的工作是和澳大利亚官方商谈，获准在澳大利亚首都的某广场空投；第二步是在某机场租借几架直升机；第三步是委托澳大利亚报纸登载有关空投手表的广告。可见，这里的计划是营销策划之后的具体工作，也就是如何把策划的结果一步步地落实到行动中去。而策划则是把握方向，把创意汇总、整理，形成书面策划报告方案并予以实施的过程。

1.3.3　营销策划的基本特点

市场营销策划是建立在经济学、管理学、社会学、心理学、数学、哲学等多学科之上的一门综合性学科，是由多门学科的知识综合、交叉、碰撞而形成的新的跨学科性质的应用型知识体系。它运用了市场营销策划理论体系去创新性地、系统性地解决市场中存在的问题。市场营销策划既是一门科学，也是一门经营艺术。

1）市场营销策划是一门创新性的学科

市场营销策划实质上是一种智力活动，是市场营销理论在实践中的创造性运用的技巧和方法，因此是一门创新思维的学科。

市场营销策划是从新的视角，用辩证的、动态的、系统的、发散的思维来整合市场营销策划对象所占有和可利用的各类显性资源和隐性资源，使其在新的排列组合方法指导下，各种生产要素在生产经营的投入产出过程中形成最大的经济效益。它主要包括4个方面的内容：创新思维路径的选择，产品概念的定位设计，内外部资源的整合以及市场营销策划案的具体实施过程的监督和管理。

市场营销策划作为创新思维的学科，特别强调复合型思维、立体型思维、发散型思维、辩证动态的思维方式。通过对企业各类资源进行创新思维的整合，使营销策划的对象以新的面貌出现在市场上，并在特定时空条件的市场上具有唯一性、排他性和权威性。只有达到这"三性"，才是一个优秀的市场营销策划，才能满足市场竞争的创新需要，才能使营销策划的对象在市场竞争中产生"先发效应"和"裂变效应"，以抢占市场的先机和拥有市场核裂变能量，为企业拓展广阔的市场空间和实现企业综合经济效益最大化的目标。

总之，无论什么项目，创新思维都是以市场营销策划创意为起点，它引导营销策划者用系统的方法，从经营哲学的高度对投入生产经营过程的各种生产要素、市场资源和社会资源等进行科学地分析、归纳和综合，使其产生更大的总体功能效应。

【相关链接】

2005"蒙牛酸酸乳超级女声"

2005年蒙牛乳业集团和湖南广电、掌上灵通合作推出的"蒙牛酸酸乳超级女声"已成为营销人心目中的盛宴。其丝丝入扣的商业策划，谐和互动的整合营销不仅赋予"超级女声"这一平民化产品高附加值和晕轮效应扩张的空间，也为幕后赞助商蒙牛乳业集团赢得液态奶市场的强势占有率。同时，湖南广电及中天娱乐作为传媒界的中坚分子地位得到巩固，且无线网络增值服务暗含的数千万价值也在"超女"的民主选举方式中找到了现实的印证。从而实业企业、广电传媒和电子商务企业以各自的专业素养"三元一体"地创造出"超女"经济链。

首先是制定一定的竞赛规则、规定动作构成了戏剧的冲突，增添了情节的效果：如全民参与、电视海选、淘汰赛"50进20""20进10""10进7""7进5"，电视直播，短信投票，优胜者主办方投资包装、出唱片、出演电视剧，制造平民明星；粉丝带动：玉米、凉粉、盒饭；湖南卫视娱乐传播整合；蒙牛的深度联合促销。

最惊险的设计和运作体现在3类不同性质的组织为了利益目标近乎完美地合作着，被称为2005年最辉煌的立体合作案例。他们整合营销的战略对营销人有什么启示？

说明创新思维路线的选择、经营理念的设计、资源的整合、营销操作过程的监督和管理四位一体的重要性。超女案例充分发挥整合营销传播的作用。它以消费者为核心重组企业行为和市场行为，综合协调地使用各种形式的传播方式，以统一的目标和统一的传播形象，传递一致的产品信息(蒙牛酸酸乳,酸酸的、甜甜的就是我),实现与消费者的双向沟通,迅速树立产品品牌在消费者心目中的地位,建立产品品牌与消费者有长期密切的关系,更加有效地达到广告传播和产品行销的目的。

通过天娱传媒、湖南卫视、蒙牛酸酸乳等多家优势资源的合作,使短信营销(在赛制的设置上,比赛结果是交由场外的观众进行投票决定的。以发送一条短信1元为计算,湖南卫视只是需要向联通和移动付部分的费用)、广告营销(出售了冠名权给蒙牛是收益就达2 000多万元),节目衍生品牌的营销(天娱公司将营销的策略重心放在品牌的延伸和拓展上,由《超级女声》衍生出的一批艺人品牌),网络营销(汇集人气),达到了策划的唯一性、排他性和权威性,产生了"裂变效应"。

资料来源:超级女声——整合营销传播的成功案例.传媒人.2006.

---

2)市场营销策划是一门系统性的学科

市场营销策划实质上是运用企业市场营销过程中所拥有的资源和可利用的资源构造一个新的营销系统工程,并对这个系统中的各个方面根据新的经营哲学和经营理念设计进行轻、重、缓、急的排列组合。在这个市场营销系统工程的设计中,经营理念的设计始终处于核心和首要的地位。

在策划案中,营销理念设计是整个市场营销策划的灵魂,它赋予策划对象不仅是丰富多彩的外部形象,更重要的是为其注入核心的理念和价值观,成为一套策划案的活的灵魂。例如,在市场营销策划的经典案例——"碧桂园神话"中,王志刚就明确指出:"房地产≠钢筋+水泥",而是营造一种新的生活方便、居住舒适和有利于其消费者发展的社区生活方式和社会人文环境,使钢筋和水泥等的堆砌物具有活生生的灵魂,这就是市场营销策划的理念设计。它以消费者满意为目标,提出新的社会价值观念,新的生活方式,唤起消费者的需求和购买欲望,并充分满足这种需求和欲望,营造出一个新的市场。

3)市场营销策划是一门操作性和实践性很强的学科

市场营销策划作为一门操作性很强的学科,它不仅要为企业拟订出具有现实可操作性的市场营销策划方案,提出开发市场、营造市场的时间、地点、步骤及系统性的营销策略和措施,而且还必须有一定人力、物力、财力的支持,具有特定资源约束条件下的高度可行性,否则再宏伟的策划案也是不切实际的海市蜃楼。传说老鼠们为了加强对猫的防备,在一起开会商讨对策,一个老鼠提出了一个极具创意的建议:给猫的脖子上挂个铃铛,猫一走来,大家就会听到铃声及时躲避。马上又一个资深的老鼠问道:谁去给猫挂铃铛呢?结果,没有一只老鼠敢去。这就是一个无法实现的创意。

市场营销策划作为一门实践性非常强的学科,它不是空洞的理论,而是营造市场以及如何在激烈的市场竞争中获取丰厚的利润。他强调大到企业如何组建、企业管理体系设计、企业的产品实现过程、企业的营销及广告宣传等,小到企业里所做的每一件事,做之前都必须在对企业竞争对手和所面临的内外部环境进行分析研究的基础上,进行全方位的策划,并在此基础上形成企业建立、生存和发展的战略规划及相应的操作计划,为企业的发展制定明确的方向,使企业的每一位员工都清楚地知道企业未来是个什么样子,并努力为使企业成为这个样子而努力，使每一位作业者清楚其在什么时候应该做什么，应该做到什么程度。如果不是这样，你的企业就会到了“盲人骑瞎马，夜半临深池”的境界还仍然沾沾自喜。

【相关链接】

碧桂园发家史

一、找对王志纲

1993 年 10 月，“碧桂园，给您一个五星级的家”——这是现为地产策划大师、当年还是新华社记者的王志纲为顺德碧桂园想的广告语。这句表面波澜不惊、实则霸气十足的广告语，获得了与“可怕的顺德人”这个生猛概念关联密切的符号价值。

二、像卖白菜一样卖别墅

2001 年，碧桂园凤凰城项目公开销售。杨国强继续打着“价廉物美”的大旗，以“50 万元就可以住别墅”的口号大卖别墅。尽管楼盘当时离广州市区有近 1 个小时车程，但开盘当日，众多客户趋之若鹜，曾有一分钟销售一套别墅、一天之内创造了销售额 7.5 亿元的销售神话，至今这一纪录仍无开发商可以打破。对此，业内形容为“像卖白菜一样卖别墅”。

三、神话终于诞生

2007 年 4 月 20 日上午 10 时，代号为“2007. HK”的“碧桂园”上市不到两分钟就升至 7.21港元，全日最高价为 7.35 港元，较上市价升幅达 37%，成交量为 1 004 020 千股，成交金额达 72.26 亿港元，居当日香港联交所普通股成交金额第一位。碧桂园以 1 163 亿港元的总市值，一跃成为中国内地房地产企业的财富皇帝。杨门之女大股东杨惠妍，也以 692 亿港元的身价成为内地首富。

“碧桂园 · 给您一个五星级的家”，其所提倡的这一高品位的生活方式和先进的居住理想，不单是单一的建筑品质能成就的。因此，碧桂园的社区文化更注重挖掘人性化的内涵和构筑浓郁、和谐的生活氛围。

据了解，碧桂园经常举办特色活动，包括面向各楼盘广大业主的各类兴趣爱好班以及旅游、艺术展览、体育竞技比赛、文艺晚会等丰富多彩的文化娱乐和联欢活动，营造了浓厚的社区文化氛围，培养共同的居住文化。

在凤凰城，业主自发组织的兴趣班就有健身舞蹈队、动感单车、跆拳道班、凤凰城健身舞蹈队、荔枝园太极健身队等。常年作为固定节目举办的社区活动有春节、中秋、重阳联欢会、社区运动会、合唱会、摄影展。特别是在社区拉幕广场每天举行的木兰扇，曾经当选过凤凰城十大人文景观。

碧桂园就是从单体住宅，发展到具备一定活动空间的花园，再到配备基础商业、教育配套的大社区的住房开发模式。广州东部板块的碧桂园，以凤凰城的开发为基点，完成了开发模式的升级。经过多年的规划建设，现在凤凰城内，绿树成荫、鸟语花香，社区间市政路畅通无阻，商业网点布局合理，高标准教育文化医疗设施一应俱全，为居住者创造出一个安居乐业的“一站式”居所。

资料来源：wenku. baidu. com/2011

---

4)市场营销策划是一门主观性很强的学科

任何策划活动都是 人脑参与,有主观烙印。因此,由于不同策划人员认识客观世界的能力和水平不同,同一个策划目标出现由于 处理差异会产生不同的策划结果,如梅花,诗人看到发出感叹“梅花香之苦寒来”;医生认为“好药材,行气解郁,镇心去烦”;画家认为“美丽造型,繁花似锦,白雪点点”;游客感叹“多美的花,令人心旷神怡”;花匠则无情剪掉横逸的飞枝。营销策划的主观性特征,决定了成功的策划案需要有高素质的策划团队保证。

1.4 营销策划的作用

在经济全球化的今天,竞争日趋激烈,企业的生存和发展不再是一件简单的事情,产品组合,产品质量,生产成本以及营销策略等都在影响一个企业,决定着一个企业的命运,无论哪个环节都可能成为企业发展的瓶颈。而营销策划也成为企业不可或缺的部分,成为一个企业参与竞争的必备利器。由于营销策略不当导致企业败北的实例屡见不鲜。从麦肯锡的兵败实达到宝洁的润妍之痛,说明研究成功企业的营销策略和技能成为一门必不可少的课程,营销策划的作用也日益体现。

1.4.1 没有策划,就没有企业

“没有策划,就没有企业”是日本企业家的名言。企业策划是企业自身发展的需要。正如一个品牌的形成,并不是偶然的,也不是天生的,而是品牌背后一系列精心的营销策划的结果。如农夫山泉,当别的同类产品都在表现各自如何卫生、高科技、时尚的时候,农夫山泉不入俗套,独辟蹊径,只是轻轻却又着重地点到产品的口味,也仅仅是“有点甜”,显得超凡脱俗,与众不同。这样就形成了非常明显的差别,使自己的产品具有了鲜明的个性。同样做得很成功的是乐百氏纯净水,它重点突出了“二十七层”净化工序,用一个非常简单的数字表现纯净水的优异品质,使人叹服,不禁对企业的精益求精精神产生敬意。农夫山泉此时推出“农夫果园”时,别的厂家的果汁饮料都尽力回避果汁饮料里有沉淀物的问题,农夫山泉却迎刃而上,打出“农夫果园,喝前摇一摇”的广告语,并把其变成了产品销售的一个卖点。这一摇,结果化糟粕为玉帛;这一摇,使产品深入人心,并倡导了一种新的喝法;这一摇,也使“农夫果园”系列产品扶摇直上,将已诸侯纷争的果汁市场“摇”得重排座次。农夫山泉的果汁饮料也乘势从二流产品迅速挤入一流产品。一个完整、系统的营销策划,使企业绝处逢生,从劣势走向优势。

1.4.2 使企业能更好地定位于市场

在社会主义市场经济条件下,企业是以满足顾客需要并获得利润为目的的经济组织;营销策划的实质就是针对顾客需求的水平、时机和性质应对的策划,从而使企业的产品定位符合产品的特性,突出产品的优良品质,同时使企业产品和服务更好地适应顾客心理需求特

点，与顾客产生共鸣。实现企业产品定位与产品特性和市场上顾客需求 3 个层次上的统一。如舒肤佳“有效去除细菌，保持家人健康”，潘婷“含维他命原 B_5，拥有健康，当然亮泽”等，虽然创造了记忆点，竭力宣扬，渲染了产品的优良品质，但是无法经受市场考验，无法取得消费者欢心，最终导致品牌的失败。而“农夫山泉有点甜”在诉求上强化农夫山泉取自千岛湖 70 米以下的深层水，这里属国家一级水资源保护区，水质纯净，喝一口都会感到甘甜。正是这样用“有点甜”来形容非常符合产品的特性，同时又符合消费者对“有点甜”的心理需求，才使农夫山泉落地、生根、开花、结果。

1.4.3 科学策划能产生核裂变效应

营销策划就是有效整合各种资源，达到组织预期的目标。营销策划的目的是给企业带来销量和利润，不是为了制造一时的轰动效应。有效的策划可以使企业各项活动恰当配合，有机协调，发挥各自优势，取得综合效应，实现 1+1>2 的目的。AC 尼尔森的调查显示，2005 年 6 月蒙牛酸酸乳在北京、广州、上海、成都 4 个城市的销售超过 100 万公升，是 2004 年同期的 5 倍。这得益于蒙牛酸酸乳“超级女声”的成功策划。其成功不仅在于产品和宣传形式的创新，还在于他通过低成本运作获得了轰动效应，以湖南卫视的一个电视节目带动一个产品蒙牛酸酸乳、节目生产者天娱传媒、移动运营商和超女本人 4 方共赢，实现了营销系统和传媒系统的完美结合。

1.4.4 营销策划能强化营销目的

目前，中国经济已全面进入“转型期”时代，产业结构需要进一步调整。据统计，消费者要从 290 种冰箱中选冰箱，从 455 种啤酒中选啤酒，从 478 种化妆品中选化妆品，从 575 种衬衫中选衬衫。价格、质量、款式都日渐趋同，竞争日趋激烈，顾客真正成为组织赖以生存的基本条件，谁能满足顾客的要求，顾客就选谁。正所谓“多算多胜，少算少胜，不算不胜”。而营销策划就是为了改变企业现状，完成营销目标，借助科学方法与创新思维，立足于企业现有营销状况，对企业未来的营销发展作出战略性的决策和指导，为企业发展谋划更多胜算的机会。如电影《阿凡达》热映后，张家界风景名胜区声明该电影中悬浮山的原型出自于张家界，并将“乾坤山”山峰改名为电影中的“哈利路亚山”还设计并推出“阿凡达悬浮山神秘之旅”的旅游路线。虽然遭到社会舆论的反对没有改名成功，但乾坤山因借力“阿凡达”提高了知名度，游客的数量和旅游收入都大幅度提高。

1.4.5 营销策划使企业活动变得井然有序

策划，顾名思义就是巧安排，一旦确定了未来的营销活动方案，营销活动就会变得井然有序，系统而又严密。例如，尤伯罗思在洛杉矶奥运会的运营上，通过利用原有体育设施，直接让赞助商为各项目提供最优设施，采用欲擒故纵的手法提升赞助费，出售电视转播权，增加自愿者服务等措施，使本届奥运会不亏反赚。

【相关链接】

尤伯罗思洛杉矶奥运会出新招

尤伯罗思在几千名候选人中脱颖而出，于 1979 年正式就任洛杉矶奥运会组委会主席。当时，组委会连一个银行户头都没有，甚至连办公室、办公桌和电话也没有，一切从零开始，白手起家。尤伯罗思用 100 美元立了一个户头，临时租了两间房子。60 天后，组委会搬到库尔沃大街一幢由厂房改建的建筑物内落了户。从此，有关洛杉矶奥运会策划的“产品”开始从这里诞生。首先，独具慧眼看到了另一个不赔钱的“窗户”：不再大搞新建筑，利用现有的设施，同时直接让赞助者为各项目提供最优秀的设施。他把这作为组委会工作的信条，并公开宣称：政府不掏一分钱的洛杉矶奥运会将是有史以来财政上最成功的一次。

其次，尤伯罗思采用欲擒故纵的手法，对赞助者提出了很高的要求。例如，赞助者必须遵守组委会关于赞助的长期性和完整性的标准，赞助者不得在比赛场内，包括空中做商业广告，赞助的数量不得低于 500 万美元等。这些听起来很苛刻的条件反而使赞助具有更大的诱惑性。有什么办法呢？如果不参与赞助，此企业的赞助权就会彼企业夺去，从而失去一次展示本企业形象的大好机会。于是赞助者纷至沓来，一时竟成热门。其中，素斯兰公司急于加入赞助者行列，甚至还没搞清楚要赞助建造的一座室内赛车场是什么式样，就答应了纽委会的条件。

最后，尤伯罗思以 5 个赞助者中选 1 个的比例定了 23 家赞助公司，其中包括准备花 900 万美元整修纪念体育场的大西洋西奇弗尔德公司，投资 500 万美元建造新游泳池的道格拉斯公司，以及可口可乐公司，列维服装公司，联合航空公司，颇具影响的《体育画报》等，这些赞助者都欣然允诺将使洛杉矶奥运会拥有最先进的体育设施。

数额最大的一笔交易是与美国全国广播公司做成的。事前尤伯罗思研究了前两届奥运会电视转播的价格，又弄清楚了美国电视台各种广告的收费，然后开出了 2.5 亿美元的高价。许多人认为全国广播公司不会接受，谁知该公司竟欣然接受了！该公司负责体育节目的副总经理对尤伯罗思在谈判期间所表现出的谈判艺术和工作效率表示十分钦佩。尤伯罗思还以 7 000 万美元的价格把奥运会的广播转播权分别卖给了美国、欧洲、澳大利亚等，从此打破了广播电台免费转播体育比赛的惯例。

140 个国家和地区的 7 960 名运动员使这届奥运会的规模超过了以往任何一届。整个奥运会期间，观众踊跃，场面热烈，门票畅销。田径比赛时，9 万人的体育场天天爆满。足球比赛以前在美国属于冷门，现在观众人数却超过了田径比赛。就连曲棍球比赛也是场场座无虚席。美国著名运动员刘易斯一人独得 4 枚金牌后，各种门票更是抢购一空。同时，几乎全世界都收看了奥运会的电视转播。令人眼花缭乱的闭幕式至今还留在人们的脑海之中。

在奥运会结束的记者招待会上，尤伯罗思宣称本届奥运会有 1 500 万美元左右的赢利。一个月后，详细数字是尤伯罗思预计的 10 倍，即赢利 1.5 亿美元。

在奥运会气势壮观的闭幕式上，尤伯罗思佩戴着象征奥林匹克最高荣誉的金质勋章，聆听国际奥委会主席萨马兰奇对他的赞誉之词，卫星电视使他成了全世界家喻户晓的策划大师。

资料来源：wenku. baidu. com/2012

【关键词】策划　营销策划　创新思维　计划　点子

【案例分析】王老吉，“防火”让自己火起来

一、凉茶史话

1. 历史和文化是产品潜在的最大卖点。

凉茶是广东、广西地区的一种由中草药熬制、具有清热祛湿等功效的“药茶”。在众多老字号凉茶中，又以王老吉最为出名。王老吉凉茶发明于清道光年间，至今已有175年，被公认为凉茶始祖，有“药茶王”之称。到了近代，王老吉凉茶更是随着华人的足迹遍及世界各地。

2. 经典广告。

2003年，来自广东的红色罐装王老吉（以下简称红色王老吉），突然成为央视广告的座上常客，销售一片红火。但实际上，广东加多宝饮料有限公司在取得“王老吉”的品牌经营权之后，其红色王老吉饮料的销售业绩连续六七年都处于不温不火的状态当中。直到2003年，红色王老吉的销量才突然激增，年销售额增长近400%，从1亿多元猛增至6亿元，2004年则一举突破10亿元！究竟红色王老吉是如何实现对销售临界点的突破？让我们把镜头拉回2002年。

3. 割据一方。

红色王老吉拥有凉茶始祖王老吉的品牌，却长着一副饮料化的面孔，让消费者觉得“它好像是凉茶，又好像是饮料”。这种认知混乱，是阻碍消费者进一步接受的心理屏障。

二、解决方案

首先，要明确告知它的定义、功能和价值。

存在问题分析：

1. 当“凉茶”卖，还是当“饮料”卖。

2. 无法走出广东、浙南。

3. 企业宣传概念模糊，尤其在广告宣传上也不得不模棱两可。很多人都见过这样一条广告：一个非常可爱的小男孩为了打开冰箱拿一罐王老吉，用屁股不断蹭冰箱门。广告语是“健康家庭，永远相伴”，显然这个广告并不能够体现红色王老吉的独特价值。

其次，正对问题重新定位。再次定位的关键词是：传承、扬弃、突破、创新。正如大卫·奥格威所说：一个广告运动的效果更多的是取决于你产品的定位，而不是你怎样写广告（创意）。品牌定位，主要是通过了解消费者的认知（而非需求），提出与竞争者不同的主张。具体而言，品牌定位是将消费者的心智进行全面研究——研究消费者对产品、红色王老吉、竞争对手的认知、优劣势等。又因为消费者的认知几乎不可改变，所以品牌定位只能顺应消费者的认知而不能与之冲突。而他们评价红色王老吉时经常谈到“不会上火”“健康，小孩老人都能喝，不会引起上火”可能这些观念并没有科学依据，但这就是浙南消费者头脑中的观念，也是研究需要关注的“唯一的事实”。再进一步研究消费者对竞争对手的看法，则发现红色王老吉的直接竞争对手，如菊花茶、清凉茶等由于缺乏品牌推广，仅仅是低价渗透市场，并未占据“预防上火”的饮料的定位。而可乐、茶饮料、果汁饮料、水等明显不具备“预防上火”的功能，红色王老吉的“凉茶始祖”身份、神秘中草药配方、175年的历史等，显然是有能力占

据"预防上火的饮料"的。

其三,品牌定位——"预防上火的饮料",其独特的价值在于——喝红色王老吉能预防上火,让消费者无忧地尽情享受生活:煎炸、香辣美食、烧烤、通宵达旦看足球。

重新定位后,带来四大好处:

1. 利于红色王老吉走出广东、浙南。

2. 利于形成独特区隔。王老吉的"凉茶始祖"身份也是"正宗"的保证,预防上火"正宗"的最好的证明。

3. 将产品的劣势转化为优势,原因有三:

(1)淡淡的中药味,成功转变为"预防上火"的有力支撑。

(2)3.5 元的零售价格,因为"预防上火的功能",不再"高不可攀"。

(3)"王老吉"的品牌名,悠久的历史。

4. 利于加多宝企业与国内王老吉药业合作。

后记:2003 年,加多宝集团在红罐王老吉的广告上投入 1 个多亿,发布了一系列强大的广告攻势,伴随"怕上火喝王老吉"这句耳熟能详的广告语,以及主打酒店餐饮、中高档娱乐场所的正确营销策略,红色罐装王老吉迅速打开市场:2003 年红罐王老吉的销售额由 2002 年的 1 亿多元猛增至 6 亿元,并冲出广东;2004 年,全年销量突破 10 亿元;2007 年销量则更是达到了顶峰的 80 亿元。

三、品牌"隐忧"

围绕着王老吉这一个品牌,表面上看就有四股力量在争抢,包括境内王老吉品牌的最终所有权拥有者广州王老吉,拥有红罐王老吉租借权的加多宝,入股了广州王老吉的香港同兴药业,以股份的形式实际上也拥有了王老吉品牌的一半所有权的香港王老吉。为后来的王老吉品牌之争埋下伏笔。

问题:

1. 有人认为红色王老吉的巨大成功,其根本原因在于企业借助了行销广告公司的力量,发现了红色王老吉自身产品的特性,寻找到了一个有价值的特性阶梯,从而成功地完成了王老吉的品牌定位。你是否同意这一观点,为什么?

2. 对中国企业而言,没有什么比建立品牌更重要的了。而要建立一个品牌,首要任务就是品牌的定位,它是一个品牌能否长久生存和腾飞的基石。你是否认同这一观点,为什么?

3. 有人认为红色王老吉的成功是因为做到了知为上(即品牌知名度),信为纲(即只有知名度没有信任度,是不能创造真正的成功)。你对此观点有何看法?举例说明。

【课后练习】

1. 策划的内涵是什么?

2. 为什么说营销策划是一门创新思维的科学?

3. 为什么说没有策划,就没有企业?

4. 为什么说策划不等于点子,也不等于计划?

5. 论述策划的作用。

第 2 章 营销策划的基础——概念综述

【案例引入】

脑白金——吆喝起中国礼品市场

在中国，如果提到"今年过节不收礼"，随便一个人都能跟你说"收礼只收脑白金"。脑白金已经成为中国礼品市场的第一代表。

睡眠问题一直是困扰中老年人的难题，因失眠而睡眠不足的人比比皆是。有资料显示，国内至少有70%的妇女存在睡眠不足现象，90%的老年人经常睡不好觉，"睡眠"市场如此之大。然而，继红桃K携"补血"、三株口服液携"调理肠胃"概念创造中国保健品市场高峰之后，保健品行业信誉跌入谷底。就在此时，脑白金单靠一个"睡眠"概念以惊人的迅速崛起。

作为单一品种的保健品，脑白金以极短的时间迅速启动市场，并登上中国保健品行业"盟主"的宝座，引领我国保健品行业长达 5 年之久。其成功的最主要因素在于找到了"送礼"的轴心概念。

中国，礼仪之邦，有年节送礼的惯例，看望亲友、病人送礼，公关送礼，结婚送礼，下级对上级送礼，年轻人对长辈送礼等种种送礼行为，礼品市场何其浩大。脑白金的成功，关键在于定位于庞大的礼品市场，而且先入为主地得益于"定位第一"法则，第一个把自己明确定位为"礼品"——以礼品定位引领消费潮流。

资料来源：chinaadren. com/2009-04-15

2.1　20世纪50年代的营销概念

20世纪50年代以前是传统经营观念阶段，主要有生产观念、产品观念和推销观念。它们都是企业生产什么，消费者就买什么，没有商量的余地，颇有一副“店大欺客”的心态。这主要是因为当时产品种类不太丰富，市场是卖方市场，供不应求，加之生产力水平低，要啥没啥，因此消费者不敢奢望什么，只能有什么就买什么。20世纪50年代以后，第二次世界大战结束，军工转向民用，劳动生产率大幅度提高，供应大量增加，买方市场出现，于是就产生了以消费者为中心的营销观念。

20世纪50年代出现的几种营销概念主要有：

2.1.1　“市场营销组合”概念

1953年，美国著名营销学专家、哈佛大学教授尼尔·鲍顿(N. H. Borden)在美国市场营销学会的就职演说中提出了“市场营销组合(Marketing Mix)”的概念，并于1964年最早采用了这一概念，确定了营销组合的12个要素，即产品计划、定价、厂牌、供销路线、人员销售、广告、促销、包装、陈列、扶持、实体分配、市场调研，包括价格、销售、产品3个要素。“市场营销组合”概念，界定了营销策略理论的研究范围，增强了企业市场营销活动的操作性，它的提出是营销学发展的一个里程碑。

【相关链接】

康佳的市场营销组合战略

康佳的产品开发贯穿着两种思路：每年以销售额的5%用于技术投入，以30%的速度更新设备，开发全新产品和变更产品工艺技术。一方面开发了等离子平板显示电视(PDPTV)、倍场电视(100 Hz双倍扫描)、多媒体电视(MULTIMEDIA)、画中画电视(PIP)、丽音电视(NICAM)、阔屏电视(16:9)等极品彩电；另一方面自主开发和生产工艺设备，已有多项成果在国内外获奖。结合自身产品开发，康佳集团未雨绸缪，不断推出新产品，以引导和顺应消费潮流，实现科技、产品和市场的统一。

康佳除了在产品、技术上下足工夫外，同时还双眼盯着市场，双手做着促销，不断开拓农村市场和城市市场。在城市，康佳运用了大量新的媒体，新的媒体新的意境，让人处处感受到康佳的存在和魅力。在农村，对市场进行细分，精耕细作。首先启动创建“康佳彩电县”计划，促使市场占有率达50%以上。在顺利创建康佳彩电县后，康佳提出“消灭彩电空白县”的号召，各分公司在县级以上城镇全部设立专卖店或专柜，很快就在农村市场建立了广泛的通路。

康佳在强化国内市场的同时，也开始挑战国际市场，采取境外投资办厂、建立分公司以及委托经销商等灵活多样的方式，稳扎稳打，抢占了一个又一个国际市场。

在价格策略上，康佳不同系列彩电往往采用不同的定价方法：福临门彩电用成本导向定价法，小画仙系列用需求导向定价法，超平一族则采用竞争导向定价法。100 Hz 倍场彩电 T3498 高档精品，采取高价策略，零售价超过 9 000 元，比国内一般 34 寸彩电价格高出 30%，而对于像“福临门”这样面向大众的产品，其 21 寸的市场价才 1 400 元上下，十分适合普通消费者水平。采用不同的定价方法面对具有不同特性的目标顾客群体，从而更好地满足其需求。

康佳为了使顾客更满意，建立了星罗密布的服务网络，售后特约维修站遍布城乡，其大拇指服务工程及快速反应部队更是深得顾客赞誉。康佳以追求百分之百的用户满意为目标，将产品经营与服务经营有机结合，通过建立全套高效有序的电脑管理系统，组建起遍及全国各地的完善的服务网络，推出五星服务。快速反应部队向用户提供及时、快速、热情周到的服务。同时，总部开通售后服务监督热线，专人跟踪，将服务承诺落在实处。通过这些扎扎实实的服务措施，解除消费者的后顾之忧，提高企业及产品的美誉度，树立起完美的企业形象。

2.1.2 “产品生命周期”概念

1950 年，美国营销学家乔尔·迪安（Joel Dean）在《新产品的价格战略》一文中提出了“产品生命周期（Product Life Cycle）”的概念，并在他的讨论“关于有效定价政策”中采用了这一概念，阐述了产品生命周期包括市场开拓期、市场拓展期和成熟期等阶段，为产品在不同时期的定价策略提供了依据。

【相关链接】

诺基亚的环保理念——考虑整个产品生命周期

诺基亚环境保护工作的一个重要的出发点和落脚点便是基于对整个产品生命周期的考虑，在产品整个生命周期减少对环境的负面影响。具体而言，一个产品从诞生到消亡经历了研发、原材料采购、生产制造、最终产品、产品使用和最终废弃等多个过程。以首信诺基亚为例，这些过程中，首信诺基亚在所有环节都要考虑环境保护，以减小产品对环境的负面影响。一句耐人寻味的话语诠释出诺基亚对环保的不懈追求：“不环保的产品不是质量好的产品。”在产品的研发阶段，从产品是否符合环保的法律法规要求，有毒有害物质的替代，原材料的使用量及使用效率到制造和使用过程中的能源消耗等因素均得到充分考虑。在原材料采购环节，则需要有效地对供应商的环境绩效进行管理，只有符合诺基亚环保要求的供应商才能成为合格的供应商。生产制造环节则必须符合环境管理体系的要求并得到权威机构的认证。在产品最终废弃阶段，则要充分考虑如何回收、循环利用及妥善处置，使资源可以重新返回物质链中。上述环节协调融合，从而真正形成一个闭环系统，完成了一个产品的整个生命周期。

良好的环境准则的商业意义在于有助于公司最大限度地降低环境风险，确保遵守法律，降低成本，并在利益相关方面树立声望。诺基亚十分关注环境问题，关注自然环境是诺基亚企业生命的一部分,与所有利益相关方合作是诺基亚推动环保举措的核心。为了达到这一目的,诺基亚在国内所有生产企业均已通过ISO 14001 环境管理体系认证。以首信诺基亚为例,在通过ISO 14001 认证后,从管理层到基层员工,都严格执行相应的程序文件和作业指导书的规定,而且公司的管理层每年还要对公司的环境绩效重新进行评价,对需要改进的地方提出相应的整改方案,并彻底实施,从而保证了公司在环境保护方面的表现不断提高。

环境管理体系运行控制的另一个重点是对相关方管理。由于产品使用的原材料包括电子元器件、印刷线路板等都由供应商提供,因此供应商环境行为的好坏会影响诺基亚公司的环境行为。为此,首信诺基亚建立了供应商评审和管理程序,对供应商提出了详细的环境要求,只有那些建立了环境管理体系的供应商才有可能加入"诺基亚推荐"的供应商名录。

诺基亚的环保理念中,产品生命周期最后一项重要工作在于对废弃产品进行循环利用及妥善处理,确保其对环境影响尽可能小。为了保护环境,支持政府相关部门,建立废弃手机及配件回收系统,将回收的创意变为现实,从而提高全社会的环境保护意识,诺基亚主动在全国率先发起回收行动。回收行动利用诺基亚遍布全国的授权维修中心网络设置回收箱,诺基亚这一在中国建立的回收体系、创立示范模式的做法赢得了社会各层的好评和尊重。

资料来源:wenku. baidu. com/2011-10-25

2.1.3 "品牌形象"概念

1955 年,美国品牌专家伯利·B. 加德纳(Burleigh B. Gardner)和西德尼·莱维(Sidney Levy)在《产品与品牌》一文中,从心理学的角度给出了"品牌形象(Brand Image)"的定义。这个概念,深受广告人员和公关人员的喜爱。他们认为:"品牌具有理性价值和情感价值,品牌创建需要超越差异和功能主义,注重开发一种个性价值,使顾客享受满意服务。""品牌形象"概念的提出,创造了各种关于营销的研究机会,扩大了就业,并证明巨额的广告费支出对于建立品牌形象是十分有益的。

【相关链接】

农夫山泉的品牌营销战略

2000 年前后,中国水市竞争格局基本上已经成为定势。以娃哈哈、乐百氏为主导的全国性品牌基本上已经实现了对中国市场的瓜分与蚕食!同时,很多区域性品牌也在不断对水市进行冲击。当时,比较有代表性的水产品有深圳景田太空水、广州怡宝、大峡谷等,还有一些处于高端的水品牌,如屈臣氏、康师傅等。

但是,中国水市竞争主导与主流位置并没有改变。正是在此时,海南养生堂开始进入水市,农夫山泉的出现改变了中国水市竞争格局,形成了中国市场强劲的后起之秀品牌。并且,随着市场竞争加剧,农夫山泉在一定意义上逐渐取代了乐百氏,成为中国市场第二大品牌,从而创造了弱势资源品牌打败强势资源品牌著名战例。在具体的操作过程中,首先,农夫山泉买断了千岛湖50 年水质独家开采权。在这期间,任何一家水企业不可以使用千岛湖水质进行水产品开发，不仅在瓶盖上创新，利用独特的开瓶声来塑造差异，而且打出“甜”的概念，“农夫山泉有点甜”成为了差异化的卖点。其次，为了进一步获得发展和清理行业门户，农夫山泉宣称将不再生产纯净水，而仅仅生产更加健康、更加营养的农夫山泉天然水，并且做了“水仙花对比”实验，分别将三株植物放在纯净水、天然水与污染水之中，我们会发现，放在纯净水与污染水中的植物生长明显不如放在天然水中生长速度。由此，农夫山泉得出一个结论，天然水才是营养水。其“天然水比纯净水健康”的观点通过学者、孩子之口不断传播，因此赢得了影响力，农夫山泉一气呵成，牢牢占据瓶装水市场前三甲的位置。

农夫山泉的成功，在于其策划与造势。一方面对卖点不断提炼，从瓶盖的开盖声音到有点甜，从有点甜到 pH 值测试，宣称弱酸弱碱性；另一方面是善于炒作和造势，通过对比来形成差异，进而提升自己。

资料来源：wenku. baidu. com. 2014-01-04

2.1.4 “市场细分”概念

1956 年，美国市场营销学家、哈佛大学教授温德尔 · 史密斯（Wendell R. Smith）在《市场营销中的产品差异化与市场细分》一文中提出了“市场细分（Marketing Segmentation）”的概念，要求“从区别消费者的不同需求出发，根据消费者购买行为的差异性，把整体市场细分成两个或两个以上具有类似需求的消费者群。”其内涵丰富，强调需求的差异化，是现代营销学的重要概念之一。“市场细分”概念的提出，在产品观念时期是一个大胆的突破，从重视产品转向重视顾客需求。

【相关链接】

巴黎欧莱雅的市场细分策略

巴黎欧莱雅进入中国市场至今，以其与众不同的优雅品牌形象，加上全球顶尖演员、模特的热情演绎，向公众充分展示了“巴黎欧莱雅，你值得拥有”的理念。目前已在全国近百个大中城市的百货商店及超市设立了近 400 个形象专柜，并配有专业美容顾问为广大中国女性提供全面的护肤、彩妆、染发定型等相关服务，深受消费者青睐。回顾上述成功业绩，关键取决于欧莱雅公司独特的市场细分策略。

首先，公司从产品的使用对象进行市场细分，主要分成普通消费者用化妆品和专业使用的化妆品。其中，专业使用的化妆品主要是指美容院等专业经营场所使用的产品。

其次，公司将化妆产品的品种进行细分，如彩妆、护肤、染发护发等。同时，对每一品种按照化妆部位、颜色等再进一步细分，如按照人体部位不同将彩妆分为口红、眼影、睫毛膏等。再就口红而言，进一步按照颜色细分为粉红、大红、无色等，此外，还要按照口红性质差异将其分为保湿型、明亮型、滋润型等。如此步步细分，光美宝莲口红就达到 150 多种，而且基本保持每 1 ~ 2 个月就向市场推出新的款式，从而将化妆品的品种细分几乎推向极限地步。

然后，按照中国地域广阔的特征，鉴于南北、东西地区气候、习俗、文化等的不同，人们对化妆品的偏好具有明显的差异。如南方由于气温高,人们一般比较少做白日装或者喜欢使用清淡的装饰,因此较倾向于淡妆。而北方由于气候干燥以及文化习俗的缘故,一般都比较喜欢浓妆。同样,东西地区由于经济、观念、气候等的缘故,人们对化妆品也有不同的要求。所以欧莱雅集团敏锐地意识到了这一点,按照地区推出不同的主打产品。

最后,又采用了其他相关细分方法,如按照原材料的不同有专门的纯自然产品,按照年龄细分等。

总之,通过对中国化妆品市场的环境分析,欧莱雅公司采取多品牌战略对所有细分市场进行全面覆盖策略,包括了高端、中端和低端 3 个部分。

由于欧莱雅公司对中国市场分析到位、定位明晰,因此,2003 年其产品中国市场的销售额达到 15 亿人民币,比 2002 年增加 69.3%,这在欧莱雅公司销售历史上是增幅最高的,比 1997 年增长了 824%。兰蔻在高档化妆品市场,薇姿在通过药房销售的活性化妆品市场,美宝莲在彩妆市场,欧莱雅染发在染发的高端市场已经占据了第一的位置。

资料来源:mbalib. 2011-10-14

2.1.5 “市场营销观念”概念

1957 年,美国学者、通用电气公司(General Electric Company, GE)的约翰·麦克金特立克(John B. Mckitterick)阐述了所谓“市场营销概念(Marketing Philosophies)”的哲学,他认为:“当一个组织脚踏实地的从发现顾客的需要,然后给予各种服务,到最后使顾客得到满足,它便是以最佳方式满足了组织自身的目标。”并称它是公司效率和长期盈利的关键。约翰·麦克金特立克提出了发现需求→提供服务→顾客得到满足→满足组织自身目标(盈利)的模式。市场营销的重点从“以产定销”移到了“以销定产”上来,这使产品观念又前进一步。

【相关链接】

海尔洗衣机“无所不洗”

创立于 1984 年的海尔集团,经过 24 年的持续发展,现已成为享誉海内外的大型国际化企业集团。作为在白色家电领域最具有核心竞争力的企业之一,海尔有许多令人感慨和感动的营销故事。

海尔营销人员调查四川农民使用洗衣机的状况时发现,在盛产红薯的成都平原,每当红薯大丰收的时节,许多农民除了卖掉一部分新鲜红薯,还要将大量的红薯洗净后加工成薯条。但红薯上沾带的泥土洗起来费时费力,于是农民就动用了洗衣机。更深一步的调查发现,在四川农村有不少洗衣机用过一段时间后,电机转速减弱、电机壳体发烫。向农民一打听,才知道他们冬天用洗衣机洗红薯,夏天用它来洗衣服。

这令张瑞敏萌生一个大胆的想法:发明一种洗红薯的洗衣机,并于 1998 年 4 月投入批量生产。洗衣机型号为 XPB40-DS,不仅具有一般双桶洗衣机的全部功能,还可以洗地瓜、水果甚至蛤蜊,价格仅为 848 元。首次生产了 1 万台投放农村,立刻被一抢而空。每年的 6—8

月是洗衣机销售的淡季，每到这段时间，很多厂家就把促销员从商场里撤回去了。调查发现，不是老百姓不洗衣服，而是夏天里5千克的洗衣机不实用，既浪费水又浪费电。于是，海尔的科研人员很快设计出一种洗衣量只有1.5千克的洗衣机——小小神童。“只有淡季的思想，没有淡季的市场。”在西藏，海尔洗衣机甚至可以合格地打酥油。在安徽，海尔洗衣机可以洗龙虾。

海尔，通过多年以来的技术储备和市场优势的积累，在快速启动的洗衣机市场上占尽先机，在其他企业以降价和推销为手段大力开拓市场时，海尔仍然以高价、优质的服务赢得了市场，市场份额继续高居全国第一。正是海尔公司以顾客为中心，以市场需求为导向，重视市场调查，获取重要的调查资料来指导企业的生产和经营活动，组织有系统的市场营销，才取得了今天的成就。

资料来源：www. doc88. com. 2012-07-09

2.1.6 “营销审计”概念

1959年，美国哥伦比亚大学教授艾贝·肖克曼（Abe Shuchman）首先提出了“营销审计（Marketing Audit）”这一概念。他认为，众多的公司被关在生产产品或推销导向的圈子里，不知如何寻找公司的发展机会和途径；许多公司濒临倒闭或正在走向死亡却浑然不觉。他还指出，企业应定期审计，以检查它的战略结构与制度是否与其最佳的市场机会吻合。

【相关链接】

食品企业市场营销审计

一、食品行业营销审计的基本步骤

1. 确定审计的目标、范围。首先是审计人员与被审计企业共同讨论，就某次审计的目的、范围、深度、数据来源、报告形式以及审计的时间安排等问题达成协议。例如，一个有3家分公司的食品企业邀请一个管理咨询公司做食品营销审计工作。此次审计一共设立了4个主要目标：确定公司的市场位置和它的竞争对手；提出价格策略；建立一个食品评估系统；确定提高销售能力的途径。

2. 收集数据。审计中的数据收集工作一般从对被审计公司文件的收集和研究开始。收集信息中还有一项重要的工作是识别组织中哪一个人能提供有价值的信息，审计人员可以根据组织结构图去寻找并编制一个人员清单，其中不仅包括食品企业的市场营销部门人员，而且包括如财务、生产、人事等其他职能部门的员工。

3. 提出改进意见报告。当数据收集阶段结束后，审计员就要分析数据并为公司的管理者提供书面的审计报告，它包括重新陈述审计目标，说明主要的发现及提出主要的建议。审计员提出来的建议应该按照实施的成本、重要性及难易程度排出顺序，以便于公司管理人员使用。审计报告一般要经过一次或若干次讨论才能最后定稿。这种在审计人员与公司管理人员之间进行的讨论很可能会产生一些新的、更有价值的建议，这一点也是营销审计非常有价值的地方之一。

二、食品行业营销审计的内容

1. 营销环境审计。营销环境审计包括宏观环境审计和微观环境审计。宏观环境审计是对宏观环境的状况及其对食品企业市场营销的影响进行的审计,主要包括对人口统计环境、经济环境、生态环境、技术环境、政治和文化环境等因素的审计。微观环境审计是对各微观环境构成要素及其对食品企业市场营销的影响作用的审计,包括市场、顾客、竞争者、分销和经销商、供应商、辅助机构和营销中介、公众等因素的审计。

2. 营销战略审计。主要从以下几个方面进行审核:企业使命;市场营销的目标和目的;战略,包括战略的内容和表述是否恰当,营销资源的配置是否合理等。

3. 营销组织审计。营销组织审计包括对组织结构、职能效率、部门间联系效率等方面的审核。

4. 营销制度审计。营销制度审计包括对市场营销信息系统、市场营销控制系统、新产品开发系统等的工作状态和绩效的审核。

5. 营销生产率审计。营销生产率审计主要有盈利率分析和成本效益分析。

6. 营销功能审计。主要是对产品、价格、分销、促销等营销功能的战略与执行情况、存在的问题等进行审核。

资料来源:wenku. baidu. com. 2011-04-22

2.2 20世纪60年代的营销概念

20世纪60年代,人们的观念发生了变化,从只关心产品销售到关心市场、关心需求。这一时期形成的营销观念是生产出以满足消费者需要为中心的产品。这一时期的概念主要有:

2.2.1 “4P's组合理论”概念

1960年,美国著名营销学大师、密西根大学教授杰罗姆·麦卡锡(Jeomo Mccarthy)在其著作《基础营销学》中首次提出了著名的“4P's组合(4P's Mix)”理论,即产品(Product)、价格(Price)、通路(Place)、促销(Promotion)。美国西北大学凯洛管理学院国际营销教授菲利普·科特勒(Philip Kotler)则提出政治(Politics)和公共关系(Pubic Relations)两个P,市场营销组合由4P's发展到6P's。随后,菲利普·科特勒(Philip Kotler)又提出了“战略营销计划过程必须先于战术性营销组合的制定”的观点,战略营销计划过程也是一个4P过程:研究(Probing),划分(Partitioning,即细分Segmentation),优先(Prioritizing,即目标选定Targeting),定位(Positioning)。

2.2.2 “营销近视症”概念

1960年,美国市场营销学大师、哈佛大学管理学院资深教授西奥多·莱维特(Theodore

Levitt)在《市场营销近视症》一文中提出了著名的“营销近视症(Marketing Myopia)”理论。他指出,有些行业在困难时期衰退的原因,在于它所重视的是“产品”而非“顾客需要”。任何产品都只是满足一个持久需要的现实手段,一旦好的产品出现,便会替代现有产品。

【相关链接】

万科:品牌“拐点”中的营销近视症

2008年汶川地震中,王石一时失语,令全国人民之心痛上加痛,不亚于在很多人的心里又引发了一场大地震。地震三天后的5月15日,王石在自己博客中称:“200万是个适当的数额。中国是个灾害频发的国家,赈灾慈善活动是个常态,企业的捐赠活动应该可持续,而不应成为负担。万科对集团内部慈善的募捐活动中,有条提示:每次募捐,普通员工的捐款以10元为限。其意就是不要因慈善成为负担。”此语一出,全国哗然,全国人民短时间积聚起的悲痛情绪一下子就找到了宣泄口,王石也为此事郁闷了好多天,可能也度过了好几个“泪湿枕头”的难眠之夜。

后来,虽然王石做了很多补救工作,在向网民们道歉之后也“表露”了自己的心迹,“我虽然快60多岁了,但对于大事情的处理,还是显得很青涩”,可依然未能走出公众鞭挞的舆论包围圈。“捐款门”刚去,“降价门”、股票暴跌等又频频来袭。2008年,可能是王石最不想过的日子。王石曾提出著名的房地产“拐点论”,一度以健康、诚信等正面形象面世的王石和万科,在这些事件后非常有可能使“捐款门”成为其个人及公司形象的“拐点”。

以史为鉴,可以知兴替;以人为鉴,可以知得失。一个号称最具社会责任感的男人和一家常把企业公民责任挂在嘴边的行业领袖型企业,又能给人们带来怎样的思考和参照?

资料来源:www.doc88.com/2011-12-17

2.2.3 “生活方式”概念

1963年,美国营销学家威廉·莱泽(William Lacer)提出了“生活方式(Life Style)”理论,生活方式是洞察消费方式的切入点。企业需要按照某一特定生活方式生活的群体的需要来设计产品。

【相关链接】

宝马公司的生活方式营销

在2002年北京的一次国际汽车展览会上,宝马公司展出了他们专为中国“新贵们”量身定制的宝马“新7系”“宝马个性极品”系列等数十款豪华轿车。在“个性极品”系列中,每一部个性极品车的内饰选材和色彩都是完全不同的。从消费心理方面来讲,这也充分满足了中国消费者“专属独尊”的个性要求。宝马“新7系”打造出来的是一种豪华气派和卓越动感的精神享受,对消费者来说,有一种高贵不凡的享受。

宝马公司的口号是“用宝马的产品来征服中国消费者的心”,但真正征服中国消费者的不是它的车,因为在很多商品都同质化的今天,真正的商品能打动人的情况太少了,而这次宝马公司刻意打造的“宝马生活方式”却感动和影响了不少消费者。在宝马公司这种“生活方式营销”的推动下,“宝马生活方式专卖店”随即在北京应运而生。宝马公司中国区总裁席曼毫不掩饰他们的目的:让顾客通过购买宝马的产品来显示他们的成功,把宝马品牌和消费者本身的成功很好地融合在一起,让使用宝马产品成为客户的一种生活方式。

资料来源:baike. sogou. com/2010-05-01

2.2.4 “买方行为理论”概念

1967年,美国市场营销学家约翰·霍华德(John A. Howard)和他的学生——美国埃默里大学格兹塔桑学院市场营销教授杰迪什·谢斯(Jagdish N. Sheth)提出了“买方行为理论(Buyer Behavior Theory)”,并于1969年在其合著《买方行为理论》一书中系统阐述了消费者购买行为和购买过程的一些重要概念。买方行为理论,既包括顾客购买商品的行为,又包括顾客使用和处置商品的行为。

【相关链接】

吉列公司消费者购买行为

吉列公司通过给顾客免费赠送刀具而留住顾客,因为这将促使顾客长年累月地购买吉列刀片。19世纪70年代,当Bic公司在欧洲推出一次性剃须刀并很快占领了市场时,吉列却忘记了留住顾客的方法。它抢先在Bic公司推出一次性剃须刀,同时利用购物优待券、价格刺激、零售打折等手段来推销新产品,开发新顾客。虽然保住了市场,却损失了利润。1974—1980年赢利情况令人失望。公司营销人员意识到由于在价格上做文章而使顾客流失,利润下降,决定回到以留住顾客为出发点制定营销战略。当公司投资几千万美元研制出新式剃须刀时,公司改变营销策略,将以往用在优惠销售上的营销费用花在媒体广告上以树立品牌形象。活动目标是:吸引年轻男子花较少的钱试用新产品,同时留住老顾客。实践证明,Sensor刀片的营销获得了成功,成为其20世纪90年代留住顾客的营销典范之一。

相比之下,通用公司在其著名的品牌——奥兹莫比尔(Oldsmobile)在1980年的典型顾客为50岁上下的人,后来对生产线进行彻底革新,新款的奥兹莫比尔车体豪华,外形醒目,以便吸引30岁左右的富裕阶层。但新顾客未吸引到,老顾客在困惑不解中也不再买这种牌子的汽车。Oldsmobile的市场占有率在5年内从11%降至5%。

资料来源:wenku. baidu. com/2012-12-02

2.2.5 “扩展市场营销”概念

1969年,美国品牌专家西德尼·莱维(Sidney Levy)和市场营销学家菲利普·科特勒(Philip Kotler)在《扩展市场营销观念》一文中提出了“扩展市场营销(Broader Marketing)”概念。他们认为,营销学不仅适用于产品和服务,而且适用于组织、人、地方和意识形态。所有的组织,不管它们是否进行货币交易,不管它们干得好或坏,事实上都在搞营销。

【相关链接】

郭德纲的自我营销

郭德纲不是一个营销人,但这样一个"非著名"相声演员的迅速蹿红,却不能说不是一种营销现象。

如果以营销的观点去看郭德纲现象,郭德纲的火爆并非偶然,这可以说是营销的结果,而且是一次相当成功的营销。

首先,郭德纲具备了进行营销的先决条件,他将相声视为一种产品,一种需要销售、需要市场认同的产品,这使得他能够区别于那些"著名"相声演员,能够专心地生产、经营自己的相声产品,这让郭德纲的相声真正进入了市场经济。

一个品牌要想在市场上获得成功,产品力是至关重要的。郭氏相声从不知名到一票难求的火爆场面,产品力在其中起到了很大的作用。郭德纲的相声从未抛弃相声的传统形式,而是在这种形式中加入了内容的创新去吸引观众,去卖掉更多的笑声。品牌最大的基础是产品的质量,在这一点上,郭牌相声有了坚实的保证。

其次,郭牌相声的定位很巧妙。"非著名"相声演员这一称谓到底给他带来了什么呢?

严格地说,郭的定位实际上是被动定位,因为他没有名气,甚至成名前他的相声表演连电视也没上过,所以"非著名相声演员"的定位本无可厚非。但巧妙的是,他把这无可厚非的定位放在了被观众关注的位置上,而且他越在名气变大时越是强调他的"非著名",在他自己以及媒体的反复强调下,"非著名"相声演员已经成为了郭德纲特有的定位。

凭借这几个字,他有效地实现了差异化。"非著名"给观众带来了全新的感觉,同时也迎合了现代人反主流、反权威的心态。这使得郭成为了又一个草根文化潮流的代表人物。

第三,郭德纲充分利用了渠道的特点。网络即是其中一个重要的渠道。可以说,郭德纲的火爆离不开网络传播的贡献。他在网络上开办"相声公社",并自任版主,他在新浪有专区,他还有自己的博客,通过这些网络资源,他上传了许多自己的作品,免费提供给网民,这使得通过网络了解郭德纲的人在呈几何倍数增长,他的很多"纲丝"最初都是在网上接触到他的相声的。这种成本低、效率高的病毒营销手段正在变成弱势品牌崛起的最佳渠道。

成就郭牌相声的另一条渠道就是郭德纲所坚守的小剧场。不知道是郭德纲成就了剧场相声,还是剧场相声成就了郭德纲。总之,郭德纲将相声回归到剧场,演员和观众直接面对面,这让演员可以在表演的同时随时观察台下观众的反应,并及时调整自己的表演。而观众置身于这种环境中,也会被互动的气氛所感染,就好像去现场看球、看演唱会一样,观众得到的不仅是简单的欣赏。

第四,郭牌相声之所以卖得好,宣传在其中的作用同样功不可没。应该说,郭德纲是很懂得宣传的。他当初在网络免费上传自己作品的举动,不仅没有影响到他剧场相声的票房,反而让人们在接触后产生了去现场观看的更强烈的冲动,这就好像商家常用的试用装促销一样,是用来吸引人气的。事实也证明,这些散落在网络上的火种成为今天现场火爆的一个重要助推力。

同时,郭德纲很会用相声跟观众沟通,用相声为自己的品牌进行宣传。有两件事,是郭德纲经常在段子里提及的。一个说的是传统相声总共有1 000多段，经过相声演员这些年不断地努力，到现在还剩下200段。而郭德纲也说过自己会600多段相声。这种不言自明的宣传让观众们形成了听传统相声，就找郭德纲的品牌认知。另一个事件流传更广，说的是在一次演出中，台下只坐着一位观众，但郭德纲和他的同伴们还是坚持为他说完了整台节目。

除了自身的宣传外，在这个营销事件中，媒体起到了推波助澜的作用。在春节前后，各大媒体的访谈等节目给了郭德纲足够的曝光率。而这些节目也围绕着他的相声展开，就如同整合营销传播，更体现出郭德纲品牌实实在在的形象。

资料来源：zhidao. baidu. com/2010-06-17

2.3　20世纪70年代的营销概念

20世纪70—80年代，是社会营销观念时期，人们的眼光从企业营销上跳出来，关注社会效益，这与20世纪70年代社会的动荡不安有关。

2.3.1　"社会营销"概念

1971年，美国市场营销学家、哈佛商学院教授杰拉尔德·查特曼(Gerald Zaltman)和菲利普·科特勒(Philip Kotler)提出了"社会营销(Social Marketing)"的概念。促使人们在营销的同时，关注一些重大社会目标，如环境保护、计划生育、改善营养、使用安全带等。

【相关链接】

贝因美的社会营销

婴幼儿的健康关系到一个民族、一个国家的未来，所以它是一个特殊的朝阳产业，有着无穷的发展和开拓的潜力。无论是站在深远的人类发展的角度还是站在纯粹商业的角度，对婴幼儿事业的关注、对婴幼儿产业的开发都有着极其重要的意义。由谢宏领导的贝因美集团敏感地意识到了这一点，从而果断地走进了婴幼儿产品市场。

经过贝因美集团地研究，发现市场上的一些米粉蛋白质含量只有5%，而且以动物蛋白为主，乳糖含量很高，而将近有10%以上的中国婴幼儿对乳糖有不适应症，另外，中国婴儿容易患碘缺乏症，因此必须在辅食中补充，中国婴幼儿的特殊体质决定了他们需要的是含有碘的、蛋白质含量丰富又易于吸收的断奶期食品。若选用了不适合中国婴幼儿的食品，将在无形中影响中国婴幼儿的健康成长，从而带来巨大的、难以弥补的影响。

资料来源：doc. mbalib. com/2011-11-15

2.3.2　"低营销"概念

1971年，美国品牌专家西德尼·莱维(Sidney Levy)和市场营销学家菲利普·科特勒

(Philip Kotler)提出了“低营销(Low Marketing)”的概念。这是由于对当时不良经济状况的评价及对将来短缺经济的预测。低营销要求营销经理不仅能扩大需求,还能在经济短缺时有选择地或全面地减少需求的技能。

2.3.3 “定位”概念

1972年,美国营销战略家、工业协会会长艾·里斯(Al Ries)和定位之父、特劳特咨询公司总裁杰克·特劳特(Jack Trout)在“广告时代”杂志上发表论文《定位时代的来临》,提出了“定位(Position)”这个富有吸引力的概念,指出公司如何运用定位去创立产品在顾客头脑中的特定形象。就像麦当劳,我们一想到它,就会想到黄颜色的大“M”以及它所经营的汉堡、炸薯条等。这就是优秀的定位。

【相关链接】

麦当劳强劲的市场营销定位

麦当劳公司作为快餐汉堡包零售商,是一流的市场营销商,其14 000家快餐店分布于全球79个国家,整个系统年销售额达30多亿元。每天有1 900万顾客经过著名的金色双拱标志,每年多达96%的美国人在麦当劳用餐。现在,麦当劳每秒销售145个汉堡包。

这一销售业绩应归功于其强劲的市场营销定位,即:麦当劳知道怎样为顾客服务,以及怎样随消费者欲望的变化而进行调整。

麦当劳的市场营销哲学完全浓缩于其座右铭QSCV(品质、服务、清洁、价值)之中,这4个字母分别代表质量、服务、洁净与价值。顾客走进窗明几净的餐厅,来到友好的柜台服务员面前,很快便可以点到一份可口的快餐。店里没有让青少年聚集的自动电话机或电话,也没有烟灰缸或报纸架。所以,去麦当劳是一家子的事,对孩子特别有吸引力。

麦当劳已掌握了为消费者服务的艺术,并细心把基本原理教给其职员和特许经销商。麦当劳通过不断的顾客调查来监督产品和服务质量,并且不遗余力地改进汉堡包生产方法以简便操作、降低成本、加快服务以及带给顾客更多的价值。除了这些努力之外,每一家麦当劳快餐店还通过社区参与和服务项目来成为附近地区的一分子。

在其位于美国以外的4 700家快餐店中,麦当劳仔细根据当地的口味和习惯来制定菜单。在日本供应玉米汤和叉烧汉堡,在罗马有通心粉色拉,在巴黎有配以葡萄酒和现场钢琴音乐的麦乐系列汉堡包。在牛被视为神圣的印度,麦当劳卖蔬菜汉堡包而不是牛肉汉堡包。

麦当劳在莫斯科开第一家快餐店时,就很快赢得了俄国消费者的青睐。但是,为了在这个新市场达到其高水准的顾客服务标准,不得不克服一些巨大的障碍。它必须把麦当劳那些经受过时间考验的做事方法教授给供应商、职员甚至顾客。公司还在汉堡包大学中培训俄国经理,并要求630名新职员中的每一位都要接受16~20小时的基本知识培训。

麦当劳还必须培训消费者,因为绝大多数莫斯科市民从来没见过快餐店。在莫斯科开业的第一天,麦当劳为700名莫斯科孤儿举办开业聚会,并把开业当天的全部收益捐献给莫斯科儿童基金会。结果,这家新的莫斯科快餐店营造了一个非常成功的开端。

麦当劳对消费者的注重以使其成为世界上最大的快餐服务组织。现在,麦当劳已赢得了20%的美国快餐业务，并正迅速地向全球扩张。

资料来源：wenku. baidu. com/2013-03-18

2.3.4 “战略计划”概念

波士顿咨询集团（The Boston Consulting Group）说服公司不要对其所有业务一视同仁，而应该根据各种业务市场份额的成长情况，决定哪些业务必须建立，哪些业务应该保留或者淘汰。这就是“业务投资组合法”，它体现了“战略计划（Strategic Planning）”这一概念。

对营销者而言，营销不仅意味增加销售额，从这一思想中产生了“战略策略”这个概念，它和“战术营销（Tactical Marketing）”的界线也明朗化。此时的营销活动就有策划的意味。

【相关链接】

联想集团的战略规划

联想的战略规划分为3个层次：集团战略发展纲要、子公司战略规划、业务部门战略规划。

一、确定集团战略目标及路线

联想集团的中长期战略目标及路线是公司最高层（执委会）定期开展的“务虚会”的主要内容，其形成过程不遵循一个定式，但也是一个反复沟通分析的结果。为了适应IT产业的快速变化，战略目标及路线在每年会回顾一遍，并视情况予以局部调整。集团战略目标及路线通过会议发言等形式向集团内外传达。集团战略目标及路线对公司的各项活动起着重要的指导作用，为此集团规划部门制定了“联想集团的规划管理大纲”，对目的、原则、规划职责、阶段作了指导性说明。

二、子公司层次的战略规划

在集团中长期战略规划和路线的指导下，子公司的战略规划基本按一上一下一上一下的方式展开。

三、业务层次的业务规划和经营预算

业务层次的业务规划在联想受到全集团上下的高度重视。联想集团在1998—1999年两次召集全国各地的所有高级经理集中进行1～3天的业务规划、经营预算的培训。在联想内部评价成绩时，对是“瞄着打”还是“蒙着打”或是“打了再瞄”，建立清晰的区别。另外，联想的业务规划的意义，不仅仅限于规划结果，更重要的是业务规划过程本身对推动各级经理人思考和总结，强化经营意识，树立“说到做到”的联想文化起到巨大的作用。

子公司层次的战略规划是业务部门年度业务规划的重要指导，业务规划的结果落实到每年的经营预算，各业务模块的预算都必须与业务规划相联系，在“能量化的量化，不能量化的细化”的原则指导下，业务规划按责任中心和时间进度，分解落实成具体的成本、利润、销量、时间、满意度等指标。

业务规划要求首先确立宗旨、职责，根据宗旨和职责，在非常详细的环境分析的基础上

得出全年的目标,之后进行经营预算、业务规划、管理规划。以下是联想电脑公司台式机事业部一个规划的5步酝酿过程:

第一步,启动点是干部的务虚研讨会,基本上所有处级以上干部都要去进行务虚的研讨。

这一步的任务是明确整年工作的一个指导思想;说出全年的工作目标;确定整个大预算的框架;分工作,明确谁负责哪一块;确定推进时间表。

第二步,分块多轮次的研讨。各个层次都开会,到达所有员工,提出每一块的规划草稿,使全员参与;提高规划的准确性,减少阻力,建立沟通平台。

第三步,分块汇报和修改。这个汇报基本上是以事业部所有总经理级以上干部的联系会的方式,对每块的规划进行研讨、修整,之后变成分块和定稿。

第四步,由事业部的经营管理部进行整合。

第五步,向电脑公司的总经理室进行汇报,然后定出几大修改意见,这样产生规划结果。这一过程历时将近3个月,几乎是全员参与。

资料来源:wenku. baidu. com/2014-04-11

2.3.5 “人道营销”和“社会责任营销”概念

20世纪70年代,人们日益感到企业应该有一定的社会责任。于是,便出现了“社会营销(Social Marketing)”概念,同时出现了诸如“人道营销”和“社会责任营销”这些概念,要求企业在决策时,不仅应该考虑消费者需要和公司目标,还应考虑消费者和社会的长期利益。

【相关链接】

沃尔玛的人道营销

“出色的顾客服务是我们差别于所有其他公司的特点所在。向顾客供给他们需要的货色——并且再多一点服务,让他们晓得你器重他们。”

——沃尔玛开创人:山姆·沃尔顿

纵观海内超市雄师,真正将贸易经营以公益、文明等形式融入社区生涯、融入庶民心里的企业少之又少,真正将经营的高度回升到“文化营销,人文关心”的企业恐怕更不多了。然而,寰球财产500强——沃尔玛却在包含中国在内的每一个国家都实行着不间断的便民服务与公益服务。

“沃尔玛中国”网站,让人们真正领略到什么是超市经营中的人文关怀。“顾客服务”的网页中,透过“儿童的奇观”“关爱宝宝”“儿童绘画竞赛”“快活小天使”等沃尔玛在中国儿童中实施的公益活动,人们能够体会到沃尔玛所谓的帮助儿童的理由:儿童是社会的将来,为了让儿童生活得更健康、幸福,“沃尔玛中国”发展了一系列以儿童为核心的社区公益活动。儿童是社会、国家的未来,他们的人生途径才刚刚开始,“沃尔玛中国”将竭尽所能赞助儿童拥有一个健康、幸福的生活。在“帮助街坊”的链接页面中,人们会看到沃尔玛在中国实施的好邻居方案,他们激励员工当义工,抽出一些业余时间辅助当地社区。他们在每年的新年、中秋等节日都会和商店所在地的孤儿院的孩子、老人院的老人联欢，并进行慈善捐献，以鼓励商店和员工在当地的社区建设中发挥作用。也许人们这才真正意识到超市在当地社区建设中所能发挥的重要作用。正如沃尔玛网站所言："好邻居规划是我们社区公益活动的中心。通过该项筹划，我们将勉励我们的商店和我们的员工在他们当地的社区建设中发挥重要作用。"

不仅如此，他们甚至制定了"三米微笑准则"，教诲员工于三米外向顾客致意。而国内的超市却似乎老爱好在顾客走近跟前的时候微笑，或者就是在顾客"贵脚盈门"的霎时，就有店员尾随其后，绝不做声地看着顾客实施购物举动了。

资料来源：blog. sohu. com/2012-06-11

2.3.6 "宏观营销"概念

当代一些社会问题，如保护消费者权益主义和环境保护主义等促使营销专家将其注意力又一次转向营销活动的宏观效果。它的研究能提醒我们经常检查营销组合活动对消费的社会福利和价值的影响。

2.3.7 "服务营销"概念

20 世纪 70 年代后期，美国的服务经济发展迅速。1977 年，美国营销学家、美国花旗银行副总裁林恩·肖斯塔克(Lynn Shostack)在其论文《从产品营销中解放出来》中阐述了其对服务营销(Service Marketing)的独特见解。他认为，泛泛而谈营销观念已经不适应于服务营销，服务营销的成功需要新的理论来支持。

相关链接

服务营销——建行的龙卡信用卡

信用卡是当今发展最快的一项金融业务。建行的龙卡信用卡是面向广大高信誉持卡人的民族品牌银行卡，集购物消费、转账结算、存取现金、通存通兑、代缴费用、消费信贷等功能于一身。但长期以来，由于受信用卡办理程序烦琐、社会信用体系尚未建立和国民消费意识淡薄等因素的影响，人们对信用卡的认知度以及国内信用卡的普及率都不是很高。据统计，龙卡信用卡的发卡量只占龙卡总发行量的 10% 左右。但当一家专业化的信用卡行销公司——北京龙信丰投资咨询服务有限公司出现后便大大改变了这个局面。

北京龙信丰投资咨询服务有限公司从 1999 年起独家代理推广龙卡信用卡，其依靠丰富的金融服务经验和完善的信用审核、风险监控体系，在短短的两年时间里取得了极大的成功，并在全国掀起一股席卷信用卡行销市场的狂潮。

究竟是什么使得龙信丰能在激烈的信用卡市场中独树一帜，引领风骚呢？

一、简便的申办手续

龙信丰提出"免除担保，上门服务"。基于对市场调查和自身实力的估量，公司大胆简化了许多烦琐的申请手续。比如，申请人可以免除担保，免除保证金，免除工作单位出具的资信调查函而只需向银行提供有效身份证件(身份证、户口本、执照或军官证)复印件即可,而服务质量、服务内容丝毫不会因此而降低,持卡人仍可享受持卡购物、转账、善意透支等服务。

二、便捷的办卡服务模式

服务型公司采取自动上门送、取申请表并送卡到人的服务模式。公司中的每一位员工就是一个流动的网点,该网络覆盖面很广,从而解决了银行网点有限的问题。

三、完善的风险防御机制

由于凭借信用卡,持卡人便可以在一定额度内享受银行提供的透支服务,恶意透支现象时有发生。因此,银行一直采用借记式的信用卡,要求持卡人必须先存款才能消费。这虽然能在一定程度上防范金融欺诈行为,却远远背离了信用卡的真实含义。

四、过硬的法律保障

龙信丰公司由于长期以来依托建行完备、合法的透支规定在司法部门中形成了良好的信誉,从而得到了司法部门的大力支持,表现在涉及龙卡信用欺诈案件的结案率、执行率都很高,这反过来也成为龙卡敢于简化其申办手续的重要原因之一。

五、制定以服务为导向的营销策略

通过细致地研究客户的具体情况,龙信丰公司对他们做了不同的市场划分:按发行对象可分为单位卡和个人卡;按信誉等级分为金卡和普通卡;按卡片影印内容可分为彩照卡和非彩照卡。将客户群做了上述细致的划分后,就可以针对不同的客户提供不同的服务。

同时,龙信丰也十分注重服务产品的创新。目前,信用卡行业普遍存在一个很让人头痛的问题,那就是信用卡被盗用的现象。而且这种盗用实在是防不胜防,已经成为困扰银行和消费者的一个难题。龙卡在发行和使用中也同样面临这个问题。那么,如何才能防止和杜绝这种情况的发生呢?彩照卡和非彩照卡这种带有影印内容的信用卡,就可以有效地防范单位卡及个人卡被盗用。

资料来源:www.boc88.com/2013-12-09

20世纪70年代的营销策划能使企业从劣势走向优势。一个企业在市场活动中,冒着种种危险,接受种种挑战,难免会在某些时刻处于劣势,处于竞争中的不利位置。这时则需要一个完整、系统的营销策划,使企业绝处逢生,从劣势走向优势。

2.4 20世纪80年代的营销概念

20世纪80年代,由于经济的滞缓发展,营销观念仍停留在“社会营销”观念上。

2.4.1 “营销战”概念

1981年,莱维·辛格(Levi Singh)和菲利普·科特勒(Philip Kotler)考证了“营销战

(Marketing Warfare)"概念及军事理论在营销战中的应用。1998 年,A. 里斯(Al Ries)和 J. 特劳特(Jack Trout)出版了他们关于营销战的书。A. 里斯和 J. 特劳特在《营销战》一书中,对"营销战"进行了比较全面、深刻的阐述,他们认为,"营销即战争"。此外,他们还重点分析了营销战中的 4 种常用战略形式,即防御战、进攻战、侧翼战和游击战,并针对每种形式提出了 3 条应遵循的原则,即兵力原则、防御优势原则、数学原则,以及在具体的营销战中如何运用这些原则。《营销战》一书的出版,标志着"营销战"概念的产生。

2.4.2 "内部营销"概念

1981 年,芬兰赫尔辛基瑞典文经济与管理学院教授克里斯琴·格罗路斯(Christian Gronroos)发表了论述"内部营销(Internal Marketing)"概念的论文,"内部营销"首次出现在大众的视野中。克里斯琴·格罗路斯认为在培养公司经理和雇员接受以顾客为导向的概念时,要实施内部营销。公司有一个强有力的营销部门,并不意味着这家公司实施了营销导向,应该在公司里创造一种营销文化。

【相关链接】

希尔顿酒店集团的内部营销

希尔顿酒店集团旗下的 Homewood Suites 的品牌经理霍尔特豪泽(Jim Holthouser)非常重视内部营销和手下的几位高层经理定期与公司一线的团队成员召开电话会议,同时也定期与每位总经理召开电话会议,以了解业务的最新进展情况。当有员工表现突出时,霍尔特豪泽会发去书面感谢信,并致电表示祝贺。

由于霍尔特豪泽为员工敞开了信息大门,他们的工作非常出色。不仅如此,员工在客户服务方面的表现也更上了一层楼,因为他们真正担起了促使公司品牌成功的责任。霍尔特豪泽说:"我们一直认为内部营销同外部营销一样重要,而我在这里的经历证明了我的想法是对的。"

5 年之后,霍尔特豪泽再也没有碰到招聘方面的问题了,他说:"现在发出招聘贴子后,应聘的人数超过了我们能够应付的程度。"连锁酒店加盟行业面临的最大问题是员工流失率高,但是 Homewood 的优秀员工却一直没有离开那里。

这些员工关心客户,而客户也回馈他们以支持和赞赏,霍尔特豪泽说:"由于客户的好评,我们赢得了 3 项行业大奖。这些奖励是我们致力于营造企业文化的直接结果,在这种文化氛围内,团队成员满腔热情地实现着我们的品牌承诺。"

资料来源:jiudian. jiameng. com/2012-03-26

2.4.3 "全球营销"

1983 年,美国市场营销学大师、哈佛大学管理学院资深教授西奥多·莱维特(Theodore Levitt)在其刊登于《哈佛商业评论》上的一篇文章《全球化的市场》中明确提出了"全球营销(Global Marketing)"的概念,他呼吁多国公司向全世界提供一种统一产品,并采用统一的沟通手段。过于强调对各个当地市场的适应，将导致生产、分销和广告方面规划经济的损失。

【相关链接】

吉列公司的全球营销

1901年诞生的吉列品牌，在全球的市场获得领先优势，吉列已经在全球的市场上获得领先的优势，而这种优势仍在不断地加强，吉列公司超过70%的销售收入和利润来自于美国之外的市场。吉列不仅在研发和产品上真正做到了国际化和全球化，而且在营销上更是先于产品走在了全球化的前端。吉列公司在10余项产品种类上在全球都是处于领先的地位。

在全球市场变化莫测的背景下，保持领先优势地位除了在一些基础方面的优势外，还包括核心业务上的知识积累和创新，产品科技含量不断提高，和每年保持生产数以百万计的无缺陷产品——高利用率、可靠、高效，吉列公司的体育营销也是吉列在世界上较早使用的颇具特色的并且让全世界认识吉列的重要载体。

全球化的业务无疑带来了全球化的市场。吉列公司曾在美国借助“体育系列”节目成功地打动了美国男人，顺利地打开了美国市场。那么，体育能不能帮助吉列也一样地打动整个世界的男人呢？历史再一次地给了我们答案。用Google搜索吉列体育，看到了在各类的以吉列冠名的体育节目。吉列公司通过一系列体育赞助活动塑造了自己的公益形象，如2001年11月在北京获得中国“最时尚运动员”称号的著名足球运动员杨晨出任吉列公司旗下品牌吉列、金霸王的形象代言人，并任职吉列2002年世界杯足球赛形象大使。而出任吉列形象大使的还有世界著名球星贝克汉姆。正是这一系列的体育联姻，使得吉列不断地提升自己的品牌价值，成为世界上的顶尖品牌，也成为各项体育赛事的老牌赞助商。

资料来源：wenku. baidu. com/2013-03-16

2.4.4 “当地营销”概念

1984年，出现了“当地营销（Local Marketing）”的概念，大块市场被分成一个个当地市场，尤其是零售连锁组织的日益增多，要求更多的当地市场。

相关链接

肯德基的当地营销

高喊着“颠覆汉堡”口号的西式快餐代表肯德基，在中国传统新春佳节之际，推出了具有中华美食精华的北京烤鸭风味的“老北京鸡肉卷”，中西合璧的风格在肯德基出现。

一张面饼，放上经烹炸的鸡腿肉条，加上爽脆的黄瓜条、葱段，浇上浓郁的甜面酱和汉堡酱包裹起来，这样的配料，这样的吃法，让北京人似曾相识，品尝过的人们都感慨道：肯德基更加中国化了。

人们已经注意到了肯德基里的中国文化味。1999年，一向以美国文化、美国风格著称的肯德基，首次打破全球惯例，“入乡随俗”地换上了整套中式装修。位于北京前门箭楼古城墙附近的肯德基中国第一店，装修后以长城、四合院等中国传统建筑风格为主要基调，辅以天津和无锡彩塑泥人、山东潍坊风筝、山西皮影、民俗剪纸和民间布制手工艺装点各层餐厅。在前门餐厅三楼宝贵的空间内，还特意布置一个文化长廊，免费不定期展出民间艺术家们的作品。

从穿上“中式外衣”到换上一颗“中国心”，肯德基从店铺形式到产品内容，越来越趋向于营销本土化。

资料来源：wenku. baidu. com/2011-03-25

2.4.5　“直接营销”概念

直接营销（Direct Marketing）是指在零售外向人们销售的一种新方式包括：上门推销和直接邮售。直接营销是一种不通过营销中间人，使用消费者直接渠道（Consumer-Direct）进行的送达和交付商品、服务的行为。直接营销现在已发展到集会推销、电话推销、家庭电视购物、计算机购货等方式。

【相关链接】

麦考林的直接营销

中国消费者知道麦考林，是从最初的邮购业务开始。早在2000年4月，麦考林就开通了电子商务门户网站“麦网”。此网站目前已成为位居当当网、卓越网之后的第三大B2C网站，主要经营服装、家居用品等。公司的目标是年内超越卓越，成为国内第二大B2C网站，除了邮购与网站，麦考林还迈着稳健的步伐拓展实体门店的开设。自此，麦考林正式确立了“三合一”渠道的发展策略。

今年5月，麦考林在上海的第10家门店即将开业，而未来麦考林将每年投入数千万资金用于全国范围内店铺的铺设，并要在明年使其门店数达到100家。同时，在目前麦考林的销售体系中，传统目录销售仍占据了一半份额，网络销售则占30%，剩余20%的收入来自店铺以及电话等其他销售方式。顾备春表示，将坚持多渠道销售，不会取消目录销售的方式。因为支撑这一决定的还有下列的数据：目前麦考林每月固定发布的目录已经达到200万，其顾客数量更是以每年40%的速度增长。

“三合一”的多渠道模式本质上还是零售业，现在这一模式带给麦考林的回报正日益走向丰盛。顾备春很有底气地表示，按照目前的增长率，麦考林的销售额预计将在两年内达到10亿元，而净利润率达到12%，保持国内多渠道零售领域第一的位置。顾备春的目标是将固定客户群保持在500万左右，上市和发行股票事宜也在考虑之中。深信麦考林将会在自己的道路上越走越坚实。

资料来源：wenku. baidu. com/2013-03-18

2.4.6　“关系营销”的概念

1985年，美国著名学者，营销学专家巴巴拉·本德·杰克逊（Barbara B. Jackson）正式提出了“关系营销(Relationship Marketing)”的概念。他指出:“公司不是创造购买,它是要建立各种关系。”关系营销的本质特征是:双向沟通、合作、双赢、亲密和控制,其中心是顾客忠诚。

【相关链接】

马狮百货集团的关系营销

马狮百货集团(Marks & Spencer)是英国最大且盈利能力最高的跨国零售集团,以每平方英尺销售额计算,伦敦的马狮公司商店每年都比世界上任何零售商赚取更多的利润。马狮百货在世界各地有2 400多家连锁店,“圣米高”牌子货品在30多个国家出售,出口货品数量在英国零售商中居首位。《今日管理》(*Management Today*)的总编罗伯特·海勒(Robert Hellen)曾评论说:“从来没有企业能像马狮百货那样,令顾客供应商及竞争对手都心悦诚服。在英国和美国都难找到一种商品牌子像‘圣米高’如此家喻户晓,备受推崇。”这句话正是对马狮在关系营销上取得成功的一个生动写照。

早在20世纪30年代,马狮的顾客以劳动阶层为主,马狮认为顾客真正需要的并不是“零售服务”,而是一些他们有能力购买且品质优越的货品,于是马狮把其宗旨定为“为目标顾客提供他们有能力购买的高品质商品”。马狮认为,顾客真正需要的是质量高而价格不贵的日用生活品,而当时这样的货品在市场上并不存在。于是马狮建立起自己的设计队伍,与供应商密切配合,一起设计或重新设计各种产品。为了保证提供给顾客的是高品质货品,马狮实行依规格采购方法,即先把要求的标准详细制定下来,然后让制造商一一依循制造。由于马狮能够严格坚持这种依规格采购的方法,使得其货品具备优良的品质,并能一直保持下去。

马狮要给顾客提供的不仅是高品质的货品,而且是人人力所能及的货品,要让顾客因购买了“物有所值”甚至是“物超所值”的货品而感到满意。因而马狮实行的是以顾客能接受的价格来确定生产成本的方法,而不是相反。为此,马狮把大量的资金投入货品的技术设计,而不是广告宣传,通过实现某种形式的规模经济来降低生产成本,同时不断推行行政改革,提高行政效率以降低整个企业的经营成本。

此外,马狮采用“不问因由”的退款政策,只要顾客对货品感到不满意,不管什么原因都可以退换或退款。这样做的目的是:让顾客觉得从马狮购买的货品都是可以信赖的,而且对其物有所值不抱有丝毫的怀疑。

在与供应商的关系上,马狮尽可能地为其提供帮助。如果马狮从某个供应商处采购的货品比批发商处更便宜,其节约的资金部分,马狮将转让给供应商,作为改善货品品质的投入。这样一来,在货品价格不变的情况下,使得零售商提高产品标准的要求与供应商实际提高产品品质取得了一致,最终形成顾客获得“物超所值”的货品,增加了顾客满意度和企业货品对顾客的吸引力。同时,货品品质提高增加销售,马狮与其供应商共同获益,进一步密切了合作关系。从马狮与其供应商的合作时间上便可知这是一种何等重要和稳定的关系。与马狮最早建立合作关系的供应商时间超过100年,供应马狮货品超过50年的供应商也有60家以上,超过30年的则不少于100家。

在与内部员工的关系上,马狮向来把员工作为最重要的资产,同时也深信,这些资产是成功压倒竞争对手的关键因素。因此,马狮把建立与员工的相互信赖关系,激发员工的工作热情和潜力作为管理的重要任务。在人事管理上,马狮不仅为不同阶层的员工提供周详和组织严谨的训练,而且为每个员工提供平等优厚的福利待遇,做到真心关怀每一位员工。

马狮的一位高级负责人曾说:"我们关心我们的员工,不只是提供福利而已。"这句话概括了马狮为员工提供福利所持的信念的精髓:关心员工是目标,福利和其他措施都只是其中一些手段,最终目的是与员工建立良好的人际关系,而不是以物质打动他们。这种关心通过各级经理、人事经理和高级管理人员真心实意的关怀而得到体现。例如,一位员工的父亲突然在美国去世,第二天公司已代他安排好赴美的机票,并送给他足够的费用;一个未婚的营业员生下了一个孩子,她同时要照顾母亲,为此,她两年未能上班,公司却一直发薪给她。

马狮把这种细致关心员工化成是公司的哲学思想,而不因管理层的更替有所变化,由全体管理层人员专心致志地持久奉行。这种对员工真实细致的关心必然导致员工对工作的关心和热情,使得马狮得以实现全面而彻底的品质保证制度,而这正是马狮与顾客建立长期稳固信任关系的基石。

资料来源:wenku. baidu. com/2011-01-06

2.4.7 "大营销"概念

1986 年,美国西北大学凯洛管理学院国际营销教授菲利普·科特勒(Philip Kotler)提出了"大营销(Mega Marketing)",即大市场营销,提出了公司如何打进被保护市场的问题。优质的产品和完美的营销方案,不足以顺利进入某个特定区域,可能面临各种政治壁垒和公众舆论方面的障碍。当代营销者必须借助政治技巧和公共关系技巧,以便在全球市场上有效地开展工作,也就是在 4P 的基础上加上 2P,即权力(Power)和公共关系(Public relationship),也就是产品(Product)、价格(Price)、渠道(Place)、促销(Promotion)、公共关系(Public relationship)、政治权力(Political Power),即6P。

【相关链接】

"大市场营销"在电信市场营销中的应用

随着电信市场化进程的加快,尤其是在多电信运营商并存的形势下,电信的产品(服务)、价格、业务促销、业务销售督导管理、政策法规和公共关系等成为影响市场营销的关键因素。

电信业在做好传统4P 的基础上,在开展关系营销时采取以下措施:

一是要建立与客户的良好关系。首先要坚持"以人为本""用心服务"的原则,要充分地了解客户的需求,认真听取客户的意见。

二是要建立和完善客户档案。经常通过各种方法维系感情,不断地把暂时顾客变为长久顾客。

三是加强消费管理。如创建顾客俱乐部,及时倾听他们的意见和建议,组织开展各种活动。

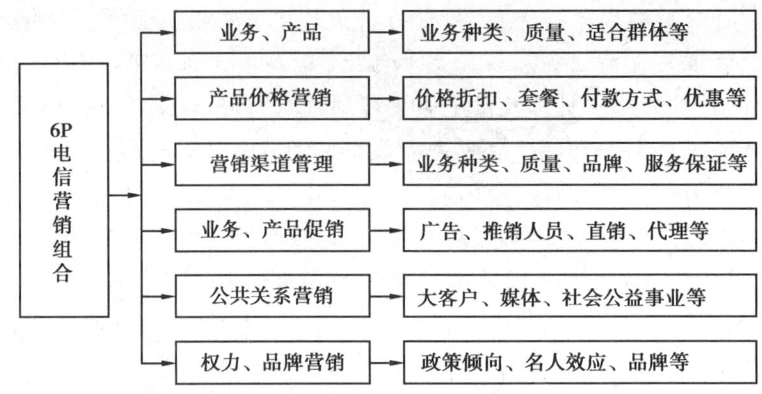

四是积极参与各种社会团体活动,鼓励员工与社会各阶层建立广泛的联系。

五是根据公司的财力和物力,适当地开展一些社会公益活动。如建立"希望小学",帮助贫困学生完成学业,救助孤寡老人等。

在开展权力营销时,应注意:一是政策性营销。社会无论发展到哪一个阶段,总会有一些产品作为政府指定或法律规定的消费品。比如,我国电信业对电信终端设备实施市场准入制,任何电信终端设备(包括手机、电话机、传真机等)未经许可不得进行销售。

二是权力营销。权力营销是指借助自身或他人的权力来开展的营销活动。权力,即控制力和影响力,无论是直接的还是间接的,是法定的还是非法定的,具有权力的一方在一定范围内和一定程度上对被作用的一方都会有控制力和影响力。比如"李宁"牌运动服,因为李宁的个人影响力,使得"李宁"牌运动服成为人们乐意购买的服装。另外,像摩托罗拉、诺基亚等名牌手机,就是因为它们在人们心目中有较强的影响力,才吸引许多人使用等。权力营销又可以分为法定权力营销、专家权力营销、参照权力营销、信仰权力营销、惩奖权力营销、形象权力营销等。

资料来源:wenku. baidu. com/2010-09-09

2.5 20世纪90年代后的营销概念新发展

2.5.1 产品概念的变革

1)产品概念

产品概念,主体是产品。产品概念从本质上说就是产品卖给消费者的是什么利益点,即满足消费者的是什么需求点。任何产品都有其市场存在的理由,这些理由是因为消费者对该产品的利益存在着一定的需求。

在营销发展史上,人们最初将产品理解为具有某种物质形状、能提供某种用途的物质实体,它仅仅指产品的实际效用。在这种观念的指导下,企业往往将注意力只放在产品品质的改进上，从而忽略了消费者的其他需求。在卖方市场上，这种产品概念尚能指导企业的生产经营实践。如在20世纪初，福特创造了世界上的第一条流水线，使汽车的生产效率急剧提高，成本迅速下降。但福特公司只生产黑色的汽车，当公司职员建议生产其他颜色的车时，老福特认为顾客关注的是汽车的实际效用，而不是它的颜色。因此，无论顾客喜欢什么颜色，福特公司只生产黑色的车。

20世纪50年代末以后，在第三次科技革命的推动下，生产日益科学化、自动化、高速化、连续化，随之而来的是市场上产品急剧增加，花色品种日新月异，市场已经从卖方市场转变为买方市场。在日益激烈的市场竞争中，一些企业逐渐认识到：一方面在科学技术日新月异以及企业生产管理水平越来越高的条件下，不同企业提供的同类产品在品质上越来越接近；另一方面，随着社会经济的发展和人们收入水平的提高，顾客对产品的非功能性利益越来越重视，在很多情况下甚至超过了对功能性利益的关注。于是一些企业逐渐摆脱了传统产品概念的束缚，调整了以往的竞争思路，那就是不仅通过产品本身，而且还通过在款式、品牌、包装、售后服务等各个方面创造差异来赢得竞争优势。它标志着产品整体概念的诞生。

这时的产品概念已不限于有形的物质产品和劳务，还包括观念、思想等社会行为。美国的拉夫洛克(Lovelock)和温伯格(Weinberg)认为："以往的产品概念具有不完全的地方，过于强调了生产者的一面。当今的产品增加新的内涵，即应包括为了事先特定的理想(目标)或社会结果而设计的服务组织的产出物及有计划的活动。这样，产品具有了3种形态：有形的物质产品、无形的劳务(服务)、社会行为(观念、思想)。"前两种形态是原来的产品概念所包括的，社会行为这一新的形态的提出是引人注目的。

社会行为是一种非常特殊的产品形态。确切地说，在很多场合，最终完成这种产品形态的是营销的对象——消费者——根据某一命令从事行动。为了产生一定的社会行为，消费者承担着个人的牺牲，从而使他人及社会全体得到益处。如为了遵守限制车速的交通规则，司机牺牲了时间，但是却可能挽救了他人的生命，减少了交通事故。

社会行为这一新的产品形态超越了生产方与使用方的明确联系，使产品的成本与利益之间的对应关系也有了特殊的表现形式。社会行为的成本要由个人负担(个人牺牲)，它的利益却是给社会一笔财富。

社会行为的推行和遵守可以通过法律、规则强制消费者作出成本支出——个人牺牲，但这样的效果具有强制性，并非人人自愿。为了让人们自觉地改变行为、接受劝导，就有必要在推行社会行为产品时采用一定的营销策划和手段。

2)营销在新的产品形态下的特征

产品形态不同，其反映在市场营销上的特征也就不同。营销在新的产品形态下的特征主要有：

①市场营销不直接生产有形产品或劳务，而是间接地生产产品，它通过制造一定的环境和氛围，让消费者去接受一定社会行为。因为社会行为的有效运转须由营销者创造出一个机制来保证。

②社会行为这一特殊产品的价值来源于消费者长时间连续地接受和实行。而价值的实现也会在大部分公众遵守这一行为中产生，最终使公众受益。

③一个社会行为的产生依靠一个营销者是不够的，需要众多市场营销者。它要靠政府机构、妇女联合会、工会等各种社团组织一起行动。这些观念对市场营销作出新的定义，使营销理论、方法、手段与营销组合策略扩展到非企业活动的新领域。

近年来，西方发达国家的非营利事业组织、公共机构，如学校、医院、警察部门、教会甚至政党活动及总统选举都运用了营销方法与手段，特别是市场细分化与营销组合策略更是被大量运用。

3）服务成为营销组合的新内容

传统的市场营销组合理论把服务列入营销组合要素——产品的整体概念之中，服务是产品的延伸部分或附属部分。这种服务主要是指依附于产品的售前服务和售后服务。随着市场竞争的日益激烈以及市场营销策略被广泛地运用，一些市场营销创新者大胆地突破了经典的产品、价格、渠道和促销 4 个市场营销组合因素框架，把服务作为第 5 个因素引进了市场营销组合因素之中。

（1）服务——市场营销的新杠杆

服务（Customer Servicing），完整地讲应是为顾客服务，作为市场营销第 5 个因素的服务，从产品的整体概念中延伸出来，服务的对象和内容出现了新的变化。它不仅包括对现实顾客的服务，而且包括对潜在顾客的服务。不仅要提高顾客的现实的（售后的）满意程度，而且要提高预期的（售前的）满意程度。把服务作为第 5 个因素，进一步体现了市场营销的核心思想，即以消费者为中心。服务可以使企业创立个性，增加竞争优势，有效地增加企业的新销售和再销售的实现几率。

服务作为第 5 个因素的导入为市场营销提供了一个新的杠杆支点，为市场细分及市场定位等开辟了一条新路。

（2）服务对营销组织带来的变革

要使企业的一切业务活动真正以消费者为中心，就要使现在的企业组织有一个大的变革。企业内部应建立起与生产、销售等并列的独立为顾客服务的组织，即服务部门。

作为一个独立的部门，服务部门所承担的服务功能贯穿于产品销售的始终。同时，服务的内容要超出以往狭义的服务范畴。电话服务是企业服务部门一项主要业务内容，任何顾客只要拨打某一企业服务部门的专用热线，就可以得到与产品有关的一切服务。这种热线电话都是免费的，即费用由企业支付。

（3）服务观念被贯彻到所有的企业经营活动

服务作为一个新的市场营销组合因素以后，为顾客服务的观念被贯彻到从产品设计到售后服务的整个活动过程，也被运用到产品的生命周期策略中。

在产品生命周期的各个阶段，销售活动与服务活动结合起来。针对不同的阶段，施以不同的相应服务就能延长产品的生命周期，提高营销效果。

服务作为第 5 个因素的导入，使以消费者为中心的观念又得以回归。

把服务加到了营销组合中，企业倡导以关系为导向的营销活动，既能给顾客带来优质产品和服务，又能与顾客建立稳定的关系。

2.5.2 合作营销

在市场营销活动国际化的背景下,科学技术不断发展,新产品不断涌现,信息传播媒介的增加和传播速度的加快,人们生活水平的不断提高和消费观念的迅速更新,使产品的生命周期越来越趋于缩短。在经济全球化的过程中,企业之间的竞争愈发激烈,想要在竞争中立于不败之地,企业必须提供区别于其他企业的产品即差异化产品,实现产品差异化的具体方法和途径很多,技术创新是最根本的途径。由于市场资源的稀少和企业数量的增多,单个企业能够投入技术创新的人力、物力、财力等方面的资源越来越稀少,这使得产品的研究与开发费用不断上升。此外,由于国际贸易保护主义的存在,各国通过关税和各种非关税壁垒限制进口,以保护国内产业免受外国商品竞争的影响。在后金融危机时代,全球经济和贸易急剧下滑,各国就业压力增大,市场竞争更加激烈。由于国际需求萎缩,一些国家的出口下滑、企业亏损甚至倒闭,经济陷入了深度衰退,单个企业要想在国际市场竞争中立足,更是难上加难。在这样的背景下,各企业要想立于不败之地,就必须进行合作,“合作营销(Co-Marketing)”应运而生。

合作营销,又称协同营销、联合营销,主要是指厂商之间通过共同分担营销费用,协同进行营销传播、品牌建设、产品促销等方面的营销活动,以达到共享营销资源、巩固营销网络目标的一种营销理念和方式。合作营销的最大好处是可以使联合体内的各成员以较少费用获得较大的营销效果,有时还能达到单独营销无法达到的目的。

1966 年,艾德勒(Adler)在《哈佛商业评论》上发表的《共生营销》一文中首次提出了“共生营销(Symbiotic Marketing)”的概念。所谓的共生营销,即由两个或两个以上的企业联合开发一个营销机会,这是合作营销的理论雏形。到了今天,世界经济一体化、企业面临大市场营销,对合作者的认识和利用已跨入新阶段。合作营销有如下特点:

①可以巩固原有的市场地位。美国三大汽车公司通过与日本及韩国企业的合作来提高市场占有率。他们分别以定牌生产的方式,购进日本和韩国的小型汽车,在国内市场销售,来满足一部分消费者需要。

②可以通过这种方式进入新市场。韩国的家电产品为了进入日本市场,采用与日本厂商合作的方式。

③有助于多角化战略的展开。企业能力有限,当采用多角化战略向新领域发展时,要承担很大风险;如果采取与该领域的企业合作营销的方式,则可能产生良好的效果,减少风险。跨国三大企业集团就通过与世界上著名的汽车商合作营销,使其在短短的 10 年内,从一无所有一跃成为世界主要汽车生产和出口国之一。

④减少无益竞争。同行业竞争加剧会造成成本增加,如果进行合作,则可能避免这种情况产生。

⑤增加企业竞争实力。目前世界上流行强强联合,共打天下的营销方式,这是合作营销的进一步发展。它极大地增加了企业的竞争实力。

合作营销主要有以下 3 种形式:

①水平合作营销。水平合作营销指的是企业在某一特定营销活动内容上的平行合作。

如两个企业在开发某一新产品上通力合作;或者在对产品的广告和促销上进行合作;或者互相为对方产品提供销售渠道等。水平合作最有可能在同行业的企业中展开。

②垂直合作营销。垂直合作营销是企业在不同的营销活动内容上的合作。企业分别承担某一营销活动,最终组成合作优势。如丹麦的诺沃公司是生产胰岛素和酶的小企业,具有一定的生产技术优势,但是本身的销售能力却很差。为此,诺沃公司与美国的施贵宝公司合作,由施贵宝公司专门负责北美市场的销售活动,取长补短,取得了很好的效果。

③交叉合作营销。垂直合作主要是在同一行业的企业之间进行,交叉合作却是两个企业的综合,主要在不同行业的企业之间进行。随着企业多角化战略的不断应用,这种交叉合作已越来越为企业所喜好。交叉合作又被称为全方位合作或全面合作,它在国际营销中的重要性将受到更高重视。

【相关链接】

美国马克威尔牌咖啡与日本面包公司的合作营销

20世纪60年代中期,美国的马克威尔牌咖啡在日本先后进行了3次大规模的样品派送,一共送出咖啡样品1 800万份,派送办法是把咖啡样品封在500克装的面包包装内。

第一次派送时间是1965年3—5月。马克威尔牌咖啡的生产厂家与日本第一屋制面包公司合作,把咖啡样品夹在500克装的面包包装内,送出了200万份样品,范围遍及日本全国。结果面包销量和咖啡销量都有惊人的增长,使得日本其他面包公司纷纷要求参加派送。

第二次派送时间是1965年10月—1966年1月,共4个月。马克威尔牌咖啡的生产厂商与日本7个地区的7家面包公司合作,其中6家面包公司是:东京第一屋制面包公司、大阪的神户屋制面包公司、名古屋的敷岛屋制面包公司、福岗的粮友屋制面包公司、仙台的虎屋制面包公司、札幌的罗巴面包公司,7个地区一共送出样品600万份。

第三次派送是在1966年秋季。除第二次派送样品的7家面包公司外,新增加了静岗地区的惠比寿制面包公司、新泻地区的郁金香食品公司、福井地区的富士面包工业公司。10个地区的10家面包公司一共送出样品1 000万份。

这一系列合作营销取得了巨大的成功,具体表现在:

1. 马克威尔牌咖啡销量猛烈上升。过去不卖咖啡的面包店都开始代销该产品,并把这种咖啡陈列在主要的、正面的货架上。

2. 面包店因销售附带了咖啡样品的面包,生意特别好。

3. 面包工厂的业务量因此增加了35%,派送结束后,这种业务量仍持续了很久。

4. 消费者品尝样品后,才知道马克威尔牌咖啡是最好的,从此改变了消费习惯,认牌购买马克威尔牌咖啡。

这次合作营销之所以获得成功,主要原因是:

1. 咖啡和面包有共同的目标消费者。一般来说,以面包为主食的人,绝大多数有喝咖啡的习惯,所以选择面包作派送咖啡样品的载体,非常合适。

2. 合作双方互惠互利。附送咖啡增加了面包销量,选择面包派送能准确瞄准咖啡的目标消费者,双方有共同利益,当然一拍即合,齐心协力。

3. 这一联合营销降低了各方的费用,收到了更好的效果。

4. 面包和咖啡搭配得当,符合人们的饮食习惯,从而能吸引更多消费者。

资料来源:wenku. baidu. com/2012-11-25

2.5.3　概念营销

概念营销(Concept Marketing),是20世纪90年代新兴的一种营销方式,是指将市场需求趋势转化为产品开发项目,提供符合消费者需求的信息,引起消费者的关注、认同,唤起消费者对新产品的期待。

概念营销是对常规模式的突破,使消费者形成鲜明的印象,建立起功用概念、特色概念、品牌概念、形象概念、服务概念。

概念营销的作用:

①观念促销,先声夺人。

②缩短进入时间。它从产品的新、奇、特、美入手,适应消费者喜新厌旧的心理。

③有利调整营销决策,使产品尽善尽美。

概念营销是一种先导型营销策略,适合任何新产品。

【相关链接】

宝洁的概念营销

品牌策略重在制造概念,而宝洁的广告策略就是典型的概念营销。在宝洁的广告策略中,这一营销理念被应用到了极致,每个品牌都赋予了一个独特的概念。

宝洁的广告策略重在制造概念

可以说,宝洁的营销是很典型的概念营销。在宝洁全球所有的广告策略中,这一营销理念被应用到了极致,每个品牌都赋予了一个独特的概念:"海飞丝"的去屑,"潘婷"的健康,"飘柔"的柔顺,都给每个品牌赋予了个性。如:"海飞丝"的个性在于去头屑,"潘婷"的个性在于对头发的营养,而"飘柔"的个性则是使头发光滑柔顺。

海飞丝的广告:海蓝色的包装,首先让人联想到蔚蓝色的大海,带来清新凉爽的视觉效果,一贯由名人代言的"头屑去无踪,秀发更干净"的广告语,更进一步在消费者心目中树立起"海飞丝"去头屑的信念。再看看潘婷:顶尖的女明星策略加上"瑞士维他命研究院认可,含丰富的维生素 B_5,能由发根渗透至发梢,补充养分,使头发健康、亮泽",突出了"潘婷"的营养型个性。飘柔:"含丝质润发家,洗发护发一次完成,令头发飘逸柔顺"的广告语配以少女甩动如丝般头发的画面深化了消费者对"飘柔"飘逸柔顺效果的印象。宝洁的成功品牌几乎都是概念的化身,化身成一种完美,由此概念所产生的生活方式便深深地引导着消费者的消费趋向。

资料来源:wenku. baidu. com/2012-04-18

在现代商业竞争中,一个区域的企业往往是一个整体,他们共同致力于营销活动,形成

组群营销。所谓组群营销，是指在保持内部差异化竞争的前提下，最大限度地利用外部共性和共同理念，组成营销联盟，共同造势，以低成本获得市场高度关注。商业街、街区的形成，就是组群营销的结果。

此外，除了群组营销，企业还将概念营销与其他营销创新结合起来促进营销活动的开展。

【关键词】市场定位　产品生命周期　共生营销　生态营销　概念营销

【案例分析】非常可乐如何作为

1998 年 5 月，娃哈哈集团推出非常可乐，原本平静的中国可乐市场掀起了波澜。企业实施多元化战略的条件之一是企业在其所在的行业占据相当稳固和非常有利的地位。然而，根据中华全国商业信息中心 4 月份提供的统计数据来看，娃哈哈集团原来的拳头产品——娃哈哈果奶在乳酸饮料市场的占有率仅为 18%，比后来居上的乐百氏低 14 个百分点。这种放弃拥有 3 亿儿童的超级市场去换取另一个未知市场的意义何在？事实上，以“喝了娃哈哈，吃饭就是香”为号召的儿童营养液为起点，娃哈哈通过果奶、八宝粥系列产品已在儿童市场上建立了良好的形象，娃哈哈为何不充分利用形象优势专注儿童市场的发展，把这个蛋糕做得更大、更精。对于是否进入可乐市场，娃哈哈人做了十分详尽的产业结构分析和企业的优势、劣势分析。

一、可乐市场及竞争对手状况分析

1. 市场快速增长。1998 年中国饮料工业的业绩非常喜人，饮料总产量在 1997 年已提前 3 年实现 1 000 万吨目标的基础上，又以 18.8% 的增速跨上了 1 200 万吨的台阶。其中碳酸饮料占 50% 左右。

2. 可口可乐公司下属的可口可乐、雪碧、芬达、醒目等品牌，以及百事可乐集团下属的百事可乐、七喜、激浪、美年达等品牌占据了绝大多数市场份额。碳酸饮料市场的分割已基本完毕。可口可乐、百事可乐统领的市场竞争颇为有序。如果非常可乐此时闯入，则风险大，代价大。

3. 可口可乐公司在近 5 年来，非常重视中国市场的开发。中国内陆已被可口可乐总公司列为全球业务发展最快的市场和发展前景最好的市场之一，其销量已位居亚洲第二，全球第六。

4. 就各类饮料发展趋势而言，可乐市场份额将相对减少，竞争将异常激烈。

5. 行业利润率相对稳定，且较其他行业高。但是，由于技术含量不高，市场进入相对比较容易。

6. 在中国可乐市场，缺乏国有品牌。20 世纪 80 年代，我国的一些碳酸饮料品牌，如天府可乐、昌宁可乐、奥林可乐等，一时间也踌躇满志，可最终还是在可口可乐、百事可乐的收购、兼并、联合风中败下阵来。20 世纪 90 年代初，崂山可乐、中国可乐等，或合资后产品改用外国品牌，将市场拱手让给外国产品，或产品无人问津，造成经营亏损，资不抵债，自动退出历史舞台。

二、娃哈哈的优势、劣势分析

1. 优势

(1)民族品牌优势。娃哈哈是中国驰名商标,在占人口约70%的中国农村,娃哈哈的知名度相当高。

(2)市场网络优势。经过10年的苦心经营,娃哈哈在全国各地拥有上千家实力强大的经销商。非常可乐可以利用纯净水、果奶的销售渠道,实现销售网络资源的共享。

(3)容易创造价格优势。饮料业属于典型的"设备生产型"产业,一流的设备意味着一流的生产效率,较低的生产成本。如果娃哈哈能引进比洋可乐更为先进的生产线,那么非常可乐已经与洋可乐站在同一生产成本起跑线上。同时,娃哈哈的管理费用、人力成本又低于洋可乐,因此,非常可乐能够以相对较低的价格出售。

2. 劣势

(1)心理劣势。一些喝着可口可乐长大的青少年选择可口可乐,并非因为它是最好喝的饮料,只是一种习惯。事实上,口味并不是可乐抓住消费者的决定因素。百年可口可乐在消费者心中的心理优势是非常可乐的最大对手。

(2)管理劣势。只有10年经验的娃哈哈相对于百年可口可乐及百事可乐来说显得年轻了些,管理制度和体系不够成熟。

(3)人才劣势。"可口可乐"与"宝洁"公司一并成为中国白领的"黄埔军校"。中国许多优秀的人才都向往可口可乐公司,而可口可乐公司也通过严格的培训、选拔、任用体系,造就了许多有用的人才。这一点是校办厂出身的娃哈哈公司难与争锋的。百事可乐也在与可口可乐的竞争中培养了一大批人才。

(4)资金实力的对比。1996年和1997年,可口可乐公司的全球营业总额都在185亿美元以上。1998年,可口可乐公司的广告费用为18亿美元。娃哈哈1997年的年产值不过20亿人民币,利税仅有4.9亿人民币!从1978年底开始,可口可乐在中国内陆的总投资已达8亿多美元。

面对压力,娃哈哈经过缜密调研、反复论证,最终作出了进军可乐市场的决定。1998年,娃哈哈集团与法国达能公司合资,推出非常可乐系列。

三、非常可乐的营销策略

1. 产品

非常可乐在口味上进行了改进,其甜度低、口感清爽,香味与可口可乐有所不同。在低价策略的指导下,包装全部采用塑料瓶。

2. 价格

娃哈哈非常可乐系列以低于可口可乐20%的单价推出(超市里600 ml PET包装可口可乐一般2.6~2.7元/瓶,而非常可乐仅售2.1~2.2元/瓶),具有较大优势。

3. 渠道

利用娃哈哈原有的销售渠道,顺利进入千家万户,并且成功避开了可口可乐城市中的直营销售体系。

4. 促销

非常可乐的上市配备了电视媒体的"地毯式轰炸"。上至中央电视台黄金时段，下至地区县级电视台，全国数百家电视广告同时播出。半个月后，整个中国都知道了"娃哈哈出了个非常可乐"。紧接着，娃哈哈又推出"集5张非常可乐标签送礼品"及"喝非常系列，得非常大奖"等大规模促销活动，并在各级电视媒体大张旗鼓地加以宣传。"中国人自己的可乐"，非常可乐以民族观赢得了一部分消费者。

首战告捷，1998年下半年，非常可乐系列销售约1.5亿元，整个夏季产品供不应求。在浙江、安徽、辽宁、吉林、黑龙江等省，非常可乐系列市场占有率平均已达15%，紧跟在可口可乐之后，位居百事可乐之前。而在个别省份如湖南，非常可乐销量直逼可口可乐，大有赶超之势。据统计，非常可乐系列月订单金额已达2亿元，而其实际月产值仅5 000万元，产品处于供不应求的状态。统计资料显示，1998年非常可乐以10万吨销售量夺得全国可乐市场2%的份额，发展势头很是不错。1999年更是打破了两家洋可乐垄断市场的局面。由于经营中小城市及农村市场逐渐展现成效，非常可乐的销量大幅增加，已占到可乐市场份额的15%，超过了"老二"百事可乐。对于非常可乐的迅速崛起，一直在可乐市场稳坐头把交椅的可口可乐反应相对比较平淡。可口可乐有关人士认为，非常可乐的市场份额还小，对可口可乐构不成威胁。"如果利用可口可乐系统强大的实力与联合机制，完全可以投入一笔资金，展开价格战而置竞争者于死地。但可口可乐在中国的发展主旨是'共同发展'，不会这么做。"

四、娃哈哈的战略安排

在可乐市场上已初步站稳脚跟的非常可乐如何在日益激烈的竞争中寻求突破，已经成为非常可乐乃至整个娃哈哈集团的战略重点。

1. 扩大产量。1999年，娃哈哈非常可乐的生产线从原来的3条猛增到了10条。非常可乐的年生产能力达到100多万吨。据娃哈哈公司总经理宗庆后介绍："非常可乐现有碳酸饮料生产线3条，可乐产品年产量不足20万吨，虽然一直供不应求，但和可口可乐200多万吨的年产量相比仍不可同日而语。这决定非常可乐在目前的市场上，只能充当配角。此次新上的7条新线，于今年第四季度正式开机，这将使非常可乐的产量达到100万吨，和百事可乐不相上下，接近可口可乐的一半。"

2. 寻求新的产品诉求点。娃哈哈集团内部对于以"中国人自己的可乐"为产品诉求点存在较大的意见分歧。一部分高级管理人员认为，任何一种产品都不可能仅凭一腔爱国之情维系生存。

3. 准备价格战。1999年末，百事可乐（听装）已从每箱45元降到了37元。同时，可口可乐北京公司的新厂在技术开发区落成，这使得北京可口可乐厂的生产能力从2 334万标准箱增加到6 170万标准箱，一下子扩张两倍以上。而且，在新厂旁边还预留出了第二期的位置，准备两年后再度扩产。其他国内厂商如汾煌可乐也正谋求更大的市场份额。各大可乐厂商大规模扩产，使得2000年的产量一下子增加了200万吨。但是可乐的市场需求增长相对平和，200万吨的产量很难被市场消化，竞争必然十分激烈。

4. 产品多样化。果汁、茶饮等非碳酸类饮料对可乐产品显示了强大的替代作用。近年来,由于人们日益崇尚天然饮食,带动了果汁和茶饮料的消费,碳酸饮料的市场地位逐渐弱化。

问题:

1. 案例是如何应用“营销战”这一概念的?

2. 现实生活中的“营销战”案例还有很多,试举出一个。

【课后练习】

1. 20 世纪 50 年代的营销概念有哪些?

2. 什么是共生营销?请举例说明。

3. 什么是低营销?请举例说明。

4. 营销的发展趋势有哪些?

第3章　营销策划的操作系统

【案例引入】

国际知名营销策划组织——锡恩咨询公司

锡恩咨询公司于2001年9月16日在北京成立。公司致力于中国成长型企业的正规化、国际化、持续化。经过7年的发展，逐渐成为中国本土管理咨询公司中最领先，咨询实力最强的管理咨询公司之一，曾屡次击败麦肯锡、罗兰贝格等国际知名管理咨询公司。

锡恩咨询公司以卓越的成就领先于中国管理咨询行业，为中国企业管理界和咨询行业培养和输送了超过3 000名优秀管理顾问和专家，不仅成为锡恩管理方法论体系的传播者与倡导者，而且成为锡恩管理理念的信奉者和实践者。与此同时，锡恩为中国30 000多家企业提供了咨询服务，客户遍布全国。如万科、波司登、TCL、美的、格兰仕、青岛啤酒、北汽福田、华北铝业、长青集团、立白集团、奥飞动漫、中化集团、京博集团、嘉宝莉化工、东鹏陶瓷、雅迪电动车……

锡恩咨询公司拥有200多名专业顾问，均毕业于国内外著名学府，拥有著名跨国公司或本土优秀公司的实际工作经验。锡恩公司总部设在上海，设有北京、深圳、广州、天津、青岛、杭州、成都7家分公司。

文案策划总监是锡恩咨询公司非常重要的岗位，其职责如下：

1. 协助总经理制定市场发展战略以及计划分解目标。
2. 拓展公司的市场策略，完成公司在行业中的市场定位，建立信息反馈机制。
3. 制订和实施市场推广计划和产品计划。
4. 制定公司品牌策略，参与制定、实施各产品线价格体系及营销策略。
5. 关注行业动态和竞争对手的发展变化，及时做出市场报告。
6. 负责相关事务的协调与沟通。
7. 负责对团队成员进行指导和培训。

资料来源：http://baike.baidu.com/

3.1 营销策划组织

3.1.1 营销策划组织的构成

营销策划是一个系统工程,营销策划行为是集思广益、广纳贤才进行写作创意与设计的过程,因此,营销策划组织必须在充分发挥主创人智慧的基础上形成团结合作的组织系统。

营销策划组织一般称为营销策划委员会或营销策划小组。该组织设主任(组长)1名,副主任(副组长)2~3名,成员若干名。

营销策划组织的组成成员包括以下几类人员:

1)策划总监

策划总监(Creative Director,CD),是在营销策划组织中根据企业的战略规划和营销目标,制定市场推广计划和策划方案,负责企业对外的沟通合作、商务谈判、项目策划和组织实施,管理策划项目的财务,对部门绩效进行考核的人员。

策划总监的岗位职责主要有:

①带领策划团队,协同相关团队共同完成品牌及其产品策划指标。

②指导策划部人员的业务,培训策划部人员的素质,具有良好的团队激励能力、组织协调能力和综合管理能力。

③具备良好的客户沟通协调、计划、谈判技巧,能够把握项目进程与流程控制。

④整合策划部团队、业务,保证各项工作有序开展,实现策划部预期目标。

⑤带领策划团队深入研究客户需求,负责项目开发阶段的策划与市场调研工作,协同客户部完成各种策划案和推广方案。

⑥整合项目顾问团队的意见和建议,提出策划意见。

⑦参与并执行企业制定的阶段发展目标,针对业务目标作好执行策略的制定,组织协调资源确保目标完成。

⑧持续分析相关市场动态,为项目策划和企业发展提出策略思路,协助业务健康扩展。

⑨定期主持召开企业策划工作会议,参与营销会议,协同相关部门推进公司的营销运营。

2)主策划人

主策划人(Main Planner),是在营销策划组织中为了实现策划对象赢得高经济效益和社会效益的目标,经过科学的调查研究,运用掌握的策划技能、新颖超前的创意和跨越式思维,对现有资源进行优化整合,并进行全面、细致地构思谋划,从而制定详细的、可操作性强的、在执行中可以进行完善的方案过程的人。

主策划人的岗位职责主要有:

①负责组织搜集相关行业政策、竞争对手信息、客户信息等,分析市场发展趋势。

②根据企业发展战略组织制定营销战略规划。

③负责市场调研、目标市场分析、市场营销定位的把握,根据需要撰写调研报告。

④负责营销策划方案的制定。

⑤组织、执行、协调营销策划活动,并在执行的过程中监控和调优。

⑥参与产品研发,对产品设计、销售策略提出合理化建议。

⑦负责营销体系管理制度和流程的建设。

⑧策划营销活动结束后,提交活动总结文档。

3)文案撰稿人

文案撰稿人(Copy-Writer),是在营销策划组织中从事文字工作的人,主要负责撰写商业文书,策划一件可以实行的商业活动,并预见其可行性,最后形成文字资料。文案撰稿人不是纯粹的文字工作者。

文案撰稿人应具备的素质主要有:

①良好的知识结构,包括广告学、市场营销学、消费行为学、传播学、心理学和社会学等方面的知识。

②对产品、市场有深入的了解。

③对消费者有深入的理解。

④熟悉广告表现手段。

⑤善于敏锐地把握创意概念。

⑥善于对语言文字做多样化运用。

4)美术设计人员

美术设计人员(Art Designer),是在营销策划组织中将构想或计划通过一定的审美观念和表现手法使其视觉化、形象化,以实现构想或计划的创作的人。

美术设计人员应具备的素质主要有:

①绘画基础与动画知识。

②摄影与表演知识。

③多样的外围知识,包括建筑、服装、宗教、艺术、语言、风俗、音乐、政治、经济、美学、哲学、道德伦理等方面的知识。

5)高级电脑操作人员

高级电脑操作人员(Advanced Computer Operator),是在营销策划组织中使用电子计算机从事文字、图形、图像等信息处理工作,并对计算机系统操作、维护与管理的人员。

3.1.2 策划别人先策划自己

1)优化知识结构

知识是智慧的基础,智慧是谋略的基础,谋略是策划的基础。策划是一个“出谋划策”的过程,而策划师则是一个“出谋划策”的人。

策划是一门综合性的学科,它与许多学科都有密切的联系。因此,策划师要有渊博的知识，合理的知识结构。渊博的知识要求策划师的知识范围广，包括自然知识、人文知识、社会知识、哲学知识、文学知识、历史知识、政治知识、经济知识、文化知识、科技知识、艺术知识等。而合理的知识结构要求策划师知识结构的深度与广度相结合，呈"井"字形、"米"字形。深度上要求策划师掌握策划的专业知识，广度上则要求策划师理解相关领域的知识。也就是说，策划师既要是掌握策划技能的专家，又要是具有一定广度知识的通才（见图3.1）。

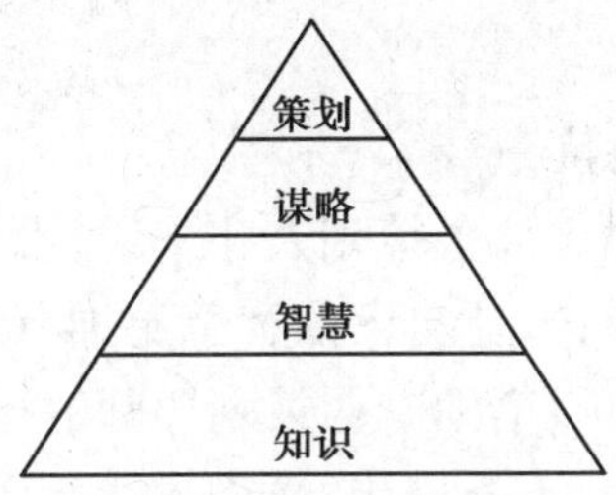

图3.1 策划师的知识

2）高效学习

策划师学习的关键是掌握和发现人类、自然、社会的最基本规律，并在此基础上举一反三，触类旁通，学一得万。

策划师要具备敏锐的市场洞察力、敏捷的思维联想力、准确的事物判断力和深度的潜力挖掘力，以上4种能力都是建立在掌握和发现人类、自然、社会最基本规律的基础上的。不掌握和发现人类发展的最基本规律，策划师就不能准确判断消费者的消费行为；不掌握和发现自然发展的最基本规律，策划师就不能精确预测消费者的消费趋势；不掌握和发现社会发展的基本规律，策划师就不能正确把握企业未来的发展重点。

仅仅掌握和发现人类、自然、社会的最基本规律，对于策划师来说远远不够，策划师还应在此基础上举一反三、触类旁通、学一得万。要做到举一反三、触类旁通、学一得万，策划师可以从以下几个方面入手：

（1）提高悟性

悟性，在很多时候表现为一种跳跃性思维，一种发散性思维，一种逆向思维，这种思维是可以培养的，更是可以提高的。

策划师要提高悟性，就必须学会领悟、醒悟、觉悟，会观察、会思考、会归纳，做到由表及里、去伪存真，由感性到理性，实践、认识，再实践、再认识。

（2）科学思维

科学的思维方式，是理性的、符合客观规律的，其包括系统思维、发散思维、创异思维、聚敛思维、超越思维、辩证思维、逆向思维、横向思维、直觉思维、箍桶思维、灵感思维、水桶思维、简洁思维、想象思维等。

科学思维，要突破从众型思维、权威型思维、经验型思维、书本型思维、自我中心型思维等思维枷锁，树立战略思维、创新思维和辩证思维。科学思维，要遵循逻辑性原则、方法论原则和历史性原则。

激发科学思维潜能的方法很多，主要包括良性暗示、幽默氛围、特洛伊木马、快乐心灵、冥想境界等。

(3)提高综合素质

提高综合素质,要求策划师有一流的智商和情商、渊博的知识、广泛的兴趣爱好、丰富的阅历、健康的心态、严密的操作力、可靠的信息源、良好的口头表达能力和书面表达能力。

3.1.3 商务策划人才的发展规律

1)“策龄”“策商”与“商策龄”

(1)“策龄”:意识在行商前潜伏

这个阶段是学习认证阶段,对于商务策划人才来说,除了拥有一定的自我专业策划知识与实战外,还要懂得如何总结与感悟,让自己的智慧更加有效地发挥,以获得持续发展。

在这个阶段,商务策划人才可以借助专业策划导师的指导,帮助自己将自我的策划经历锤炼,总结成有效的经验,指引自我不断进步,懂得灵活运用并用到实处。

(2)“商龄”:商务经验决定了判断的幅度和效率

行商经验的多少、正确性的判断结果及监督效率,直接影响着整个策划过程的效果及执行落实的成效。

在这个阶段,商务策划人才要掌握策划思维三部曲(即整理—判断—创新),三部曲所涉及的方法、工具、策划知识要点及贯穿整体的策划思维的“总体描述”。此外,幅度的多少、成效如何,要求商务策划人才不断地学习与运用“理论结合实际”的方法。

(3)“商策龄”:商务策划过程决定了策划水平发挥的稳定程度和深度

经过不断地锤炼,借助导师的指导,这个阶段的商务策划人才应在专业的商务策划知识体系的基础上,结合变化的市场环境和不同的对象需求,以及自身或企业本身的状况和要实现的目标,运用专业的策划知识、方法、工具、相关的操作流程等,努力争取做出更有成效的商务策划及结果。

积极快速的领悟、总结与灵活运用,能提升商务策划人才在商务策划过程中的综合能力,使其能灵活运用专业知识并举一反三地创造,以适应瞬息万变的市场环境及其需求,使其策划水平得到更有效地发挥。

2)操作、管理与决策

全局观念和意识决定了市场经济体制下人才的三层跃升。

操作层面,怀有全局观念和意识地参与操作,会使局部性策划产生成效并能使其与全局性策划成链接状态。管理层面,怀有全局观念和意识地参与管理,会使整体策划过程实施与监督到位。决策层面,怀有全局观念和意识地参与决策,会使整体策划过程发挥成效,适应变化,并适时修正决策再实施,确保目标的实现,如图 3.2 所示。

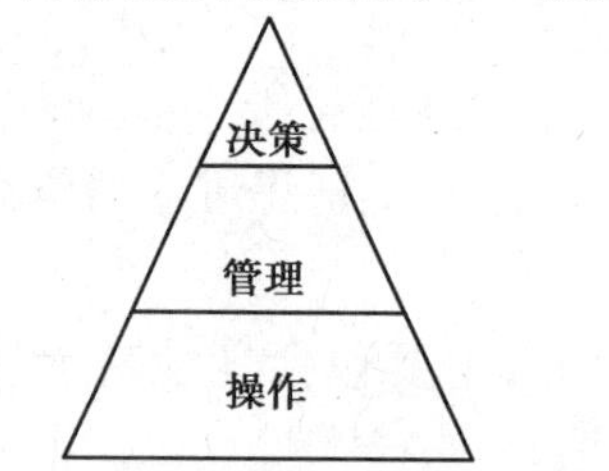

图 3.2 市场经济体制下人才的跃升

在市场经济体制下人才的三层跃升中，商务策划人才一般是从学习和在基础实际操作中锻炼策划能力的，完成实际操作，懂得领悟与总结。在有一定的策划基础后，除了继续培养实战策划能力外，将自我领悟和总结的经历转化为有效的经验，形成“知识库”与“经验库”，规划好自我策划历程，促进自我的“知识管理”与“经验管理”，以提升自身策划规划的综合能力。此外，若有机会从事企业管理策划经验累积工作，如“企业经验管理”，一定要把握好，因为企业的发展需要积累各代人与各级人的实用经验，这是企业发展过程中的一个重要的策划经验积累过程。积累更多的策划经历后，商务策划人才除了不断丰富自己的“知识库”与“经验库”外，其策划思维要从局部性决策上升到全局性决策，促使其向高一层发展，以完成其职业生涯规划。

商务策划人才的成长与企业的发展是息息相关、互助共进的。作为商务策划人才，要注重自身品德的修养，提升自身的综合能力。

3）技术参与、创造性参与与主持

怀有全局观念的技术参与策划，会产生创造性参与能力；怀有全局观念的创造性参与策划，会产生主持策划的能力，如图3.3所示。

图3.3　技术创新、创造性参与与主持之间的关系

商务策划人员应具备整理技能和技术性参与策划的能力，助理商务策划师应具备判断技能与创造性参与策划的能力，商务策划师应具备领导素质和主持策划的能力。由此可见，商务策划人才的职业发展路径，如图3.4所示。

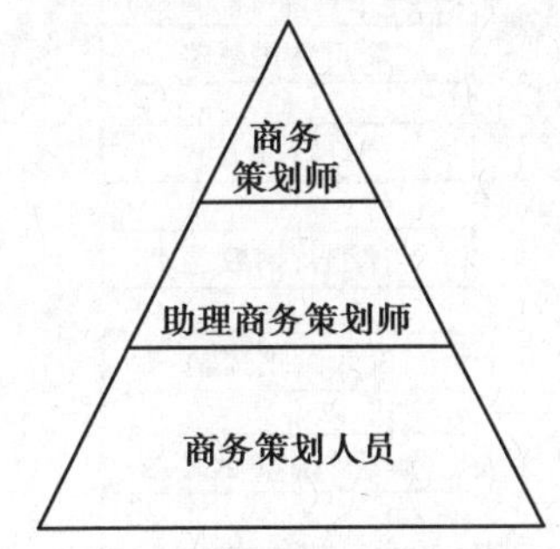

图3.4　商务策划人才的职业发展路径

4）职务、专业与职业

策划性人才经过技术化后，转变为专职策划的经理人。专职策划的经理人高复合出“资本”后，转变为职业策划人才。商务策划人才职务、专业与职业之间的关系，如图3.5所示。

图3.5　商务策划人才职务、专业与职业之间的关系

5）商务策划人才职业化发展

2005年，中国颁布《中国企业企划部门规范》。该规范是根据世界商务策划师联合会（World Business Strategist Association，WBSA）企业企划部规范的基本理论，结合中国企业经营创新的实际开发的一部企业企划类部门的业务标准和管理标准，旨在规范中国企业企划部门的策划行为。其目的是：通过提高企划部门的业务和管理水平，进而提高企业整体策划能力，建立和保持市场竞争优势，实现企业的健康发展。

随着《中国企业企划部规范》的推广应用，中国企业会逐渐识别和应用经过资质认证的商务策划师来武装企划类部门，杰出的企业企划员将向职业策划人转化，为商务策划人才的发展奠定基础。

3.2 营销策划程序

营销策划是为了改变企业现状，完成营销目标，借助科学方法与创新思维，立足于企业现有营销状况，对企业未来的营销发展作出战略性的决策和指导的过程。营销策划的程序如图3.6所示。

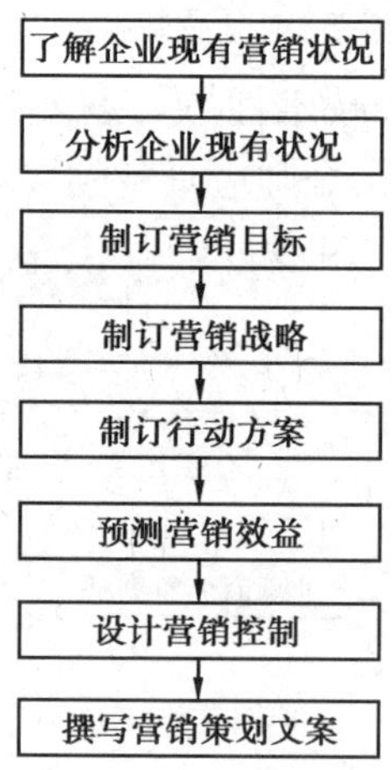

图3.6 营销策划程序

3.2.1 了解企业营销现状

这个阶段的主要任务包括：了解企业的市场形势、以往营销活动情况、竞争形势以及分销情况等。

1）企业的市场形势

所谓市场形势，是指企业市场当前的形态及未来的趋势。

随着消费水平的提高，居民的整体消费状况有所改善，但由于各地区经济水平的差异，各地区的消费状况参差不齐。然而，企业在不同地区都拥有自己的市场，不同地区的消费状况也有所不同。例如,东南沿海地区经济较发达,而中部地区经济较落后,相对来说,东南沿海地区的消费水平就会比中部地区的消费水平高。

喜好的不同,会导致购买动态的不同。喜欢某企业产品的顾客会经常购买;不喜欢某企业产品的顾客就会少购买,甚至不购买。顾客的喜好会受地区的影响。例如,南方人喜欢米饭,北方人喜欢面食,面食在北方地区的消费情况就会比南方地区好。

现有的市场发展状况与产业性质会影响企业未来可能达到的市场空间。现有市场状况良好的企业,其未来可能的发展空间较大;相反,现有市场状况不好的企业,其未来可能的发展空间较小。企业从事的产业为朝阳产业,其未来可能的发展空间较大;反之,其未来可能的发展空间就小。

因此,了解企业的市场形势,必须了解不同地区消费状况、购买动态以及可能达到的市场空间。

2)企业以往营销活动的情况

中国近代资产阶级著名的政治家、思想家,清朝维新志士谭嗣同在其《报贝元微书》中有一句话:“稽古振今,士风一奋。”其意思是:考查古事作为借鉴,以振兴现代。可见,现代的振兴是以考查古事为基础的。同样,企业要作出好的营销策划,必须了解以往营销活动的情况。

了解企业以往营销活动的情况后,营销策划人员要对其进行细致地分析,找出其优点和可借鉴的地方,同时找出其不足和有待加强、改善的地方。

3)企业竞争形势

企业的竞争形势,是企业在市场上的竞争地位,主要体现在企业的主要竞争对手状况和相对于该企业的战略地位,以及主要竞争对手的特定优势与弱点。

春秋时期吴国著名的军事家、政治家孙武在《孙子·谋攻篇》中说过:“知己知彼,百战不殆。”这句话的意思是:如果对敌我双方的情况都能了解透彻,打起仗来百战都不会有危险。商业竞争如同战争一样,企业要了解自己的竞争对手状况和相对于该企业的战略地位,以及主要竞争对手的特定优势与弱点,即企业的竞争形势,才能在市场竞争中立于不败之地。

了解企业的竞争形势,要全面了解竞争者情况,可以从了解竞争者的市场占有率、采取的营销战略等方面入手。

市场占有率,又称市场份额,是企业的产品在市场上所占的份额,也就是企业对市场的控制能力。企业市场份额的不断扩大,可以使企业获得某种形式的垄断,这种垄断既能带来垄断利润又能保持一定的竞争优势。若竞争者的市场占有率非常高,则竞争者在市场中具有竞争优势;反之,则不具有竞争优势。

营销策略,是企业以顾客需要为出发点,根据经验获得顾客需求量、购买力的信息和商业界的期望值,有计划地组织各项经营活动,通过相互协调一致的产品策略、价格策略、渠道策略和促销策略,为顾客提供满意的商品和服务而实现企业目标的过程。商场如战场,了解竞争者采取的营销策略,企业就可以运用博弈论的思想,根据自身条件,适时修正自己的营销策略,以作出对自己有利的市场竞争选择。

4)企业分销情况

产品从生产厂商到达消费者手中,必须经过分销渠道。通过了解分销情况,企业可以掌握其产品在分销地区的分销状况并预测其变化趋势,以了解企业产品在分销地区的需求状况。

3.2.2 分析企业现有状况

1)SWOT(Strength Weakness Opportunity Threat)分析

通过SWOT分析,企业可以确定自身的竞争优势(Strength)、竞争劣势(Weakness)、机会(Opportunity)和威胁(Threat),从而将公司的战略与公司内部资源、外部环境有机地结合起来。

优势与劣势分析,可以帮助企业认清自身的强项与弱项,在市场竞争中尽可能地发挥其优势,改正或弱化其劣势。机会与威胁分析,可以帮助企业分析其可能面临的冲击,以寻找机会和空挡。

2)总结结果

在SWOT分析的基础上,综合分析企业的市场状况,为营销目标、营销战略和营销措施的制定打下坚实的基础。

3.2.3 制定营销目标

1)企业整体目标

整体目标,是企业未来1~3年的发展方向。对于企业来说,其未来1~3年的发展方向是提升产品或服务的市场竞争力,以获得较高的市场份额。企业整体目标是通过营销策划来提升产品或服务的市场竞争力。

2)营销目标

营销目标是本次策划所要达到的目的,是营销计划的核心,其指导营销策略的制定和行动方案的确定。营销目标主要包括财务目标和营销目标。财务目标包括销售收入、利润额、市场占有率、投资回报率等。营销目标则包括销售收入、市场占有率、分销网络覆盖区域、渗透情况、价格水平等。

一般情况下,营销策划的营销目标的制定主要从销售收入、预期利润率和市场占有率3个方面入手。

3)市场目标

市场目标,即采用何种方法、何种手段进入和占领企业选定的目标市场,也就是企业采用何种方式接近消费者、确定营销区域。

3.2.4 制定营销战略

1)确定细分市场

市场细分,是营销者在市场调研的基础上,根据消费者的需要与欲望、购买行为、购买习惯等方面的差异，将某一产品的市场整体划分为若干个消费者群的市场分类过程。

通过市场细分，企业可以发掘和开拓新的市场机会，制定适用的营销策略并及时调整，将有限的资源合理运用到目标市场上。

细分市场的依据有很多，如地理、人口、心理、行为、社会文化、使用者行为等。

通过市场细分，企业将整个大市场细分为小市场，针对各小市场的不同需求，企业可以为其提供满足其独特需求的服务。

2）选择目标市场

目标市场，是企业在市场细分后的若干“子市场”中，运用企业营销活动对市场进行的优选过程。

选择目标市场，企业要充分考虑产品特征、企业资源、竞争者战略、市场特征、产品所处的生命周期阶段等方面的问题。

明智的目标市场选择，不仅有助于企业的发展，而且有助于消费者的选择。

3）营销差异化

营销差异化，包括产品差异化、服务差异化、渠道差异化和形象差异化。

①产品差异化（Product Differentiation），是指企业以某种方式改变那些基本相同的产品，让消费者相信这些产品存在差异并产生不同的偏好。产品差异化包括垂直差异和水平差异，垂直差异是指企业与竞争对手相比提供更好的产品。水平差异是指企业与竞争对手相比提供不同的产品。如宝洁公司，推出了潘婷、飘柔、海飞丝、沙宣、伊卡璐和润妍6个洗发水品牌，巧妙地运用了产品产异化，设计了6个品牌的个性化定位，从而实现了其在洗发水行业的骄人成绩。

②服务差异化（Services Differentiation），是服务企业在面对较强的竞争对手时，在服务内容、服务渠道和服务形象等方面采取的有别于竞争对手而又突出自己特征的一种做法，是其战胜竞争对手、在服务市场站稳脚跟的一种做法。如美国联邦快递集团公司（FedEx）通过服务的有形差异化和无形差异化，采用功能创新、改善性能、独身订造手段，实现了服务的差异化，从而在快递行业中处于遥遥领先的地位。

③渠道差异化（Channel Differentiation），可以从渠道策略、渠道设计、渠道建立、渠道管理、渠道维护、渠道创新等方面进行差异化建设。渠道差异化包括服务差异化、结构差异化和价值差异化等内容。

④形象差异化（Image Differentiation），是指在产品的核心部分与竞争者相同的情况下，通过塑造不同的产品形象以获得差别优势。形象差异化包括产品名称差异化和企业视觉形象（Corporate Identity，CI）。比如，“雀巢”表示一流的咖啡和奶制品，就是产品名称差异化的结果；而青岛海尔的“真诚到永远”的企业文化，使得它不断向世界上的新目标靠近，并在国际上继无氟冰箱后，通过ISO 14001环境管理体系认证，使海尔树立起关心爱护环境的绿色形象，极大地促进了海尔冰箱的对外出口，有力地加速了海尔创国际知名品牌的进程，这是企业CI的结果。

4）定位

定位（Positioning），品牌营销名词，是让品牌在顾客的心智阶梯中占据最有利位置，使品牌成为某个类别或某种特性的代表品牌。

根据所处的战略形势,企业可以采用的品牌定位方法有抢先定位、关联定位和为竞争对手重新定位。

抢先定位是指企业在进行品牌定位时,力争使自己的产品品牌第一个进入消费者心智,抢占市场第一的位置。如可乐中的"可口可乐"(Cocacola),凉茶中的加多宝,奶茶中的香飘飘,厨电中的方太等。

关联定位,是一种借力的定位,借力某品类的第一品牌位置进行攀附,从而借攀龙附凤达到上位的目的。如七喜,美国的消费者在消费饮料时,三罐中有两罐是可乐,于是七喜将自己定位为"非可乐",使七喜一举成为饮料业第三品牌。

为竞争对手重新定位,即发现对手的弱点,从其弱点攻入,进而将其取代。

5)自身定位

自身定位,即根据企业在市场竞争中所处的地位设计营销战略。企业在特定市场的竞争地位,大致可以分为市场领先者、市场挑战者、市场追随者和市场补缺者4类。其对应的市场营销者战略包括市场领先者战略、市场挑战者战略、市场追随者战略和市场补缺者战略。

市场领先者(Market Leader),即产品在行业同类产品的市场上市场占有率最高的企业。市场领先者在行业市场上处于主导地位,其总体战略包括扩大市场需求量、保持现有市场份额和提高市场占有率。

市场挑战者(Market Challenger),即产品在行业同类产品的市场上处于第二、第三及以后位次的企业。市场挑战者在行业市场上处于次要地位,其总体战略包括确定战略目标、挑战对象和选择进攻策略。

市场追随者(Market Follower),即产品在行业同类产品的市场上处于次要地位,但安于现有地位,不热衷于挑战的企业。市场追随者的总体策略包括紧紧跟随、保持一段距离的跟随和有选择的跟随。

市场补缺者(Market Niche),即产品在行业同类产品的市场上处于不起眼地位的小企业,其在大企业的夹缝中生存和发展。市场补缺者的总体战略包括专业化市场营销和创造补缺市场、扩大补缺市场、保护补缺市场。

3.2.5 制定行动方案

制定行动方案,包括开发和管理广告计划、组建营销管理、营业推广、公共关系、开业策划5个方面的内容。

1)开发和管理广告计划

广告计划,是企业根据生产与经营目标、营销策略、促销手段等制定的广告目标体系,对即将进行的广告活动的规划。广告计划有广义和狭义之分。广义的广告计划,包括广告市场调查、广告目标计划、广告时间计划、广告对象、广告地区、广告媒介策略、广告预算、广告实施、广告效果测定与评估。狭义的广告计划,仅包括广告目标、广告地区、广告时间和广告对象。

开发和管理广告计划，即在确定广告目标的基础上，确定广告预算、选择广告信息、确定媒体，并对广告效果作出评价。

2）组建营销管理

营销管理，是企业为了实现目标，建立、保持与市场之间互利的营销关系，对设计项目进行分析、规划、实施和控制的过程。

组建营销管理，即组建一支设计能力强、有长远目标、战略远大、结构完善、具有一定规模的营销队伍，并针对营销部门提供的信息对营销策划进行战略控制。

3）营业推广

营业推广（Sales Promotion，SP），又称销售促进，是企业运用各种短期诱因鼓励消费者和中间商购买、经营企业产品和服务的促销活动。

营业推广的对象不同，所采用的推广手段也就不同。企业实施营业推广时，针对不同的情况，实施不同的推广手段。根据群体的不同，采用不同的推广手段。如针对消费者实施营业推广，可以采用简单折扣、套餐折扣、多重优惠等推广手段提高消费者的购买欲。

4）公共关系

公共关系（Public Relations，PR），是组织为了改善与社会公众的关系，促进公众对组织的认识、理解和支持，以达到树立良好组织形象、促进商品销售的目的，而进行的一系列公共活动，是组织机构与公众环境之间的沟通与传播关系。

公共关系，影响企业形象的长远发展，其用途广泛，如传播媒介的间接影响、人际交往的直接影响。此外，公共关系，对于企业的发展意义深远，如公共关系宣传可提高企业的知名度，公共关系活动可提高企业的美誉度，公共关系意识可促进员工树立维护企业整体形象的意识。

5）具体策划方案

具体策划方案，即可以直接用来实施的方案，主要解决本次策划的5W1H问题。所谓5W1H，包含What，Why，When，Where，Who，How 6个要素，What——做什么，Why——为什么做，When——何时做，Where——何地做，Who——谁去做，How——怎么做。

3.2.6 预测营销效益

预测营销效益，包括效益定位和效益风险两个方面的内容。

1）效益定位

效益，即经济效益，是生产总值与生产成本之间的比例关系，生产总值减去生产成本的差额为正值，为有效益。企业是以盈利为目的而设立的组织机构，若一项活动不能为企业带来效益，企业绝不可能投入，策划也是如此。

每次策划活动，策划部门都要制定出该营销策划的经费，根据本次营销策划可能为企业带来的收益，预测策划收益效果。

2）效益风险

风险，是在某一特定的环境下，在某一特定的时间段内，某种损失发生的可能性。企业在其生产经营活动的各个环节都可能遇到风险,营销策划过程也不例外。

在营销策划过程中,营销部门要制定出每次活动可能出现的问题,并针对这些问题作出处理方案并存档,尽可能降低营销策划活动的风险。

3.2.7 设计营销控制

营销控制,是企业为确保营销活动能按照计划目标运行,跟踪营销活动过程的每一环节,而实施的一套完整的工作程序。企业的营销控制,主要体现在进度管理控制和意外事件的应急计划两方面。

1)进度管理控制

进度管理,即严格按照生产进度计划要求,掌握作业标准与工序能力的平衡。营销策划的进度管理要严格按照营销策划进行,掌握营销策划所涉及的各项内容。

营销策划的进度管理要求策划部门根据策划内容的设计和布置,对其执行过程、进度进行管理控制,掌握未能完成的部门、环节,分析原因,并制定相应的改进措施。

2)意外事件的应急计划

应急计划(Contingency Planning,CP),是为处理意外事件作好准备的全部过程。意外事件是由于不能预见的原因造成的,其在企业生产经营的各个环节都有可能出现,营销策划过程也不例外。

对意外事件的应急计划,应包括列举可能发生的各种不利情况、发生的概率及危害程度、应该采取的预防措施及善后措施等内容。

3.2.8 撰写营销策划文案

撰写营销策划文案是营销策划程序的最后一步。

营销策划文案,没有统一的格式和内容,策划对象和策划要求的不同,都将产生不同内容和格式的营销策划文案。企业营销策划文案的主要内容和一般格式,包含封面、前言、目录、摘要、正文、结束语、附录等几方面的内容。

优秀的营销策划文案人员,必须能熟练撰写营销策划文案。撰写营销策划文案,不是一朝一夕的事,要求营销策划文案人员随时记录工作和生活中有意义的东西,把长文变成短文,反复推敲、学习和借鉴优秀的营销策划文案。

3.3 营销策划文案

企业营销策划文案的主要内容和一般格式,包含封面、前言、目录、摘要、正文、结束语、附录等几个方面的内容。

3.3.1 封面

封面,是营销策划文案的脸面,是营销阅读者对营销策划文案的印象。

规范的营销策划文案封面应包含以下内容:

①营销策划文案的名称。

②被策划的客户。

③策划机构或策划人的名称。

④策划负责人及其联系方式。

⑤策划完成日期及执行时间段。

⑥编号。

编号 A123　　　　　　　　　　　　　　　　　　密级　C

PTCA 公司手机的分销渠道设计

策划委托人:PTCA

策划公司:XJTU 营销策划室

策划负责人:马学文

联系电话:0551-2924×××

传真:0551-2924×××

时间:2014 年 1 月 1 日

本策划执行时间:2014 年 1 月 1 日至 2014 年 8 月 30 日

3.3.2 前言

前言,对策划文案的性质作了简要说明,其主要内容包括接受委托情况和策划概况。其中,策划概况主要介绍策划所要达到的目的和策划的全部过程。

相关链接

前言——PTAC 公司手机的分销渠道设计

本策划接受 PTAC 公司的委托,由 XJTU 营销策划室对 PTAC 手机的分销渠道进行设计。本策划要解决的主要问题是:随着手机市场从卖方市场转向买方市场,手机分销体系也开始多元化。在此背景下,原代理分销体系的核心成员 PTAC 公司如何实现分销渠道体系的顺利转换?本策划从分析 PTAC 公司现有手机分销体系存在的问题入手,结合手机行业的特点,提出了 PTAC 公司分销渠道的新设计和备选方案,并给出了 PTAC 公司分销渠道转换的路径方案。

3.3.3 目录

目录是策划文案各部分内容的清单，能使阅读者很快了解整个策划文案的概况，方便其查找各部分的相关内容。

策划文案目录的编写，要下足工夫，要求其既能使阅读者了解整个策划文案的概况，又要引发阅读者的兴趣。

3.3.4 摘要

摘要是对整个营销策划文案所做的一个简单而概括的说明，其要说明的内容包括：策划的性质、要解决的问题、结论。通过阅读摘要，阅读者可以大致了解策划内容的要点。

摘要虽然在策划书的最前面，但却是整个营销策划做完以后才写出来的。

3.3.5 正文

正文是营销策划文案中最重要的部分，其具体内容包括：

①营销策划的目的。

②环境分析，包括企业营销的内部环境分析和外部环境分析，其重点是对企业市场的分析和竞争者的分析。

③SWOT 分析，通过对企业优势、劣势、机会、威胁的分析，发现市场机会和企业存在的营销问题。

④营销目标和目标市场。

⑤营销因素组合，即 4P。

⑥预算，包括营销过程中的总费用、阶段费用、项目费用等。

⑦进度表与人员配置。

⑧营销执行与控制方法。

3.3.6 结束语

结束语是对整个策划的要点进行归纳总结，一方面突出策划要点；另一方面与前言相呼应。在撰写结束语时，策划者要明确以下两个重要问题：

①策划能否解决前面提出的营销问题？

②策划怎样解决前面提出的营销问题？

如果不能很好地解决这两个问题，整个策划的逻辑就值得怀疑。

结束语属于“画龙点睛”之笔，绝非可有可无。

根据策划对象和策划要求的不同，营销策划文案的内容和格式也不同。

【相关链接】

××饮料市场营销策划书

第一部分 营销现状分析

一、今夏饮料市场竞争激烈,运动饮料和功能饮料成为今夏的流行主角

饮料销售旺季即将来临,各大饮料巨头都意欲在功能饮料市场大显身手:康师傅今年力推的运动饮料"劲跑×"日前在重庆上市,汇源的"他+她"营养素水、娃哈哈的功能型饮料"××"也都摆上各大货柜,农夫山泉的功能型饮料"尖叫"预备近日全面上市。这些饮料巨头都无一例外地宣称,功能饮料除了解渴,还能给人体提供养分和活力。

目前,国内冠以"运动饮料"的产品不少,有"健力宝""红牛""舒跑"等。去年乐百氏依靠"脉动"赚了个钵满盆满,眼看饮料销售旺季就要来临,各大饮料巨头明里暗里厉兵秣马,意欲在功能饮料市场大显身手。作为先行者的"脉动"自然不甘落后,在今年4月5日,不惜高价请来李连杰做形象代言人,以强化其品牌形象。

农夫山泉今年力推的功能饮料"尖叫"日前正在北京紧锣密鼓地铺货,预计月底在北京全面上市。据养生堂公司的广告总监裘红莺透露,公司方面本来准备最近几天以广告宣传配合,后因广告拍摄不合格,遂决定重拍,"但这个月末'尖叫'广告将会大张旗鼓地亮相"。而就在不久前,汇源力捧的"他+她"营养素水、娃哈哈的功能饮料"××"也都摆上各大货柜。一场功能饮料大战将进入短兵相接的阶段。

二、今夏饮料市场的特点

1. 打出了"活性维生素和时尚"的招牌。

2. 概念饮料。

3. 以时尚命名进入市场,以奇制胜。

三、面对如此竞争,"××"只有以奇制奇,积极主动,加大营销宣传

为了能在今夏的饮料市场中站住脚,取得一定的市场份额,分得一块蛋糕,我们将采取一系列的营销活动。

第二部分 市场细分与目标市场

一、饮料市场概况

根据国际饮料行业协会的规定,功能性饮料是指具有保健作用的软饮料。

目前,市场上销售的软饮料主要分为碳酸饮料、乳品饮料、果汁饮料、茶饮料和功能饮料5大类。

前4种饮料大战早已轮番上演,今年功能饮料重装上阵。

根据新生代CMMS2003调查案数据显示,最近3年来,一直稳居饮料业榜首的碳酸饮料开始呈现渐行下滑趋势。与之紧步相随的是,果汁饮料的地位开始上升,并于近两年提速超越了瓶装水饮料,夺得饮料业次席。茶饮料发展势头强劲,最近表现出强烈的上攻欲望,市场份额直逼位列行业老三的瓶装水。另外,一直处于饮料市场边缘的功能饮料,现在也有显著的升温迹象,引得娃哈哈、乐百氏和汇源等饮料巨头纷纷涉水。

如果说去年功能饮料市场的竞争还主要集中在"红牛""佳得乐""广州怡冠""乐百氏"

"脉动"这几个饮料巨头身上,那么今年的竞争显然已是一片混战。娃哈哈"××"、养生堂"尖叫"、汇源"他+她"已在年初相继上市,深圳东鹏"三活水"、昆明港龙乳品"酷动"、唐山四通的"心动时代"等一些地方性品牌紧随其后。

但在新出现的部分功能饮料产品身上,明显看到了模仿与跟风的痕迹,产品的瓶形、口感及产品名称书写方式似乎都在刻意模仿去年销售火爆的"脉动"。广告说明书、软文也大同小异。

二、功能性饮料市场分析

目前市场上销售的软饮料主要分为碳酸饮料、乳品饮料、功能饮料、果汁饮料和茶饮料5大类。根据国际饮料行业协会的新规定,功能饮料是指具有保健作用的软饮料。

2000年世界功能饮料市场销售额达47亿美元,到2007年预计将增加到120亿美元。与世界发达国家相比,目前我国功能饮料的人均消费量每年仅为0.5千克,距离全世界人均7千克的消费量尚有较大空间。因此可以断定,中国的功能饮料市场前景看好。目前全球功能饮料市场格局为:运动饮料68%,营养素饮料25%,其他7%。面对一个如此诱人的市场,中国众多饮料企业都开始尝试进行产品研发与推广。但是新产品上市,炒热市场之前必然要先教育市场,因此,这些年的功能饮料市场不温不火。

去年那场"非典"疫情,不仅让消费者发现了提高身体免疫力的重要性,也让企业终于轻松地找到了打开功能饮料市场的钥匙,所有教育市场的努力在这一刻得到了回报。市场消费热情空前高涨,许多产品出现了供不应求的状况,尤其是在"非典"最为紧张的2003年4月,上市不久的乐百氏"脉动"维生素水迅速脱销,仅1个月的时间在全国销售额已达1个亿。而在这时,"××"若想要在功能饮料市场占据一席之地,就必须寻找差异化,寻找个性化,避免与"脉动"发生正面冲突,方可能成功。

三、消费者分析

个性化的需求是在大众日用消费品日趋高度同质化的今天,经常被人们强调的话题,饮料亦然。

年龄在15~29岁的群体是饮料市场消费的核心主力,他们的消费特征决定着饮料市场的消费趋势。据零点一项针对青少年的产品测试的调查数据显示,青少年群体对品牌本身的敏感性并不强,在大部分产品领域,他们会仅凭产品的外观魅力和品牌特性就完成对新的产品或服务的购买,这一部分群体几乎占到了总样本量的61.1%。

青少年消费行为及心理的调查结果也证明:青少年群体有着显著的追求新颖时尚、追求个性化、注重感情和直觉的特点,冲动性购买色彩强烈。一旦直觉感觉良好,他们就会产生积极的购买情绪,从而迅速地作出购买决策。

诸如此类的种种调查都超乎一致地说明了一点:感性消费是饮料消费的主流。究竟有多少人认识功能饮料?又有多少人接受这种产品?业内人士表示,功能饮料对于消费者来说,还需要一定的时间才能逐步被接受。另外,今年功能饮料市场将是混战和洗牌的一年,长则一年短则半年就能看出结果。大学生通常是饮料企业推广新产品的最初选择目标。随机调查了20位在校大学生,其中有9人能清晰地给出功能饮料的定义,1人对功能饮料的定义不清晰,其余10人均称完全不了解功能饮料。看来,厂家和商家要做的宣传工作还很多。

调查中发现，大学生的饮用习惯还集中在果汁饮料和纯净水上，这表明功能饮料市场目前还十分有限，消费者的饮用习惯还很难在短时间内被影响。另外，功能饮料中毕竟有对人体有直接保健作用的成分，因此，消费者不会像购买纯净水或果汁饮料那样不计较品牌大小。尝新试奇的思想只能在初期发生，以后会在适应哪个品牌的功能饮料后就可能成为其忠实消费者。“××”在今后的发展中，只有靠品牌和品质双重保障才能长远立足。

第三部分 营销策略

一、产品定位

1. 定位依据

功能性饮料按照细分标准可以分为以下几类：

(1) 多糖饮料

功能：调节肠胃，降低食欲。

适宜人群：便秘患者，减肥人群。

(2) 维生素饮料、矿物质饮料

功能：补充多种营养成分。

适宜人群：维生素饮料，适合所有人；矿物质饮料，尤其是含抗疲劳成分的矿物质饮料，只适合容易疲劳的成人，儿童不宜。

(3) 运动平衡饮料

功能：降低消耗，恢复活力。

适宜人群：体力消耗后的各类人群，儿童不宜，血压高的人慎用。

(4) 低能、益生饮料

功能：帮助美容，养颜有方。

适宜人群：益生菌饮料适合消化不良的人，尤其是老人；低能量饮料适合身体比较肥胖的人。

2. 产品功能定位

“××”饮料定位在维生素功能性饮料，它含有丰富的维生素 C、维生素 E、维生素 B_5、维生素 B_{12}、维生素 PP 等。另外，还添加了天然瓜拉纳提取物，维持人体的正常发育，适用于各类人群。其中含有的抗氧成分能清除体内垃圾，起到抗衰老的作用。

3. 产品命名、产品包装和其他市场一样。

二、价格定位

饮料市场的核心主力是年龄在 25 ~ 29 岁的群体，其中大学生在这一群体中占很大的比重，在价格方面，大学生对功能饮料的价格接受程度在 3 元以内。

“××”打开江西市场采用的价格为 2.5 元每瓶，消费者既容易接受，又不缺乏利润。

三、促销方案

第一期：广告宣传、校园推广（免费试喝、篮足球赛）

时间：2004 年 5 月—6 月底

第二期：广告宣传、社会推广、公关活动

时间：2004 年 7 月—2004 年 9 月底

具体安排如下：

1. 第一期

(1)广告宣传策略

“××”现在的电视广告的代言人是国内著名的歌手王力宏。他健康、青春、活力的形象很好地向消费者传达了“××”饮料的功能形象。明星效应有一定的影响力。为了更好地在市场上占有一席之地，策划了以下的新广告。不请用明星，选择一群年龄在 18 ~ 25 岁的年轻人来担当广告的主角。

①广告诉求点。更好地反映“××”是维生素功能型运动饮料，它的功能在运动后迅速解渴并且补充运动后体内流失的矿物质和维生素，迅速帮助运动后的人们恢复体力和活力。

②广告语。激扬青春，活力再现，运动后你最佳的选择——“××”维生素饮料。

③广告画面。一群年轻人在进行足球比赛，开始很尽兴，大家都非常有活力，但是突然天色变暗，不一会就下起了倾盆大雨，运动员被淋湿了，面带不悦，球也不踢了，都躺在湿漉漉的球场上。话外音：“没有活力了吗？累了吗？”接着，一队员拿起一瓶××饮料，大口大口地喝。（注意：在喝时要突出咕咕的声音，表明很口渴。）喝完后立即恢复了活力，跳起来了，精神起来，其他运动员惊讶地看着他，接着每个人都轮流喝刚才的“××”饮料。场面热烈起来，此时的音乐是激昂的、运动的。大家作出已经恢复体力、充满力量、精神很好的状态，此时天也放晴了，众人齐欢呼：“××，让我活力再现！”话外音：“迅速补充体内维生素，运动后你最佳的选择——××维生素功能饮料。”

④广告播出时间。每天体育频道体育新闻后播出，一天两次。

(2)校园推广活动

①背景介绍。5—6 月正是各大高校毕业生返校的时间，而且准备离开校园了。我们和南昌的江西财经大学、华东交通大学、南昌大学的校体育部联系，策划一次“××”杯毕业生篮球比赛，让快要离开校园的大四学生重温和同窗一起在球场欢呼和拼搏的经历。为他们的大学生活增添一场美好的回忆。

②活动宣传口号。珍惜青春，和你的朋友再来一场篮足球比赛吧——“××”杯篮足球赛。

③针对的对象。三大高校的大四毕业生为主，其他年级的同学可以组队报名参加。

④活动内容。报名时间：2004 年 5 月 29—30 日。报名地点：三大高校的校体育部，试喝点。进行淘汰赛，最后两支队伍进行冠军争夺赛。“××”为胜利的队伍赠送一箱“××”饮料，赞助租场费。

⑤辅助宣传。在报名比赛期间，“××”饮料同时在三大高校进行促销活动，主要是在校园设立试喝点。在高校的主要食堂里设有试喝点，每个试喝点配有两箱“××”饮料和两名促销小姐。试喝点挂上宣传横幅，宣传语——“××”杯篮球赛期待你的参加。并且在试喝点附有活动的具体安排表和报名表，方便学生取阅。

2. 第二期

(1)广告宣传策略

在前一期的广告宣传中，广大的消费者已经对“××”饮料有了一定的了解和认识了，对

“××”这个牌子的饮料已经不再陌生了，此时的广告应该侧重向消费者传递产品的情感性利益，功能性的广告宣传转向次要宣传。

①广告诉求点：××是维生素功能型运动饮料，它所要表达的是青春、活力、追逐时尚的情感，是年轻一代的最新的选择。此广告的策划围绕着友谊、挑战、成功等要素来创作。

②广告语：“××”饮料，给你友情般的鼓励。

③广告画面：几个年轻人在进行攀岩比赛，每个人都信心十足，勇敢地上攀岩，画面集中到一个年轻人，他汗流浃背，喘气，但是眼神坚定，顽强不屈，要登上顶峰的勇气和毅力都表现出来了，在快到顶峰时，突然滑了一跤，落后了其他的竞争对手，他已经快用尽力气了，很累准备放弃的时候，旁边的队友友好地递给他一瓶××饮料，并且用激励的眼神给他传递支持和鼓励。他喝了“××”后，用感激的眼神望着他的队友，然后一鼓作气快速攀岩，超越了其他的竞争对手，取得了胜利。最后的画面是他和他的队友在顶峰处高举“××”饮料，表现出得到胜利很自豪、很自信的样子。这时大喊广告语：“××，给你友情般的鼓励。”

④传播媒体：体育频道。

(2)社会活动

①活动背景：随着广告的播出，我们将在2004年7月组织一次梅岭登山活动，此时正值各大高校学生放暑假的时期。

②活动宣传时间：2004年6月中旬开始宣传，接受参赛者的报名，登山活动时间在7月。

③活动安排：6月底整理报名人员的名单并将他们分组，组织他们进行比赛。最先到达山顶的15名参赛者可以免费获得一张奖券，凭奖券可以到指定商场免费获得一箱“××”饮料，并且还能获得一张月底在江西电影院上映的电影票。

(3)娱乐活动

请××饮料电视广告的代言人王力宏来南昌举行签名售最新专辑活动，此次活动由××饮料赞助。

经费预算：

第一期广告费用		60 000元
赞助篮球赛		2 000元
横幅	10条	100元
宣传单	200份	100元
报名表	100张	50元
第二期广告费用		80 000元
梅岭登山活动		3 000元
电影票	15张	300元
共计		145 500元

资料来源：wenku.baidu.com/2012-03-24

3.3.7 结束语

结束语是对整个策划的要点进行归纳总结,一方面突出策划要点,另一方面与前言相呼应。在撰写结束语时,策划者明确以下两个重要问题:

①策划能否解决前面提出的营销问题?

②策划怎样解决前面提出的营销问题?

如果不能很好地解决这两个问题,整个策划的逻辑就值得怀疑。

结束语属于"画龙点睛"之笔,绝非可有可无。

根据策划对象和策划要求的不同,营销策划文案的内容和格式也不同。

【相关链接】

结束语——格兰仕的价格策略

通过上文表述,大家基本对营销渠道的相关内容有所了解。对于格兰仕日用电器营销渠道的研究可以看出:目前格兰仕用"代理商到零售商(乡镇)+专业连锁店(城市)"的营销渠道模式能满足其基本的营销目的。虽然也有不足之处,但是这是每个家电行业渠道发展中都要经历的过程。要从长远的眼光来看格兰仕日用电器的营销渠道。随着市场经济的发展,格兰仕日用电器的营销渠道要逐步变化以适应市场发展。渠道运作进一步贴近终端市场,渠道支持要全方位展开,渠道格局要向多元化的方向发展,同时,渠道结构扁平化也是发展的趋势。目前很多公司都在强调"渠道为王",相信格兰仕日用电器在营销渠道不断完善以后一定会有一个光辉灿烂的未来!

资料来源:wenku. baidu. com/2012-12-23

【案例分析】金星啤酒夏季促销方案

2002年,刚刚进入4月,经过几个月淡季煎熬的啤酒企业,就像刚出笼的饿虎,到处奔跑觅食,酝酿一场啤酒业的市场大战。

中国啤酒业经过10余年的高速发展,目前已成为世界第二大啤酒生产国,啤酒年产能力超过了3 000万吨。不过,2001年,啤酒总产量只有2 274万吨,产量过剩,其原因是供过于求。金星啤酒是行业的后起之秀,为了寻求更大的市场空间,准备进行一次大规模的夏日促销活动。

一、促销目标

市场上现成的促销方式,如专销制、开瓶有奖、喝啤酒中奖等,由于大家都在使用,因此促销效果呈递减趋势。另外,企业促销费用也不断增高。能否有新的、更具吸引力的促销方法出现,是金星啤酒首先要考虑的问题:什么样的促销手段才是我们所期望的有效的促销手段?衡量的标准是什么?

金星啤酒的促销目标有以下几点:第一,销售额的大幅度提升;第二,市场占有率的扩大;第三,有效地扼制了竞争对手;第四,不仅对品牌没有伤害,反而进一步提高了品牌的知名度和美誉度;第五,活动过后有持久效应。

二、促销媒体

那么,采取哪种促销方式才能实现这些目标呢?策划人员以此为基础开始筹划和思考。啤酒作为清凉饮品,在夏天饮用既有解热防暑的作用,同时又能止渴。若能找到在防暑、防晒上与啤酒有关联的产品,作为赠品与金星啤酒进行捆绑销售,效果一定不错。

不经意间,策划人员在马路上看见一位女士骑着一辆装有遮阳伞的自行车,伞固定在自行车的把上,而且可以前后灵活移动,十分抢眼,不时引来旁人的注目。策划人员突然眼前一亮:为什么不来个"喝啤酒送自行车遮阳伞"的促销活动呢?

这是一个极好的促销载体,理由有以下几点:

1. 啤酒与伞都有防暑作用。

2. 夏天,或是炎炎烈日,或是大雨倾盆,人们普遍对伞有需求。

3. 伞作为户外人们遮阳(同时也能避雨)的工具,为户外流动物,若与制伞厂(名牌厂家最好,如杭州天堂伞厂)联系订做一批设计精美的金星啤酒特制伞,将会起到很好的宣传效果。

4. 自行车族是一个非常庞大的群体,在自行车上安装遮阳伞,就等于把他们变成了传播的媒体,并且创意独特,个性突出,吸引力强。

5. 赠伞与啤酒销售将会产生持续互动。啤酒销量越高,伞赠得越多,同时伞越多,对啤酒的销售促进越大。

6. 不会对品牌造成伤害,相反,能进一步树立品牌的良好形象。

三、行动方案

1. 活动的目的与意义。进一步促进销售,扩大市场占有率,扼制竞争对手,树立金星啤酒在消费者心目中的品牌地位。

2. 活动时间:2002 年 7 月 1 日—2002 年 9 月 30 日。

3. 活动主题:"金星啤酒盛夏防晒工程"。

4. 活动原则:

(1)活动与宣传互动,活动促宣传,宣传促销。

(2)选择名牌制伞厂,走强强联合的道路。

(3)活动与常规工作相结合,不可将两者割裂开来。如通常的渠道与终端工作不仅不能放松,相反一定要强化。

5. 广告宣传语:"这个夏天不太晒"。

6. 活动的细则:

(1)凡一次性购买(或累计消费)金星啤酒××瓶,均可获得特制精美天堂伞一把。

(2)兑奖地点为金星啤酒各销售点。

(3)活动的解释权归金星啤酒集团。

7. 活动目标:在河南省 17 个地市全面展开,预计 3 个月内实现销售量同比增长 30%。

8. 活动前期筹备:

(1)成立活动领导小组,由销售公司总经理任总指挥,副总经理任副总指挥。

(2)策划中心指派专人负责媒体宣传方案制作和促销伞的设计采购及其他有关物资储备。

(3)各区域销售公司经理亲自负责并组织业务人员和经销商协助本市场活动的开展。

9. 活动执行:

(1)广告宣传。在河南卫视黄金时间和各地市有线台打字幕广告,在《东方家庭报》《大河报》上作1/4版广告。

(2)区域市场经理配合策划中心人员,组织业务员和经销商在各区域市场开展活动,利用节假日在闹市区广场集中搞演出,配合活动开展,有条件地请当地媒体记者进行采访报道。

(3)在各经销商店头和终端店头悬挂印有活动主题和奖励方式的横幅,加强宣传,现买现赠。

10. 活动控制:

(1)市场管理中心派人对各区域市场活动的开展情况进行监督和检查,对人员的到位情况、活动次数、参与人数、宣传力度、POP广告布置、赠品发放到位情况进行监督和检查,每项满分10分,根据落实情况进行打分。

(2)各区域市场上的策划中心外派人员及时对活动执行中出现的问题向策划中心汇报,及时对活动方案进行修正。

(3)各区域市场将活动情况写成书面总结材料上报策划中心。

(4)活动全部结束后,策划中心对本次活动进行全面总结,找出问题和不足,在以后的活动中改正和提高。

(5)制定处罚措施,对因内部员工、经销商或终端原因产生的消费者投诉、活动开展不力等问题,应及时对相关责任人进行处罚。

问题:

1. 如何评价这一策划方案?

2. 根据策划程序,分析这一策划的基本思路。它有问题吗?

【课后练习】

1. 营销策划组织由什么构成?

2. 营销策划需要经过什么程序?

3. 营销策划文案包含哪几个部分的内容?

第4章 营销策划的原理与理念

【案例引入】

“向毛泽东学营销策划”

有人说,毛泽东是20世纪最伟大的策划家,其最大的成果就是建立了“中华人民共和国”,唱出了“中国人民从此站起来了”的最强音。毛泽东思想不仅可以指导国家建设,对营销策划也有很强的指导意义。具体表现在:

1. 选准目标客户,明确宗旨或价值观。为人民打天下,树立“全心全意为人民服务”的思想。营销也需要明确目标受众和营销观念。

2. 塑造品牌和寻找卖点,推广先进理念。例如:红军的VI设计、大力引导外部思想资源树立马克思主义品牌信仰,“中国共产党”一个轰轰烈烈的品牌和一支强有力的营销执行队伍的名称。卖点是:“土地革命”,这对视土地为命根子的农民无疑极具诱惑力。经典广告语有新民主主义革命、南昌起义、延安整风、中国人不打中国人、解放战争、抗美援朝保家卫国。

总结和学习毛泽东的策划思想,是我们对毛泽东思想在新时期的发扬光大,更应该成为指导我们策划工作的方法论。其主要思想有:

1. “星星之火,可以燎原。”在井冈山最困难的时期,有人提出自己的怀疑“红旗到底能够撑多久?”毛泽东在回信中写道:“星星之火,可以燎原。”对营销策划的启发是要从区域性品牌发展成为全国性品牌,企业要有宏大的愿景和必胜的意志。

2. “谁是我们的朋友,谁是我们的敌人,这是革命的首要问题。”这句话告诉我们,企业不要幻想把你的产品卖给所有的人,只有找到你的目标消费者,产品才能成功。因此,市场细分、找准目标市场很重要。

3. “打土豪分田地。”这6个字对迫切渴望安居乐业的农民特别具有震撼力,这就是市场定位,即要给你的产品确立一个在消费者心目中的地位和形象。只有产品定位符合消费者的心理预期,才能够被消费者接受。

4. “没有调查就没有发言权。”市场营销不能“闭门造车”,必须洞察消费者的真实需求。因此,搞好环境分析、消费者购买行为分析等很重要。

5. “从实践中来到实践中去。”市场是检验营销策划案科学与否的唯一标准。因此,一套好的策划案要能够经得起市场的检验,发现问题及时解决,并在实践中发展。

6. “农村包围城市。”市场营销要善于“寻找空白点”,创造差异化,在竞争对手最薄弱的环节发起攻击。

7. “扫帚不到,灰尘不会自己跑掉。”营销就是把复杂的问题简单化,简单的问题流程化,流程问题制度化,执行结果考核化。

8.“一切反动派都是纸老虎。”只有在战略上藐视竞争对手,树立必胜的信心和决心,排除万难去争取胜利,才能在战术上战胜对手。

9.“向雷锋同志学习。”榜样的力量是无穷的,做市场首先是做样板,发挥灯塔效应。

10.“为人民服务。”营销的核心就是让消费者满意,满意的消费者是建立品牌忠诚度的前提和基础。

11.“做一件好事并不难,难的是一辈子做好事,不做坏事。”知名品牌都是建立在持之以恒地提升企业的知名度、美誉度和形象度的基础上的。

12.“没有文化的军队是愚蠢的军队,而愚蠢的军队是不能战胜敌人的。”军队的决定因素是人,营销的决定因素也是人,企业无人则止。

资料来源:根据部分资讯整理而成,2014-03-09.

4.1 营销策划的工具

夫子曰:凡事预则立,不预则废。说的就是策划的重要性,大到对组织、人生长远规划的策划,小到工作、生活中具体事情,无不需要进行策划“计划先行”,此乃一切事物成功的基础。作为企业,要想在对手如林的今天,为你的员工备有足够的奶酪,让你的公司有足够的发展空间,对公司的前途进行策划是不可或缺的一项重要工作。那么,企业应如何进行策划呢?

4.1.1 营销策划的理论基础

1)周易论——万学之祖

在中国传统文化中,《易》被推为源头活水、群经之首。《易》经的核心价值在于其启迪中华民族的智慧,激励炎黄子孙自强不息、厚德载物的民族精神。它包括文王《易经》、孔子《易传》,是人类第一部预测学、运筹学、数学和宇宙学著作。周易包括阴阳五行、太极八卦。起源 8 000 年前的盘古、娲、羲的卜巫时期,定型于 5 000 年前,炎、黄、蚩尤的文字、符号定型时期,形成于夏、殷、周三代的占卜预测时期。由夏易传到殷易,由文王周易集大成。《易》并非卜筮,而卜筮亦并非《易》经。《易》之本源是宇宙万物的发展变化及规律之写照,是人类对宇宙万物之认识。

【相关链接】

周易论

阴阳五行:认为大自然由 5 种要素构成,即金、木、水、火、土。随着这 5 个要素的盛衰,大自然产生变化,不仅影响到人的命运,同时也使宇宙万物循环不已。“木曰曲直,代表生长、升发、条达、舒畅的功能,在人体为肝。“金曰从革”,代表沉降、肃杀、收敛等性质,在人体为肺。“水曰润下”,代表了滋润、下行、寒凉、闭藏的性质,在人体为肾。“土曰稼樯”,代表了生化、承载、受纳等性质,在人体为脾。“火曰炎上”,代表了温热、向上等性质,在人体为心。

天干地支。十天干:甲、乙、丙、丁、戊、己、庚、辛、壬、癸。十天干的五行是:“甲乙”属木,代表东方。“丙丁”属火,代表南方。“戊己”属土,代表中央。“庚辛”属金,代表西方。“壬癸”属水,代表北方。十二地支:子、丑、寅、卯、辰、巳、午、未、申、酉、戌、亥。

阴阳八卦是周易把自然中接触的物质——天、地、雷、风、水 、火、山、泽,即8种自然现象,作为世界万物产生的根本,其中又以天地为根本,其他6种由天地产生。世界是由8种物质构成的,分别代表8种卦象,即天(乾)、地(坤)、雷(震)、风(巽)、水 (坎)、火(离)、山(艮)、泽(兑)。8种物质分四阴四阳,天为乾卦,代表纯阳,地为坤卦,代表纯阴,其他六象,阳中有阴,阴中有阳。所谓一阴一阳之谓道。一生二,二生三,三生万物,是生两仪,两仪生四象,四象生八卦。太极生阴阳,太极是阴阳之母。这一变,天地间有了日月盈虚,岁月年华,万物兴衰;草木有了黄枯绿荣,人有了生老病死,灾喜祸福;事有起落,家有盛败,国有兴亡。

资料来源:vip. book. sina. com,2013-09

易经的“三易说”是营销策划重要的指导思想。三易就是简易、变易、不易,意在揭示宇宙万物的道理。

简易,也就是简单容易。简易是一种自然规律。万事万物都自觉不自觉地按照简易的方式和方法去动作。世界上的事物再复杂再深奥,一旦人类的智慧达到,就可以把它们转换成人们容易理解和处理的问题。用到策划上,就是要善于发现事物发展变化的规律,认清事物的本质,把复杂的问题简单化、明了化。《周易 · 系辞上》认为乾卦通过变化来显示智慧,坤卦通过简单来显示能力。把握变化和简单,就把握了天地万物之道。正如老子《道德经》所说:大道至简。就是说最高的道理往往是最简明的。比如世界上所有最复杂的事物,可以用最简单的符号(即阴阳二爻)来概括。正如国际商用机器制造公司用 IBM 表示,化腐朽为神奇。

变易,指改变、变化,语出《易论》,是指宇宙、天地运动的变化,是比拟、象征宇宙万物实相的原理。世界上的万事万物每时每刻都在变化发展着,没有一样东西是不变的,如果离开这种变化,宇宙万物就难以形成。“易穷则变,变则通,通则久。”营销策划也是如此,要顺应社会的变迁,做到与时俱进。

不易,是指在宇宙间万物皆变的前提下,还有唯一不变的东西存在。所谓变,只是现象而已,变的背后一定有不变的东西,想到不变的时候,一定要想到变,“一阴一阳之谓道”。两者是分不开的。不变是原则,万变是现象,现实生活中我们要站在不变的立场来变,就不会乱变。在变的时候也要注意3点:第一,权不离经。所有的变不能离开规矩。第二,权不损人。所有的变都不可损害别人的权益。第三,权不多用。偶尔用,常用,就表示你的规矩要改。总改规矩,就说明规矩本身制定得不科学。用到营销策划上,就是你企业的核心价值观、理念是不能变的,但实施价值观、理念的方式方法是与时俱进的。总之我们要记住:简中有变，变中不易。

2）矛盾论——分析神器

矛盾论源于《韩非子》寓言故事："楚国人卖矛和盾，抓起矛赞誉说：无物不克；抓起盾说：物莫能克。有人问他：以子之矛，攻子之盾，如何？"那人张口结舌，一句话也答不上来。什么都不能刺穿的盾与什么都能刺穿的矛，不可能同时存在于这个世界上。《矛与盾》的寓意是说话办事要一致，不能违背了事物的客观规律。万事万物都有对立统一，矛盾遍布人生、社会、卖场，利用矛盾论分析事务之间的利害关系，才能找到问题关键，把握胜负。

【相关链接】

《矛盾论》节选

事物的矛盾法则，即对立统一的法则，是唯物辩证法最根本的法则。矛盾的普遍性或绝对性这个问题有两个方面的意义：其一是说，矛盾存在于一切事物的发展过程中；其二是说，每一事物的发展过程中存在着自始至终的矛盾运动。矛盾是简单的运动形式（例如机械性的运动）的基础，更是复杂的运动形式的基础。各种物质运动形式中的矛盾，都带特殊性。不同质的矛盾，只有用不同质的方法才能解决。

研究问题，忌带主观性、片面性和表面性。所谓主观性，就是不知道客观地看问题，也就是不知道用唯物的观点去看问题。所谓片面性，就是不知道全面地看问题。例如：只了解中国一方，不了解日本一方，只了解共产党一方，不了解国民党一方，等等。一句话，不了解矛盾各方的特点，这就叫作片面地看问题，或者叫作只看见局部，看不见全体，只看见树木，看不见森林。孙子论军事说："知己知彼，百战不殆。"他说的是作战的双方。唐朝人魏徵说过："兼听则明，偏信则暗。"

表面性，是对矛盾总体和矛盾各方的特点都不去看，否认深入事物里面精细地研究矛盾特点的必要，仅仅站在那里远远地望一望，粗枝大叶地看到一点矛盾的形象，就想动手去解决矛盾（答复问题、解决纠纷、处理工作、指挥战争），这样的做法，没有不出乱子的。中国的教条主义和经验主义的同志们之所以犯错误，就是因为他们看事物的方法是主观的、片面的和表面的。片面性、表面性也是主观性，因为一切客观事物本来是相互联系的和具有内部规律的，人们不去如实地反映这些情况，而只是片面地或表面地去看它们，不认识事物的相互联系，不认识事物的内部规律，所以这种方法是主观主义的。

《矛盾论》对营销策划的指导意义在于：《矛盾论》中强调综合地认识周围世界的整体性，把握"矛盾的总体"。揭示了事物整体和部分、全局和局部的辩证关系。唯物辩证法认为，物质世界是一个由无数相互联系、相互依赖、相互作用的事物和过程组成的有机整体，每一事物内部的各个组成部分和要素之间都处于普遍联系之中。这种把世界看成是普遍联系的整体思想是系统思想的最主要特征。

（根据毛泽东《矛盾论》整理而成）

营销策划过程中也存在着一些辩证法的矛盾论：如正策划与反策划，善策划与恶策划，实策划与虚策划，厚黑策划与薄白策划，正向策划与负向策划，作用策划与反作用策划，速度

策划与加速度策划，物质策划与精神策划，美策划与丑策划，离散策划与连续策划，结构策划与功能策划，混沌策划与有序策划，主策划与副策划，原策划与亚策划，因策划与果策划，对称策划与非对称策划，确定性策划与不确定性策划……用好策划的辩证法、矛盾论，才能从复杂的问题中找出事情发展变化的脉络，抓住问题的关键，纲举目张，迎刃而解。

3）符号论——标新立异

任何事物都可以用符号来表示。语言文字、美术形象、运行轨迹、商业图表都是符号。思维、思想、创意本身都可以用符号表示。最早的符号是图腾，如徽标、招牌、商标。符号一旦形成，自成体系，自我运行。

许多国际知名品牌都是象征某种意义的符号，如“雀巢”代表“温馨”，“柯达”代表“童真”，“耐克”代表“超越极限”，“迪斯尼”代表“家庭的价值”，“可口可乐”代表“热烈”，等等。如图4.1所示。

图4.1　符号

图形符号的运用和发展，是企业视觉形象设计的一个重要部分，代表着企业形象的浓缩，是能与企业核心价值观最有效搭配的工具，在强化品牌个性、视觉和内涵延伸、优化企业形象美感方面起着关键作用，更是企业理念识别系统、行为识别系统和视觉识别系统的联络官，是克服企业同质化现象的重要手段。

4.1.2　营销策划的主要工具

1）PEST分析模型

PEST分析是指宏观环境的分析，宏观环境又称一般环境，是指影响一切行业和企业的各种宏观因素。对宏观环境因素作分析，不同行业和企业根据自身特点和经营需要，分析的具体内容会有差异，但一般都应对政治（Political）、经济（Economic）、社会（Social）和技术（Technological）这4大类影响企业的主要外部环境因素进行分析。简单而言，称之为PEST分析法。

2）利益相关者分析模型

利益相关者是指与客户有一定利益关系的个人或组织群体，可能是客户内部的（如雇员），也可能是客户外部的（如供应商或压力群体），属于微观环境分析的范畴。大多数情况下，利益相关者分析模型如图4.2所示。供应商提供商品或服务给本企业或者竞争对手，企业再通过自销或者借助批发企业、代理商、零售企业把产品最终销售给顾客。

这些利益相关者能够影响组织的营销活动，他们的意见一定要作为营销策划时考虑的因素。所有利益相关者不可能对所有问题保持一致的意见，其中一些群体要比另一些群体的影响力更大，这是如何平衡各方利益成为营销策划案制定时考虑的关键点。

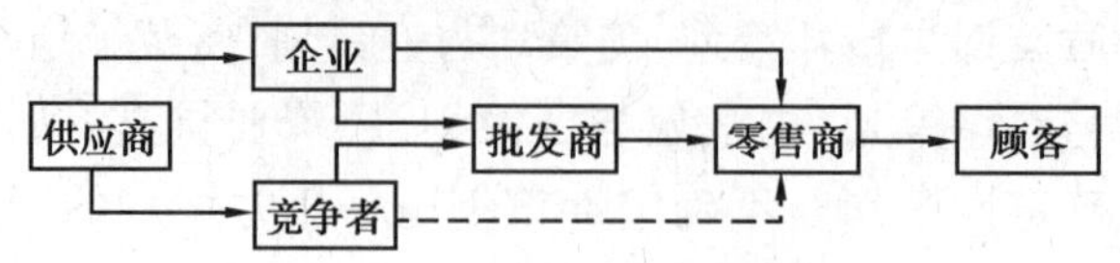

图 4.2　微观营销环境构成

3)价值链分析模型

价值链分析模型是由美国哈佛商学院著名战略学家迈克尔·波特提出的,也是营销策划使用的最重要模型之一。把企业内外价值增加的活动分为基本活动和支持性活动,基本活动涉及企业生产、销售、进料后勤、发货后勤、售后服务。支持性活动涉及人事、财务、计划、研究与开发、采购等,基本活动和支持性活动构成了企业的价值链(如图 4.3)。

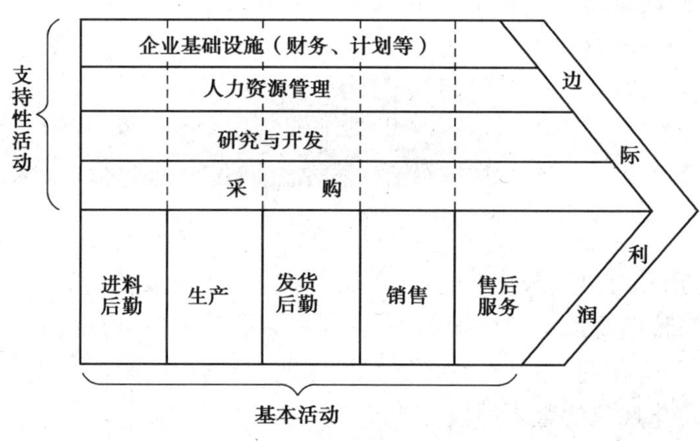

图 4.3　波特价值链

不同的企业参与的价值活动中,并不是每个环节都创造价值,实际上只有某些特定的价值活动才真正创造价值,这些真正创造价值的经营活动,就是价值链上的"关键作业"。企业要保持的竞争优势,就是发挥企业在价值链某些特定的关键环节上的优势。运用价值链的分析方法来确定核心竞争力,就是要求企业密切关注组织的资源状态,要求企业特别关注和培养在价值链的关键环节上获得重要的核心竞争力,以形成和巩固企业在行业内的竞争优势。企业的优势既可以来源于价值活动所涉及的调整,也可以来源于企业间协调或合用价值链所带来的最优化效益。

4)波特五力模型

波特五力模型,由迈克尔·波特(Michael Porter)于 20 世纪 80 年代初提出,它认为行业中存在着决定竞争规模和程度的 5 种力量,这 5 种力量综合起来影响着产业的吸引力。5 种力量分别为进入壁垒、替代品威胁、买方议价能力、卖方议价能力以及现存竞争者之间的竞争。波特五力模型与一般战略的关系如表 4.1 所示。

竞争战略从一定意义上讲是源于企业对决定产业吸引力的竞争规律的深刻理解。任何产业,无论是国内的或国际的,无论生产产品的或提供服务的,竞争规律都将体现在这 5 种竞争的作用力上。因此,波特五力模型是企业制定竞争战略时经常利用的战略分析工具。

表 4.1 波特五力模型与一般战略的关系

行业内的5种力量	一般战略		
	低成本战略	差异化战略	集中型战略
进入障碍	具有规模经济效益阻挡对手进入	培育顾客忠诚度,挫伤进入者的进入	独具特色阻挡潜在者进入
买方砍价能力	边际效应能力突出,如低成本带来更低价格	独特产品削弱对方讨价还价能力	独一无二使大买家削弱谈判能力
供方砍价能力	抑制大卖家的砍价能力强	通过提价转移成本压力	高价能转移成本提高带来的压力
替代品的威胁	能用低价不被替代	差异化、高技术不易被替代	独特的产品与核心能力不易被替代
行业内竞争对手	能很好地进行价格竞争	顾客忠诚度高,忽略竞争对手	一招鲜吃遍天,对手望尘莫及

5)SWOT 分析模型

SWOT 分析模型,又称为态势分析法。SWOT 分析代表分析企业优势(Strength)、劣势(Weakness)、机会(Opportunity)和威胁(Threat)。因此,SWOT 分析实际上是将对企业内外部条件各方面内容进行综合和概括,进而分析组织的优劣势、面临的机会和威胁的一种方法。

优劣势分析主要是着眼于企业自身的实力及其与竞争对手的比较,而机会和威胁分析将注意力放在外部环境的变化以及对企业的可能影响上。在分析时,应把所有的内部因素(即优劣势)集中在一起,然后用外部的力量来对这些因素进行评估(如表 4.2)。

表 4.2 机会威胁矩阵

内部分析 / 外部分析	优势 S 列出优势:	劣势 W 列出劣势:
机会 O: 列出机会:	SO 战略: 发挥优势,利用机会	WO 战略: 克服劣势,利用机会
威胁 T: 列出威胁	ST 战略: 利用机会,回避威胁	WT 战略: 减少劣势,回避威胁

6)波士顿评价模型

波士顿矩阵模型是波士顿咨询公司(BCG)于 1970 年提出的一种规划企业产品组合的方法。

图 4.4 中,纵坐标市场成长率表示该业务的销售量或销售额的年增长率,用数字 0 ~ 20% 表示,并认为市场成长率超过 10% 就是高速增长。横坐标相对市场份额表示该业务相对于最大竞争对手的市场份额,用于衡量企业在相关市场上的实力。用数字 0.1(该企业销

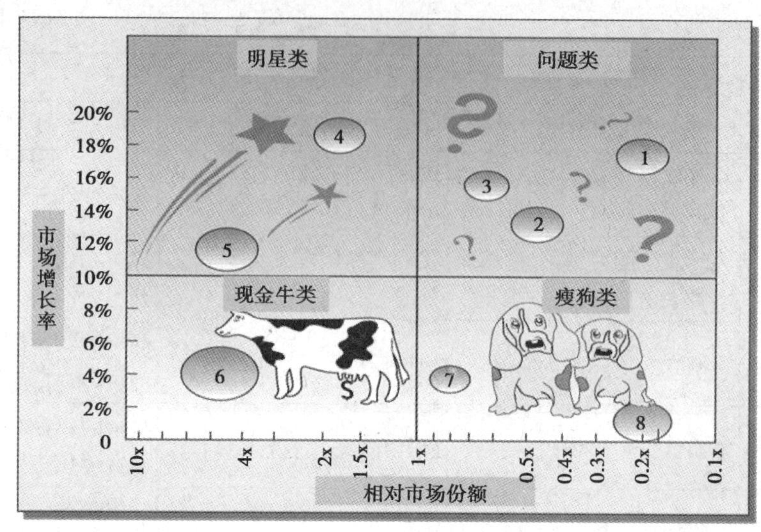

图 4.4　波士顿评价图

售量是最大竞争对手销售量的 10%）~10（该企业销售量是最大竞争对手销售量的 10 倍）表示，并以相对市场份额为 1.0 为分界线。需要注意的是，这些数字范围可能在运用中根据实际情况的不同进行修改。

波士顿矩阵模型将一个公司的业务分成 4 种类型：问题类、明星类、现金牛类和瘦狗类。

按照产品在象限内的位置及移动趋势的划分，形成了波士顿咨询集团法的基本应用法则。

第一法则：成功的月牙环。在企业所从事的事业领域内各种产品的分布若显示月牙环形，这是成功企业的象征，因为盈利高的产品不止一个，而且这些产品的销售收入都比较高，还有不少明星产品。而问题产品和瘦狗类产品的销售量都很少。若产品结构显示散乱分布，说明其事业内的产品结构未规划好，企业业绩必然较差。这时就应区别不同产品，采用不同策略。

第二法则：黑球失败法则。如果在现金牛区域一个产品都没有，或者即使有，其销售收入也几乎近于零，可用一个大黑球表示。这种状况显示企业没有任何盈利大的产品，说明应当对现有产品结构进行撤退、缩小的战略调整，考虑向其他事业渗透，开发新的事业。

第三法则：西北方向大吉。一个企业的产品在四个象限中的分布越是集中于西北方向，则显示该企业的产品结构中明星产品越多，越有发展潜力。相反，产品的分布越是集中在东南角，说明瘦狗类产品数量大，该企业产品结构衰退，经营不成功。

第四法则：踊跃移动速度法则。从每个产品的发展过程及趋势看，产品的销售增长率越高，为维持其持续增长所需的资金量也相对越高。而市场占有率越高，创造利润的能力也越强，持续时间也相对长一些。按正常趋势，问题产品经明星产品最后进入现金牛产品阶段，标志着这个产品从纯资金耗费到为企业增加效益的发展过程，但是这一趋势移动速度的快慢也影响到其所能提供的收益的大小。

7)7S 分析模型

由托马斯 · J. 彼得斯(Thomas J. Peters)和小罗伯特 · H. 沃特曼(Robert H. Waterman),这两位斯坦福大学的管理硕士,以麦肯锡顾问公司研究中心设计的企业组织 7 要素(简称 7S 模型)为研究框架,总结了这些成功企业的一些共同特点,写出了《追求卓越——美国企业成功的秘诀》一书,使众多的美国企业重新找回了失落的信心。

7S 模型指出了企业在发展过程中必须全面地考虑各方面的情况,包括结构(Structure)、制度(System)、风格(Style)、员工(Staff)、技能(Skill)、战略(Strategy)、共同价值观(Shared Value)。也就是说,企业仅具有明确的战略和深思熟虑的行动计划等硬件是不够的,还需要软件的支撑。如图 4.5 所示。

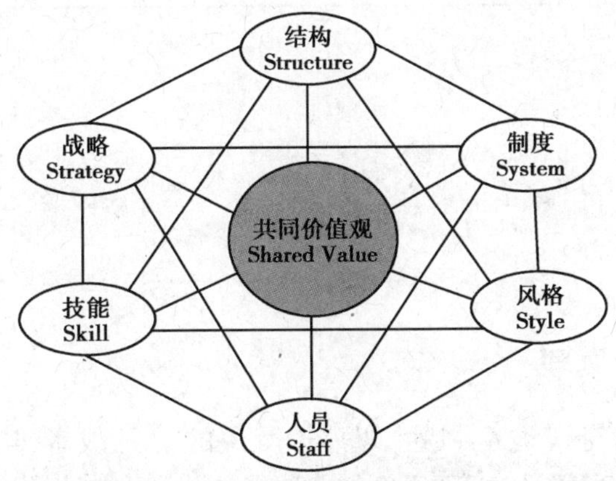

图 4.5 7S 模型图

在模型中,战略、结构和制度被认为是企业成功的"硬件",风格、人员、技能和共同价值观被认为是企业成功经营的"软件"。其中,战略(Strategy)就是对组织资源配置进行的总体规划。结构(Structure),即目标、协作、人员、岗位、相互关系、信息等组织要素的有效排列组合方式。制度(System),即岗位职责、办事程序、奖惩制度、工作承诺制度。人员(Staff),是指培训、素质。共同的价值观(Shared Value)具有明显的导向、约束、凝聚、激励及辐射作用。技能(Skill),即人际交往、团队协作、口语表达、计算机应用、读写、课堂讲座。

8)平衡计分卡模型

平衡计分卡(Balanced Scoreboard)是将组织的远景转变为一组由 4 项观点组成的绩效指标架构来评价组织的绩效。之所以称为平衡计分卡,是因为它由财务(Financial)、顾客(Customer)、企业内部流程(Internal Business Processes)、学习与成长(Learning and Growth)4 个方面构成,兼顾财务与非财务之间、短期与长期的目标之间、落后的与领先的指标之间,以及外部与内部绩效之间的平衡(见表 4.3),能够多方面为企业提供信息,综合反映公司的业绩。

另外还有雷达图模型、GE 评价法等。

表4.3 平衡计分卡

远景与战略	
财务层面:股东如何看待我们	长期股东价值(增收节支):新收入来源,原有客户挖潜收入,改善成本结构,改善资产营运效率
客户方面:顾客如何看待我们	客户价值驱动因素:优化价格、及时服务、品牌形象、质量、性能、关系等,以创造出出色的财务回报
内部流程方面:我们的优势是什么	创新程序:优化运营程序、客户管理程序优化,满足股东对卓越财务回报的期望
学习成长方面:能否继续创造价值	员工满意度、员工保持率、员工培训和技能等,以及这些指标的驱动因素

4.2 营销策划的一般原理

4.2.1 创新出奇原理

所谓“奇胜”,就是以奇谋诡道制胜,即孙子所说的:“凡战者,以正合(常规),以奇胜。故善出奇者,无穷如天地,不竭如江河。”例如,戴尔反木桶思维,提出直销模式,发挥优势,从IBM挖走客源。与木桶原理求稳固的保守思想不同,反木桶原理是一种提倡特色突显的创新战略,要求企业能打破思维定式,一切向前看,找准自己的特殊优势,开辟一个崭新的天地。特色突显是挣脱束缚的创新思维方式,不是简单的差异化战略。差异化战略实际上是一种对抗性的竞争,利用同质产品的细微区别,在有限的市场夹缝里你争我夺求生存。特色突显就是要跳出狭隘的竞争圈,打破旧的框架,创造一种新的市场模式。DELL创造性地开辟了电脑销售的新模式,为自己找到了安身立命之点,这就是它最长的那块木板。在此基础上,其他木板也顺势而上,不断地向纵深处发展,虽然它的底盘没有IBM大,但是经过其孜孜不倦的努力,高度远远超过了IBM的木桶,所以整个容积也不容小觑。这就是突显的力量。

营销创新内容包括渠道、促销、产品、价格、组织、服务等方面创新。戴尔以渠道创新闻名。苹果的成功源于产品创新。苹果公司追求完美无缺的一种产品创新境界,形成了10到3到1的苹果的产品创新体系。即任何一项新的设计,苹果的设计师们首先要拿出10种完全不同的模拟方案。这并非让其中有7个方案衬托剩下3个方案的优秀。他们首先要求10个方案,是希望设计师们有足够的创新空间,在没有限制的情况下进行开放式的创新。然后他们会从中挑出3个,再花几个月的时间仔细研究这3个方案,最终决定得出(不一定是选出)一个最优秀的设计方案。正如苹果公司的高级工程经理Lopp说:“如何向用户交付一个又一个完美的产品,就是做到‘设计优雅的硬件设备里面又安装优秀的软件’。”20世纪20年代,通用汽车规模变大,效率低下。管理者斯隆认为企业效率低不是规模问题而是管理问题,为此提出“基于协调控制的分权管理”,即分权式组织结构创新,挽救了美国通用汽车公司。在随后的5年内,通用汽车成为美国汽车工业的领先者。海底捞在服务价值上从顾客利益出发,一切以顾客消费体验为核心的诸多创新,包括人性化及更加丰富内容的等位区(水果、小零食、游戏、涂指甲、擦鞋等),热情的服务,对顾客的细致关怀,使顾客享受到了"超出预期"的优质服务。可以说,抓住了服务创新的本质,使差异化服务成为海底捞当前的核心竞争优势。

4.2.2 集约化序参量原理

在营销策划方案设计过程中,必须注意策划的方案应尽量简单易行,能迅速从千变万化的参量中找出主导变量——事物变化的有序程度、规律。抓纲办事,纲举目张,见解明了。

集约化序参量原理类似奥卡姆剃刀定律(Occam's Razor, Ockham's Razor),由德国教士提出,称为"如无必要,勿增实体",即"简单有效原理",认为"切勿浪费较多东西去做用较少的东西同样可以做好的事情"。指出许多东西是有害无益的,我们正在被这些自己制造的麻烦压跨。组织正不断膨胀,制度越来越烦琐,文件越来越多,但效率却越来越低。就需要用"奥卡姆剃刀",采用简单管理,化繁为简,将复杂的事物变简单。

常言道:一滴水可以映出太阳的光辉。老子用"无为而治""治大国若烹小鲜"来概括简单管理。比尔·盖茨"微软离破产只有18个月"的论断,张瑞敏"战战兢兢,如履薄冰"的心态以及任正非一直担忧的"华为的冬天"的简单语言来说明企业如何防患未然的道理。

策划之道就是简化之道,简化才意味着对事务真正的掌控与取舍。通常有3种措施帮助我们化繁为简:一是精兵简政,不断简化组织架构;二是关注组织的核心价值,始终将组织资源集中于自己的专长;三是简化流程,避免不必要的环节。

【相关链接】

一、"高露洁"火的原因?

这就是高露洁厂商所采取的极其高明但又简单得让普通人都不去劳神想的一项营销策划方案。据说此设想是该厂一名忧心于成品库存太多,并认为消费者对牙膏的消费总量基本固定的职工提出的。此营销方案是:既然消费者不可能一天刷七八遍牙,那么我们增加消费者购买新牙膏的频率,加快牙膏消耗,高露洁牙膏的厂商把牙膏袋的开口悄悄加大了一圈儿。这样,一位普通消费者现在每天用的分量无形中比过去多了一半。这样,消费周期就相应地缩短了。高露洁牙膏也很快清理掉了库存。

二、复印机除臭氧罩的妙用

经常在复印机边工作的人可能有过这种感觉:头晕耳鸣,呼吸困难,呕吐厌食。这些症状实际上是复印机在工作过程产生的臭氧和粉尘所造成的。目前市场上随处可见一种被称作"含高科技"的复印机除尘防臭隔离护罩,单价在500元左右。

实际上这种防护罩的设想和制作都非常简单,也不存在高难度的技术及生产工艺问题,这种防护罩生产总成本只有几元人民币,这就是厂商看准了市场上的商机,不用多么新奇或复杂的设想,只是脑筋急转弯而已,简单平常的设计就带来了滚滚财源。

4.2.3 整体制胜原理

优秀的策划案要求企业用系统论的联系观、层次观、结构观、进化观来分析事物的演变规律，正确地预测市场的动向，能够为决策从战略整体上把握和驾驭全局，要高屋建瓴、多角度、全方位、完整地提供一套切实可行的、安全系数高的设计方案。它不会计较局部的得失，追求整体制胜才是它向往的目标。谁笑到最后谁才笑得最好。像毛泽东同志在指挥人民解放战争重点时，就强调不计较一城一池的得失，而要灵活机动，这是一种英明的战略决策，但在实际中我军又注意寸土必争，以求每个局部都芝麻开花，最后取得人民解放战争在全国的胜利。只有全局的胜利才是真正的胜利。营销策划的整体制胜原理是营销基本原理中至关重要的一个组成部分。它要求营销策划方案能够高瞻远瞩，深谋远虑。

在《谋攻篇》中，孙子提出“全胜”的基本观念。追求全胜的手段包括：上兵伐谋，其次伐交，其次伐兵，其下攻城。不战而屈人之兵，是最理想的境界。“故善用兵者，屈人之兵而非战也。拔人之城而非攻也，破人之国而非久也，必以全争于天下，故兵不顿，而利可全，此谋攻之法也。”

《孙子兵法》认为要取得全胜，要掌握知胜有五之巧窍：知可以战与不可以战者胜，识众寡之用者胜，上下同欲者胜，以虞待不虞者胜，将能而君不御者胜。

【相关链接】

澳大利亚食品、副食品进军日本市场

澳大利亚生产商为了将食品、副食品打进日本市场，组成了一个营销和各方面专家的小分队：一共有3名联邦工业和科研组织的代表，2名食品专家，2名心理学家及若干营销专家，电脑专家等，同时在东京和悉尼的实验室里系统全面地研究分析日本市场状况：为何日本人喜欢吃生鱼？为何喜欢吃肥肉瘦肉相间的彩纹牛肉？为何喜欢吃煮羊肉？还有哪些食品受到日本消费者的垂青？这30名澳大利亚专家来到东京CHUS大学，随身带去了澳大利亚糖果、饼干、鱼、肉、谷类食物、最佳调味品，甚至连纸杯和水都是从悉尼带去的。然后按照澳大利亚菜谱，烧煮成各类美食，请日本人品尝。专家把信息及时反馈给悉尼实验室，对日本人口味的各项指标逐项进行分析，再同澳大利亚人的口味进行比较，果然很受启发。经过对日本消费者消费行为特点和口味变化规律进行全面系统的研究后，制订出一个多层次、全方位的进军日本食品、副食品市场的计划：一家糖果公司率先推出一种迎合日本人口味的考拉熊牌巧克力，非常顺畅地打入了日本市场，一家饭店根据日本人喜爱法国菜和法国式烹制羊肉的需求点，研制出仿法式羊肉，也大获成功。同样，澳大利亚的香料公司、食用糖公司也采取类似的方法畅通无阻地进入了日本食品、副食品市场。

4.2.4 发展原理

“变则通，通则久。”市场的胜利者总是属于那些以发展原理制定营销策划，适应力强，能相机而动的商家。

1963 年,柯达公司研制成了“傻瓜相机”,使照相简单化了,一时引起了世界性的购买狂潮,可就在其相机打囲走俏的时候,柯达公司却公布了傻瓜相机的专利技术。难道柯达真是傻瓜吗? 原来,柯达却有自己的发展打算:即使不公布技术,其他公司业已研制出来。另一方面,相机是耐用品,可重复使用,而胶片是一次性使用的,于是,柯达借机造势,转行到生产高质量的胶片上来。

柯达是全球最成功的影像解决方案供应商。但发展到 21 世纪,柯达因为违背发展原理,不能对影响市场的发展前景和需求趋势作出正确的预测,痛失数码技术,因而失去市场。柯达美国公司 2012 年 7 月的销售额为 1.625 亿美元,经营亏损为 7 870 万美元。本年度,柯达的累计销售额为 11 亿美元,而亏损也高达 7.45 亿美元。可见因时而变,因势而动,使营销思想及操作“落地”才是王道。

【相关链接】

盖天力“白 黑”的营销思想

当康泰克宣传早一粒晚一粒就可消除感冒带来的困扰时,盖天力公司没有鹦鹉学舌,而是用发展的眼光提出:“白天吃白片,不瞌睡;晚上吃黑片,睡得香”——盖天力制药的诉求。

广告充分把握住了消费者的心理:多数人在抗感冒时往往会受感冒中主要成分之一的阿司咪唑的作用的困扰。在“白 黑”的营销运作过程中把药片推广的诉求点就设定在“白 黑”与众抗感冒药的不同点——“白片”不含阿司咪唑成分上,这样服用“白片”就不用影响正常的学习工作,而服“黑片”却可以安享梦境。

“白 黑”的广告就体现了营销“落地”的思想,它把消费者购买行为发生后的消费过程再进行了细分,充分考虑到消费者的需求心理和与竞争对手比较中的优势所在。把自己融入到市场的变幻中,不是撕心裂肺地喊“‘白 黑’就是好”,而是发展地看自己,发展地看市场,把自己的营销“诉求点”扎根在市场的需求点。

4.2.5 高段位原理

在策划的过程中,要使思维超越时间、空间的限制,把眼光放远一点,立足点站得高一点,视角调整新一点。同时营销策划的内容本身也要求必须是高质量、高层次的,以高段位的智能去震慑驾驭控制事物发展的全过程及运行状态。

例如,有的企业为了追求“新、奇、怪”,起名字或广告宣传与高段位的思想背道而驰,不顾企业应负的社会责任,一味追求低级趣味,污染了视觉环境、听觉环境,也给人的心灵造成了损害,这样的恶性操作,通过不健康的策划内容妄想占领市场,势必会使企业在市场中碰个头破血流。

企业是否做到了高段位营销,一般用 3 个标准衡量:

①销售效率最优化。这个最优化有两个评估参照系,一个是企业内部的人均销售效能,即销售额与销售人员总数的比率;另一个是同行或跨行业之间人均销售效能的比较。

②投入产出比最优化。营销不是有效果就是好,而是要花小钱办大事才是好。费用投

入止不住，销售产出却停滞不前，意味着营销模式尤其是传播与推广手段出现了问题。动辄线上线下、狂轰滥炸，或许可以有短时期的成功，但长远来看难以为继。中国日化企业的尴尬，其实都是因为营销战略思维与模式长期停留在投入大产出少而又不知的陷阱里，前有红极一时的雅倩消失，最近有霸王的过山车，都是这个原因。

③可持续增长性。高段位营销必须具备可持续增长性，无论是顾客、市场布局与拓展、渠道拓展等，都具有“滚雪球增长”的特点。可持续增长力，需要企业深切明白增长的驱动力体系与结构，并明白适应不同市场环境的增长驱动力组合是怎样的。否则，机会来时有增长，竞争大时马上搁浅。

创意、设计、广告、促销等当然是营销的重点内容，但是，高段位营销的思维与智慧，才是企业“一直能赢”的真正秘密。

【相关链接】

迷失的柯达

据英国媒体报道，柯达美国公司 2012 年 7 月的销售额为 1.625 亿美元，经营亏损为 7 870万美元。本年度，柯达的累计销售额为 11 亿美元，而亏损也高达 7.45 亿美元。

这家陷入困局的美国企业最新的月度财务报告显示，该公司 7 月的运营亏损为 5 230 万美元，税前亏损为 7 850 万美元。需要说明的是，这些亏损是柯达美国公司的数据，柯达在美国以外的运营情况未体现在这个报告中。

多少年来，胶卷几乎就是柯达的代名词，也是柯达赖以生存的“摇钱树”。然而，随着不需要胶卷的数码技术异军突起，这艘风光了一个世纪的“业界航母”，感到了巨大的市场竞争压力。尽管在中国等发展中国家，人们仍然经常前往遍布大街小巷的柯达彩扩店买胶卷、洗照片，但是从全球的发展趋势来看，越来越多的人改用数码相机，不再购买胶卷，也不再需要大量冲洗照片了。

事实上，柯达公司还曾经是数码影像的先驱。1991 年，柯达发明了全世界第一台数码相机，10 年前就已经开始在好莱坞进行数码技术的风险投资，并在洛杉矶设有数码影像处理的相关企业。但随着市场竞争的日益激烈，日本的佳能、索尼凭借迅速的反应和技术优势后来居上，把柯达抛在了后面。近年来，全球数码影像产品的销售额已经翻了几番，但在柯达的总收入中，传统影像产品和加工仍占据着主要地位。柯达在数码技术领域的发展，与其在传统影像领域的“龙头老大”地位无法相提并论。

公平地说，面对数码影像领域的竞争，柯达主观上并没有刻意排斥或拒绝变革。然而，经过一段时间的摸索，他们发现，相对而言，数码影像行业的发展门槛较低，只要掌握相关技术，即使资金实力略逊的小公司也能生产数码相机，更别提本来就有相当资金、技术实力的日本公司。在这种情况下，柯达既要保住在传统影像行业的垄断地位，又要在数码领域和众多竞争对手抗衡，无疑会感到“船大难掉头”。目前，柯达的数码相机虽然在美国本土仍占有最大的市场份额，但和其竞争对手的差距已越来越小。而在欧洲和亚洲，柯达数码相机的销量已经落在了一些日本品牌的后面。

柯达于 2012 年 10 日对业务结构进行了重组，将其业务部门从 3 个减少至两个，重组后的两个部门分别是商业部和消费者部。他们将吸收该公司胶卷部门的部分业务,同时还将大力发展新的打印技术,以期实现自救。

柯达在声明中宣布这一重组计划已于1月1日正式生效,并称重组会为其节省资金,达到扭亏为盈的目的。

有着130多年历史的柯达成立于1880年,是胶卷的研发者并生产出第一台为非专业人士使用的相机。柯达作为感光行业的王牌品牌,曾经创造出一系列的辉煌成绩。在胶卷时代,柯达曾是绝对王者,占据全球2/3的市场份额。最鼎盛时期在全球拥有超过14.5万名员工,地位相当于今天的苹果或谷歌。

战略失误:胶片巨头被数码时代淘汰

华尔街分析人士指出,柯达财务状况的恶化,虽然与胶卷以及冲印业务的下降有关,其中不乏战争、非典、经济不景气等原因造成旅游人数减少的因素,但从更深一层看,柯达本身没能对数码影像业造成的冲击"未雨绸缪",丧失了拓展这一领域的最佳时机,从而造成公司难以发掘新的利润增长点。

也有人认为:造成柯达危机最主要原因是反应迟钝。柯达过去当老大靠的就是胶片,与别人合作也是靠的这个金刚钻儿,人家还会沾你的光。而现在的数字时代,没有核心技术,企业的经营就会随时处于危险的状态,过去的一切都会在瞬间贬值。柯达长期依赖相对落后的传统胶片部门,而对于数字科技给予传统影像部门的冲击,管理层作风偏于保守,满足于传统胶片产品的市场份额和垄断地位,缺乏对市场的前瞻性分析,没有及时调整公司经营战略重心和部门结构,决策犹豫不决,错失良机。

资料来源:柯达正式申请破产保护 百年老店折戟数码时代.网易财经,2012-01-19

4.2.6 营销策划的整合原理

整合原理,即系统整体可以大于各孤立部分的机械相加,即1+1 >2。整合原理要求在营销活动中,把涉及市场和自身的各种元素、各个层次、各种结构、各个功能按照营销创意、营销策划总目标和阶段分目标整合起来,扬长避短,避实就虚,发挥综合效应,以实现1+1>2,1+1>10,1+1>100……的系统整体功能。

有时看起来根本不可能实现的东西,一经优劣互补,智能匹配式的整合就可以将原来的功能放大成千上万倍。像美国的"阿波罗"登月计划,可以说其单项技术并没有多少创新,许多单项技术是日本人、法国人、德国人发明的,成百万个零部件也由"多国部队"制造,但经美国人一整合,攒起来就造出了载人宇宙飞船,实现了人类跨出地球的千古之梦。这是"整合"出奇迹的功劳。

【相关链接】

营销渠道打造完整的电脑产业链

海尔电脑一方面利用集团的国际资源优势展开市场攻势,将触角伸向欧美等发达国家,另一方面积极部署电脑体系的国际营销架构,建设国际渠道体系。

2007年11月,海尔电脑与全球最大的IT分销商——英迈(Ingram Micro)签订了“总价值2.5亿美元,合计大约40万台电脑”的2008年全球经销协议,启动2008海外市场扩张战略。

海尔电脑充分利用英迈全球范围内的物流、信息流、资金流的各项资源大力提升海外市场份额。同期,海尔集团与英特尔公司签订了“全球范围全方位战略合作协议”。英特尔公司和海尔集团在电脑领域进行联合开发,双方将利用英特尔公司全球资源共组技术研发团队,进行产品创新和设计等。

海尔和渣打银行签署协议,由渣打银行来收购海尔的海外应收账款。海尔只负责产品出口,渣打银行负责审查应收账款账户,帮助海尔辨别信誉度差的企业,同时发现优质客户资源。

启示录:

海尔创造全球前列的核心竞争力在于其为获取最多的用户资源而进行的全球资源整合的能力。

首先,海尔把目标定位于“世界第一”。为了实现这个目标,海尔实施“走出去”战略。“走出去”的目的不是卖产品,而是满足用户需求。例如,海尔冰箱就是从最初的缝隙产品进入美国市场,满足大学生需求开始。海尔冰箱在实施国际化与全球化战略的过程中,努力寻找海外消费者的需求并整合全球资源满足他们。

靠什么去寻找全球用户的需求并满足他们?海尔的答案是其遍布全球的29个三位一体的运营基地,每一个基地都是一个资源整合中心。例如,他们在美国的工厂不是简单的一个制造基地,而是海尔在美国的窗口,依托这个窗口可以整合到美国最好的专家团队,研发美国人最喜欢的产品。

靠什么获取比对手更多的用户资源?靠的是从“创新产品”到“创新生活”的转变。例如,海尔卡萨帝意式三门冰箱就是其进行全球资源整合后满足不同市场的创新产品。

从“创新产品”到“创新生活”的能力的跃升,反映了海尔从一个单纯的产品制造商向生活品位定义者身份的转变。从“创新产品”到“创新生活”的变革背后,始终不变的是满足用户需求的目标:那就是如何给消费者带来美好的生活而进行持续地创新。

海尔适应全球化要求,整合全球资源,真正实现无边界管理。在世界范围内形成了研发、销售到售后服务的团队,相互协作,共同解决客户的需求,改变既往“中国制造”蜗居产业链低端的局面,并因此获得世界主流市场舞台的新“绿卡”。

资料来源:海尔:运用“拼积木”原理整合全球资源,2009-11-08.

4.2.7 奇门作局原理

奇门作局原理指对市场动态进行预测判断,在此基础上进行谋略,即避凶趋吉、运筹决策、整合资源,整合出特别的创新出奇的奇局,以最少的成本、最低的风险达到最大的商业目的。它包括开局——析局——创局——决局——布局——作局或运局——馈局或监局——结局等步骤。

奇门作局思想源于《奇门遁甲》，它是中华民族的经典著作，相传为战国时兵家大师——“鬼谷子”所著。也是奇门、六壬、太乙三大秘宝中的第一大秘术，是易经最高层次的预测学，号称帝王之学，又为夺天地造化之学，也是论天体、人和地球运动规律的科学巨著，而地球的磁场就隐藏在奇门遁甲之中，进而使其揭示宇宙间事物发展变化的自然规律也最为深奥、最为精确实用，它的结构独特，其理论应用天干、地支、八卦、九宫、九神、九星、八门等元素，来判断掌握胜负关键的趋势，利用时间、空间，分主客主导时机，奇门遁甲善用自然的力量，增强自己的能量、气势、人缘，永远将自己处在高屋建瓴的方位，统筹全局，运筹帷幄。

一个大的营销策划、大的市场攻坚都是由一连串的“局”一气呵成的。以房地产策划为例：开局，就是知彼，知道竞争对手的信息；“知己”了解自身的实力，风险承受力；“知天”把握开局的时机；“知地”分析环境信息。

开局是房地产公司对有关信息进行综合考虑后产生的开发，投资特定房地产项目来满足市场需求的初步打算。顺德的碧桂园能有今天的兴旺就是由于以教育带动房地产的成功开局。房地产开局就是要制定一个初步的发展目标、打算。

开局的基本原则：目标应符合“明确性”原则。目标应简单、可行。目标要有可塑性。房地产开局要深谋远虑，要有预见性。松下幸之助其经营理念：用天下的人为天下办事，我出售的仅仅是一种服务。霍英东开创出售“楼花”的先河，借“买主”的钱为买主建楼，从而最大限度地扩大了购房对象，赚了个盘实钵满。

房地产开局策略重点考虑3个因素：房地产的地段位置，开局时机，房地产产品的质量。

析局：就是要分析和预测未来一定时期内各种房地产环境的需求量，并将这种需求量同现有实际的供应量相对比，房地产市场环境分析一般可以分为两种类型：一是专项房地产市场分析，即行业环境包括竞争者、消费者、供应商等要素；二是定点房地产综合分析，如项目市场定位、土地项目市场评估、目标市场客户群分析（销售对象，市场价格定位）、对竞争对手的分析、形象目标确立、调查成功的明星楼盘、对滞销楼盘的分析等。

创局：创局有两层意思：一是创造欲望；另一方面创局是意想不到的、能带来巨额效益的解决问题的方法，也就是创造性组成的一连串的“点子”。创意是指诗人、文学家的神来之笔，军事指挥家的出奇制胜，企业家财富的源泉；房地产策划的灵魂。房地产策划中的创局是由无数小创意组合而成。如特色造型，特色结构，特色套型。碧桂园跳出房地产来做房地产——“以教育兴房产”，提出“学区”对于房地产业来说是全新的概念。销售给人们的不仅是房屋、建筑，更是一种世界先进的文化，一种全新的生活方式、理念。这种“以人为本”的新理念强调的是房屋的设计应充分考虑个人的心理、生理、感观等因素。理念的创新产生意想不到的销售业绩。

统局/选局：选局主要是要解决好3个问题：要做好怎样的选择？有哪几种方案可供选择？哪种方案最佳？如时机的选择，地点的选择（学区房、海景房），质量的选择定性（高端、经济型）等。

布局要坚持4大原则：即从实际出发量力而行，遵循系统性、发展性、效益性原则。布局太大，超过自身实力，后期配套跟不上，导致烂尾工程；或者是布局太小，没有发展余地，也没效益可言。

作局或运局的4大原则:集中原则,协同原则,士气原则,权变原则。“术业有专攻”“水滴能穿石”“伤其十指不如断其一指”。有效的管理还强调协同作战,兼顾公平和效率,调动员工积极性,随机制宜或因情况而异的管理。

馈局:是对整个房地产策划活动、开发活动、管理活动进行的检查、衡量和纠正,以确保策划最终得以实现。法国著名的管理学家法约尔指出:控制就是检查一个企业中发生的每一件事是否符合规定的计划,已发布的指示及所制定的原则是否正确。其目的是要指出计划实施过程中出现的缺点和错误,以便改正,避免再犯。对一切事、人和活动都要控制。

4.2.8 顾客为中心的原理

顾客为中心的原理,即满足消费者需求,以顾客为中心,生产出符合消费者要求的高质量、低成本、低价格的产品,提供舒适宽松的购物环境和良好的售后服务。其中,反映出营销理论由“生产中心论”到“销售中心论”,再发展到以“消费者的满足”为企业宗旨的营销思想。

【相关链接】

麦当劳的客户中心思想

麦当劳公司营销部副总裁戴维·格雷如是说:“当你的目标顾客是所有吃饭的人时,强化市场渗透不是一件轻而易举的事。”在海外有几千家分店的麦当劳面对不同的顾客群,同时开展了不同的营销活动。格雷说:“我们看见过一些公司将与某一顾客群交流的方法搬到另一顾客群,结果很糟,我们不这样做。我们针对不同顾客群开展促销。作为麦当劳首先面对的重点市场——儿童与家庭消费。”公司为此开展了“快乐午餐”等专门促销活动——“我们对儿童的重视是成功要诀之一”。针对未独立生活且具逆反心理但又渴望得到人们理解的少年消费群体,麦当劳有关人士说:“我们为此准备了专门的食品和各种他们喜爱的活动,‘我希望我们的广告都能命中目标’。”对于少数民族,麦当劳又是第一家为黑人和拉美人设置专门营销机构的大型零售店,他们做的广告有南美通信网络上的西班牙语,而且每一则广告都涉及一些南美或非裔人种的文化习俗。这样,他们就会说:“呀,麦当劳理解我们”“它可以带来品牌的忠诚”。而针对青年、中年、老年人的不同消费特征,麦当劳也相应准备了不同口味、分量、配料的快餐,并在广告中体现出来。这样,就如同戴维·格雷所说:“我认为经验总是重要的,创新源于大量的经验……顾客老回来告诉他们感到愉悦的是什么,他们对麦当劳形象的感觉怎么样。他们将意见投入现金收入记录机里。”正是麦当劳不懈地坚持为不同群体特征的顾客提供需求满足,才为麦当劳的现金收入记录机的不停运转提供了动力与能源。麦当劳营销的成功案例正说明,贴近顾客、了解顾客的需要,满足顾客的需求,甚至提供超出顾客期望的产品与服务,是现代营销活动的中心。

4.2.9 营销创意裂变性原理

现代物理学认为原子核能是能够裂变的,其裂变原理已由爱因斯坦的质能公式给出,即

$E=\Delta mc^2$。例如一千克铀裂变后可以放出约900亿度电的能量,可供北京城区用好几年;13克铀就可以支持美国的航空母舰绕地球一周。

那么,创意、智慧能不能裂变呢?回答是:完全能。不但能,而且其裂变后的能量是不守恒的,即可以是“无限的智能与智能的无限”。像爱因斯坦的相对论,爱迪生的白炽灯泡,马克思的共产主义理论,邓小平同志提出的“一国两制”模式,社会主义市场经济理论,无不都闪烁着“智能”的星光。

创意是什么?创意是火车头,是播种机——英国首相布莱尔;创意犹如原子弹裂变,一盎司创意就会带来无以计算的商业效益——世界首富比尔·盖茨;创意是生机之父,历史之母——法国文学大师罗曼·罗兰;注意四面八方,让大脑时刻转动……——创意鬼才吉田秀雄;广告创意的功能是能促进销售——广告教皇大卫·奥格威;像疯子般工作才能产生创意——广告鬼才里奥·贝纳;星星之火可以燎原——毛泽东。

4.3　营销策划理念

4.3.1　知识营销理念

1)知识营销理念的含义

知识营销理念是指企业在营销过程中,将企业所拥有的对用户有价值的知识(包括产品知识、专业研究成果、经营理念、管理思想以及优秀的企业文化等)注入企业的产品、广告、宣传、公关中,帮助消费者增加与商品相关并实用的信息与知识,逐渐形成对企业品牌和产品的认知,从而达到推广产品、树立形象、提升品牌力的目的。

经营成功的企业都以理念创新(科技或文化)为世人所欣赏和崇敬,如:表现企业科技水平的理念:“世界失去联想,人类将会怎样?”中国联想。表达社会责任感的理念:“以振兴民族工业为己任。”中国长虹。表达人本管理的理念:“创造人与汽车的明天。”日本日产。表达服务宗旨的理念:“为顾客创造价值,为员工创造机会,为社会创造效益。”中国格力。强调创新精神的理念:“没有最好,只有更好”,等等。它们都是知识营销的典范。

2)知识营销的内容

(1)开展学习型营销,使用户在消费的同时学到新知识

通用电机计算机辅助保养系统(CAMS),该系统恰如一位老师,能够帮助新手进行机械诊断和汽车修理,同时又能使专家的技术更加完善。所以,无论新手还是专家都能得益于此系统,也就大大扩大了其产品销售。

(2)以网络交易为手段,以互联网为基础开展营销活动

网络营销主要通过在Internet上建立虚拟商店和虚拟商业区来实现。它具有成本低廉、无存货样品、全天候服务和无国界区域界限等特点。此外,在网络上还可同步进行广告促销和市场调查以及收集信息等活动。Internet为企业和客户间建立了一个即时反映交互式的

信息交流系统,拉近了企业与消费者之间的距离,具有很好的发展前景。

(3)推行"以科普为先导,以知识拉动市场"的营销模式

格兰仕董事长兼总经理梁庆说,别人是在用轰炸式的广告来强占市场,而格兰仕则是在用知识和文化来培育市场。比尔·盖茨"先教电脑,再卖电脑"的做法是典型的知识营销。他斥资2亿元,成立盖茨图书馆基金会,为全球一些低收入的地区图书馆配备最先进的电脑,又捐赠软件让公众接受电脑知识。如电脑产品宣传期间介绍电脑基本结构,介绍与电脑相关的最普通的网络知识,介绍电脑界的最新趋势,介绍电脑常见故障的排除与维修,介绍防病毒与杀毒知识,介绍厂商技术服务方式。可能的情况下,还可以成立电脑爱好者俱乐部,建立会员档案,使会员间相互交流,共享最新电脑信息等。

上海交大昂立公司"送你一把金钥匙"科普活动,通过在社区举办科普讲座,向市民赠送生物科学书籍、举办科普知识竞赛等,提高了市民的科学健康理念,引发了人们对生物科技产品的需求,达到了其他任何形式的产品营销所达不到的目的,使微生态试剂市场在短短10年间,从零发展到如今近百亿元,创造了广阔的市场。上海交大"昂立一号"的成功实际上是知识营销的成功,这个产品是一种生活保健用品,实际上和其他产品没什么两样,但是他以知识作为切入点,说每一个人长年累月在吃东西喝东西以后就排泄,其中好的东西吸收了,不好的东西就留在体内,这个不好的东西长期积累下来人就会生病,"昂立"就提出"清理体内垃圾",用什么来清除呢? 就用"昂立一号",其实它是一个知识卖点。人身上有种自由基,自由基在血液中积存就会阻碍健康状态,确实这是一个高科技的产品,用最通俗的语言告诉消费者,取得了市场的成功,"昂立"就是用知识营销推动市场的发展。20世纪80年代末,当国外奶粉进入中国市场时,也不是靠大规模的广告打开市场的,它们采取了更为细致的知识营销。外资奶粉又进一步细分,出现了按年龄段划分的各阶段奶粉。同时,他们派发大量的科学育婴手册,来帮助消费者建立科学的育婴观念。强生公司为了强化其在婴幼儿护理用品市场的地位,在许多专业刊物上开辟科学育婴专栏,开展宝宝护理知识大奖赛,印制育婴手册,使中国父母重新认识科学育婴的重要性,中国的婴幼儿用品市场才得以开启。

4.3.2 辩证营销理念

1)辩证营销的含义

企业在营销活动中的哲学思想和运作方法充满了辩证思维。敢于和善于正视市场的发展变化,并采取相应举措。在强调共性的同时也能敏锐地捕捉个性,创造营销机会。不把市场看作铁板一块,不把营销手段视作永恒不变的东西,不囿于某种固定的营销模式之中。不为现象所迷惑,不为教条所束缚。

《孙子兵法》中有言:"因形用权则不劳而功举。"因地制宜、因势制宜、因情制宜是辩证法的重要法则。市场如同波澜起伏、变幻莫测的大海,驾驭这样的市场容不得因循旧例,容不得刻舟求剑,而要运用辩证思维。

2)辩证营销的内容

(1)辩证营销要求企业要善于抓住关键环节

李嘉诚认为企业驾驭市场的成功集中表现为企业产品销售呈现旺盛的势头。企业销售的旺盛势头是企业产品扩大市场占有率、赢得消费者普遍欢迎的一种景象。企业销售旺盛势头的出现要抓住3个环节：

①当企业产品进入市场的初始阶段时,企业辩证营销的重点是分析市场威胁和市场机会,制定趋利避害的营销战略,以促进销售势头的形成。

②当企业销售处于疲软状态时,企业辩证营销的重点是促使矛盾转化。

首先要分析原因。宏观上银根紧缩;产品花色、款式过时;定价过高,价格不合理;分销渠道不通畅,新的渠道未开通;促销手段单一,程式化,缺乏针对性;企业形象陈旧,缺乏吸引力,等等。

其次,关键是找准问题的症结,找准问题的突破口。比如,金利来领带,当初销售不旺的原因就在于原来的品牌名为"金狮",这在粤语中谐音为"光输",不吉利,后更名"金利来",便财源滚滚来,于是,更名成为该企业的突破口。

又如健力宝集团,在20世纪90年代初健力宝的销售一度出现颓势,经分析发现广告费投入削减使广告宣传力度削弱,增加广告费用的投入就成为健力宝集团的突破口,寻找突破口就是寻找矛盾转化的契机。

③长期保持企业营销的销售势头。保持不是静止的、消极的、被动的行为,保持需要采取下列措施:加强对俏销产品的宣传,提高服务质量,以产品质量与服务质量双优取胜;拓展营销的覆盖面,或密集营销,或产供销一体化营销,或多角化营销,增强后续力量;改变促销中的短期行为,着眼于树立企业形象,加大促销力度。

(2)辩证营销的核心是倡导创新

企业要善于采取"人无我有,人有我优,人优我廉,人廉我转"的灵活措施,争取市场主动权。辩证营销强调依据企业在市场上的地位和自身实力来创新企业的发展道路,大型企业可以走跨国集团的道路,中小企业则可以走连锁经营的道路。生产企业可以采取直销方式,经销企业则可以通过超级市场、电话购物、上门服务、电视杂志等形式。辩证营销更强调营销手段、产品设计、企业形象、包装商标、促销方式的创新。总之,企业营销尽管有一般规律可循,有一定的模式可供借鉴,但又不应拘泥于凝固的模式,而要因时、因地、因条件而异。

3)辩证营销的理念

(1)产品营销与观念营销

观念营销就是把新的消费理念、消费情趣等消费思想灌输给消费者,使其接受新的消费理念,改变传统的消费思维、消费习俗、消费方式,使消费上一个新的层次的营销行为。"产品营销"是低层次的被动销售。"观念营销"则是快于市场一拍、引导市场消费的主动营销行为。如法国每年都按季举行国际水准的时装展,就是为了引导时装的潮流。

(2)后营销管理与先营销管理

"后营销管理"是企业以维持现有客户为目标,达到低营销成本、高营销效率扩大市场的目的的行为。"先营销管理"则是把营销放到制造产品之前的服务创新行为。海尔把为消费者服务放到了产品营销的前面。海尔企业推出的“市场链”经营新模式,突出了“先服务后制造”的重要营销新理念。

(3)营销竞争与营销竞合

世界著名经济战略伙伴研究专家詹姆斯·穆尔在《竞争的消亡》一书中说:“企业竞争不是要击败对手,而是要联盟广泛的共同力量创造新优势。”苹果公司建立了“苹果生态联盟系统”,提出要像“生态链”那样集成企业产销群体,充分发挥销售商、供应商等协作者们的积极性,从而使苹果公司率先走出困境,实现跨国经营高速发展。

(4)商品营销与文化营销

商品营销为硬文化,文化营销为软文化。可口可乐在中国推出了十二生肖产品包装,“大阿福”贺岁包装,“阿福”小姐妹怀抱可口可乐贺岁广告等营销方式,体现了本地化的文化风情,企业与产品在中国消费者中颇具亲和力。我们时常听到宝洁有这样的营销广告:“你会洗头吗?我来教你怎么洗!”“你洗得好吗?让我来教你怎样洗得更好!”这就是软文化的典范,未成曲调先有情。

(5)价格营销与价值营销

精明的企业经营者则主动摒弃“价格营销”的传统做法,实行“价值营销”的新思维。春兰公司坚持产品创新和质量保证,不卷入价格战之中,以创新产品和高质量品牌与售后服务,赢得了国内外广大消费者青睐。“价值营销”不同于“价格营销”,它是通过向顾客提供最有价值的产品与服务,创造出新的竞争优势。菲利普·科特勒认为:“顾客是价值最大化者,要为顾客提供最大、最多、最好的价值。”

(6)营销独占与营销共享

营销独占就是依靠自身的力量开拓市场、独自经营、利润独享。“营销共享”就是企业把市场视作一个生态体系,企业与市场之间、企业与消费者之间是相互依存、相互发展的关系。美国科用公司提出“三赢经营”新策略,更加重视产品的最终用户、原料及配套产品供应商和自身三方利益的同时实现,建立企业“三赢”利益循环体系。他们把经营利润分为3部分,一部分让给消费者,一部分划归销售商和供应商,一部分留给自己。由于坚持“三赢”原则,使企业迅速成长为全美排名第41位的企业。

(7)营销是卖与营销是买

海尔公司张瑞敏说,营销说到底不是“卖”,而是“买”,营销买的是客户对企业的忠诚度。海尔坚持广泛买进客户意见,培养更多的忠诚客户。海尔派出了大量营销力量进行市场调研,在国内外设立了42个营销中心和无数个专卖店,海尔的定制产品、左开门冰箱等充分体现了“买忠诚”的企业营销本质。前者注重的是把产品卖出去,而后者则注重赢得顾客的心。菲利普·科特勒精辟地说:“营销说到底是营销一种需求,是营销潜在的需求。”

(8)营销企业与营销社会

“营销企业”就是千方百计把企业推销出去。“营销社会”则是将企业作为社会的一分子,通过企业的公益营销活动,确立回报社会的战略经营观,树立良好的企业形象,实现企业与社会共同发展。沃尔玛公司在每年的业绩评价会议上,不仅总结经营业绩,还要检查为社会做了多少公益事业,救助多少残疾人,向社会福利基金捐了多少款,等等。

【相关链接】

辩证营销10点的思考

1. 低价促销与高价促销。如高铁票价在客源少的时候低价促销,高峰时高价促销。

2. 竞争取胜与不竞争取胜。《孙子兵法·谋攻篇》曰:"是故,百战百胜非善者也;不战而屈人之兵,善之善者也。"如外资进入中国,从最初的合资,发展到后期的以控股将"对手"的品牌"消灭"。

3. 赚与赔。红牛开发中国市场先赔广告费占市场,带来后期盈利。

4. 薄利多销与厚利少销。市场量小厚利,市场量大薄利。

5. 质量是企业的生命与品种是企业的生命。企业发展初期质量是生命,企业扩张期,在质量保证的基础上,品种是生命。

6. 热情服务与冷淡服务。济南某一商场靠优质的产品、冷面孔的服务取胜。

7. 先发制胜与后发制胜。如松下跟随超越取胜,索尼奉行一路领先取胜。

8. 促销与克销。杉杉集团采取限量生产增效益。

9. 创新与保守。可口可乐在古典可口可乐后推出新古典可乐。

10. 择优宣传与露缺宣传。劳斯莱斯宣称车内最大的噪声来自电子仪表。

顺华抽油烟机宣称:国家A级品牌,总比别人牌子贵一点,工厂努力降低成本,但做不到,因为只有把油烟抽干净才是最重要的。美国墨西哥州高原的一个苹果园园主,一直以盛产高质量的苹果而闻名,但有一年一场大冰雹使其苹果斑痕累累,但他冥思苦想之后,干脆就给这些苹果照实写上说明:"这些苹果个个带伤,这是冰雹打的,是高原地区出产苹果的标记。"

4.3.3 可持续发展理念

1)可持续发展营销理念的定义

可持续发展营销是指以可持续发展作为企业营销的指导思想的一种新理念。巴伯(Barbier,1989)在其著作中,对可持续发展的定义为:"在保护自然资源的质量和其所提供的服务的前提下,使经济发展的净利益增加到最大限度,以保证维持最多人数的生存。"雷德利夫特(Redelift,1987)指出:"可持续发展的本质在于维持生产和经济系统的恢复性,即寻求经济与环境之间的动态平衡。"布伦特兰(Brundland,1987)在她提交给联合国世界环境与发展委员会(WCED)《我们共同的未来》报告中,将可持续发展定义为:"既满足当代人的需要,又不对后代人满足其需要的能力构成危害的发展。"蒂坦伯格(Tietenberg,1988)更明确地指出,可持续发展的核心在于公平性,使后代的经济福利至少不低于现一代,即现一代在利用环境资源时不使后代的生活标准低于现一代。

2)可持续发展营销理念的必要性

(1)自然环境恶化给人类敲响了不可持续发展的警钟

表现为森林毁坏、水土流失、温室效应、酸雨增多、臭氧层破坏。当今地球上每小时有5

个物种灭绝,2 400 公顷耕地丧失,1 260 公顷森林消失,660 公顷土地沙漠化,1 680 人死于环境污染,288 万吨泥沙流入大海,全球许多地方出现“赤潮”。同时,大气的污染使空气中的汞含量以平均 1.32% 的速度增长,导致动植物蛋白质被破坏,形成慢性中毒;由某些药物、塑料、油漆所产生的氧气自由基成为 60 多种疾病的催化剂;汽车释放的铅、一氧化碳、二氧化碳毒害人的呼吸道、心血管、神经;新型反光材料造成的噪光,伤害人的角膜、虹膜,引起视力下降;合成纤维服装诱发心律失常、皮肤病等。

(2)工业文明带来的不可持续发展的经济问题加剧了人类生存危机

①对资源的利用采取掠夺性开发。发达国家占世界 1/5 的人口,消耗世界资源总量的 2/3 。

②工业发展对资源的索取、掠夺、污染、破坏的循环往复。

③社会财富分配不均,贫富两极分化加剧,极度贫穷的国家丧失了经济活力。

(3)可持续发展战略是人类针对环境恶化而提出的警策性的共同战略

1962 年,美国海洋生物学家 R. 卡逊就在他著述的《沉默的春天》中揭示了人类与自然间的矛盾,提出:“人与自然不应对立而应和谐,‘人主宰自然’的思想必须摒弃!”

1972 年,英国经济学家 B. 沃德在其著作《只有一个地球》中发出呼吁:“目前人类生活的两个世界——他们所继承的生物圈和他们创造的技术圈——已失去平衡,正处在深刻的矛盾之中……我们要承担保护人类环境的责任,学会明智地管理地球。”

1987 年,挪威前首相格 · 布伦特兰向联合国环境委员会提交了倡议实施可持续发展战略的报告,对可持续发展战略作了这样的界定:既满足当代人的需要,又不对后代人满足其需要的能力构成危害。

3)实施可持续发展理念的营销对策

(1)实施绿色营销

包括:

①引进绿色技术。

②实施绿色设计。

③生产绿色产品。

④引导绿色消费。

⑤实行绿色 4Ps 组合。

⑥绿色营销管理。

(2)唤醒人类绿色营销的意识,推行环保认证制度

1972 年,联合国在瑞典的斯德哥尔摩召开了人类环境大会,通过了《人类环境宣言》。1 年后,又发布了《内罗毕宣言》,呼吁建立绿色文明。

推行环保标志和 IS0 14000(企业环境管理体系)认证制度 。1997 年 5 月提出了中国国家级的可持续发展统计指标体系,该体系分为经济、社会、人口、资源、环境和科技六大子系统。对中国可持续发展状况实施全方位的统计描述、监测和评价,为中国可持续发展的宏观管理和决策提供依据。

【关键词】营销策划工具　营销策划原理　营销策划理念

【案例分析】李嘉诚玩转屈臣氏成功裂变的“魔方”

屈臣氏是成立于1828年广州的一家小药房，通过20多年的发展，于1841年业务拓展到香港。到了20世纪初，屈臣氏已经在香港、中国内地与菲律宾奠定了雄厚的业务根基，旗下有一百多家零售店与药房。一百多年的沉淀之后于1981年被华人首富李嘉诚名下的和记黄埔收购。自从成了李首富的囊中物后，通过李氏团队出神入化的缔造，屈臣氏变成了全球首屈一指的个人护理用品、美容、护肤商业业态的巨擘！发展到今天，屈臣氏在全球的门店数已经超过五千家，销售额逾百亿港元，业务遍及亚、欧等40多个国家。那么李首富又是通过什么神奇的魔杖在短短的30多年玩转了屈臣氏成功裂变的魔方？

魔杖1：展开强大的资本商业收购计划，最大化地扩大重点发展区域的门店规模及企业规模

去年斥巨资近55亿港元收购法国最大香水零售商Marionnaud的控股权，这是屈臣氏首次在欧洲大规模地扩充自己，使屈臣氏在欧洲重点发展战略得到有效的执行。欧洲由于经济发达，中产阶级聚集，这样的消费者规模正好吻合屈臣氏的消费者目标定位，这项大型并购行动不仅使屈臣氏的营业网点增加了1 300家，而且营业规模超过一百亿港元。

同时，屈臣氏于近日收购总部设于圣彼得堡的保健及美容产品连锁店Spektr Group。这项收购让屈臣氏集团的全球业务伸展至俄罗斯，进一步巩固了其作为全球最大个人护理品、美容、护肤商业业态零售商的地位。

屈臣氏近几年来分别在全球展开了多次并购行动，于2000年收购了英国Savers连锁店，使业务触角伸到欧洲。于2002年收购荷兰Kruidvat集团后，大大扩展了其欧洲业务范围和领域。于2003年收购菲律宾某知名药品零售企业，扩张了在东南亚的业务。于2004年成功收购拉脱维亚著名Rota公司旗下大型零售连锁企业——Drogas公司。Drogas是在拉脱维亚及立陶宛等国具领导地位的个人护理用品、美容、护肤系列产品零售连锁企业。屈臣氏集团成功收购Drogas公司，标志着屈臣氏进军波罗的海国家市场并初战告捷，此举将进一步加强屈臣氏在欧洲市场的业务扩展和竞争力，提升其国际实力。2005年还收购了英国Merchant Retail香水连锁店、马来西亚ApexPharmacySdnBhd药店。

以上收购行动仅仅是屈臣氏在全球收购的一部分，李氏团队通过资本的并购力量迅速在亚欧重点发展区域全面扩充了企业的规模，资本的魔杖是屈臣氏企业成功魔方的重要密码。

魔杖2：以特殊的连锁经营模式最大化地推动企业规模成长及企业营业规模的成长

连锁经营是一种成功的企业经营方式，快餐业的麦当劳、肯德基，零售业的沃尔玛、家乐福，酒店业的香格里拉、希尔顿无不是以优秀的连锁经营模式来壮大发展的。连锁经营模式是一种优秀的经营模式：首先，连锁经营的“七统一原则”是企业的经营变成了拿着经营手册按标准执行的营业规范。这样既降低经营的难度又提高了经营的质量与效率。其次，能有效地调动社会资源参与屈臣氏的门店建设及产品结构的生产与采购。如同仁堂与之合作的美容品和药品领域是典型的资源共享为我所用的方式。第三，连锁经营的集中采购和集中配送既节约运营成本，又可以营造自有品牌的价格竞争优势。连锁经营把分散的经营个体组合成一个规模庞大的网络经营结构,通过总部为各店集中采购,进货批量大,可享受较高的价格折扣,降低了进货成本。第四,连锁经营的自建网点速度远远超过其他经营模式,能有效增加自有网点规模,扩展广大的区域规模。连锁经营从外延上拓展了零售企业的市场阵地,不仅使自有品牌较容易进入广阔的市场领域,而且可以大大延长自有品牌在市场上的生命周期。最后,连锁零售企业在原经营领域内培养的信誉及带给消费者一致的服务和形象还可以降低消费者对自有品牌的认知成本,提高消费者的忠诚度。连锁经营模式的魔杖是屈臣氏企业成功魔方的第二成功密码。

魔杖3:精准的目标消费群定位及成功的品牌经营结构是屈臣氏成功的不二法门

屈臣氏的目标顾客群定位在有消费力(月收入在2 500元以上)又能接受新生事物的中产阶级(年龄在18~40岁)

1. 锁定目标客户群

据了解,屈臣氏在1989年到1997年这段时期,发展不尽如人意。经过多年的敏锐观察和分析市场的动向,完善内部的管理,调整发展战略,蓄势待发的屈臣氏最终发现在日益同质化竞争的零售行业,如何锁定目标客户群是至关重要的。屈臣氏在调研中发现,亚洲女性会用更多的时间进行逛街购物,她们愿意投入大量时间去寻找更便宜或是更好的产品,这与西方国家的消费习惯明显不同。中国内地的女性平均在每个店里逗留的时间是20分钟,而欧洲女性只有5分钟左右。这种差异,让屈臣氏最终将中国内地的主要目标市场锁定在18~40岁的女性,特别是18~35岁的时尚女性。屈臣氏认为这个年龄段的女性消费者是最富有挑战精神的。她们喜欢用最好的产品,寻求新奇体验,追求时尚,愿意在朋友面前展示自我。她们更愿意用金钱为自己带来大的变革,愿意进行各种新的尝试。而之所以更关注40岁以下的消费者,是因为年龄更长一些的女性大多早已经有了自己固定的品牌和生活方式了。

据某记者采访手记介绍,屈臣氏中国区个人护理商店常务董事艾华顿曾说:“随着中国经济的增长,人们的收入会大大增加,而在这一阶段的女性是收入增长最快的一个群体。当然,这个年龄段的女性还分很多类别,而我们瞄准的目标群体是月收入在2 500元人民币以上的女性。”屈臣氏集团董事兼中国区总经理谭丽娴也强调说:“我们的目标客户群是18~35岁的女性。”谭认为,这类目标比较注重个性,有较强的消费能力,但时间紧张,不太喜欢去大卖场或大超市购物,追求的是舒适的购物环境。“这与我们的定位非常吻合。”

在北京屈臣氏的消费者更多的是年轻的时尚白领,更奇怪的是一些洗面奶及个人护理用品价格很便宜,可一些白领进屈臣氏店消费并不认为身份掉价,但到别的商业网点就有可能如此看,同样年龄大的进店人数并不多。这点充分地说明屈臣氏目标顾客群定位非常准确。即使非节假日,也能看到屈臣氏门店内充斥着衣着时髦、谈吐不俗、喜欢新奇的年轻女性。

2. 商圈及品牌经营结构

为了让18~40岁的这群“上帝们”更享受,在选址方面屈臣氏也颇为讲究。最繁华的一类商圈是屈臣氏的首选,例如有大量客流的街道或是大商场,机场、车站或是白领集中的写字楼等地方也是考虑对象,如北京王府井新东方广场地下一层设的屈臣氏就是成功选址的象征。

除了选址，在店内经营更有讲究。为了更方便顾客，以女性为目标客户的屈臣氏将货架的高度从1.65米降低到1.40米，并且主销产品在货架的陈列高度一般在1.3～1.5米，同时货架设计得足够人性化。每家屈臣氏个人护理店均清楚地划分为不同的售货区，商品分门别类，摆放整齐，便于顾客挑选。在商品的陈列方面，屈臣氏注重其内在的联系和逻辑性，按化妆品—护肤品—美容用品—护发用品—时尚用品—药品—饰品化妆工具—女性日用品的分类顺序摆放。并且在不同的分类区域会推出不同的新产品和促销商品，让顾客在店内不时有新发现，从而激发顾客的兴趣。在屈臣氏销售的产品中，药品占15%，化妆品及护肤用品占35%，个人护理品占30%，剩余的20%是食品、美容产品以及衣饰品等。精准的目标消费群定位及成功的品牌经营结构两类组合的营销魔杖是屈臣氏企业成功魔方的第三成功密码。

魔杖4：成功的经营策略

1. 屈臣氏拥有一支强大的健康顾问队伍，包括全职药剂师和"健康活力大使"：专业队伍均受过专业培训，为顾客免费提供保持健康生活的咨询和建议。屈臣氏在店内陈列信息快递《护肤易》等各种个人护理资料手册，免费提供各种皮肤护理咨询；药品柜台的"健康知己"资料展架，提供各种保健营养分配和疾病预防治疗方法，积极推行电脑化计划，采用先进的零售业管理系统，提高了订货与发货的效率。种种经营策略，可以让客户看到，屈臣氏关心的不仅仅是商品的销售，更注重对顾客体贴细致的关怀，充分展现了其"个人护理"用品商店的特色服务。屈臣氏深谙"公关营销"之道。通过一系列的爱心活动，充分体现了屈臣氏的社会责任感，引起巨大的社会反响。同时，商店的营业额获得了长足的增长，更重要的是，为企业树立了良好的社会形象。19世纪初的义诊及送药的行为曾为屈臣氏赢得良好的社会形象。更让人惊奇的是，屈臣氏曾为孙中山在香港就学时提供过奖学金，这样的营销经营策略没有理由不成功。

2. 屈臣氏向沃尔玛学习大打低价牌：屈臣氏通过差异化和个性化来提升品牌价值的同时，为增强竞争力，屈臣氏在价格策略实施方面根据不同市场消费者的不同进行调整，使"保证低价"成为为中国内地消费者量身定做的长期让利策略。同时，中国不同城市居民的平均收入大相径庭。因此，在定价方面，屈臣氏会突出考虑不同的级别。不同品牌的产品和同一品牌不同等级的产品的价格都会有所区分。有关"保证低价"策略消费者调查结果显示，消费者对其认知程度非常高，而低价、高品质、产品深度与广度是消费者选择到屈臣氏购物的主要因素。具有竞争力的价格相对于其他零售企业，屈臣氏个人护理店的商品一直是追求"价格与市场需求一致"，而不是"具有竞争力的价格"，所以商品的定价一般较高。但2004年，中国区屈臣氏个人护理店首次大规模在华南和华东区启动1 200种商品低价让利活动，并宣称如果消费者发现同样商品在其他店以更低价出售，则可以享受差额的双倍奉还。这次低价活动不仅重新诠释了屈臣氏时尚消费的观念，更带给广大追求生活品质的消费者前所未有的购物新体验。屈臣氏选择了消费者购买最频繁、对购买支出影响最大的1 200多种保健与美容护肤商品进行让利，价格平均低于市场价格5%左右。其中自有品牌产品占减价商品的15%，这些自有品牌产品的价格甚至比同类产品在其他超市的售价低20%～30%。

3. 传达乐观的生活态度：屈臣氏产品最大的特色便是处处传达着三大经营理念。药品及保健品保留着创店以来的特色，倡导“健康”；美容美发及护理用品所占的比重最大，种类也最繁多，表达着“美态”的概念；而独有的趣味公仔及糖果精品则传递着“乐观”的生活态度。为了配合这三大经营理念，公司的货架上、收银台和购物袋上都会有一些可爱的标志，如“心”“嘴唇”“笑脸”，给人以温馨、愉快、有趣的感觉，分别象征着“健康”“美态”“乐观”。以成功的经营策略为魔杖是屈臣氏企业成功魔方的第四成功密码。

魔杖 5：自有品牌的魅力

屈臣氏自有品牌在全球各个区域都在积极地推动业务规模的增长。自有品牌在屈臣氏的显著增长，成为屈臣氏手中舞动的锐利武器。在过去的两年，屈臣氏在个人护理产品的销售市场中占据了21%的市场份额；自有品牌品种数量由最初的200多个产品类别，迅速增长到目前的1 000多个，其自有品牌产品由于可靠的品质和良好的性价比赢得了消费者对屈臣氏更多的认同和信任。一项AC尼尔森的研究报告显示：自有品牌在全球各个区域都在积极地推动零售商的业务增长。2003年全球36个市场中有三分之二的市场自有品牌增长速度超过了生产商品牌的发展速度，在这些市场中更有半数以上的自有品牌实现了两位数的增长。

1. 用自有品牌强化企业品牌形象

品牌可以分为企业品牌和产品品牌。屈臣氏的企业品牌位于商店经营品牌的最上层，是整个品牌系统的根基。从消费者的角度来说，企业品牌对于顾客而言远远不是商店的一个名称，它们是让潜在顾客相信的最本质的内容，也是影响消费者对商店的选择和实施购买行为的一个非常重要的因素。企业品牌受到很多因素的影响：物理环境、当前气氛、方便程度、商店的购物者类型、已有商品、服务水平等。用自由品牌来传达屈臣氏实现经营特色的最有效手段，不仅使各个门店的商品品种构成更加充实，而且进一步借助自有品牌的导入在消费者心中强化零售商的企业品牌形象，形成差异化的品牌识别，从而培养和增强了消费者对屈臣氏的忠诚。屈臣氏在功能、价格、造型等方面提出设计要求，最终用自己的商标注册该产品，并在本商店销售该品牌。在屈臣氏品牌系统中，企业品牌起到统领的作用，自有品牌必须从企业品牌的定位出发，反映企业品牌的内涵和理念，推出本身产品的价值主张，协助企业品牌创造价值，形成品牌合力，进而强化企业品牌的形象，获取竞争优势。

2. 用自有品牌实现差异化

拥有一系列受欢迎的自有品牌产品，无疑是体现差异化的最佳途径之一。

“健康”——“MJ”果汁先生品牌

屈臣氏在坚守企业品牌统一定位的基础上，秉承“健康”的品牌理念，通过地域细分和功能细分，针对广东地区特有的清热养生观念和人文环境，以自有品牌的形式推出MJ清润系列饮料，进一步强化了屈臣氏宣扬的“健康”的企业形象，实现了差异化突围。

广东地区因其独特的潮湿闷热的气候特征，消费者对清热温补十分关注，素有喝“凉茶”的习惯。随着生活节奏的加快，以往由家庭煎煮或在街头凉茶铺购买才可以喝到的清凉类饮料，能否通过包装成品备在身旁随时饮用呢？就是在这种市场需求的背景下，屈臣氏从“为顾客提供健康的产品”这一理念出发，潜心研制，2003年开始在市场上推出自有的新品牌MJ（果汁先生Mr. Juicy的缩写）甘蔗汁，并于2004年再度上市新产品MJ酸梅汁，全面打造具有岭南特色的清润饮料市场。

MJ 果汁先生品牌是屈臣氏在秉承健康理念的基础上,从区域消费者的角度开发的具有针对性的自有品牌(产品),避开了产品同质化竞争,实现了品牌的差异化突围,不仅完善和扩充了自身的产品线,更为重要的是,在成功塑造自有品牌价值的同时丰富了企业品牌的内涵。

“美态”——时尚蒸馏水、护肤品、化妆品

屈臣氏个人护理店“美态”的经营理念集中体现在把主要的目标顾客锁定在 18 ~ 35 岁的女性上,该类消费群体追求个性,注重个人魅力,追求舒适的购物环境。

针对该目标群体追求时尚活力的生活,屈臣氏推出了让人眼前一亮、充满新鲜感的屈臣氏蒸馏水:流线型的瓶身、简洁时尚的绿色包装以及独有的双重瓶盖设计,把单纯的“水”变成了一款独具时尚品位、尽显个人风格的产品。去年在香港推出后立即受到了消费者的喜爱,其时尚的外形吸引了大批追求个人形象的消费者,并获得了第十四届香港印制大奖包装印刷优异奖。屈臣氏蒸馏水品牌标志沿用了屈臣氏企业品牌本身的绿色主调,为反映“美态”主题改用了较活泼的鲜绿色,一方面保存了屈臣氏专业和清纯的形象,另一方面给消费者带来屈臣氏蒸馏水的朝气和活力。

此外,针对女性消费者的需求,屈臣氏设计出大量护肤品、洗涤用品以及各种女性化妆用品等,实惠、精致、时尚而有品位,受到女性顾客的青睐。根据日前屈臣氏对近 600 名女性顾客有关个人生活理念的调查显示:有超过 85% 的被访者认为屈臣氏产品品种尤其是女性护肤品和化妆品的丰富和精致是吸引她们来屈臣氏购物的首要因素,她们对屈臣氏店内所售商品品质的信赖使她们成为屈臣氏的忠实顾客。

快乐——玩具、新奇士橙汁

走进屈臣氏任何一家门店,迎接顾客的首先是欢乐的音乐,还有摆放在商店里独有的可爱的公仔、糖果等,一些可爱的标志例如“心”“嘴唇”“笑脸”等都会出现在公司的货架上、收银台和购物袋上,这一切都给消费者欢乐、温馨、有趣的感觉,向消费者传递着乐观的生活态度。

为更好地诠释屈臣氏“欢乐”的品牌内涵,2004 年 6 月,屈臣氏多年前开发的新奇士果汁自有品牌,与美国迪士尼公司合作在深圳上演“迪士尼 100 周年奇幻冰上巡演”项目,从娱乐角度切入,让人们感到轻松有趣之余,使屈臣氏“欢乐”主题淋漓尽致地体现出来,拉近了与消费者的距离。

新奇士和迪士尼有着相近的消费群体——重视娱乐、思想年轻的乐观一族;新奇士是营养、美味的橙子代表,色彩明快,欢乐感强,迪士尼缔造了欢乐四代人美好的童年回忆,具有家喻户晓的国际名声。新奇士与迪士尼品牌内涵相融合,增强了新奇士的品牌张力,丰富了屈臣氏的企业品牌内涵。

屈臣氏自有品牌以制造商品牌廉价替代品的身份出现,所以具有较强的价格竞争优势。屈臣氏自有品牌产品的开发生产或销售订货与制造商直接联系,省去了许多中间环节,节约了交易费用与流通成本。由于成本领先优势,屈臣氏自有品牌的价格历来比同类竞争品牌的产品便宜 20% ~40%,物美价廉的产品再加上时尚的包装设计,一直都深受消费者的欢迎! 自有品牌的魔杖是屈臣氏企业成功魔方的第五成功密码。

魔杖6:产品优势——更了解顾客的需求

屈臣氏个人护理店经营的产品可谓包罗万象,来自20多个国家,有化妆品、药物、个人护理用品、时尚饰物、糖果、心意卡及礼品等25 000种。屈臣氏产品主要有化妆品类和个人护理用品类、化妆品类和美容品等,还有前面所说的反映屈臣氏健康、美态和欢乐三大理念的果汁、蒸馏水和玩具等产品。

把握市场需求的优势对屈臣氏实施产品引进及开放策略提供有利的条件。屈臣氏无时无刻不在直接与消费者打交道,既能及时、准确地了解消费者对商品的各种需求信息,又能及时分析掌握各类商品的适销状况。在实施产品开放及引进策略的过程中,由屈臣氏提出新产品的开发设计要求,与制造商相比,具有产品项目开发周期短、产销不易脱节等特征,降低风险的同时降低了产品开发成本。

屈臣氏产品每次推出都以消费者的需求为导向,引进的品牌中以个人护理品、化妆品最为典型。例如,宝洁公司的潘婷、海飞丝、玉兰油等都很贴近消费者的需求。自我品牌生产方面,如在饮用水产品上,屈臣氏紧跟顾客需求,在各个方面表现出了杰出的创新能力:20世纪50年代率先为商业用户提供玻璃桶装水,1994年首创屈臣氏饮水机"防漏密封系统",1996年首创12公升家庭饮用水,1998年首创内置手柄、流线型的"易提"水桶,而目前的双层瓶盖和水滴凹纹等独具匠心的设计更加方便消费者使用。以顾客需求为根本出发点,不断带给消费者新鲜的理念,为屈臣氏产品引进及开放策略的实施带来成功。产品优势的魔杖是屈臣氏企业成功魔方的第六密码。

李嘉诚的屈臣氏能有如此成就,是与他和他的团队成功地将6大密码组合成了企业的成功魔方分不开的。李嘉诚之于屈臣氏犹如哈利·波特之于魔法学校城堡。哈利·波特关键的时候用他的智慧及手中的魔杖有力地保全了魔法学校城堡;同样,李嘉诚及他的屈臣氏团队用他的六大经营魔杖成功地缔造了屈臣氏集团今天的成就。

资料来源:www. chaoshiren. com. 2007-05

问题:

1. 屈臣氏是如何完成核裂变的?
2. 本案例给你的企业运营策划带来哪些启示?

【课后练习】

1. 20世纪50年代的营销概念有哪些?
2. 什么是共生营销?举例说明。
3. 什么是低营销?举例说明。
4. 营销的发展趋势有哪些?
5. 为什么说知识营销理念是新时代的主导理念?
6. 营销策划时怎样根据不同的要求表达不同的理念?
7. 确立辩证营销理念对企业营销活动有什么意义?
8. 企业营销策划为什么要强调树立可持续发展的理念?
9. 怎样在可持续发展理念下实施绿色营销?

第 5 章　营销策划的思维创意与方法

【案例引入】

海尔的洗衣机神奇创意

杰克·韦尔奇说:“未来,知识将不是最重要的,最重要的将是振聋发聩的创意。创意和智慧、经验、知识一样,同具有资本的属性。”策划需要创意,需要点子,出主意,但又不仅仅是创意。创意只是策划程序中的一部分,是可以在瞬间产生的突破。而策划是在调查、谋划、评价、反馈等复杂程序上的综合过程,它是系统有序的创造性活动。但毫无疑问,创意是策划的核心。

1996 年,四川成都的一位农民投诉海尔洗衣机排水管老是被堵,服务人员上门维修时发现,这位农民用洗衣机洗地瓜(南方又称红薯),泥土大,当然容易堵塞。服务人员并不推卸自己的责任,而是帮顾客加粗了排水管。顾客感激之余,埋怨自己给海尔人添了麻烦,还说如果能有洗红薯的洗衣机,就不用烦劳海尔人了。农民兄弟的一句话,被海尔人记在了心上。海尔营销人员调查四川农民使用洗衣机的状况时发现,在盛产红薯的成都平原,每当红薯大丰收的时节,许多农民除了卖掉一部分新鲜红薯,还要将大量的红薯洗净后加工成薯条。但红薯上粘带的泥土洗起来费时费力,于是农民就动用了洗衣机。更深一步的调查发现,在四川农村有不少洗衣机用过一段时间后,电机转速减弱,电机壳体发烫。向农民一打听,才知道他们冬天用洗衣机洗红薯,夏天用它来洗衣服。这令张瑞敏萌生一个大胆的想法:发明一种洗红薯的洗衣机。1997 年海尔为该洗衣机立项,成立以工程师李崇正为组长的 4 人课题组,1998 年 4 月投入批量生产。洗衣机型号为 XPB40-DS,不仅具有一般双桶洗衣机的全部功能,还可以洗地瓜、水果甚至蛤蜊,价格仅为 848 元。首次生产了 1 万台投放农村,立刻被一抢而空。

一般来讲,每年的 6—8 月是洗衣机销售的淡季。每到这段时间,很多厂家就把促销员从商场里撤回去了。张瑞敏纳闷儿:难道天气越热,出汗越多,老百姓越不洗衣裳?调查发现,不是老百姓不洗衣裳,而是夏天里 5 公斤的洗衣机不实用,既浪费水又浪费电。于是,海尔的科研人员很快设计出一种洗衣量只有 1.5 公斤的洗衣机——小小神童。小小神童投产后先在上海试销,因为张瑞敏认为上海人消费水平高又爱挑剔。结果,上海人马上认可了这种世界上最小的洗衣机。该产品在上海热销之后,很快又风靡全国。在不到两年的时间里,海尔的小小神童在全国卖了 100 多万台,并出口到日本和韩国。张瑞敏告诫员工说:“只有淡季的思想,没有淡季的市场。”

在西藏,海尔洗衣机甚至可以合格地打酥油。2000 年 7 月,海尔集团研制开发的一种既可洗衣又可打酥油的高原型“小小神童”洗衣机在西藏市场一上市,便受到消费者欢迎,从而开辟出自己独有的市场。这种洗衣机3个小时打制的酥油,相当于一名藏族妇女三天的工作量。藏族同胞购买这种洗衣机后,从此可以告别手工打酥油的繁重家务劳动。

在2002年举办的第一届合肥“龙虾节”上,海尔推出的一款“洗虾机”引发了难得一见的抢购热潮,上百台“洗虾机”不到一天就被当地消费者抢购一空。

海尔更是创意出“世界第四种洗衣机”——海尔“双动力”,它是海尔根据用户需求,为解决用户对波轮式、滚筒式、搅拌式洗衣机的抱怨而创新推出的一款全新的洗衣机,由于集合了洗得净、磨损低、不缠绕、15分钟洗好大件衣物、“省水省时各一半”等优点于一身,迎合了人们新的洗衣需求,产品上市1个月就创造了国内高端洗衣机销量、零售额第一名的非常业绩,成为国内市场上升最快的洗衣机新品。

能洗地瓜土豆、不用洗衣粉、自动添加洗衣液……这些不可思议的创意洗衣机,都已成为现实。你心目中的洗衣机是什么样子?近日,海尔官方微博发起“中国好创意”征集活动,吸引了众多网友关注。

专家指出,目前洗衣机市场已进入更新换代、需求快速增长期。谁能把握市场需求趋势,创意出符合消费者需要的商品,谁就能在洗衣机市场上占尽先机。

资料来源:海尔洗衣机创新研发平台引来“中国好创意”. CNET科技资讯网,2012-10-30

5.1 创意在营销中的解读

5.1.1 创意的内涵

1)创意的含义

创意,简单地讲,是指点子、主意。著名广告大师 James Webb Young (A Technique for Producing Ideas)在《产生创意的方法》中指出:创意是人们经济、文化活动中产生的思想、点子、主意、想象等新的思维成果,或者是一种创造新事物、新形象的思维方式和行为。创意的核心是创新性思维。

2)创意的特征

(1)积极的求异性

营销创意策划倡导求异思维,独树一帜。求异性贯穿于创意形成的整个过程,创意过程中要对耳熟能详、司空见惯的想象持批判和怀疑的态度,在此基础上还要积极探索事物发展的客观规律,在尊重规律的基础上创异思维。

(2)睿智的灵感

灵感是受外界触动而闪现出来的智慧之光,是建立在知识、经验、智慧基础上的依靠直觉和判断激发出来的灵感,不是可以祈求的。换句话说,灵感是知识、经验、智慧积淀的结果。

(3)敏锐的洞察力

洞察力是指以批判的眼光，入木三分的观察并认识复杂多变的事物，从中辨析事物之间的相互关系，构想出解决问题的方式和方法。缺乏洞察力的创意者会把好的创意资源束之高阁而不知。

(4)丰富的想象力

想象力包括联想、设想、幻想，它是思维的无拘束的自由驰骋，也是智慧的发散和辐射。想象力应该奇妙。只有出奇，才能在“山重水复疑无路”时，“柳暗花明又一村”；只有美妙的想象，才能产生诱惑力和色彩斑斓的世界。

3)创意在营销策划中的解读

(1)创艺

创造商业传播过程中的基本艺术美感，无论是产品工业设计、商品形态、包装设计、服务形式、广告表现等，只有具有艺术美感的商业形态才是具有魅力的，甚至传播手段都要讲究“艺术”。讲究营销手段的美感，创意的艺术性。例如，商品名字的创意“百年润发、美的”，就是美的体现。创意切忌恶意炒作，赚取噱头、粗俗、庸俗、不切实际，最终搬起石头砸自己的脚。

(2)创易

商业品牌名称、品牌口号、商品理念设计、广告诉求、广告表现、公关活动主题等都要尽可能地单纯化，只有简单明了的品牌信息才容易进行广泛传播。广告文案写作的基本原则：KISS 原则，即 Keep it simple and sweet(stupid)，是指广告语言要力求简洁和美感。例如，威力洗衣机献给妈妈的爱，红豆代表相思，白大夫就是让你白，999 等，都体现易记、易传播的特点。

(3)创异

要与商业竞争对手在一定程度上建立品牌差异化传播，进而使品牌与竞争对手之间尽量有所区隔，形成自身独特的品牌主张、品牌策略、品牌营销模式、品牌运作风格等，以及提炼与众不同的商品或服务卖点是至关重要的因素。如农夫山泉针对乐百氏 27 层净化突出“有点甜”，柒牌男装创意“中华立领”新概念，利郎面对七匹狼创意“中国利郎”。营销策划就是将相同的产品卖出不同！根据酒文化创造出酒的差别，如金六福的“福”文化，酒鬼酒的“传奇”文化，孔府家酒的“家”文化，杜康酒的“传统”文化等。

(4)创忆

创造出个性鲜明的记忆点，再加上行之有效的记忆元素，才能达到让目标消费者长期记忆、有效记忆或者联想记忆的传播效果。丰田与中国唐诗联姻创意“车到山前必有路，有路就有丰田车”，喜之郎美好时光海苔借用吉祥三宝的歌曲打广告等，都是为了让消费者记住自己。

(5)创议

尽量创造、嫁接或借用热门话题引发议论。这对于商业品牌是极为有利的传播因素，但是应该避免过度炒作，凡事过犹不及，如矿泉水、纯净水之争，农夫山泉碱性水之争，长安汽车禁小之争等，通过议论、争议引起消费者关注。

(6)创益

这个“益”有两个层面的意思:一是要为消费者创造切实有益的商品或服务,带来正面而有益的品牌感受和体验;二是要为商业品牌的成长和企业的销售与发展带来实际资本效益,直白地说就是利字,稳步实现品牌增值。

营销策划中的创意就是要从创艺、创易、创异、创忆、创议、创益6个辐射展开面来思考问题。正如哈尔·斯特宾斯所说:“创意者是这样一种人:他们对事实进行加工,将其化为一种创意构想,注入感情,让感情打动大众,促使大众去购买。”

5.1.2 营销策划创意的基本步骤

著名的策划人陈放认为:创意是有能量的,这种能量被称为创意能。创意过程就是个体或组织从开始创意到产品落实的一段心智历程。创意本质上应该是丰富多彩、灵活多样、不受拘束的。它不应该墨守某种陈规和固定某种模式。但为了便于初学者领会创意过程,学者们还是归纳了若干步骤。

1)英国心理学家沃勒斯的创造性思维的四阶段理论

1926年,英国心理学家沃勒斯(G. Wallas)提出创造性思维的四阶段理论,他认为艺术创造都要经过准备阶段、酝酿阶段、明朗阶段和验证阶段。

(1)准备阶段,即设计创意方向的发散式寻觅阶段

①确定课题。

②深入调研,全方位收集相关资料和相关信息,了解现有基础,发现问题等。

③寻求创意方向,并多角度确立创意点,确定设计定位。

(2)酝酿阶段,即创意方向的方案设计阶段

①运用发散式思维,多角度为设计的各个创意点、问题点提供大量的具体解决方案。

②把上面优秀的创意改进方案结合设计要求,设计大量初步的草案,如思维受阻,可暂时搁置。

(3)明朗阶段,即创意方向的集中、确定最佳方案阶段

①在设计初步方案的基础上,从各个方面评估出较佳的几个方案。

②深入设计,再次评估,确定最优方案。

(4)验证阶段,即设计论证

包括逻辑验证、理论验证、实践验证。

①论证最优方案的实现可行性。

②从市场的角度评估其经济价值。

③通过实验、模拟等形式多方面展现设计的合理性和价值体现。

2)美国当代著名创造工程学家、创造学奠基人奥斯本的三阶段论

即发现问题——分析问题(假设问题)——解决问题。

宝洁公司推广得宝纸巾,就是奥斯本创意三阶段在实践中的体现。首先提出问题。相信许多人都遇到过这样的尴尬场面:炎炎夏日,汗流满面,你取出一块纸巾,擦去脸上的汗水,却意外地发现,自己的脸上已沾满纸巾屑,惹来旁人频频注目,确实够尴尬。其二分析问

题，提出假设。产生以上问题的主要原因就是纸巾质量不好，韧性不够，我们在生活中，为了防止类似的尴尬场面出现，就需要我们用韧性更强、质量更好的纸巾。最后解决问题。得宝纸巾可为你解决以上的问题，得宝纸巾拥有独一无二的柔韧素，这是宝洁公司的一项专利，加入得宝纸巾中可增强纸巾在湿时的韧度，纸巾不易断裂，同时保持纸巾的柔软性。以上是宝洁公司的“得宝”纸巾的品牌战略思路，其“得宝”纸巾“加了4层柔韧素、湿的更坚韧4倍”的独特的功能诉求，打动了众多的消费者，成了“独特的功能性诉求(USP)”的品牌霸主，其他品牌要想直接与其在功能性定位上对抗，难度很大。

3)苏联学者加内夫提出的五阶段论

即提出问题——努力解决——潜伏——顿悟——验证。

4)台湾学者郭泰把创意过程划分为6个步骤

①界定问题。将问题弄明白并界定清楚，使问题突出显露于众。

②搜集资料。从书刊、政府文件、企业档案、财务报表中获取信息，形成创意的基础。

③市场调查。明确目的、对象、方法、工作程序。

④资料整理。将资料分析、加工，转换为情报。

⑤产生创意。在对各种资料分析的基础上，触发灵感、深入思索，形成符合实际的创意。

⑥实施与检验。实施创意方案，并对创意的结果进行评价。

5)本书将创意过程划分为6个步骤

(1)第一步，明确目标、提炼出主题，避免南辕北辙

明确目标就是创意者必须弄清委托者的本意，它是进行创意工作的第一步，只有界定了策划的主题才能进行下一步工作。那么，如何提炼主题呢？例如，企业A产品销售额下降，针对这一问题，就可按5W1H的原则界定清楚一些问题。

①What(促销什么产品)，本次重点促销A产品。

②Why(为什么促销)，为了提高销售额。

③How(如何促销)，本次用广告宣传。

④Where(促销地点)，文具店前。

⑤Who(促销对象)，以高中女生为对象。

⑥When (促销时间)，在8—9月。

⑦Buget(预算)：××。

(2)第二步，环境分析

企业的内外部环境是进行创意的依据，因此要借用PEST(政治、经济、社会文化、技术)，SWOT(优势、劣势、机会、威胁)对企业的内外部环境进行分析，以引发趋利避害的创意思想。

(3)第三步，开发信息

创意者要充分利用一手资料和二手资料开发信息。开发信息的过程中要坚持调查研究，反复论证，善于归纳、整理、演绎，去粗取精，去伪存真，结合主题开发出有用的信息。要养成随时随地收集信息的习惯。还要身体力行，参加各种展会、商品、技术专家交流会，深入现场寻找线索，收集竞争产品的员工手册、产品说明书，阅读相关专业的报刊、杂志、报告等。

(4)第四步,产生创意

有了有用的信息,就要积极寻找创意的线索。创意过程中要打破定势思维,善用发散思维、逆向思维、组合思维、类比思维、顿悟、冥想等创新思维方式激发创意灵感的产生。

(5)第五步,形成创意文案

即营销策划书(见本书第3章)。

(6)第六步,总结

创意文案付诸实施后半年或一年要进行总结,对执行文案前后资料进行对比分析,以总结经验、汲取教训,使创意文案实施中创出更好的业绩。

5.2 营销策划的一般方法

5.2.1 战略性思维法

1)战略性思维的内涵

创意的战略性思维是指企业要善于处理持久动力和眼前利益之间的关系,把眼前利益看成是"标",把持久动力看成是"本",按照急则治标,缓则治本的原则来处理两者之间的关系。当持久动力和眼前利益发生矛盾时,要把持久动力放在第一位,眼前利益放在第二位。

企业持久动力一般来源于:企业形象度、企业美誉度、企业机器设备的现代化程度、企业研发能力、企业管理水平、企业盈利能力等。企业眼前动力包括:企业经济效益、工资、奖金、福利等。当企业的形象价值与企业的经济效益不能协调发展时,必须把企业的形象价值放在第一位,必要的时候要用牺牲经济利益的方法来换取企业的形象效益。

2)战略性思维的特点

(1)目标的一致性

即策划案能始终围绕一种声音去运作,能够画出一幅清晰的战略地图的企业,成功的概率远远大于摸着石头过河的企业。美国的西南航空连续30多年盈利,就在于西南航空的诸多举措,包括航油期货、采购单一机型、使用二线机场、飞短线、快速周转、简化机上服务、快乐员工策略、与工会搞好关系等,完全可以排列成一个金字塔形状的战略地图。西南航空正是围绕它的低成本战略思维,构筑企业的财务指标、目标客户、内部运营流程和人力资源管理的互动、互利平台。

(2)对资源的敏感性强

一个对资源敏感的策划者,他会关注三大资源:财务资源、技术资源和人力资源。他意识到财务资源是企业的生命线,技术资源是企业核心竞争力的基础,人力资源是实现战略目标的保障。

(3)时间感很强

策划者对产品和商业模式的生命周期有着良好的直觉,知道什么时候该终止什么事情,什么时候该开始什么事情。个人电脑刚刚开始普及的时候，对于有时间感的人，传统打字机退出历史舞台，是一个明显的趋势。曾经是打字机制造商的IBM的几次转型，体现了其领导人卓越的时间感。互联网的普及，在毁灭某些商业模式的同时，也给新的商业模式带来了巨大的机会。

5.2.2 时空运筹法

《史记·高祖本记》中言："运筹于帷幄之中，决胜于千里之外。"筹，策划也。"欲识天下分鼎处，先生笑谈画图中。"这是后人赞颂诸葛亮隆中策划，运筹帷幄，助刘备成就霸业的诗句。刘备当时一无立锥之地，二无精兵粮草，空有雄才大略，并没有运筹操作的实际能力，处处被动，诸葛亮的"策划方案"使其目标具体化、阶段化和现实化，终成伟业。

策划的关键在于整合各种资源，达到更理想的目标。在营销策划中，最重要的是审时度势，在营销活动开展的时间和空间上进行巧妙的运筹。

1）时间运筹

时间运筹，就是策划者根据事态的变化，把事情分成轻重缓急，把有限的资源集中使用在最重要、最具有决定性的任务和目标上。时间运筹遵循的原则是：轻重相权选其重，急缓相衡择其急。在时间运筹上，应审时度势，最大限度地保存和释放能量，把企业资源"五个手指化成一个拳头"打出去，人为地造成高峰和低谷，从而造成对市场的冲击力，达到营销策划所期望的效果。

1973年7月，东京银座的绅士西装店"日本GOOD"开始做1折的销售，使东京人大为吃惊。要知道，打7折、6折的抛售方式就已被冠以"跳楼价，吐血大甩卖"了，打1折是闻所未闻的，这样的销售能赚取利润吗？但商家是精明的，这显然是"放长线钓大鱼"，意在将来，是先吃小亏后赚钱的营销策略。

销售方法是这样策划执行的：先定出打折销售的时间，第1天打9折，第2天打8折，第3天和第4天打7折，第5天和第6天打6折，第7天和第8天打5折，第9天和第10天打4折，第11天和第12天打3折，第13天和第14天打2折，第15天和最后1天打1折。

顾客只要在打折销售期间任选自己喜欢的日子去买就行。如果你想以最低的价钱购买，那你在最后2天去买就行，但是你想买的东西到时是否还有就很难说了。据日本GOOD负责监控这项营销策划活动的人士讲：第1天、第2天前来的客人并不多，即使前来也只是看看，不做任何购买就走了，第3天开始一群群的客人光临，第5天打6折时客人就像洪水般涌来开始抢购，以后就连日顾客爆满，当然把商品全部卖完的营销目标最后达到了。

2）空间运筹

事物的运行是在一定的时间和空间上展开的。空间运筹时，策划的重心仍然是找出决定事物成败的关键点。关键点往往是事物发展变化的决定性因素，抓住关键环节，次要的问题会迎刃而解。秦王亲政后，加紧从事扫灭六国的斗争。他采纳尉缭的建议，用金钱收买诸侯国的权臣，"以乱其谋"。这一手段确实有用，像齐国的相国后胜，因"多受秦间金"，而不修战备，也不助五国攻秦，所以秦得以从容灭他国。赵国的郭开为赵王前宠臣，受秦贿赂，诬陷大将李牧、司马尚，此二人在对秦战争中，虽胜还被加以谋反罪被杀或被免职，结果秦国轻易把赵灭掉。秦王所用的另一手,也是最主要的一种手段,还是靠强大的军事力量,对东方这些苟延残喘的国家,进行扫灭。秦王依靠先辈(也包括吕不韦在内)培植起来的强大经济和军事实力,在他亲政后的短短17年中,就把东方六国扫灭,完成了统一大业。秦始皇的目标是统一六国,他策划的重心是外交和军事实力。在外交方面他采取远交近攻、连横战略和反间策略。在军事方面任用有才能的大将白起、王翦等人各个击破,最终完成统一大业。这就是对空间运筹的运用。

营销策划中必须重点运筹以下7个问题:

①营销策划实施中的人际关系。策划要活用别人的钱财和智慧,就要有一张四通八达的"关系网"——市场上基于经济利益而互联起来的关系,这种关系常常需要那些神通广大、耳目众多、路子宽广的策划者搭建桥梁,故称之为人际关系。

②有利害关系的组织或团体对策(供应商、消费者、竞争者)。

③资金对策(自筹、合资)。

④同大众传播媒体的关系对策。

⑤障碍因素及消除对策。

⑥有关的政府对策。

⑦有关的法律对策。

【相关链接】

史旺森公司

史旺森公司是冷冻食品业中最古老而又成功的品牌。1953年,抢先推出在炉子上温热一下即可食用的冷冻食品"电视餐"而大获成功。数年当中,史旺森执市场之牛耳,使电视餐成为美国生活中不可缺的一部分。但是,没过多久,美国人的口味逐渐有了改变,电视餐和零售的正菜销售额开始下降。上班的女性和过单身生活的人士,显然不喜欢史旺森用肉和马铃薯调配的老掉牙的食谱,而宁愿吃更具异国风味、品质更好的正荣和正餐。

应时代的变化,雀巢公司的品牌"史都华"及皮尔斯伯力公司的品牌"绿巨人",相继推出。自1978年以来,5年中史旺森餐类商品的销售额滑落了23%。

史旺森食品该怎样卷土重来?是提高产品质量,还是跟竞争对作手作正面冲突?

史旺森公司专门做了市场调查,以便从中期望了解到一般大众口味的变化,经过分析研究,他们发现:大众远比以前更注重饮食,越来越多的人对现成食品中的食盐神经过敏,因微波炉的出现,对老式冷冻食品的喜欢增强,以前被消费者排斥的点心重新获得认可。

史旺森公司立即据此作出战略部署:集中全力发展高级冷冻餐,同时在低热量、低盐分的领域及包装、食谱等方面,面对竞争对手的弱点展开攻击。史旺森公司给这项战略取了个代号,叫作"Project fix"(专案定位),并分3个阶段来推出一系列新产品。

史旺森公司的战略原则:把优势的战斗力集中于决定战争胜负的地点。营销专家定位小组深知集中优势兵力原则3个关键:

首先,在即将来临的市场争夺战中,设定了胜败转折点的战场。这项决定作为作战的要旨,使美味冷冻食品成为项目的重点。

其次,小组正确认识了对手的长处和弱点。对方的长处在于食谱有想象力,还有异国风味,而弱点是使用含钠的添加物,包装粗糙而不受一部分年轻人和注重身体保健的消费者的青睐。

第三,他们把攻击的主力集中在美食市场和小吃食品市场。

史旺森公司马上攻击对方的薄弱点。很快,该公司的战略和战术在市场争夺战中获得了戏剧性成功,公司集中优势兵力击中了竞争对手的薄弱点,占领了市场大部分份额。史旺森公司的餐点类和单项菜肴,在第一线焕然一新,大受欢迎。崭新的设计和美军风格的老式浅盘的全面革新,有助于吸引新的消费群体,而注重健康和不使用食盐的保存贮藏方法,也引起了热烈的反响。

史旺森公司战略战术的成功,正印证了我们日常生活中所体会的"攥起拳头打人比起巴掌扇人更疼"的浅显道理,集中优势兵力,趁其不备,攻其弱处,是兵法运用于商战中的典型原则。

运用这一点,要弄清楚以下4点:

1. 辨出胜败关键的战斗地——易于进入市场切口。

2. 摸清对手长处和弱点,知己知彼,百战不殆。

3. 集中企业的人、财、物,抓住对手弱点猛攻,不给对手喘息、反击的机会。

4. 抓住时机,在决定性的地点投入决定性的力量。明智的营销策划者,无机则造机,有机则乘机,见机则借机。抓住时机毕其功于一役,从对方最薄弱的环节一举击溃对手。

5.2.3 金三角策划法

金三角模型是由孙黎在1993年提出的,它是一种巧妙运筹势、时、术的策划方法。"势、时、术"构成了一个谋略的金三角(如图5.1)。

势是指组织本身环境形势的发展变化,对势的运演,其实是对谋略所处空间的筹划。时是谋略运演的最佳时机。术是方法、招数,是对谋略行使方式的筹划。三者相互作用,互为影响,缺一不可。

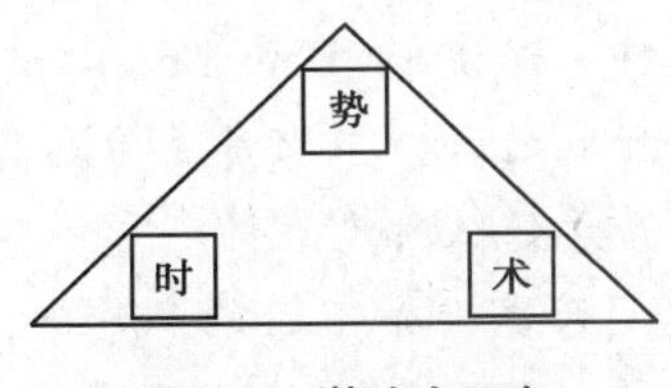

图5.1 谋略金三角

1)"势"的概念及特点

(1)概念:用势、借势和造势

大家常说:"三流企业做事,二流企业做市,一流企业做势。"营销就是在市场中审时度势,顺势而为。"谋势者"方能执市场之牛耳,花小钱办大事。

正如《孙子兵法》所云:"故善战人之势,如转圆石于千仞之山者,势也。"势,即企业所处市场的条件、局势和趋势,企业通过对这些客观的空间因素的创造、利用或驾驭,更高效地实现自己的营销目标,创造更大的营销业绩。

具体而言,处在不同发展阶段的企业,谋势的重点又有不同,具体包括:用势、借势、造势。

①用势营销。用势营销就是指在充分了解和把握自有或可用优势资源的前提下,明确目标,把握时机,制定并实施策略,利用或放大优势,并达成既定的营销目的。常见的用势营销途径有:品牌延伸,如海尔的同心多元化,在海尔冰箱的基础上,推出海尔空调。奇瑞的小型家用车系列开发、收购与兼并。联想收购 IBM 个人 PC,金融危机条件下的海外并购与上市。政策导向(沼气工程,新能源开发,高校扩招政策下的大规模扩建)。其他用势:地理、水源、矿产、特产、民俗、资金等独有资源,服务外包等。

②借势营销。借势营销就是借助于政治、经济、社会潮流或具有影响力的人物、事件、产品、故事、传说、环境,策划出对自己有利的重要行动的策划方式。借势营销的要点在于能够抓住亮点、热点和记忆点,从而带动卖点。常见方式有:借事,如蒙牛借航天,联想借奥运;借名,借冕播誉,借总统之名售书,百度借势 Google;借人,用智囊团,用猎头公司聚拢人才;借钱,蒙牛借势摩根士丹利、鼎晖投资、英联投资。

③造势营销。所谓"造势营销",就是举办活动或制造事件,再通过大众传播媒介的报道,引起社会大众或特定对象的注意,造成对自己有利的声势,达到企业扬名的目的,进而提高品牌的知名度,在公众中建立良好的企业形象,以及改变那些对企业不友善的态度或者不利于企业的看法。常见方式有:公关活动造势,法国轩尼诗公司的 XO 白兰地抢滩中国市场;广告宣传造势,空间之势、时间之势、心理之势;营销活动造势,如促销方法、经营模式、服务设计等;CI 策划造势,IBM、可口可乐等。

【相关链接】

案例 1:20 世纪 50 年代初,IBM 公司经过 40 多年的经营,已经使 IBM 成为电脑的代名词,宣传公司知名度的诉求已无必要。怎样使 IBM 公司跻身于世界性大企业之列?当时的 IBM 公司董事长小托马斯 · 瓦特逊(Thomas Watson Jr.)认为:必须在世界计算机行业树立一个引人注目的 IBM 形象,而这个形象的灵魂应该是公司奉行的开拓和创造精神。他就此事与该公司的首席设计顾问艾略特 · 诺伊斯(Eliot Noyes)进行商讨。诺伊斯当时作了一番富有哲理的阐述,堪称 CI 设计的经典之语:"虽然贵公司具有较强的开拓精神和现代意识的创造精神,如果不被大众了解,就等于什么都没有!"

"贵公司在今后参与市场竞争、开发世界市场的工作中,应有意识地在消费者心目中留下一个具有视觉冲击力的形象标记。也就是说,需要设计一个足以体现贵公司的开拓精神、创造精神和富有鲜明个性的公司标志。"

"贵公司的全称是'Internationi-business · Machines',这样长的名称不仅难记忆,而且不易读写,显然,这是贵公司在形象宣传上的一大障碍,非解决不可。"

"我的想法是,把贵公司的诸多优势进行横向分析,选择出一个共同的焦点而提炼升华,然后达到设计图案的完美统一,那么,其标志的视觉感染力和理性内涵是不言而喻的。"

诺伊斯的阐述使瓦特逊深受启发,随即委托著名设计师保罗 · 兰德(Paul Rand)设计出了一直沿用至今的 IBM 字体标志，并把这个标志展开使用在所有的应用项目上。八条纹的 IBM 标准字，鲜明地表现了 IBM 的经营哲学：品质感与时代感，可以说是“先锋、科技、智慧”的代名词，以蓝色构成的标志也成功地树立了高科技“蓝色巨人”的形象。

IBM 公司通过 CI 设计塑造企业形象的经营用法，使 IBM 成为美国计算机行业首屈一指的霸主。于是，美孚石油公司、东方航空公司、西屋电气公司、RCA 公司等纷纷仿效。

到 1970 年，可口可乐公司为创造新时代的形象，首次导入 CI，此举震惊了世界各地。现在欧美大部分有股票上市的公司均实施了 CI，成功的 CI 设计层出不穷。

案例 2：脑白金造势三步骤：概念造势，借助生动故事，引爆脑白金新概念；脑白金风暴《席卷全球》册子+软文广告。美国人睡得香，中国人怎么办？焦点新闻、热点透视、环球知识。心理造势，让消费者产生对脑白金的期待心理，老年人的年轻态。需求造势，打造送礼诉求，开拓出一个庞大的潜在市场。

案例 3：著名的“摔茅台酒瓶”事件：1915 年，在国际巴拿马博览会上，各国送展的产品琳琅满目，美不胜收。可是中国送展的茅台酒，却被挤在一个角落，久久无人问津。一中国工作人员心里很不服气，他眉头一皱，计上心来，便提着一瓶茅台酒，走到展览大厅最热闹的地方，故作不慎把这瓶茅台酒摔在地上。酒瓶落地，浓香四溢，招来不少看客。人们被这茅台酒的奇香吸引住了……从此，那些只饮“香槟”“白兰地”的外国人，才知道中国茅台酒的魅力。这一摔，茅台酒出了名，被评为世界名酒之一，并得了奖。

案例 4：奥克斯的事件营销。奥克斯《空调制造成本白皮书》在成本白皮书上，奥克斯毫不含糊地一一列举了 1.5 匹冷暖型空调 1 880 元零售价的几大组成部分——生产成本 1 378 元，销售费用 370 元，商家利润 80 元，厂家利润 52 元。话不讲透心不休的奥克斯，还将几大部分成本条分缕析地予以解密，成了事件营销主动模式的典范。

---

(2)营销造势的特点

①先声夺人。俗话说：先入为主。如“第一印象”“第一感觉”。《左传·昭二十一年》中“军志有之，先人有夺人之心”就是指打仗时，先用强大的声势来挫伤敌人士气。

②出奇制胜。出奇制胜的思想，其核心在于辩证地看待“奇”出“正”的关系，要随情况的变化而变换奇正战法，从而达到正变奇、奇变正、奇亦胜、正亦胜的出神入化的境界。以皮尔·卡丹为例，他首先突破了服装业设计的常规，引入舞台服装的风格，新奇艳丽，时髦多变，从而不仅使他的服装迈入巴黎的大门，他的服装公司也在全世界声名鹊起。其次，皮尔·卡丹以“新奇”征服了市场，在战后的巴黎率先推出“成衣大众化”的口号，把市场重点放在一般消费者身上，而不是固守巴黎时装的富丽艳亮、珠光亮气，从而卡丹时装店天天门庭若市，与抱残守旧的同行形成鲜明对比。卡丹打破法国数百年的时装历史，把女人的领地割让了一部分给经济实力雄厚的男人，在时装界掀起一股男性时装的旋风，使长期被女性时装垄断的橱窗里，开始出现充满阳刚之美的男性高级时装。最后，也是卡丹最成功的一笔，他首先在法国倡导转让设计和商标，利润提成 7% ~10% 的经营方式，他就像一只勤劳的蜜蜂，涉及服务设计、美食经营、娱乐性的文化中心，甚至还有手表、首饰、家具、汽车和飞机行业，组成了一个强大的超级帝国。

可见，“奇”的关键，在于创新和与众不同，只有把握事物的特点与机遇，才可以做到“出奇制胜”。

【相关链接】

案例1：希尔兹销售术。在市场竞争中，经营者在经营方式上标新立异，可以取得奇效。美国人希尔兹开了一家小店。开始时，生意萧条，后来他经过精心计算，决定只要顾客拿出一美元，便可以任意选购店里的一件商品，于是招来大批顾客，销售额超过附近几家大的百货公司。后来他改行经营绸布店，又在经营方式上出新意，决定凡是在该店购买10美元的绸布赠白券1张，积白券5张可兑换蓝券1张，积蓝券5张可兑换红券1张，积红券5张的，可任选价值30元的商品作酬谢。这种“希尔兹销售术”，使他成为百万富翁。

案例2：日本绳索大王岛村方雄在起步之初，深感厂商与客户群体的培养对商家的重要性。于是，他决定要不惜一切代价，建立起自己的客户群。经过69次艰苦努力，他从银行贷款100万元，然后在麻绳原产地大量采购麻绳，再以原价售出。一年之后，“岛村的麻绳确实便宜”的名声四处传颂，订单源源不断地飞来。于是，岛村就开始亮开底牌了。他拿着发票收据对绳索生产厂商说：“我这么长时间也没赚你的一分钱。”厂商很受感动，就把每条绳索的价格降低了5分钱。当那些用绳索进行纸袋生产的客户看了收据后，也都感到很吃惊，因为天底下根本没有这么做买卖的。一年之内白白为大家服务，分文不取，真是不可思议。于是，他的客户们又心甘情愿地把货价提高了5分钱。这样一来，岛村一条绳索就赚了一角钱。而他当时一天就有1 000万条绳索的订货，其利润就有100万日元。几年之后，他就成了日本绳索大王。

案例3：英国一家汽车洗刷店的老板，为了吸引更多的顾客，贴出广告说：本星期为红色汽车打9折，下星期为蓝色汽车打9折。几个星期后，所有汽车都得到照顾。很多人想知道店主下一步该怎么办，于是开车去了洗刷店，只见不同颜色的汽车正在排队等待洗刷，广告换成了这样的内容：“您的妻子打来电话说，不要忘记把汽车洗刷干净。”

案例4：放纵丑陋。有个专门种苹果的农夫，有一年，一场突如其来的冰雹把大多数的苹果都砸伤了，即将成熟的苹果上留下了一道道疤痕。这对农夫来说无疑是一场毁灭性的打击。这样的苹果，销售商怎么能接受呢？如果苹果无法销出，他还得赔款。乐观的农夫却想到了一个绝妙的办法，他在苹果的包装上打出了这样的广告词：“亲爱的顾客，您注意到了吗？在我们脸上有一道道的疤痕，这是上帝馈赠给我们高原苹果的吻痕——高原上常有冰雹，因此高原苹果才有美丽的吻痕。如果您喜爱高原苹果的美味，那么请记住我们的正宗商标——疤痕！”农夫这则绝妙的广告收到了神奇的效果，他的苹果不仅没有滞销，而且销量比往年要好。

---

③哗众取宠。哗众取宠，在很大程度上是靠铺天盖地的广告宣传造就的。“人靠衣装，佛靠金装。”大多数商家看好并常用的是哗众取宠之法。

哗众取宠，哗，喧也。宠，尊也。哗众取宠是指用浮夸的言词迎合大众，以博取其尊崇与喜爱。语出《汉书·艺文志》，孔子曰：“如有所誉，其有所试。”唐虞之隆，殷周之盛，仲尼之业，已试之效者也。“然惑者既失精微，而辟者又随时抑扬，违离道本，苟以哗众取宠。”哗众取宠常作为贬义来形容某个人的不良作风。但作为一条经济谋略，已经赋予它新的含义，即运用夸张的手法，赢得用户的喜爱。这是当今企业营销的重要谋略之一。这一点在广告的设计上表现得尤为突出。

“南天一柱”趁着电影《阿凡达》在中国的火爆之势，湖南张家界旅游景区欲借东风，近日正式宣布将其著名标志性景观“南天一柱”更名为《阿凡达》中的“哈利路亚山”。据了解，电影中“潘多拉星球”美轮美奂的悬浮山的原型即来自于真实世界中的张家界。

华君武为“502”黏合剂画漫画做广告：他先画了一张“502”被无意间洒在椅子上的画，再画了一张某人恰好坐在该椅子上的画，最后又画了一张这人想离去，却为椅子粘在屁股上而烦恼的画。这三张漫画连起来看，真让人忍俊不禁，“502”黏合剂这一名字也随之刻在了人们的脑海里。

梁星记牙刷之所以出名，也是因为其广告能够“哗众取宠”的缘故：该店在闹市路口竖了一个大木牌子，牌子上画着一个人手拿钳子，正用九牛二虎之力向外拔一只牙刷上的毛，旁边画龙点睛，大书四字：一毛不拔。这则广告构思巧妙，夸张适度，故能使人们牢记不忘。

美国西屋电气公司，为它生产的灯泡做了这样一则电视广告：主人黑夜离家访友，想关电灯。结果，按下开关，灯还在亮；关了电闸，灯仍不灭。后来，实在没办法，他把灯泡拧了下来，而灯泡仍在熠熠放光。接着，画面上又出现了一行字：西屋公司生产的灯泡，寿长近千小时。见之真令人难以忘怀。

“哗众取宠”这一谋略，可为什么有的让人过目不忘，而有的则使人熟视无睹甚至非常反感呢？关键即在“哗”字上。小“哗”则人不惊，大“哗”则人不信。因此，“哗”要哗得合理，哗得幽默、科学，才能取宠。

④声东击西。《百战奇法·声战》中说：“声东击西，声彼而击此，使敌人不知所备。”声东击西从此意义上讲，就是说要故作姿态，给人以假象。从而迷惑对方，做到出奇制胜。美国的“华尔街大佬”摩根，深知其竞争对手罗勃兹十分想得到南宾夕法尼亚铁路。于是他就从范德比特“铁路巨人”的手中买下这条铁路，然后与罗勃兹进行了谈判，最终达成协议，互相用原价购买对方的铁路控股权，即用摩根手中的南宾夕法尼亚铁路去换罗勃兹手中的西海岸铁路。在这次成功的交易中，摩根充分运用了声东击西策略，在买的时候简直就是既逼又诱；在卖的时候威、利结合，终于达到目的。

星巴克宣称产品不单是咖啡，而且是咖啡店的体验。星巴克更擅长咖啡之外的“体验”：如气氛管理、个性化的店内设计、暖色灯光、柔和音乐等。就像麦当劳一直倡导售卖欢乐一样，星巴克把美式文化逐步分解成可以体验的东西。“声东击西”中“声”是一种造势的状态，“击”才是真正的目的，在上面的案例中，星巴克在营销过程的设计上以“声”的效果为消费者营造出一种温馨的体验环境，消费者在体验温馨的过程中，星巴克出售了他们的咖啡以及企业理念。

⑤悬羊击鼓，饿马提铃。迷惑对方，以“虚”制人，这以虚假的声势来造成人的错觉，从而伪装自己真正的实力和行动的策略。表面上声势浩大，实力强盛，实际上摆的是空城计，令敌以虚为实，以假为真，不战自退。大张旗鼓、大造声势往往能“非战而屈人之兵”。悬羊击

鼓源于因齐桓公悬羊击鼓的典故。

⑥擒“贼”擒王。看问题、解决矛盾时要抓住主要矛盾,然后就可以势如破竹,得到彻底的胜利。日本索尼公司的国外部部长卯木肇,在索尼彩电在美国备受冷落的情况下,从牧童放牛中得启发,决定抓住美国电器市场的“带头牛”——马西里尔电器销售公司。3 年来,索尼彩电在芝加哥地区的市场占有率达 35%。唐代大诗人杜甫在诗作《出塞曲 · 前出塞》中写道:“挽弓当挽强,用箭当用长,射人先射马,擒贼先擒王。”杜甫用通俗明了的诗句揭示了一个普通而深刻的道理。

2)“时”的概念及特点

(1)时的概念

时,指时机,包括季节、事件、环境与形势变化过程中的时间性要素。在时机点上推行策划活动,以使其获得最大成功。例如,神五上天,蒙牛抓住了机会,而飞亚达丢失了机会。统一润滑油在伊拉克战争爆发的当天,紧贴在央视《伊拉克战争报道》之后,播放了一则 5 秒的“多一点润滑,少一点摩擦”的广告片,一共连续播出 10 天。此广告播出后,一下子就因其不同凡响的创意,含蓄、贴切的语言及清新的风格吸引了媒体和大众的注意,形成了空前的品牌影响力,使“统一”润滑油这一品牌不胫而走,同时,也为其销售带来了大幅度的飙升。当年与上年同比增长 300%。短短一年,就由过去不为众人所知变成了一个大众熟悉的知名品牌。

(2)用时的特点

①先知,即预见性。充分占有资料,认真分析各变数之间的关系。以好记星为例,电子词典市场萎缩,品牌格局相对稳定;有潜在需求未被满足,而需求的迫切性已充分展现。

②先备,充分策划和准备。也就是说,对有可能出现的机会,在利用上认真计算得失关系,以便准确把握。好记星通过策划,发现中国有 2.55 亿英语学习者,2 000 万人/年增长速度,市场潜量不低于 100 亿。

③适时而动,高人一筹。所谓“静如处子,动若脱兔”。好记星有效地利用可能出现的机会,通过增加产品概念,明确市场定位,牢牢占领学习机品类第一的位置。新产品的定位就是迅速提高学生对单词的记忆能力。“好记星”与“好记性”谐音,品牌联想一步到位,2006 年销售突破 25 亿。

3)“术”的概念及特点

(1)术的概念

术是指策略、谋略等,即为有效达成营销目标,基于空间条件与时间性机会而设计和采用的具有创意性的办法与手段。《孙子》说:“见胜不过众人之所知,非善之善者也。战胜而天下同善,非善之善者也。故举秋毫而不为多,见日月不为明耳,闻雷霆之声不为聪耳。”古人所谓善战者,胜于易胜者也。故策划者须独具慧眼,别出心裁,办法独特,方能出奇制胜。

(2)用术的特点

①以快取胜。康师傅先占为“王”就是以快取胜的典型。

几年前,大陆的方便面业处于一种混乱的状态,产品质量次、品位低、口味差,缺少一种能够一呼百应的名牌。

而台湾各方便面商家所处的背景很是艰难，它腹地狭小，市场不大，土地少而且昂贵，劳动力价格过高，经济发展到现在的程度，市场竞争尤为激烈。商人们都想到内地的广阔市场一展拳脚。这时，谁能在中原率先逐“鹿”问“鼎”呢?

“顶新”的心思。台湾顶新集团论名气和实力在台湾并不能做老大，它在台岛寻寻觅觅几十年，觉得难有大作为后，便决定向大陆发展，可谓是“船小好掉头”。

说起统一集团，许多台湾人都会情不自禁地竖起大拇指，这不仅仅是因为其老板的奋斗史，更因为“统一”的实力。但在跨海作战中，“统一”慢了顶新一步，虽然是一小步，但与顶新的距离一下子就拉大了许多。

1990 年，顶新开始在北京建厂，取得了一系列的成功。但顶新领导者发现，京城的食用油市场已经被分割得差不多了。于是，顶新看准了大陆的方便面业。

1992 年伊始，顶新集团的首脑们既忙碌又紧张，因为他们已经得知，其实已有不少港台商人不动声色地在打京津的方便面主意，如果统一这样的实力型企业抢先一步，在京津打开市场，顶新就很难再有进展了。

顶新首先给他的方便面起了个“漂亮”的名字。京津人见面，那时爱叫“师傅”，以示亲切。经调查，人们普遍认为大厨要健康。人们希望方便面营养丰富一些，使身体健康一些。于是，“康师傅”这个响亮的名字就诞生了。

在调查中，顶新集团发现高品质的面加料，价格在 1 ~ 2 元比较合适。与此同时，报纸杂志、电视上，“康师傅”的广告铺天盖地，其宣传最火热时平均每天仅在电视上就出现 8 次。如此的狂轰滥炸后，顶新声名鹊起。当时北京流传的笔话是:3 岁的孩子一见到矮矮胖胖的大厨师都齐声大嚷:“康师傅”“康师傅”……在强大的宣传攻势下，京城刮起了购买康师傅的风，人们翘首以待从生产线上下来的“康师傅”。在京城一炮打响后，顶新集团立即挥师四面出击，大举占领全国市场，到 1994 年上半年，顶新产品就遍布于北京、天津、济南、上海、广州等地，日产康师傅方便面达 30 万包。顶新以迅雷不及掩耳之势，迅速建立了他在大陆方便面行业的霸主地位。

眼看着“康师傅”声名日盛，抢占了大陆的巨大市场，作为台湾饮食业“龙头老大”的统一集团怎可稳坐一边?统一集团三步并作两步地赶到大陆。毕竟是迟他人一步，“康师傅”已深入人心，尽管“统一面”也尽力地去做广告宣传，并花费了很多成本，但收效远不及“康师傅”，再加上其他方便面公司闻风而起，加入竞争，导致统一面的销售成绩与其广告投入并不相称。“大哥”不禁发出了沉重的叹息!可见先声夺人给顶新集团带来了多大的成功!

②新颖别致。“男爵”汽车的问世可谓经典。

1982 年，快要破产的美国第三大汽车制造公司克莱斯勒，在艾柯卡的领导经营下，终于走出连续 4 年亏损的低谷，但如何重展锋芒是艾柯卡百思不解的难题。企业家为了提高企业的知名度和产品的市场占有率，常常要有一个出奇制胜的策略。艾柯卡根据克莱斯勒当时的情况，决定出奇制胜，把“赌注”押在了敞篷汽车上。而当时美国的汽车制造业已有 10 年之久，不再生产敞篷小汽车了，原因很多，最主要的原因是汽车科技的提高。但是，敞篷汽车的出现会激发老一辈的怀旧心理，也会使年轻人对它产生好奇，但重病初愈的克莱斯勒为了保险起见，决定先进行调查。

一个夏日，在形形色色的有顶汽车洪流中，一辆色彩新颖、造型特别的敞篷小汽车仿佛是外星来客，吸引了一长串汽车紧随其后，几辆高级轿车利用速度快的优势，终于将艾柯卡的敞篷小汽车逼停在路边——这正是艾柯卡所期望的。艾柯卡面带微笑地作了回答。为了进一步进行验证，艾柯卡又把敞篷小汽车开到购物中心、超级市场和娱乐中心等地，每到一处，就吸引了一大群人的围观，原来在道路边的情景在各处重现。

经历了几次验证，艾柯卡掌握了市场状况。不久，克莱斯勒公司正式宣布生产"男爵"型敞篷汽车并面市，美国各地都有大量的消费者预付订金，其中还有一些女士。结果，第一年敞篷汽车就销售了23 000辆，是原来预计的7倍多。推陈出新，出奇制胜，是克莱斯勒公司重新起飞的强大翅膀。

【相关链接】

P&G的"象牙肥皂"

P&G公司的名字和产品渗透在世界上每一个角落。"P&G"是世界上最著名的商标之一。翻开P&G公司的发家史，我们首先看到的是它成功的关键——营销造势。

一、细心的发现

一个晚上，两个好朋友在院子里乘凉。普洛斯特突然发现了什么，大叫起来："那些肥皂制造商怎么搞的，造出了这么恶心的肥皂！"他盯着好朋友盖姆的夫人手中一块又黑又粗的肥皂。盖姆打趣道："你脑筋一向好使，为什么不在肥皂上下工夫，让天下女人都幸福呢？"

言者无心，听者有意。普洛斯特很认真地问："造肥皂需要高科技吗？""容易得很，10岁小孩也会造。只要你干，造肥皂的原料、场地都没问题。"盖姆说。于是，两个好朋友决定成立一个公司，"P&G公司"，"P"代表普洛斯特名字的第一个字母，同样，"G"为盖姆名字头的一个字母。P&G就这样诞生了。

二、绝妙的名字

公司成立后，普洛斯特坚持那天晚上得到的启发，产品一定要洁白、美观。这一设想得到了一致的认同。经过一年的艰苦研制，果然不负众望，终于研制出洁白的肥皂。但如何让顾客知道呢？要起一个好听的名字！

一天，普洛斯特在教堂做礼拜。教父读到了"你来自象牙似的宫殿，你所有的衣物沾满了沁人心脾的芳香！"这句圣诗。普洛斯特的眼睛一亮，对，就叫"象牙肥皂"！怎样推向市场？普洛斯特拟订了一个庞大的计划：在俄市两家最畅销的杂志上，在当地发行量最大的报纸上，在繁华的马路边等做广告，进行大规模的宣传，当然这要花费一大笔钱。普洛斯特的计划遭到盖姆等人的强烈反对，因为年轻的P&G公司承受不起这笔钱。再者，谁敢保证花出去的钱不是石沉大海？在一片反对声中，杂志上还是登出了许多人在使用"象牙肥皂"的广告，非常吸引人。广告取得了巨大的成功。人们纷纷传告，对"象牙肥皂"趋之若鹜。尝到了好处的P&G公司，不断地投入更多的财力、物力，揣度着人们的心理，进行了一次又一次的轰动效应……

---

③揽势用时，不拘任何框架与教条模式。富士山的"雪"就是成功之举。

A. 寻找生存之路。10 多年前，日本 SB 咖啡粉公司是一家产品滞销、入不敷出的小公司，公司的咖啡粉大量积压，一切促销手段施尽后仍不理想。为此公司走马灯似的一连换了三任总经理。第四任经理田中上任后，开始也没能拿出多少办法。据调查，人们认为 SB 公司的牌子陌生得很，而超市货架上各种缤纷包装的咖啡粉应有尽有，那么，凭什么要非买它不可呢？

由于公司销售日益萎缩，流动资金已快用完，大量宣传已不太可能，但如果不做广告，就是坐以待毙。因此，只能选一个轰动效应大、所费资金并不多的策划。

B. 改变国山之色。不鸣则已，一鸣惊人。几天后，日本几家大的报纸杂志上，都刊登了一条令每一个日本人都感到震惊的广告。广告称："SB 公司决定雇直升机数架，飞临白雪皑皑的富士山顶上空，然后把咖啡粉撒在山顶上。以后，人们看到的富士山不再是白色而是咖啡粉色……"

富士山——日本一大名胜，在日本人和全世界人们的心中已成了日本国的象征。在如此神圣的地方，居然撒上了咖啡粉，对国人而言，怎可容忍！果然，全国各地，一片愤然之声。

C. 正中下怀。正当舆论界抨击得如火如荼时，SB 公司要在富士山上撒咖啡粉的日子马上就到了。突然，报上又出现了 SB 公司的一则郑重声明："由于社会各阶层的强烈反对，本公司决定取消原计划……"

正当人们在热烈庆祝他们的胜利时，田中和他的 SB 公司也在热闹非凡地庆贺他们的胜利，因为不仅全日本都知道了 SB 公司的名字，误以为 SB 公司是一个响当当的名字，它财大气粗，很有经济实力。

后来，许多小商小贩纷纷加入 SB 公司的旗下，为它大力推销咖啡粉。他们对顾客们说："这就是要在富士山上撒咖啡粉的厂家产的。"人们也特别欣然地选择了这个敢"胆大妄为"的咖啡粉。SB 公司的咖啡粉不仅成了畅销货，并让公司扭亏为赢。

【相关链接】

《阿凡达》活用势、时、术

一、《阿凡达》之"势"

所谓"势"是营销谋略应根据组织本身环境形势的发展变化，对"势"的驾驭，其实就是对谋略所处空间的筹划。

《阿凡达》之所以如此火爆，主要还是利用了人们的好奇心，以及那种巨幕数量有限的"饥饿"营销手法。"先做大规模的广告宣传，然后在几个影院限量投放，观众不得不排长队提前订票。"这在营销学上叫饥饿营销，越是吃不饱，观众的观影热情越高。

在市场营销学中，所谓"饥饿营销"，是指商品提供者有意调低产量，以期达到调控供求关系，制造供不应求的"假象"，维持商品较高售价和利润率的目的。可见，饥饿营销就是通过调节供求两端的量来影响终端的售价，达到加价的目的。饥饿营销的操作很简单，定个叫好叫座的惊喜价，把潜在消费者吸引过来，然后限制供货量，造成供不应求的热销假象，从而提高售价，赚取更高的利润。《阿凡达》还未上映，就已提前用各种版本的预告片，宣传近半年时间。仅预告片就发布了 3 个不同版本层层推进：2D 版、3D 版和 IMAX 版。

中国市场是一座巨大的“金矿”，将“中国元素”融入影片，以迎合中国的13亿影迷的胃口，成为《阿凡达》吸金手段之一。有网友评价，影片中蓝色皮肤、身材颀长的阿凡达脑后留着的长辫子，让人联想到中国古代人留的长辫。除人物造型上融入的“中国元素”外，影片中所展现的神奇景色，尤其是“潘多拉悬浮山”——哈利路亚山则“非常中国”，导演卡梅隆谈道：“我们从（黄山的）形状等各方面找到了灵感，然后在电影中让它飘浮在空中。我自己从来没有去过这些地方，但总觉得似曾相识。”此语一出，黄山官方立刻打出“欢迎大家走出影院到黄山寻找真实的‘哈利路亚山’”的口号。而湖南网友却认为哈路亚山的原型应该是张家界的著名景点“南天一柱”，并拿出照片比对。张家界几个旅行社立即推出了“阿凡达之旅”“阿凡达——潘多拉神奇之旅”“阿凡达——悬浮山神秘之旅”等旅游线路。有相关报道，张家界市已决定将“南天一柱”命名为“阿凡达悬浮山”或“哈利路亚山”。焦点引发热议，热议吸引媒体，媒体跟踪报道，助推眼球经济。

二、《阿凡达》之“时”

所谓“时”是指营销谋略要根据形势的发展变化而决定运演的最佳时机，其实便是对谋略所处时间的筹划。

早在2010年6月，导演卡梅隆在阿姆斯特丹电影节就丢出重磅炸弹，公布了《阿凡达》长达24分钟的片花，随后7—8月，又相继发布了15分钟片花及IMAX影院的16分钟片花，未映先火，其片花在各大网站的点击量一路狂飙。他在诱导更多的影迷去了解电影。业内人士称，《阿凡达》突破以往电影以透露剧情来宣传的思维定势，引发不少影迷在不同版本片花间相互比较、衡量、分析、猜想，几乎达到了极致。

在导演这种营销谋略的推导下，《阿凡达》IMAX和3D电影票一票难求。上海一位母亲为给儿子买票，在天寒地冻中彻夜排队等候，东莞IMAX影院被连续的放映弄“瘫痪”了……传媒专家认为，《阿凡达》的火爆，媒体、影视传播起了很大推动作用。媒体的自愿加入，无疑将这一事件进一步放大，于是《阿凡达》成为一种事件便不足为奇。大导演卡梅隆亲自到中国宣传，其曾经执导《泰坦尼克号》等经典影片形成口碑效应，足以吸引媒体和大众的眼球，形成焦点。此外《阿凡达》上映时，正是国产电影扎堆时，没有国外大片与之抗衡，而3D电影发展多年，已被越来越多的观众所接受。在这种情况下，推出一部轰动大片，成功也是顺理成章的事情。当然，10年打造时间，5亿美元成本，还有3D和IMAX技术，都引起了巨大的眼球关注度。竞相传播3D和IMAX效果，精彩的场面，逆市飞扬的票价，排队购票的火热场景，接连不断的话题，全球各地的票房数字，卡梅隆能否超越自己的影史票房冠军《泰坦尼克号》的疑问，等等，借力媒体营销，《阿凡达》铺天盖地地在传播。

从众心理成就《阿凡达》，当一个文化产品成为社会话题时，人们往往害怕自己落伍，因此不管自己喜欢不喜欢，一味地趋之若鹜。从众心理是流行文化的心理基础。不可否认，《阿凡达》的成功很大程度是从众心理的外在表现。在它的营销手段中，不可忽视的是，它充分利用了具有强烈细分化特质的新媒体“社交网站”Facebook，Twitter等，发展将近80万人的网络“舆论领袖”对网友进行轰炸。

这就不难解释《阿凡达》电视、互联网等媒体的广告信息对人们的心理产生的“控制”效果：如果去看了，“我”就能得到超级感官体验，这就是来自《阿凡达》的“奖赏”；如果不去看，那么“我”就可能落伍了，就再也得不到这种超级奇幻的体验了，这就是不去看《阿凡达》的“惩罚”。

三、《阿凡达》之“术”

所谓“术”是营销谋略所采用的招数，简言之就是对谋略运作方式的策划。

观看片花就是体验营销。不可否认的是，这种地毯式的片花轰炸，取得了预期的效果。据媒体报道，在2009年8月21日预告片正式发布时，网站10分钟内就被访问到瘫痪，仅仅3天，此预告片的浏览量就达到创纪录的400万次，不少看过预告片的用户，甚至飞到香港抢先观看。而不少看过2D甚至3D版《阿凡达》的影迷则表示“一定要看看IMAX版本的电影”，“看多少遍都是一种享受”。由于2D屏幕效果不如3D，福克斯甚至自掏腰包送票给观众，希望更多人通过预告片来了解该影片，感受《阿凡达》里用3D技术特效营造的潘多拉星球，带给观众无与伦比的视听享受和审美体验。

资料来源：wenku. baidu. com/2011-11

5.3　营销创意思维的技术方法

营销策划的创意技术方法很多，本节主要介绍几种典型的创意技术方法：移植法、重点法、组合法、分解法、实证法、回避法、伏笔法、逆向法、背景转换法、捆绑连接法。策划团队可结合营销策划活动的具体问题，创造性、灵活性地运用。

5.3.1　移植法

1）移植法的内涵

移植法是指将某一领域的原理、方法、技术或构思移植到另一领域而形成新事物的方法，包括直接移植和间接移植。

（1）直接移植

直接移植就是把成熟的事物原理根据相似性复制到其他商务思维中。当年曹操引83万大军陈兵长江北岸，欲征讨东吴。面对强敌，东吴联合刘备，决心决一死战，他们深知硬拼不行，得以奇取胜。东吴统帅周瑜与刘备的军师诸葛亮两人一同出计策，同时在手心写个“火”字，意思是得用火攻。这个火攻之计是曹操万万没有预料到的，因为曹操当年就是一把火烧掉了强敌袁绍的屯粮之地乌巢而扭转了不利的战局。这就是毛泽东的在战争中学习战争，在竞争中学习对手，曹操的陆上火攻之计被周瑜与诸葛亮学习，移植到水上……

（2）间接移植

间接移植就是把成熟的产业理念、原理、方法、功能、结构等应用于新的产业设计思路中。原理移植就是把思维原理、科学原理、技术原理、艺术原理移植到某一新领域的方法。例如，把反馈原理应用于电子线路中，形成了系统的控制论；把价值工程应用于市场营销实践，便形成了营销价值分析法；把社会化大生产原理用于改造传统零售商业，就创造了连锁经营的形式等。方法性移植就是把某一领域的技术方法有意识地移植到另一领域而形成创造的方法，如意大利歌剧《图兰朵》被移植成中国川剧《中国公主杜兰朵》等。功能性移植就是把某一种技术或艺术所具有的独特功能以某种形式移植到另一领域的方法，如将电视机的音像功能移植到计算机领域。结构性移植，例如，蜂窝是一种用料少但强度高的结构，把这一结构用于制砖，做成的蜂窝砖既能减轻墙体的重量，又能保暖、隔音。

2）移植法运用的要领

①移植法的前提是"相似性"。正如史宪文所说：企业的竞争性经营与下棋有着原理上的某些相似性。"小型企业的经营如下跳棋，中型企业的经营如下象棋，大型企业的经营如下围棋。"下跳棋的游戏规则就是"跳"，小型企业发展之路就是寻找市场机会，哪里有机会就跳到哪里去，"船小好掉头"。中型企业往往是业务模型已经成熟，这时，自己的地盘确定了，对手也就确定了，与对手分立"楚河汉界"两边，竞争不再靠单个棋子的跳，而是要靠"车马炮"——团队整体配合，靠比对手多想一步，少一些机会主义，多一些长远打算……到了大型企业阶段，竞争状况犹如下围棋，占先手是第一位的，不能计较一城一地的得失，谁能"长途奔袭""另辟蹊径""出其不意"，谁就能获得战略利益。总之，发现与利用事物的相似性，形成联想，这是运用移植法的要领。

②移植时要注意4个切入点，即物质性切入，利益性切入，信息性切入，时间性切入。所谓"物质性切入"，是指对事物进行物理结构或外在功能的突破。例如，"圆珠笔改进"，不去改进笔尖，而是把笔芯截断一节，这是从结构切入的。所谓"利益性切入"，是指对商业利益进行突破，以提高价值感。例如，商场常用的买1赠1促销就是从利益切入的。所谓"信息性切入"，是指对同一客观事物或现象变换诠释形式或内容，实现沟通效果的突破。如化妆品诉求出售美丽就是信息切入。所谓"时间性切入"，是指通过时间转换赢得竞争空间突破，如春、夏、秋、冬商品展销会就是一种时间上的切入。

4种切入点并不是相互独立的，有时一个切入点的选择具有多重性。在具体的创新思维中，究竟选择哪个切入点呢？这要看具体的竞争环境。如展销会，既是一种时间切入，也是一种信息、利益和物质的切入。展销什么商品，给客户带来什么利益，还要有有形展示。

5.3.2 重点法

1）重点法的内涵

重点法就是从多要素中，寻找、确定具有带动作用的关键性要素，从关键性要素着手突破，以最小的投入，解决整体问题。公元200年，曹操与袁绍对决于官渡，曹操以7万大军对袁绍的70万大军，以一当十何以取胜？曹操认为对手的强大之处往往就是薄弱之处，70万大军吃不到粮食就是70万匹恶狼，在老乡许攸的帮助下，曹操放开广大战线，直奔袁绍的屯粮之所乌巢，一把火烧了袁绍的粮草。曹操实现了重点突破，一点突破，破解全局，这就是曹操取得官渡之战决定性胜利的战略战术。

【相关链接】

洛克菲勒的创造和利用联合国迁入，操作了大型房地产项目

20世纪40年代，洛克菲勒在纽约市郊买了一大片荒地，按常规地产开发的惯例，此地可以建设一个独立的小区，可以是住宅，可以是办公区，可以是商业区，也可以是综合化社区。但无论怎么规划，这么一大片地，全面投资启动，将需要巨额资金，工期必然是漫长的，且由于不在黄金地段，不会卖出好价格。所以，当时许多人认为这将是个投资败笔，至少，不是个好项目。

此时，洛克菲勒已投入了巨额资金，取得了这片土地的独家开发权，项目已经走上了不归路。恰在此时，联合国在美国宣告成立，但一直没有一个气派的、有规模的、有档次的总部办公大楼。洛克菲勒得知这个消息后，对联合国的情况进行了全方位的调查，结论是：联合国将不同于其他世界性组织，它将成为处理国际性实质问题的权威机构，它的决策将涉及全世界每个国家的利益，为此各国都将会不计代价地争取在联合国的利益。所以，联合国总部所在地，也必然是各国外交战的重要阵地，各国都会就近安营扎寨，派代表参与联合国事务。

尽管当时联合国还处于艰难维持的初期，但未来趋势必然如此。作出这个判断之后，洛克菲勒从他那片土地中，分割出价值3 800万美元的一小片，以1美元的价格“出售”给了联合国，这对于尚无安身之地的联合国来说的确是雪中送炭，于是联合国决定在洛克菲勒的土地上安营扎寨。

不久，第二次世界大战结束后新的世界格局形成，获胜的大国们开始经营联合国，联合国的作用迅速显现，各国纷纷争取在联合国的利益，许多建筑商、宾馆发展商等也都看准了关联联合国的商业价值，于是洛克菲勒以联合国作为王牌，以“外交”作为功能定位，规划了这片土地，土地迅速增值，获利无法计数，且名利双收。这个投资效果竟然是用区区3 800万美元换来的，因为3 800万美元买不下联合国！洛克菲勒3 800万美元买不下联合国，但他买下了联合国的影响，在利益上实现了地产价值的突破，使该地产先行获得了全世界绝无仅有的商业定位，一点突破带动整个地块增值。

重点法不仅涉及利益性切入与信息性切入，关键是找到了解决问题的关键突破口：洛克菲勒“3 800万美元买下了联合国”。也就是说，他实际上是花3 800万美元向全球发出了一个信息，这里是国际外交的高地！以此引入各国前往。

资料来源：wenku. baidu. com/2011-10

2）重点法运用的要点

①要找到具有“带动作用的关键性”要素。找到“牵一发动全身”的操作机会，就能达到事半功倍的效果。所谓兵马未动，粮草先行。粮草成了曹操7万大军战胜对手的关键。

②善于“聚焦”性策划思维。思想的范围可以广阔无边，但有限的行动力量必须集中于关键点。所谓在关键的环节投入决定性的力量，使事物向着有利于自身的方向发展。

③坚定性和灵活性相结合。坚信解决重点问题是解决全部问题的前提，同时注意灵活性。重点不是一成不变的，在一定的情况下，重点可能位移，原来的重点已不是重点，原来不

是重点的变成了重点。所以,要密切注意重点的位置变化,出现重点位置变化时,作用点也应相应地变化。

5.3.3 组合法

1)组合法的内涵

组合法就是按照一定的内在关系,将多个要素联系起来,形成有机的整体,使整体价值大于各个要素的简单加和。诸葛亮借箭、庞统诱使曹操战舰连环、黄盖诈降成功、借东风"火箭烧连舰",诸多要素合成一体,这就是赤壁大战的系统工程。爱因斯坦认为,组合的作用似乎是创造性思维的本质特征。日本创造学家高桥浩指出:"创造的原理最终是信息的截断和再组合。"

2)组合法运用的要点

①善于找到事物发展变化之间的"内在关系"。例如,汽车行业就是一个生态系统,20世纪70年代的两次石油危机在很大程度上改变了全球汽车的需求结构。人们的选择热点开始由大型车转向节省燃油的小型车,丰田正是抓住这一机会,推出节能型小轿车进入缺少小型车的美国市场才赢得成功。而美国汽车厂家没有意识到石油涨价和汽车之间的关系,一味追求豪华型汽车,厂家逐渐失去了往日的竞争优势。

②找到事物之间组合的"增值效应"。组合法的"合"是有其目标的,那就是整体价值大于各个要素的简单加和,也就是我们经常讲的"1+1>2",我们称之为"增值效应"。美国一位画家变成百万富翁得益于组合法的运用。一天他用铅笔画画,画错了,去找橡皮擦,可是,不知把橡皮擦丢到哪里去了,找了很长时间才找到。为了不再发生找不到橡皮擦的事,他将铅笔和橡皮擦用铁丝捆绑在一起。这时,一个创意浮现在脑海——将铅笔和橡皮擦组合成一个产品!这就是现在的铅笔。他将自己的发明申报了专利,将专利出售给了专业制笔公司,获得了数10万美元的转让费!美国《读者文摘》的创刊用的也是组合法。第一次世界大战后,沃利斯头脑中产生了把优秀文章组合在一本杂志里的想法,创刊后,深受读者欢迎。当前企业盛行的业务流程再造也是组合法的具体运用。"增值效应"与"内在关系"是密不可分的,前者是目的,后者是手段。

5.3.4 分解法

1)分解法的内涵

中国先贤有句名言:"一尺之椎,日截其半,万世不竭。"一切事物都是可分的。分解法可以理解成组合法的逆过程,即把看似一个整体的商务过程分解成多个步骤或多个相对独立的商务子过程,或把看似一个整体的商务内容分解成多个内容或多个相对独立的商务子内容,把粗分类、分步的商务内容进行多级细分。

【相关链接】

"希尔顿饭店创始"的概况

著名的希尔顿酒店产业创始于20世纪20年代。当初,创始人希尔顿在达拉斯商业街上漫步，发现这里竟然没有一家像样的酒店，萌生了建一家高级酒店的想法。希尔顿是一个创造力与行动力都很强的人，想到就去做。他很快就看中一块“风水宝地”。酒店属于典型的服务业，对这个产业，影响最大的因素就是地脚。选择一个好的地脚，即使初始投资较大，也会很快在后续的有利经营中收回。所以，希尔顿决心一定要买下这块风水宝地。

这块地出让价格为30万美元，而他眼下可支付的资金只有5 000美元！况且，解决地皮之后，还要筹集大量的建设资金。所以，从表面上看，这个项目显然不可行。但他没有放弃，他把这个难题进行了分解。首先，他把30万美元的地皮费用分解到了每年每月。他对土地拥有人说：“我租用你的土地，首期90年，每年给你3万美元，按月支付，90年共支付270万美元，一旦我支付不起，你可以拍卖酒店……”对方感到占了个大便宜。

签订了土地租赁协议，希尔顿马不停蹄，将自己开酒店的方案以及诱人的经营远景讲给投资商听，很快与一个大投资商达成了协议，合股建设酒店，酒店如期建成，经营效益超出先期预料，获得了巨大成功，从此，希尔顿走上世界级酒店的王者之路，一度跻身全球十大富豪之列。

分解可以使复杂问题简单化，它拥有化腐朽为神奇的力量。

资料来源：wenku. baidu. com/2013-12

2）分解法运用的要点

①“分”要有根据。即根据事物内部之间的联系去分解。

②“分”要有效果。其效果就是把复杂的问题简单化，便于实施和操作。

③“分”要有最终目的。分解的最终目的是各个击破，从局部胜利走向整体制胜。衡量局部战役的成功与否，在于能否达到战争的总体目的。

5.3.5 实证法

1）实证法的内涵

实证法就是用令人信服的真实场景与实效展示，实现低成本高效率的对外宣传与动员。例如，有一家化工厂，一直生产有毒化学品，按政府规划要搬迁到城外，工厂指望新旧厂区的土地差价能给企业减少搬迁损失，甚至能实现赢利，所以，很快就搬迁了。可是，搬迁后，寻求房屋开发商合作开发旧厂区时，房屋开发商并未表现出预期的积极性，因为市民存在一个习惯认识——这片土地里有毒！

工厂无奈，只好进行换土改造，改造后，经过严格检测，土地根本没有毒。但是，人们的习惯认识还是难以克服。为了克服这个认识上的问题，工厂决定在旧厂址中心的低洼处蓄水，形成一个微型水库，撒上鱼苗儿，岸边栽下树木，与市垂钓协会联合举行赏鱼活动和钓鱼比赛。“鱼摇头摆尾地从水里被钓出来”，这个场景通过电视报道传遍整个城市。不久，人们便消除了“有毒”的错觉，工厂与房屋开发商顺利地开发了土地，获得了预期效益。土地的物质特性可以通过科学检测显现出来，但对于客户来说，数字是抽象的，是难以取信的，而“鲜活的鱼”——实际效果才是直观的、可信的。

2)实证法运用的要点

①取信于人。上述案例中的钓鱼比赛就是取信于人的方法,以此消除人们对土地有毒的担心。

②见机行事。实证法运用时要掌握好时机。比如,学区房一般选择每年的上半年造势,就是为了迎合家长的预期。

③根据"实事"来"求是"。耳听为虚,眼见为实。例如,卖场促销就讲究衣服、鞋子试穿,帽子、手套试戴,食品试吃。通过亲身体验,证明商品的价值。把实实在在的"事实"展现给客户,让自己欲说的道理不言自明。

5.3.6 回避法

1)回避法的内涵

回避法是指不以原策划课题为解决对象,改换问题的内容,重新设立策划课题,再加以策划。三国里面有这样一个故事:诸葛亮六出祁山之时,司马懿在上方谷固守不出,以逸待劳。诸葛亮派使臣送"女裙"激其出兵,但司马懿不为所动。司马懿对诸葛亮可谓知根知底,知道诸葛亮的身体不能打"持久战",就改变战术,以逸待劳,放弃军事竞争,与诸葛亮比耐力。果然,诸葛亮积劳成疾,病死在了五丈原。把军事竞争改为精力消耗竞争,司马懿靠自知之明取得了最后的胜利。

2)回避法运用的要点

①善于提出新的问题。爱因斯坦说,提出问题等于解决了问题的一半。立意本身错了,所有的努力都将是没有意义的。因为立意问题是方向性问题,方向都错了,努力程度越高给组织带来的损失越大。

②认清新课题实施中存在的困难和解决困难的途径。例如,赤壁之战用火攻,需要10万支箭,东吴缺箭,这就是困难,是自己打造箭还是借箭是解决缺箭这一困难的两条途径。困难只有一条,而可能解决困难的途径是多个,采取任何一条途径都可以解决困难。选择解决困难的途径时要坚持两害相权取其轻,两利相权取其重的原则,以低成本地克服困难,取得更大的效果。诸葛亮的"草船借箭"就是回避法运用的结果。

③在"换"字上做文章,即寻找解决困难的途径、方法时,主动探索更换方法的可能性。回避法揭示了策划的"灵活"特性,打破常规思维,去寻找深入问题本质的最佳途径。它不主张回避困难,而是通过转换方法去面对困难,想方设法去解决困难。

5.3.7 伏笔法

1)伏笔法的内涵

伏笔法就是用表面行为与活动隐蔽、掩护、铺垫真正的行为与活动。打伏笔是为了奠定未来操作的基础。所以,运用伏笔法需要有一个前提,那就是对未来有所打算、有所预期、有所决策。把"伏笔法"应用到企业营销策划中,就是"可持续发展"的理念——兼顾当前与未来利益。20世纪50年代,日本丰田公司汽车业务兴隆。这时,丰田公司本应加大对汽车业务的投入,然而,公司却投入大量资金兴建汽车学校。这个决策在当时不被人们理解。然而,十几年之后,人们才恍然大悟:在丰田汽车学校学驾驶,自然用的是丰田车,学会驾车的人们自然对丰田车的性能十分熟悉,当这些"毕业生"具有购买汽车的经济能力时,也自然去选购丰田汽车。原来,丰田公司当初的决策是立足未来市场考虑,为未来的销售打下了坚实的伏笔。先把"熟悉"汽车当成利益,奉献给潜在客户,换取的是客户的消费习惯,潜伏在市场中的消费习惯必然在市场显化时变成可靠的利益。只有经过铺垫的市场才是真正的市场。

2)伏笔法运用的要点

①强调策划思维的"预见"。好的策划一定是面向未来的,把未来的胜机掌握在现实格局之中。上例中丰田的汽车驾校是为丰田车的销售作铺垫。宝洁公司的"你会洗头吗?让我来教你",是为宝洁的洗发用品销售作铺垫。

②准备行动秘而不显。大道贵隐,秘而不显。伏笔法中的"伏"就是事前要作好充分准备,同时做好保密工作。韩非子也提出:"法莫如显,术不欲见。"即法一定要让人明了,而术一定不能被人觉察。曹操在与刘备煮酒论英雄时,曹操面前的刘备正是深藏不露,才成就了魏、蜀、吴三足鼎立的格局。

5.3.8　逆向法

1)逆向法的内涵

逆向法就是把当前的思维角度、方向、内容、途径、目标等反过来,寻找解决问题的方案。世界上的一切事物都是从"因"到"果",从"果"到"因"的关系。但是,在一"因"多"果"的情况下,因果逻辑思维就可能发散,容易迷失方向。而反过来从"果"到"因"的思维,就可能快速找到最短的思维途径,进而拟订出最简捷的操作路线。如:"以毒攻毒""热时想到冷,冷时想到热""痛并快乐着"都是逆向法的运用。

"快乐的创可贴"就是从"果"反"因",物质性切入逆向法的例子。米多尼公司的社长会田正昭发现,身体受伤,最大的痛苦不在伤口,而受伤后心里感觉特别不好。鉴于这种情况,会田正昭决定"在产品的感觉上进行创新,一改过去的单一颜色,采取丰富多彩的颜色,各种人性化的形状,印上幽默的文字,再取一个特别"叛逆"的名字"快乐的伤口"!这一套策略一经实施,迅速引爆了市场,孩子们甚至没有受伤也要粘一条"创可贴"!表面上看,人们因为受伤而痛苦,"受伤"是"因","痛苦"是"果"。反过来思考,"痛苦"是因为"受伤"吗?"受伤"已经是过去的事了,"心伤"才是真正的原因。所以,创可贴治疗身体创伤的功能是次要的,治疗心灵的创伤才是主要的,使客户体验痛并快乐的滋味。

2)逆向法运用的要点

①必须深刻认识事物的本质。所谓逆向不是简单的表面的逆向,不是别人说东,我偏说西,而是真正从逆向中做出独到的、科学的、令人耳目一新的超出正向效果的成果。

②坚持思维方法的辩证方法统一。正向和逆向本身就是对立统一、不可截然分开的,所以以正向思维为参照、为坐标,进行分辨,才能显示其突破性。

5.3.9 背景轮换法

1)背景轮换法的内涵

背景轮换法就是寻找、融入、发挥出背景的力量,以改观自身形象,提升自身价值,放大自身力量。美国著名商人摩根年轻的时候生活很艰难,主要靠卖鸡蛋谋生。每天早出晚归,用他那张大手,握着鸡蛋,见人就叫卖。可是生意一直不好。观察后,想出奇招,让妻子负责卖鸡蛋,因为妻子的手小,打这以后,自己的鸡蛋就好卖了。手是鸡蛋的背景,鸡蛋的大小是比较出来的。

2)背景轮换法运用的要点

(1)用好一个"转"字

从一个背景到另一个背景,需要转移、转变、嫁接,而具有决定性力量的背景往往在身后。所以,策划时要多观察企业和产品的身后。例如,逆向定价法,重点不是考虑产品成本,而重点考虑需求状况。依据消费者能够接受的最终销售价格,逆向推算出中间商的批发价和生产企业的出厂价格,把定价的背景由成本转向顾客需求。

(2)注意背景的变化

背景往往在变动中,策划者一定要预测到背景变化给企业带来的是有利影响还是不利影响,学会及时化解。例如,一个咖啡店老板给30多位朋友每人4杯浓度完全相同的咖啡,但盛装咖啡的杯子颜色则分别为:咖啡色、红色、青色、黄色。结果朋友对完全相同的咖啡评价则不同:认为青色杯子中的咖啡"太淡",黄色杯子中的咖啡"不浓,正好",咖啡色杯子以及红色杯子中的"太浓"。而且,认为红色杯子中的咖啡"太浓"的占90%。从此,老板将其店中的杯子改为咖啡色、红色和黄色,对喜欢浓咖啡的顾客用红色或咖啡色杯子,浓度一般的用黄色杯子。结果顾客越来越多,生意也随之蒸蒸日上。杯子的选用依据的是顾客需求背景的变化。

5.3.10 捆绑连接法

1)捆绑连接法的内涵

捆绑连接法就是把两个或多个事物,通过某种纽带关系,联系起来,进而使某一事物借助了其他事物,增进该事物的自身价值。好的企业策划往往是借助了企业之外的势力和资源,与背景建立一定的关系。某出版商有一批滞销书急于出售,便给总统寄去一部,并三番五次地要总统提意见。出于应付,总统随便回了个便条:"这书不错。"出版商如获至宝,大肆传扬:"总统喜欢的书!"于是,支持总统的选民把书抢购一空。不久,出版商又出了一本书,如法炮制。总统吃一堑长一智,不再上当了,便批了一句:"这书糟糕透了!"没想到,出版商又一轮广告刊登出来:"这是总统讨厌的书!"猎奇的读者把这本书抢购一空。出版商第三次给总统寄书,总统干脆一言不发,没想到,出版商又利用了总统——"这是总统难以下结论的书。"一批研究者把书买走了。

2)捆绑连接法运用的要点

①善于在"借"字上做文章。诸葛亮借东风、草船借箭等,"借"是捆绑连接法的核心。

如外向型企业通过“猪驮式”“代工生产”“合资合作”等方式借船出海，成功进入国际市场。

②强调参与合作的各方共同受益。即参与各方互相帮助，相得益彰，携手共进，共建共享。注意捆绑要自然，不能搞拉郎配。

【相关链接】

健力宝草船借箭

李经纬，何许人也？李经纬原来是一个三流酒厂的厂长。厂虽小，但他的志向却很大，想干出一番事业。他在不断地寻找机会。有一天，他听到一个消息：奥运会需要一种运动饮料。这条消息，对一般人来说，不会太去注意，但是，他认为这是一个发大财的好机会。他想：一定要想办法把它做成。最后，经过努力，他真的做成了。他是怎样做成的呢？总的来说，就是一个字——“借！”在整个操作过程中，他连续 3 次用了借。

第一次借——研究配方

李经纬，他是酒厂的厂长，可以说，他对运动饮料一窍不通。他想：要做这样高档次的饮料、高科技的产品，必须要有高尖端的人才，凭我李经纬一个人的能力是根本做不成的。怎么办？必须去找一个懂行的人。结果，他找到了广东体育科研所的欧阳孝。他对欧阳孝说：“我们来搞个合作，你研究这个饮料的配方，我组织生产、负责营销，利润咱们分成。”于是，他们达成了合作协议。欧阳孝经过 100 多次试验，终于研究出了健力宝的配方。这就是他第一次借——向别人借脑。

第二次借——市场推广

产品配方出来了，如何推向市场呢？李经纬有一个套路：因为是运动饮料，首先就必须进入体育运动会，再由运动会来推向市场。

有一天，他听到一个消息：亚足联将在广州白天鹅宾馆开会，亚足联的主席将出席这次大会。李经纬想：这是一个千载难逢的好机会，一定要想办法把饮料摆到这张会议桌上去。大家不知道，当时的健力宝可不像现在的健力宝，简直就是个“丑小鸭”，除了配方什么也没有。要想登上这个大雅之堂，至少也要有个易拉罐什么的。怎么办？还是一个字——“借”。他跑到深圳百事可乐厂，借了一些空罐子，然后，灌上配好的健力宝，再贴上标签，通过关系就摆上了“亚足联”的会议桌上。同时，李经纬请了一个摄影记者帮忙，跟他面授机宜，记者守在亚足联主席的旁边，眼睛紧紧地盯着他的一举一动（他可能喝，他也可能不喝，但是，他一旦喝的时候……）当亚足联主席一拿起易拉罐想喝的时候，记者“啪啪啪……”来了个连续拍摄，一下子十几二十张，全拍下来了。然后，他拿着这些照片大肆宣传，说：某某都喝健力宝，市场潜力如何广阔。于是，很多经销商都愿意跟他合作，签下了大量的订单。市场有了，产品在哪里呢？

第三次借——生产产品

要生产健力宝，可不是一件简单的事情，引进一条生产线要几千万，要有厂房，要有工人、管理人员、原材料购进等，要完成这些没有一年半载的筹备，这个厂是搞不出来的，更何况，李经纬没有一分钱，怎么办？他还是借。怎么借？他采取“集约化经营”方式。什么是集约化经营？简单地说，就是他选中一个饮料厂去加工。按照他的配方要求，进行加工。加工好以后,贴上健力宝的标签,等经销商付了钱以后,再付加工费。这种办法有什么好处呢?首先它不需要投资、建工厂、招人员,不需要承担什么风险,即使这批货卖不出去,也就是这一批货的损失,不会像有些企业那样,如果这个产品销售不畅,就会造成很大的积压,还要承担许多费用,如企业人员工资、厂房设备投入、原材料、广告费等,给自己造成很大的损失。

"健力宝"就是这样,靠一个"借"字,创下了中国饮料界的第一品牌。他巧妙地借用了别人的脑袋、资产、设备、场地、技术、资金……

尽管健力宝由于管理不善,遗憾收场,但其借的技巧值得学习。

资料来源:《市场营销案例集》,李峰,唐金红. 2009 年 5 月

5.4 营销策划力的培养和提升

策划力就是运用创意思维去解决某一难题的能力。简单地说,思维就是思考的可能维向。包括:思考的空间、思考的时间、思考的角度、思考的广度、思考的深度、思考的方向、思考的内涵等。创意泛指一种新想法或新点子,重要的是,它们必须能或多或少地影响企业的运作方式——不管是指产品改良还是流程上的创新。创意具体指综合运用各种天赋能力与专业技术,从现有的商品、服务与活动、组织文化与组织结构、生产与服务作业以及经营管理过程之中,寻求新的概念、新的方法、新的商品、服务、活动的过程。创意的目的在于在协助组织解决发展中的瓶颈问题,进而使企业的远景和经营目标得以实现,提升企业的竞争力。创意思维能力是提升策划力的前提条件,一般从以下 3 个方面入手:

5.4.1 善于用脑的能力

1)善于用脑

善于用脑就是善于思维。一个人有 165 亿个脑细胞,一般人只用了 2 000 万个,培养你的激情和好奇心等动脑习惯是培养策划力的首要方法。

2)脑皮质控制脑髓质

人脑如冰山,浮出海面的是脑皮质,称为意识脑或新脑,掌管人的思维和智力等意识活动,海面下的脑髓质,称下意识脑或旧脑,掌管人的血压、体温、心跳、消化、呼吸等非意识活动。意识活动影响非意识活动,如生气会导致心跳加速。

3)开发右脑

研究结果发现,右大脑的能量大概是左大脑半球的 1 万倍以上。所以,凡在物理学、文学、音乐,乃至其他各领域有惊人成就而被称为"天才"的人,大概都是充分活用右大脑半球的结果。著名的科学家爱因斯坦(Albert Einstein)就是一个很好的例子。他热爱科学和音乐,左右脑并用,成就惊人。他曾说:"我所有的发现,都是以某些符号和图像出现,而非文字。"换言之,他先用右脑产生灵感,得到某些符号和图像,再用左脑推理和演算的功能写出

方程式。左脑主管语言、写作、演算和逻辑，主理性分析；大脑右半球建立想象，产生节奏、色彩感、幻想、感觉和直觉，发挥综合性、艺术性的作用。右脑控制着自律神经与宇宙波动共振等，因此造型能力优越，而且五感敏锐，具有绝对的音感，因此被称为“艺术脑”，和潜意识有关。

4）学会运用自我暗示实现目标

学会积极的自我暗示。1983年，有一位美国击剑运动员，知道在即将举行的比赛中会遇到一位曾经两次击败过自己的古巴选手，因此缺乏信心。心理学家为他反复播放一段讲话，叙述在未来的比赛中，为什么那名古巴选手反而一见他就害怕的理由。他听了十几次，越听越有道理，便从害怕的情绪中解脱出来，并在泛美运动会上战胜了对手，夺得了冠军。因此，策划人员在策划执行过程中要学会运用一些积极的心理暗示方法，如微笑，设计振奋人心的语言，多肯定少否定等。

5.4.2 恢复想象的能力

想象本身是一种心理过程，它以人已有的经验为基础，通过对这些经验的改组，创造出一个新的形象来。想象并不是胡乱猜想，而是具有内在的逻辑必然性，是思维统摄下人类理性的一种存在方式和表现方式。而想象大多能预示着可能的逻辑后果，并被证实。想象力是策划之源，提升想象力的技巧有：

1）打破习惯

打破习惯，即打破惯性思维。16世纪中叶，人们认为西红柿有毒，便给它取了个令人生畏的名字——狼桃。有一位画家，他家门前就种了一株狼桃树。他自己一看，发现狼桃旁边有许多虫子在爬来爬去。画家想：怎么小虫子吃了狼桃没事，画家冒险地吃了一个狼桃，发现狼桃并不像人们所说的那样可怕，而是味道鲜美的果子。画家的一个举动，打破了人们的惯性思维，使西红柿得到了应有的美名。

2）拾回童心

童心是一块未经雕琢的玉石，在优秀策划人的手上，它会成为一块无瑕的玉。苹果里真的会有星星吗？按照一般成人的想法，怎么可能？但孩子的想象力无穷无尽，他们看到的世界总是七彩斑斓的。也正是因为有这份可贵的想象力，孩子才能够看到一颗苹果里面隐藏着的星星。

3）保持好奇心

爱迪生一生有众多发明创造和他的好奇心有关。美国雷神公司（Raytheon）工程师珀西·斯宾塞也是一位著名的电子学奇才。1945年斯宾塞正在测试用于雷达装备的微波辐射器（磁控管）时，突然感觉西裤的口袋里有点不对劲，甚至听到了嗞嗞的声音。斯宾塞停下手里的工作，结果发现是他口袋里装的一块巧克力融化了。他猜可能是磁控管发射的微波烤化了巧克力。由此他立刻意识到也许可以把微波应用到厨房烹饪上，于是微波炉诞生了。

4）善于考察

实践出真知。后汉书云：不入虎穴，焉得虎子。行者徐霞客，正是亲历中国的名山大川、奇山秀水，才留下了具有很高学术价值的“徐霞客游记”。营销策划同样需要调查研究，望闻问切。

5）巧设假想

实现假想就是发明。假想就是无中生有、天马行空、无拘无束的凭空想象。透过想象，不仅能打破人们习惯性的思考，而且人们的想象力将从既有的法律、规章、传统等束缚中解脱。如：望远镜——雷达——飞机——火箭——潜艇。千里眼——顺风耳——腾云驾雾——嫦娥奔月——龙宫探宝。牡丹——富贵无边。“世界珍珠大王”日本商人御木本幸吉，看到游客为得到一颗珍珠而争吵，就突发人工养殖珍珠的假想，并经过坚持不懈的努力，取得成功。

6）运用联想

激发想象，触类旁通，举一反三。碗——饭——饭桶——水桶——水——水荒——干旱——黄沙——黄山——旅游…… 联想的类别：相似联想（类比联想）：签字笔——钢笔，狗——狼；对立联想：胖子——瘦子，穷人——富人；连接联想：碗——筷子，床铺——棉被；因果联想：下雨——地温，WTO——汽车市场开放；自由联想：道氏股价理论，随机漫步理论，猫掌——钉鞋，蜘蛛网——吊桥，物理原理——经济现象。

7）喜爱梦想

非凡成就来自非凡梦想。梦想是理想的状态，也是活力的泉源，它能激发我们想象的潜能，指引我们勇于做自己喜欢做的事，最后达成非凡的成就。换言之，一个平凡的人必须有不平凡的梦想，才可能有非凡的成就。

实现梦想四步骤：

①决心改变自己。

②列举梦想。

③找个见证人，有压力去进化。

④立刻行动。

5.4.3 激发创意的能力

创意具体指综合运用各种天赋能力与专业技术，从现有的商品、服务与活动、组织文化与组织结构、生产与服务作业以及经营管理过程之中，寻求新的概念，新的方法，新的商品、服务、活动的过程。激发创意能力常用方法有：

1）组合法

美国詹姆斯·韦伯·扬提出“创意完全是旧元素的新组合”。旧+旧=新。如连袜裤、收录音机、坦克车（汽车+大炮）。《读者文摘》是成功典范，惠特·华莱士说：“把最佳文章组合编成一本小说刊物。”

亚瑟·凯斯勒（Arthur Keostler）提出“二旧化一新”的构想。其意为一新构想常出自两个想法相抵触的再组合。两个构想常常都是不相关的，甚至是冲突的，但经过冲突而产生另一个使人更加瞩目的构想。例如，澳大利亚一家航空公司想推出一则广告吸引顾客：“下雨，免费旅游。”“下雨”和“旅游”是两个相抵触的事件。创意者把这两个相抵触的事件放在一起，形成了“下雨旅游”的新组合。为了避免公司收入因免费过多而遭受损失，另在广告里附加一条内容：下雨时间必须在连续3天以上，意即下雨时间不满3天，旅游者不能享受免费优待。而这一规定却远不如大标题那样醒目，往往被顾客忽略了。人们心目中最深的印象只有一个：下雨旅游时乘飞机可以不花钱。这一由“二旧化一新”导致的广告创意，使该公司每年营业额增加30%，且数年兴旺不衰。

2）改良法（变更法）

改良法是指改变形状，放大、缩小、增加，或在产品上附加其他东西，以激发创意的一种思考方式。索尼的袖珍收音机（Walkman），诺贝尔发明的安全炸药等，都是在原产品基础上经过改良个人一种新产品的感觉，获得创意成功。

3）替代法（转换）

变更法偏重在产品形状的改变，或在产品上附加其他东西，而替代法则偏重在产品的材料、成分、零件、能源等的替代。例如，曹冲称象：“置象于船上，刻其水痕所至。称物以载之，则校可知矣。复称他物，则象重可知也。”还有分粥的故事，轮流分粥的方法不变，但分粥的人要等其他人都挑完后拿剩下的最后一碗。运囚犯到澳大利亚，由装船时按囚犯人数给船主酬劳，变为目的地付船主酬劳。只进行制度创新，问题就迎刃而解。

4）颠倒法

颠倒法，就是不按牌理出牌，把事情颠倒过来思考的一种方法。上下、左右、前后颠倒，主客易位，事物倒置、正反倒置等。用逆向思考解决难题，如司马光砸缸。

5）新用途法

新用途法就是发现产品的新用途，或改变产品的用途，以激发创意的一种思考方法。产品本身不变，只是用不同的角度去看该产品。这种认知上的改变，往往能激发出绝妙的创意。彭伯顿把咳嗽水改变用途后成就了可口可乐。19世纪中叶，德国著名化学家霍夫曼把试验不成功的奎宁用做染料，他进一步加工，制成了“苯胺紫”，开辟了人造染料的新工业部门。

6）头脑风暴法

头脑风暴法是一种集体研讨行为。通常由3个阶段构成：选定主题、脑力激荡、筛选与评估。“头脑风暴法”传到德国后，鲁尔巴赫根据德民族习惯于沉思的性格，创造了书面阐述的方法：规定每次会议由6人参加，要求每人在5分钟内提出3个设想，所以又叫635法。

7）专家意见法

专家意见法，又称德尔菲法，是采用背对背的通信方式征询专家小组成员的预测意见，经过几轮征询，使专家小组的预测意见趋于集中，最后作出符合市场未来趋势的预测结论。主要用于重大、复杂问题的决策。

8）相似类推法

相似类推法，就是以形体相似的东西，来刺激自己产生创意的一种思考方式，或者用别人的构想：取法大自然，如鸟与飞机、蜂巢式设计、蔷薇与带刺铁丝等，都属于相思类推发在实际创意中的运用。

9)触类旁通法

触类旁通法,就是拿他物来刺激自己,以便从中获得启迪的一种思考方法。可口可乐瓶就是工人克普鲁曼·鲁特看到女朋友的裙子与身材创意出具有女人曲线美的可口可乐瓶,并获10亿美元以上专利费。

打字机的诞生就是钢琴调音师索尔斯,在调音过程中根据琴键原理发明打字母,最后创意出打字机,1874年美国雷登公司依此生产。

10)属性列举法

属性列举法是运用联想来思考问题的一种方法。先列举产品的属性以后加以改变,它的基本假设是基于“如果把问题变得越小,一定越容易激发创意”。

属性列举法的步骤:以开发闹钟为例。

形状:三角形、圆形、小动物的形状……大小、铃声、材料、颜色、功能——针对每一项根据需要进行改变。

11)类别列举法

类别列举法是指列举产品类别之后,再加以组合与变更,它融合了组合法加变更法的双重特点。日本普拉斯公司1984年10月推出“迷你文具组合”,带来抢购风。迷你文具就是组合与列举的有效组合:列出所有文具(铅笔、铅笔刀、尺子)——将上述项目缩小——组合——放入盒子。

12)多面向思考法

多面向思考法,就是面对某一问题时,抛开思路的重重束缚,从许多不同的角度去思考以激发创意的一种方法。丁谓的一举数得方案就是多面思考的结晶,北宋真宗重建照应宫,丁谓策划出先挖土烧砖,再引水入河运木料,最后用废墟填河。25年的工期7年完成。

【关键词】战略策划法　时空运筹法　金三角法　重点发　逆向法　组合法　策划力

【案例分析】乐华营销造势三招

1998年夏季法国世界杯,32支足坛劲旅捉对厮杀,全世界球迷紧张注目。同时,世界各大企业也利用这次难得的机遇进行各种策划活动,国内企业风从影随,各种促销活动层出不穷,乐华公司举行的“世界杯竞猜大奖赛”就是其中的一个优秀个案,而这一策划活动中宣传造势起了相当重要的作用。

事件营销可分为事前、事中、事后3个阶段。事前的工作显得尤为重要。最大范围地把消息散发出去,煽动参与热情,形成一种潮流,将为整个活动的成功打下良好基础。对此,乐华公司采取了以下方式营造氛围:

一、新闻发布会

1998年4月23日广州乐华电子销售有限公司在北京举行新闻发布会,向社会宣布在世界杯期间斥巨资举办“乐华电器世界杯百万竞猜大奖赛”活动,用32万元寻找“中国最有价值的球迷”。消息一传出,引起新闻界强烈反响:中央电视台、《光明日报》《中国青年报》《解放军报》等20多家大型媒体均作了报道。一夜之间,引发了广大球迷对"球迷价值"的大讨论。

通过此次新闻发布会,使"乐华竞猜"成为世界杯开赛前新闻媒体和广大球迷关注的焦点,为以后活动的进行打下了坚实的基础,开创了良好局面。

二、广告

1. 标题富有吸引力,利益点明显,能激发读者的参与欲望。"乐华世界杯竞猜"的广告设计了一个非常好的标题——谁都可能拥有32万。虽然没有人承认自己贪财,但对财富的渴望却是每个人都有的。32万元,对于一个普通人来讲无疑是一个天文数字,如果能有机会拥有32万,我想大多数人都会想去试试。

2. 引文清晰、明了,使阅读者对活动有一个初步了解。看看"乐华竞猜"的引文:

如果你有一个足球头脑,
如果你对32强了如指掌,
如果你对64场绿茵大战洞若观火,
那么,你一定是中国最有价值的球迷。

一段简单的文字,便把有关活动的目的、内容、参加方式、奖项说得清清楚楚。

3. 正文系统全面,使阅读者对活动有完整的认识。

三、新闻报道

新闻报道是很好的活动炒作手段,更是绝好的品牌推广机会。"乐华电器世界杯百万竞猜大奖赛"从活动开始前,到活动进行直至活动结束,前前后后的新闻稿件有近300篇。在整个世界杯赛期间,各大媒体都可以见到"乐华竞猜"的消息。消费者在关注竞猜的同时,不知不觉中接受着乐华的价值灌输。

当然,营造营销氛围的手段还有很多,如公共关系、现场布置、直接邮件等。只有充分地利用各种方式,灵活地组合,创造出良好的气氛,才能够有效地刺激参与欲望,为营销活动的成功打下基础。

世界杯赛结束后,"乐华世界杯百万竞猜大奖赛"似乎也应该结束了,由于出色的运作,乐华百万竞猜成了今夏球迷一个流行话题,参与竞猜者超过1 000万人次。赛场的风云变幻,使得没有一个球迷能完全猜中比赛的名次,因此,头奖32万元没有人拿走。于是,有人笑称,乐华是"赚了夫人不折兵"。

当所有的人都认为乐华会高高兴兴收起32万元,赶紧结束竞猜活动的时候,结果却出人意料:尽管无人中奖,乐华公司还是决定把这笔钱无偿捐献,并向全社会征集捐赠方案,全国各大媒体同时出现乐华的大标题广告:"32万元巨奖遭遇'克星',结局由你裁定。"球迷及各界人士的热情再次被激起,各类建议信件如雪片般飞向乐华公司,乐华再次扬名。

资料来源:营销策划大讲堂系列,2008-06

问题:

1. 乐华电器的营销造势采取了哪3招?收到了什么样的效果?
2. 企业营销造势应把握怎样的分寸和火候?
3. 企业营销造势与企业营销策划造势有哪些联系和区别?

【课后练习】

1. 简述战略思维法、时空运筹法和金三角法的内涵及其特点。
2. 一般的创意技术方法有哪些？如何运用？
3. 如何提升营销人员的策划能力？

第6章　企业进入市场策划

【案例引入】

康师傅方便面迅速入市

1990年的一天,在北京至深圳的火车上,一名来大陆做食品生意的台湾商人,因吃不惯火车上提供的食物,便拿出一包方便面充饥。这时周围的几个乘客问:"这方便面在哪儿买的?"并用一种好奇的眼光打量着他手中的方便面。"方便面有市场,为何不做方便面?"这名台商脑子里灵光一闪。他就是魏应行,后来的顶益食品公司(台湾顶新集团在大陆注册的公司)的四大负责人之一。3年来,魏氏兄弟在大陆先后做过食品油和蛋卷,结果不尽如人意。回到台湾后,这个"发现"很快就变成了现实,魏氏兄弟开始改行做起了方便面。当时,台湾方便面市场是统一集团的天下,而顶新默默无名。他们再次把眼光投向了大陆。

1990年,通过市场调查发现,大陆约有上百家方便面生产厂,其中仅北京就有十几家,但生产的都是低档方便面,价格在0.5元/包左右,口味单一,质量不高,包装差劲。这些方便面的销售情况大都不太好。而在机场等处卖的进口方便面,价格在3~5元/袋,超出了人们当时的支付能力。经过细致的市场分析,他们发现价格在1~2元/袋的中档方便面是一个空档,于是决定占领这个细分市场。1991年,魏氏兄弟在天津注册了顶益食品公司,投资800万美元,开始生产方便面。生产什么样的方便面呢?他们决定按照北方人的偏好,开发口味丰富、经济实惠、包装精美的方便面。另外,以通俗易记:非常贴近老百姓的名字"康师傅"作为产品名。"师傅"既通俗又专业,还受人尊敬。因为顶益的方便面不含防腐剂和人工色素,用"康师傅"来塑造"讲究健康美味的健康食品专家"的形象,岂不美哉!

顶益公司制定了低价格、高促销的营销策略,率先在中央电视台投放广告。1992年,当国内很多企业还不知道广告是怎么回事时,康师傅的年广告支出就达到了3 000万元人民币。当时,台湾对大陆观众还是很有吸引力的。为了迎合观众心理,他们给品牌定位为"康师傅,来自台湾"。康师傅在每晚黄金时段8次以上的高密度,连播多日。"康师傅红烧牛肉面,好吃看得见!"很快在北京广为人知,并树立起具有号召力的形象。3元/碗的康师傅红烧牛肉面,在北京近2 000家商店投放了1万箱,立即被抢购一空。3天后,订货猛增到4万箱。在1993年京城方便面大战中,"康师傅"火爆京城,并很快掀起了一股抢购"康师傅"方便面的狂潮。

企业进入市场包括新成立的企业进入已有的市场和老企业进入待开拓的新市场。企业入市是企业生存与发展的基本命题。新成立的企业进入已有的市场,是企业生存与发展的开始,是企业初步经受市场考验、获得适应市场的能力或积累关键资源的关键阶段,良好的开始对于之后的成功非常重要。老企业进入待开拓的新市场则往往是企业持续壮大或重获新生的重要途径,也是企业迈向事业长青征程中的一个特别时期。

企业入市也是企业获得消费者和其他社会公众认知、认同、认可的过程。企业对入市的策划往往是最迫切的,也是最重要的。企业入市的策划是在对市场进行充分调研的基础上进行产品、市场决策的过程,一般包括入市程序的决策、国内国际市场的分析、入市条件及市场风险的分析以及企业进入市场的规范行为策划等内容。

6.1 企业入市前的市场调查策划

6.1.1 市场形势的判断与分析

企业进入市场包括两类情况,即新成立的企业进入已有的市场和老企业进入待开拓的新市场。无论是哪种情况,企业进入市场策划首先要进行市场形势的判断与分析。

1)对市场形势作出判断

市场形势主要包括两个方面:市场状态处于卖方市场还是买方市场;市场是平稳还是波动,就波动程度而言,是轻度波动还是恶性波动。就波动性质而言,是处于过热(即波动的顶峰)还是低迷、疲软(波动的谷底)。

2)判断市场形势主要依据的标准

①市场总供应与总需求的比例。

②市场供应结构和需求结构的适应性。

③主要商品的供应比例。

④市场商品量与仓储量的比例。

⑤市场价格总水平的稳定状态。

⑥货币流通和币值稳定状态、货币供应比例是否协调等。

当市场商品从总量到结构都处于供不应求的态势,价格呈上升趋势,市场形势对卖方有利,这样的市场形势是卖方市场,反之是买方市场。当经济发展循环是不平衡—平衡—不平衡循环往复地运动,反映到市场就出现了波动—平衡—波动的态势。

3)改革开放以来我国的主要经济波动基本情况分析

第一阶段,1978—1990 年的经济波动。这一时期主要是供不应求,宏观经济的突出矛盾是社会总需求扩张速度快于社会总供给的增长能力,出现了投资和消费的双缺口,引起物价总水平的较快上升,产生了比较严重的通货膨胀。1988 年以后,针对巨大消费和投资需求最终引起了物价全面、较大幅度上涨的局面,宏观调控采取了严厉而全面的紧缩措施。

第二阶段,1991—1997 年的经济波动。1993 年初,经济过热的问题开始表现出来。特别是在市场化改革推进过程中,一些新的规则未能及时建立,基于各种利益驱动的房地产开发、金融创新活动等总体处于一种无序状态行为,造成了大量风险隐患,并直接推动了经济的过快升温。“房地产热”“开发区热”越演越烈，大量的乱集资、乱拆借，造成金融秩序混乱。社会总供求严重失衡，投资规模失控，通货膨胀压力加大，宏观经济环境不稳。宏观调控的主要措施是：坚持执行适度从紧的财政货币政策，根据经济运行的情况，进行适时、适度的微调；支持符合国家产业政策，有市场、有效益地生产建设和出口；在制定和执行宏观经济政策中，综合运用计划、财政、金融的功能，重点是金融手段；从整顿金融秩序入手，采取“堵邪门、开正门”的措施，规范融资渠道，调整资金投向，加强金融立法等。在适度控制需求、努力增加供给的综合调控措施下，1997 年的经济增长率仍然达到了 8.8%，而商品零售价格指数涨幅已经由 1994 年的 21.7% 回落到 0.8%，出现了高增长与低通胀并存的良好态势。

第三阶段，1998—2000 年的经济波动。在全面引入市场机制以后，经过 20 多年的持续高速增长，我国社会生产力有了巨大发展，短缺经济基本消失，代之以初步的买方市场。在这样的背景下，有效需求不足成为经济发展的主要制约因素。特别是 1997 年发生的亚洲金融危机，使我国的外部需求进一步受到抑制，供大于求的矛盾就更加突出了。针对这一形势，宏观经济政策的重点是扩大内需，同时努力保持出口的增长。

第四阶段，2001—2010 年的经济波动。2001 年开始，我国经济进入了新一轮增长周期，从经济周期的角度看，进入了周期的上升阶段。与此同时，也出现了局部过热的苗头和一系列不稳定、不健康因素。主要是投资需求过大、货币信贷投放过多和外贸顺差过大的问题，引起煤、电、油运供应紧张，能源、原材料价格上涨。经济增长由偏快转向过热的苗头时时威胁着宏观经济的稳定，商品价格、住房、股票等资产价格涨幅不断提高。从 2003 年下半年开始，中央政府采取了有针对性的宏观调控措施。调控的重点一是地方政府的土地开发和批租，二是银行系统的资金供给。既调控这些要素供给的总量，也调控其投向（明确了控制发展的行业）。

第五阶段，2011 年以来，国内房地产市场持续多年的量价齐升的火热状况开始降温，出口规模及顺差开始减少，家电下乡、汽车下乡等刺激内需政策面临到期，加之受美国次贷危机不断发酵、影响面扩大的影响，可以说我国经济已经有转入下行通道的征兆。

企业应对宏观经济形势作出正确的判断，正确的判断是作出正确决策、制定明确的战略规划的前提。经济形势的变化既有一定的规律性，又受多种因素的影响而难以完全预料。这就要求企业家随时把握市场动态，洞察变化形势，提高自身的应变能力，适应经济形势的变化。

6.1.2 企业入市应遵循的规律与原则

企业入市应遵循市场规律，坚持市场原则，恪守市场道德。

1）市场规律

包括：时间节约规律、价值规律、供求规律和竞争规律。

（1）时间节约规律

时间节约规律要求社会生产适应社会需要，社会资源的配置形成最优化组合，产品的实现得以在最短的时间进行，防止劳动时间的浪费。

(2)价值规律

价值规律是商品价值量由社会必要劳动时间所决定的规律。要使企业的个别劳动低于社会必要劳动才能获取超额价值和利润。

(3)供求规律

供求变化引起价格变化;价格变化引起供求变化;供求和价格相互作用引起对方变化,到达临界点后向相反方向运动。

(4)竞争规律

要求企业营销过程中必须以质优价廉、形象佳、业态独特超出同类以获取优势。竞争是处于相互对立和独立的商品生产者的最高权威,是形成社会价值的法宝。

2)市场原则

(1)自愿让渡原则

自愿让渡原则,即买卖双方可以在没有外来干预的情况下自愿的让渡商品。具体有3层含义:

①排除倚仗非经济实力的强买强卖。

②抵制政府、行会和经济共同体的干预,限制封锁,禁止行政垄断。

③贸易自由,但不等于取消贸易保护,对国际贸易仍要审时度势,采取合适的贸易保护政策。

(2)等价交换原则

马克思说:“商品是天生的平等派。”这一原则表明商品交换既是使用价值的交换,又是商品所有权的交换,交易双方在市场上处于同等地位。当交换双方实力悬殊,或是供不应求,或是存在垄断时,等价交换会因供求规律作用而遭破坏。在双方交易过程中,价值是价格的轴心,价格围绕价值波动。等价交换原则对企业在市场上采取暴利行为或低于成本的强行倾销行为是一种约束。

(3)公平竞争原则

市场上的经济主体在市场竞争中要有公平的外部环境和条件,以使竞争得以正常进行。市场上无论经济主体规模大小、行业地位高低,在政治、社会、法律、文化等环境中均享有公平的待遇,在同一起跑线上展开竞争。在市场上违背上述原则的事情时有发生,企业一方面要自身恪守这些原则,另一方面发现对手违背这些原则时,应据理维护上述原则。

3)市场道德

市场道德是人们在市场活动中应该恪守的,靠社会舆论、传统习惯和内心信念来维系的行为规范的总和。市场道德的基本准则是:

(1)自愿

购买者有挑选权和退换权。市场视强买强卖、不准挑选、不准退换、强行搭售为不道德的行为。

(2)公平

市场买卖双方应互利互惠、等值交换、平等竞争。市场视哄抬物价、弄伪售劣、商品贿赂、窃取商情、贬低竞争对手为不道德的行为。

(3)诚实

购买者有认知权,营销方应保证购买者知晓真实情况。市场视虚假的特价、减价,夸张的“还本销售”,隐瞒产品的缺陷或副作用为不道德的行为。

(4)信用

市场上买卖双方应信守承诺,严格履行合同或约定。市场视毁约或违约为不道德的行为。

市场道德是意识形态。市场道德的后期形成是对市场法规的补充。只有法律、法规与道德行为相结合,才有助于市场秩序的规范以及市场软环境的改善。企业营销应自觉履行道德规范,讲究、维护市场道德是参与市场活动的所有企业应尽的义务。

6.2　企业入市的程序策划

6.2.1　企业入市的行为及过程

市场入市,是企业根据自己的启动或扩张战略而决定进入到一个本企业尚未涉足的产业领域或目标市场的行为或过程。市场入市包含以下意义:是企业营销战略行为的启动;企业面对的是新市场;入市的主体是企业;企业入市既是一种行为,也是一个过程。

企业入市作为一个过程,包括3个阶段及相应的入市活动,具体如表6.1所示。

表6.1　企业入市过程分期表

企业入市阶段	入市活动状态
启动期	试探性进入
开业期	正式进入
立足期	初具规模进入

企业入市的行为及过程:

①试探性进入。包括调研、启动市场策划和试销等。

②正式进入。包括成立分支机构或确立合作关系,针对当地进行广告宣传,办妥许可证手续等。

③初具规模进入。包括连续稳定地向新市场追加销售,进行市场渗透和初期扩张等。

企业入市就内容而言,主要解决以下问题:为什么要进入这个市场?采取什么样的方式和途径进入这个市场?入市后预计和实际会产生什么后果?入市后采取哪些相应的战略、战术和措施?

6.2.2　企业入市的能力分析

企业入市策划,除了明确相关概念和过程外,还要对企业的入市能力进行分析。

1)市场进入能力的内容

市场进入能力的内容包括:市场调研与策划能力、启动能力、冲破阻力能力、落地生根能力、驱逐竞争对手能力等。

(1)调研与策划能力

调研与策划能力是指企业侦查市场、行业等情况,动员内外各种力量,进行有创意、有实效的入市战略战术策划方面的能力。

(2)启动能力

启动能力,是指最大程度上能够集中起进入市场的各种力量。

(3)冲破阻力能力

冲破阻力能力,是指作为新进入者进入的障碍和阻力有多少,在最大程度上能够突破这些障碍的能力。

(4)落地生根能力

落地生根能力,是指企业入市后能否存活下来的能力。

(5)驱逐竞争对手能力

驱逐竞争对手能力,是指企业能否或最大程度上挑战领先者的能力。

2)市场进入能力的主要体现

(1)选择突破口的能力

一个成功的企业总是能选准"市场切入口"轻松进入。

(2)有效突破能力

一个企业在进入市场时的"组织进攻"能力和组织调度"火力",即产品品种、供货量、渠道建设、促销活动和服务保障等的能力非常重要。

(3)排除干扰和反排挤能力

市场进入常常遇到除了体制、习惯、文化等干扰以外的原有企业制造的各种排挤。企业应了解这种排挤力量的来源和原因并找出解决办法。

【相关链接】

20世纪80年代,由于印度国内软饮料公司反跨国公司议员们的极力反对,可口可乐公司被迫从印度市场撤离。与此同时,百事可乐开始琢磨如何打入印度市场,百事可乐明白:要想占领印度市场,就必须消除当地政治力量的对抗情绪。百事可乐公司认为要解决这个问题,就必须向印度政府提出一项使该政府难以拒绝的援助。百事可乐表示要帮助印度出口一定数量的农产品以弥补印度进口浓缩软饮料的开销。百事可乐公司还提出了帮助印度发展农村经济转让食品加工、包装和水处理技术,从而赢得了印度政府的支持,迅速占领了印度软饮料市场。

显然,百事可乐成功的关键不在于产品口味比可口可乐好,也不在于广告技术比可口可乐高超,而是在于它在选择进入印度市场的"突破口"(即援助印度农业部门)方面比可口可乐要胜一筹。

资料来源:Lyns. Amine and Decpa Raizada(1995),"Marpet entry in to the Newly opened indiamarret."

---

3)市场进入的深度

与市场进入能力相联系的另一个环节就是市场进入的深度,即企业市场进入的影响范围。衡量市场进入深度的标准有两个:一是消费群体的面积;二是消费者心理上的认知程度。如表6.2所示。

表6.2　市场进入深度的类型

	消费群体面积大小	
消费者心理认知程度高低	A:认知程度高,消费群体面积大	B:认知程度高,消费群体面积小
	C:认知程度低,消费群体面积大	D:认知程度低,消费群体面积小

其中,A是理想的双高区域类型,表示企业进入市场的深度很大;D是应该力求避免的双低区域,表示企业入市失败;B和C两个区域需要做针对性的改善才表示企业入市基本成功。

6.2.3　企业入市策划的流程

1)企业入市策划是系统工程,策划过程一般包括:

①评估产品。

②市场调查与分析。

③确定目标市场和突破口。

④选择进入路径。

⑤市场营销组合要素策划。

⑥落实策划方案,实施经营。

⑦监督并修正策划方案。

当新成立的的企业计划入市时,由于许多生产、营销因素可以较为容易地改变,因此上述第一环节“评估产品”就要放到“确定目标市场和突破口”之后,而且相应地应该叫作“设计与评估产品”,如本章开篇康师傅方便面案例所示。

总的来说,前4个环节主要是针对市场、行业和企业自身特征,把宏观和微观因素结合起来进行分析,以确定适当的市场营销组合。前4个环节从决策角度来讲,可以看作企业入市的战略决策,就分析工具而言,主要有SWOT分析、STP分析。

2)企业入市的战略决策分析

(1)SWOT分析

SWOT分析是分析企业自身在资源和能力方面的优势(Strength)和劣势(Weakness),并结合外部环境中蕴藏的机会(Opportunity)和威胁(Threat),试图发现有针对性的发展战略。

表 6.3 SWOT 矩阵涉及的 4 种战略

SWOT 矩阵	O(机会): O_1; O_2	T(威胁): T_1; T_2
S(优势): S_1 S_2	SO 战略: 利用自身优势,抓住机会	ST 战略: 利用自身优势,化解威胁
W(劣势): W_1 W_2	WO 战略: 利用机会,克服自身弱点	WT 战略: 撤退收缩,规避危险

(2)STP 分析

STP,即市场细分(Segmenting)、选择目标市场(Targeting)和产品定位(Positioning),这 3 个分析步骤需依次进行。STP 是整个营销组合设计的基础,是指企业根据一定的标准对整体市场进行细分后,从中选择一个或者多个细分市场作为自身的目标市场,并针对目标市场进行市场定位。

①Segmentation(市场细分)的主要内容:

A. 确定市场细分因素。

B. 描述细分市场特征。

②Targeting(目标市场选择)的主要内容:

A. 评价各细分市场。

B. 选择目标细分市场。

③Positioning(产品定位)的主要内容:

A. 为各细分市场定位。

B. 向市场传播和送达市场定位信息。

(3)在企业入市策划中重点要解决的问题

①拟销产品的评估。

A. 拟销产品的竞争力如何?优势与劣势是什么?

B. 能够满足哪些方面的需要?在拟进入的市场上,是否存在同类需要?

C. 创新卖点有哪些?面临的竞争程度如何?

D. 是否需要售后服务或互补性产品?能否具备相应的条件?

E. 是否需要在实体样式、包装、服务等方面作出适合于拟进入市场的更新?

②拟进入的目标市场选择。

③发现市场空缺。

【相关链接】

丰田车如何进入美国市场的战略?

丰田汽车1957年向美国市场出口第一批轿车时曾遭遇了滑铁卢。当时,丰田汽车虽然能适应日本的道路状况,并在许多使用细节方面想得非常周到(如在车门没有关好时有警示等),但在美国高速公路行驶时却出现动力不够、发动机发抖等问题,结果丰田原打算第一年在美国销售1万辆车的计划最终只实现了287辆。1960年,丰田因质量及性能等问题不得不停止向美国出口汽车。

丰田公司潜下心来研究美国市场行情。丰田公司利用政府、商业企业和美国市场研究公司搜集信息,了解美国经销商和消费者的需要,发现未满足或满足不充分的需求。他们发现,美国人把汽车作为地位或性别象征的传统观念正在削弱,汽车作为一种交通工具更重视其实用性、舒适性、经济性和便利性,如长途驾驶要求座位舒适和较大的腿部活动空间,易于操控,行车平稳;较低的购置费用、耗油少、耐用和维修方便、交通日趋拥挤,要求停靠方便、转弯灵活的小型车。丰田公司最终开发出适合美国市场需要的马力强劲、坚固耐用和价格低廉的轿车。5年之后,丰田再次将轿车推向美国市场,获得了巨大成功。在此之后,丰田又与美国通用合资在美国生产丰田汽车,学习借鉴在美国生产汽车的经验,终于在20世纪70年代大规模打入美国市场。

资料来源:wenku. baidu. com/2012-06

6.3 企业入市战略战术策划

6.3.1 企业入市的一般方式

1)企业进入新的目标市场的一般方式

(1)收购现成的产品或企业

收购现有产品或企业原因:

①企业试图进入目标市场,但行业知识掌握不够。

②尽快进入市场并树立品牌形象,对创造企业效益有很大好处。

③收购现有产品或企业对企业发展有利。

(2)以内部发展的方式进入目标市场

以内部发展方式进入目标市场的原因:

①有利于巩固该企业的市场地位,扩大市场竞争力。

②没有适当的企业可供收购。

③收购对象竞争激烈,规模有限,要价过高。

④存在其他收购现有产品或企业的障碍。

(3)与其他企业合作进入目标市场

与其他企业合作进入目标市场的原因:

①合作的方式可以使市场风险降低。

②合作的企业将在各方面相互支持以增强企业开拓市场的机会。

③合作的企业可以互补长短,发挥协作的作用,使经营能力超过单个企业。

2)企业进入新的目标市场存在的障碍

进入一个新的产业市场,它首先要面对各种必须经历的客观障碍。克服这些障碍是企业入市战略要解决的诸多问题中的一部分。这些障碍一般包括:

①产品同质化。

②企业经营未达到规模经济。

③资本存量的限制。

④流通渠道不畅。

⑤政府政策的限制。

⑥目标市场经济发展程度较低。

⑦文化、亚文化冲突。

【相关链接】

日本大米生产成本至少是美国的7倍,然而美国大米却迟迟打不开日本市场,原因是日本通过一整套复杂的法律和行政壁垒来排斥美国大米的进口。美国建筑行业是世界上最有竞争力的,但由于同样的原因在日本建筑项目投标中屡屡失败。因此,营销人员要注重当地政府政策方面的限制,想办法克服或以变通的方法绕过这些限制。

资料来源:www. allpku. com/2010-06

6.3.2 企业入市战略类型的选择

战略是使各个局部行动朝着一致性的方向努力的计划,战略的全面性、深刻性、系统性、指导性长期支配着企业的市场营销行为。一般而言,战略指导战术。

企业入市战略战术类型的选择是企业能否实现成功入市的关键。企业入市战略一般包括以下几种:

1)渗透战略

渗透战略是指新产品上市时以微利、无利甚至亏本的低价推向市场,待产品在市场上打开销路、站稳脚跟,再逐渐将价格提高到一定水平的策略。一般适宜于市场潜力较大、需求弹性较大、规模效益明显的商品,如易耗品、生活必需品等。

考虑促销费用支出水平的高低,又进一步分为快速渗透策略和缓慢渗透策略。

(1)快速渗透策略

给产品制定较低的价格,花费大量资金做大规模的广告宣传,以迅速取得最大的市场占有率，着眼于利润的长期获得。快速渗透策略适用的市场条件是：

①潜在消费者对产品不了解，但该产品的价格需求弹性较大，因此，既要大规模地宣传，又要谨慎地制定价格。

②市场容量相当大，应当做大规模的推销，以便吸引更多潜在的消费者来购买。

③新产品的成本可因大量销售、大批量生产而降低，这为制定低价格提供了条件。

④潜在的市场竞争将十分激烈，必须进行大规模的推销。

日本丰田汽车20世纪60年代后期开始打入美国市场，其目标不在于获取单位产品的高额利润，而在于最迅速攻入市场。为了争取潜在的顾客群，制定大大低于竞争对手的价格，花冠车在进入美国市场时售价不到2 000美元，而后降低到1 800美元以下。同类车型和功能的轿车，丰田车比美国车低400～1 000美元。低廉的售价，加上稳定的质量、性能好和维修费用低，为丰田车树立起物美价廉的良好形象。另外，丰田公司促销策略的核心是集中全力直接针对目标市场大量做广告。作为外来者，为了树立丰田汽车的形象，利用电视大做广告使丰田家喻户晓。这一时期丰田广告支出大大超过竞争者的水平。丰田汽车广告的内容由专家精心设计，为避免刺激美国的竞争者，使日美矛盾尖锐化，尽量迎合美国人的喜好，在大力宣传交通工具在美国的重要性的同时，提到丰田汽车种种良好的功能和给消费者带来的利益。这种“具有美国精神的先进汽车”广告战，加之产品价廉而物美，终于使丰田轿车在美国市场竞争中大获全胜。

(2)缓慢渗透策略

采用低价格，只花费少量的资金进行推销活动，着眼于长期的最大限度的市场占有率，从低价中获取最大利润。采取缓慢渗透策略相适应的市场条件是：

①市场容量很大，在短时间内不易被消费者接受或短期内市场不会饱和，须着眼于长期策略的实施。如果市场容量在短期内饱和，采用慢渗透策略便得不到预期的效果。

②购买者对新产品已基本了解，通常只是改进型新产品之类，所以不必进行大规模地推销。

③该产品的价格需求弹性较大，高价格容易引起销售量急剧减少。

④存在某些潜在的竞争者，但威胁不大。

以小米手机为例。无论是小米的优越性能，还是低于外资品牌智能机的超低价位，都充分保证了小米手机能够满足国内智能机的庞大市场。对于那些囊中羞涩的机友们来说，小米无疑是最佳选择。买不起“苹果”“三星”，就买“小米”。一方面，小米价格低；另一方面，小米性能好。小米虽然也做了些广告，但是基本上靠口碑传播来推广，小米的促销费用算是比较低的。从2010年4月成立，到2014年其年销售额预计接近1 000亿元。

2)撇脂战略

撇脂战略，即在产品刚刚进入市场时将价格定位在较高水平(即使价格会限制一部分人的购买)，在竞争者研制出相似的产品以前，尽快地收回投资，并且取得相当的利润。随着时间的推移，再逐步降低价格使新产品进入弹性大的市场。一般而言，对于全新产品、受专利保护的产品、需求价格弹性小的产品、流行产品、未来市场形势难以测定的产品等，可以采用撇脂策略。考虑促销费用支出水平的高低，又进一步分为快速撇脂策略和缓慢撇脂策略。

(1)快速撇脂策略

快速撇脂策略,即以高价格、高促销费用推出新产品。实行高价策略可以在每单位销售额中获取最大利润,尽快收回投资。高促销费用能够快速建立知名度,占领市场。实施这一策略须具备以下条件:

①产品有较大的需求潜力。

②目标顾客求新心理强,急于购买新产品。

③企业面临潜在竞争者的威胁,需要及早树立品牌形象。

以脑白金为例。脑白金生产商上海健特生物制品公司由于总体经济实力较弱,在进入保健品市场之初,实行高价格、高额的广告促销费用,每逢节日都会有促销活动推出,并尽快回收货款,再进行下一轮广告促销。在竞争日趋激烈的保健品市场,脑白金的崛起大可归功于其快速撇脂策略。

(2)缓慢撇脂策略

缓慢撇脂策略是以高价格、低促销费用推出新产品,其目的是:以尽可能低的费用开支求得更多的利润。实施这一策略的条件是:

①市场规模较小。

②产品已有一定的知名度。

③目标顾客愿意支付高价。

④潜在竞争的威胁不大。

以德国大众汽车为例。德国大众可以称得上是汽车领域内的知名品牌了,在汽车领域内的竞争力也是屈指可数的。再者,德系汽车以安全著称,也为其虏获了大多数顾客的心,所以德国大众采用缓慢撇脂策略,以较低促销费用,获得高额利润。

3)借船出海战略

借船出海战略,即借助相关企业的渠道或者其他资源进入市场空当,然后逐步扩大市场份额的战略。借船出海战略有3种形式:

①"猪驮式"出海,即中小企业通过为大型企业的产品生产相关的配套产品。

②代工生产,即中小企业为某些大公司定牌生产,然后,借助大公司的强大销售网络进入目标市场。

③与大企业合资或合作,借用大企业的资金、技术、渠道和管理。

珠江啤酒集团借助跨国啤酒巨头的力量,不仅进一步加强了自己在国内市场的话语权,还顺利地迈向欧美等主流海外市场。2004年5月20日,珠江啤酒集团与英特布鲁集团代表在广州签订了一份国际市场合作谅解备忘录。根据该备忘录,珠江啤酒集团可以利用英特布鲁集团在国际市场上庞大的销售网络,将珠江啤酒销往海外市场,以实现"借船出海"的目的。

4)强势开发战略

强势开发战略,即凭借自身的资金实力,聚集各方力量,对某一目标市场进行大刀阔斧地、风风火火地猛烈开发的战略。对抗战术、紧逼战术、围歼战术都是对强势开发战略的很好诠释。

5）总成本领先战略

总成本领先战略，即企业在进行充分市场调研的基础上，进行周密筹划以获取规模经济，以低的成本、低价位战胜竞争对手赢得市场份额的战略。在与竞争对手进行竞争时，由于自己的成本低，对手已没有利润可图时，自己还可以获得利润，就是胜利者。

6）差别化战略

差别化战略，即致力于创造与同类产品有显著差别的特色产品、服务和别具一格的营销方案，使客户形成对自己品牌的忠诚，从而处于竞争优势的战略。

7）密集性入市战略

密集性入市战略，即集中力量为可能的一个或几个细分市场服务，以更高的效率、更好的效果为某一狭窄的战略对象服务，而不是追求在所有市场上的份额的战略。

6.3.3　企业入市战术类型的选择

战术，即实行战略的各种具体部署和方法。战术具有时效性、局部性、具体性和奇异性等特点。战术不能与战略相分离，每个入市企业都必须寻找并选择符合战略的战术。

企业入市战略确定后要配合施以适当的战术，战术更是千变万化的，一般来说有以下战术可供选择：

1）对抗战术

对抗战术，即企业与原市场力量的直接对抗。直接对抗包括正面对抗、特定对抗、价格对抗、开发对抗等。

表6.4　对抗战术的类别及含义

1. 正面对抗	即入市企业与竞争对手以产品对产品、价格对价格、宣传对宣传的方式展开较量
2. 特定对抗	把进攻重点集中在特定的消费群体上，全力以赴地把这部分顾客从竞争对手那里争取过来，然后逐步巩固和扩大市场占有率
3. 价格对抗	即企业入市时着力实现规模效益，降低成本，实行有竞争力的低价
4. 开发对抗	即入市企业不断开发新的工艺，生产全新产品或提高产品性能和信誉

正面对抗，即入市企业与竞争对手以产品对产品、价格对价格、宣传对宣传的方式在各个目标市场上展开较量。采取这种战术必须十分谨慎，不是自己的各方优势绝对超过竞争对手不宜采用这种战术。

特定对抗是正面对抗的一种修正形式。这种战术采取把进攻重点集中在特定的消费群体身上，全力以赴地把这部分顾客从竞争对手那里争取过来，然后逐步巩固和扩大市场占有率。

【相关链接】

1969年，迪布·汤姆斯在美国俄亥俄州成立以其女儿名字命名的温迪快餐店。在当时，美国的连锁快餐公司已比比皆是，麦当劳、肯德基、汉堡王等大店已是大名鼎鼎。与他们比起来，温迪只是一个不起眼的小弟弟。但从一开始，温迪就决心以赶上快餐业老大麦当劳为目标！一开始，迪布·汤姆斯把进攻重点集中在特定的消费群体上，麦当劳把自己的顾客定位于16岁以下的青少年，温迪就把顾客定位在20岁以上的青壮年群体。为了吸引顾客，迪布·汤姆斯在汉堡肉馅的重量上做足了文章。在每个汉堡上，他都将其牛肉增加了零点几盎司。这一不起眼的举动为温迪赢得了不小的成功。温迪一直以麦当劳作为自己的竞争对手，终于，一个与麦当劳抗衡的机会来了。

1983年，美国农业部组织了一项调查，发现麦当劳号称有4盎司汉堡包的肉馅，重量从来就没超过3盎司！这时，温迪快餐店的年营业收入已超过了19亿美元。迪布·汤姆斯认为牛肉馅事件是一个问鼎快餐业霸主地位的机会，于是他请来了著名影星克拉拉·佩乐为自己拍摄了一则后来享誉全球的广告，质疑“牛肉在哪里?”对麦当劳大加打击。美国民众对麦当劳“肉馅在加工制作前是4盎司”的辩解本来就有了许多不满，这则广告适时而出，马上引起了民众的广泛共鸣。温迪快餐店的支持率也随之飙升，营业额一下子上升了18%。凭借针对麦当劳的不懈努力，温迪的营业额年年上升，1990年达到了37亿美元，发展了3200多家连锁店，在美国的市场份额也上升到了15%。温迪坐上了美国快餐业的第三把交椅。

资料来源：Wendy's，baike.baidu.com/2013-12

价格对抗，即企业入市时着力实现规模效益，降低成本，从而在入市的时候以低价、降价作为主要手段，特别是对于其他条件基本旗鼓相当的竞争对手，以便顺利巩固和占领市场。

开发对抗，即入市企业不断开发新的工艺，生产全新产品或者是提高产品性能和信誉，生产出优势产品，以开发和创造新的价值取胜竞争对手 。

【相关链接】

苹果公司近10年辉煌的起点，是从2001年推出的iPod播放器开始的。iPod外观流畅简洁，成为时尚的象征。2007年苹果推出iPhone，自此，智能手机市场的原有格局完全瓦解。近期又推出Apple TV。过去的10年里，苹果公司凭借持续推出若干款明星产品，使得销售额迅速增长，公司利润率持续处于行业内高水平。2004—2012年，苹果公司一直保持着两位数的增长率，平均利润率近32%。而同期，索尼公司的增长率最高为13%，最低为负增长，其平均利润率不到23%。

2）紧逼战术

紧逼战术，即入市企业对竞争对手采取步步为营、步步紧逼的战术，在一步步消耗竞争对手的有生力量和侵蚀其市场地盘后，最后达到从实力上压倒对方再战而胜之的目的。

实施紧逼战术的入市企业必须具备以下条件：

①对竞争对手的情况了如指掌。

②制定了明确的发展战略和市场开发方案。

③具备了开展积极的市场活动所必需的资金和技术。

④企业入市的发展态势较好。

企业入市实施紧逼战术要把握以下要点:集中资源投向市场范围明确的产业市场,切忌投向范围模糊不清的市场。在运用此战术的过程中要十分注重培植自身的竞争优势、修补自身的缺陷。认识紧逼不是目的,实现自身的长期发展战略才是目的,调动企业各种职能,组织着眼于集中实现企业发展的长期目标。

【相关链接】

N市位于山东省中西部,是华东和华北重要的交通枢纽,自古就有“华北门户”之称。人口200多万,市场容量大,不仅是各地诸侯的必争之地,同时也是三河啤酒重兵把守的地方。经三河公司多年的精耕细作,旗下主打品牌A冰纯年销量呈逐年上升的趋势,品牌知名度高,是当地人最喜爱的品牌之一。

作为省内知名品牌啤酒商德阳啤酒厂,早就对这块“香饽饽”垂涎三尺,欲先占领而后快。德阳啤酒作为山东省第一大啤酒生产商,年生产量达100万千升,资金雄厚,规模庞大,是省内名副其实的领导品牌。拿下N市,德啤势在必得。

2009年春节刚过,一场具有浓重火药味的攻城之战在N市悄然展开。德啤以迅雷不及掩耳之势占领了该市的市场制高点。具体为:

1. 抢占市场制高点。花大成本与N市具有影响力的A类店20家,大型KA店5家,KTV店10家,签订生意发展合同并获正常陈列位置。

2. 开发产品,采取跟随策略。模仿三河主打产品冰纯,取名“爽纯”,外包装采用银白色包装,定位在中档,终端零售价3.5元/瓶。比4元/瓶的三河冰纯价格略低。

3. 促销方式。针对经销商采取进50箱送一箱(1箱进价21.6元,比三河低2元/箱),而终端则采取开盖有奖的方式进行促销,并在各个店面派驻促销员。

4. 广告宣传。在N市的最大报刊登广告,以告知消费者促销信息,并在各大门店粘贴POP等海报。

经过前期运作,德啤在8个乡镇取得了很喜人的业绩,市场全面启动,原先不敢接货的二批商看到这个形势,纷纷找上门表示合作,德啤销量顿时翻倍增长,扩大了品牌知名度,拥有了固定的消费人群,终于在N市稳定了根基。而三河却因此销量骤减。期间,三河进行了一些反击,如开发售价为2.5元/瓶的新产品,无奈不久出现窜货情况。加之12月份三河啤酒旗下某款瓶装啤酒发生爆炸事故,经电视媒体的曝光,在N市市民中引起很大反响,市民纷纷抵制三河牌啤酒,分销商更是强烈要求退货,大部分经销商已经开始转头做竞品。

德啤意识到这是一个天赐良机的大好机会。同时为了避免该事件影响到自身的声誉,赶紧给自己打了预防针。第一,成立售后服务小组,对生产、研发、销售各个环节,严格把关。开通售后服务热线,与消费者形成互动的沟通。第二,成立公关小组,德啤总经理亲自任小组组长。分别有计划地前往政府、工商部门疏通关系,避免该事件波及自身。第三,原产品“爽纯”重新入驻N市,弥补市场空白(三河因产品事故被工商部门责令整改,大部分产品已下架),渠道也表示欢迎,市场形势一片大好。

德啤终于赢得了市场,成功摘取了胜利的果实。

---

3)围歼战术

(1)产品包围

这是一种对竞争对手在价格上采取控制手段,在产品的种类、款式、型号、规格、花色等方面推出层出不穷的新产品以使竞争对手陷入重重包围之中的战术。

(2)市场包围

市场包围,即在竞争对手毗邻的市场上全场设置网点,扩大销售,迫使竞争对手沦为被动防守者。

围歼战术的成功要树立入市企业的战略目标和企业长期作战的营销理念。企业只有坚持长期投入,才能使用围歼战术坚持下去,使企业的战略构想受其营销理念的支配,只有具备长期作战和持续发展的营销理念的引导,才能取得这一战术的成功。

入市企业对竞争对手可以采取两种包围方式,对于实力强的企业也可以两种方式混合使用。

【相关链接】

自1988年进军中国内地市场以来,美国宝洁公司(P&G)的系列品牌已经狂潮般占领了中国的高档日用洗洁用品市场。对于20世纪90年代的中国年轻消费者来说,提起P&G公司,脑海里马上回浮现出一个又一个家喻户晓的牌子:能使头屑去无踪,秀发更出众的“海飞丝”;让头发飘逸柔顺,洗发护发二合一的“飘柔”;含有维他原B5,令头发健康,加倍亮泽的“潘婷”;洁肤而且杀菌的“舒肤佳香皂”;对蛋白质污渍有特别强的去污力的“碧浪”洗水粉;各有不同长度及厚度,以配合你的不同需要的“护舒宝”卫生巾;滋润青春肌肤,蕴含青春美的“玉兰油”……P&G的各类产品已经成为大陆消费者,特别是年轻消费者日常生活中必不可少的一部分,走进了千家万户。

与此形成对比的是,中国本土日化企业如活力28、南源永芳、美加净、郁美净、白猫、浪奇、熊猫、霞飞……在P&G层出不穷的新产品的围攻之下一个接一个失去活力,甚至倒了下去。

---

4)迂回战术

迂回战术,即入市企业不把竞争的目光只盯在个别产品的局部地区或某一时段的胜败得失上,而是把眼光放在更长远的目标上,在市场竞争中则采取退一步进两步的方法,从其他侧面与对手展开竞争的战术。

迂回战术就其竞争范围而言更为广阔,就其竞争的内容而言则更为深刻,就其形式而言更为多样。一般来说,迂回战术有以下3种形式:

①产品迂回,即用新产品打开新市场,以取代原有产品领域的竞争。

②市场迂回,即实施跨行业经营,从单一行业转向多种新领域。

③地域迂回,即向新的地区扩张。

迂回战术形式的选择,要根据竞争领域迂回程度的不同而定。

【相关链接】

韩国现代车打入美国市场

20世纪80年代初,贸易保护主义在美国盛行,美国对日本汽车实行进口配额限制,加之美国本土汽车厂家为求利润而提高价格,使得在美国小型经济车市场出现巨大缺口(据现代公司测算缺口约200万台)。韩国现代汽车进入美国的路线有别于一般厂家直接从生产国到美国的"两点一线"的途径,而是先出口到加拿大,由于美、加两国市场极为相近,故将加拿大作为练兵场,实行实地检验、完善打入美国的营销计划。1983年,韩国现代公司新改款小马汽车问世,大量外销加拿大,好评如潮。1985年,为回应北美地区需求而研发的卓越小轿车,一上市就被北美地区的消费者接受,1985年以8.5万辆的空前销售量,创下加拿大当年进口车的冠军纪录,同年在美国则卖出17万辆的佳绩,从而奠定了现代汽车公司的国际地位。

资料来源:wenku. baidu. com/2012-04

5)游击战术

游击战术,即打一枪换一个地方的灵活机动的战术,置身于暗地,便于自我保护,对手则处于明处,易于攻击。游击战术以逐步削弱和瓦解竞争对手、挫伤其斗志、改变双方力量的对比为目的。

游击战术一般分为市场中心和非市场中心两种形式的战术。所谓市场中心的游击战术,即从几个子市场同时发起进攻袭击对手,然后建立自己的市场地位的一种战术。所谓非市场中心的游击战术,是着眼于非市场的因素突袭竞争对手的战术,如拉拢对手的优秀管理、技术人才,收集和占有对手绝密资料和信息,巧取对手的流通渠道等。

【相关链接】

不管走到大型超市还是小的杂货店,美国的洗洁精和家庭清洁用品市场都已经被宝洁和高露洁这两家家用产品巨头给垄断了。这类产品极其均质化,各个产品、各个品牌之间其实都没有本质上的区别。尤其是包装上,清一色形状相似、容量接近的瓶子,唯一不同的就只是瓶子上的品牌标识,这种强大的同质性大大超越了其他产品类别。

新成立的Method洗涤品公司,设计出的包装是如此的优雅纤细,让人爱不释手,很多使用的人都有意识地把它放在水槽的边上以便欣赏和炫耀,而不是像对待传统洗洁精那样:有意地把它放在水槽底下的柜子里,防止被人看见。为了和这些商店的产品有所区别,Method还提供各种不同的诱人芳香,有诸如薄荷、薰衣草、曼陀铃和黄瓜等各种香味,给人清新的感受,而且其产品的价位并不很高。

最开始,为了让自己的首批产品能摆放在各个商店的柜台,两个人在公司所在的旧金山开始走街串巷,一个商店一个商店地上门推销。好不容易在2001年2月,他们接到了第一个来自当地一家名叫Mollie Stone的杂货店的订单。Method创始人乘胜追击,每一周去拜访一次这家商店,补充货架上的产品,仔细地记录下每一周卖掉的产品。有了这批初步的销售数据作为证据,他们开始劝说当地的其他一些商店接受并摆放 Method 的产品。从一家店发展到 20 多家店后,又如法炮制,将这 20 家的数据作为证据向一些大型的连锁商店发起了进攻。Method 最早获得了排名全美前几位的 Albertson 连锁超市宝贵的货架空间,后来又扩展到 Safeway 这样名列前茅的大型连锁超市。随着进入这些全国性的超市,Method 面临着突飞猛进的市场需求。为了既满足不断增长的订单,同时又能尽量缩减运输和配送成本,Method 采取了和各个地区的生产商合作的方式,这样可以以较低的费用将产品及时地发送到各个销售渠道中去。

在公司蓬勃发展的情况下,年轻创业者的头脑依然很清醒,他们希望公司能保持低调,缩减不必要的开支。Method 基本不用广告来推销,他们将宝押在了产品独特的包装上,希望包装能成为销售的最主要卖点。进入 Target 可以说是 Method 的经营活动的一个里程碑,进入一年不到,产品就延伸到了 Target 的 1 100 家商店。他们的产品,尽管只卖 2 ~3 美元,但却是商店里最能激发消费者临时购买欲望的产品之一,展现出以往那些洗涤类产品根本不具备的吸引力和销售力。从某种程度上说,正是因为 Method 相对较小的规模使之有着那些大型公司所没有的优势,最突出的就是反应的敏捷性,他们能及时推广和递送产品,并及时调整或优化产品。

资料来源:曾军,洗涤用品行业未来突破的可能性,wenku. baidu. com/2012-08

---

6)“样板市场”强攻入市

在全面市场进入之初,先集中力量开发某一小块区域市场,熟悉消费者,建立经销网络,加强推广宣传,精耕细作,取得该区域市场“点”的优势。然后,发挥“样板效应”,形成对其他区域市场的辐射。一般而言,样板辐射更适用于具有独特功能、技术的新产品。例如,健特公司“脑白金”产品的入市,就是先选取江苏省一个中等城市江阴作为样板市场来培育,取得成功后,再“燎原”全国。

7)点、线、面三点进入法

这一策略是德国大众汽车公司有名的市场开拓方法。企业在开拓某一区域市场时,首先按照自然的和人文的地理条件、人口集中度、人口移动规律等情况对区域进行细分,随后选择可连成三角形包围该区域的 3 个最有利点,个个攻破,使每个“点”的占有率达到 40% 的相对安全值。面积形成后,从 3 个方向向最终目标的正中央推进,使竞争对手瓦解在环形区域中。点、线、面进入法提供了区域战略的基本原理和实施步骤。

【相关链接】

韩国的三星集团从 1995 年起,运用这一策略思想构筑起进军中国的战略框架,其对中国市场的开发是先以华东城市为中心,继而扩大到华东区域农村。然后向中国其他地区的城市和农村扩散。为此,该公司先在中国北部的天津投资生产电视机、录像机等“黑色”家电,随后在华东的苏州投资生产冰箱、微波炉、洗衣机、空调器等“白色”家电。在先后获得成功后,该公司又在南方的广东建立音响工程的基地。三星集团通过弧形开发带上的 3 个关键“点”,形成对中国主要人口区域的包围和辐射,在中国从北到南打出三星品牌,使广大的消费者喜欢和接受其产品。

8）寻找市场机会进入法

利用“产品—市场”矩阵法，在企业的现有产品、现有业务中，寻找未来发展机会。

表6.5　产品—市场矩阵涉及的4种策略

市场＼产品	现有产品	新产品
现有市场	市场渗透	产品开发
新市场	市场开发	多角化

①市场渗透。企业采取各种措施，在现有市场上扩大产品的销售量，可通过降价、扩大宣传，使现有的顾客增加购买量，吸引其他品牌顾客。

②市场开发。企业采取各种措施，在新市场上扩大产品的销售量。

③产品开发。企业向现有顾客提供新产品，包括：新包装、新品牌、新口味等。

④多角化。在现有产品、现有市场基础以外，开展新的业务，扩大企业经营。

除了市场渗透策略之外，其余3种策略都对企业寻找市场机会以进入市场有指导意义。

例如，某化妆品公司可以考虑在新地区或者国外设立新的商业网点，或利用新分销渠道、加强广告宣传等，以扩大洗发水在新地区或者国外的销售，这是市场开发。公司还可以考虑改进洗发水包装、成分，增加花色品种、规格、型号以满足市场需求，扩大销售，这就是产品开发。最后，公司可以考虑进入服装、家用电器甚至电脑、通信等热门行业，跨行业经营多种产品，实行多角化经营。

9）市场领袖进入法

这是一种利用市场领袖的影响力进入市场的方法。现代市场商品种类繁多，新产品日新月异，广告宣传花样翻新，消费者对产品的质量、效能要求难以判断，只能寻求专业人员、学者或具有权威性的机关、团体的协助，听取他们的意见。这种在消费者心目中具有重要影响力的个人或单位，我们称之为市场领袖。

市场领袖大致包括4种类型：

一是管理与大众传播单位。例如，市场管理部门、行业协会、消费者协会、新闻传播单位等，他们对消费者的购买意向与购买决定有着重要影响。在我国，人们对这些单位发布的信息、提出的意见是重视的，如中国家用电器协会定期向社会发布的有关产品的产量、销量以及市场地位的上榜品牌的信息，都在不同程度上左右了人们的购买决定。

二是直接影响人。主要指与消费者直接接触的各种专业人士，如医生、护理人员对药品，建筑师对建筑材料，美容师对化妆品等都有直接影响力。

三是间接影响人。这些人员不直接接触，但有左右消费者购买行为的影响力，如科研人员、专家、学者等，消费者对他们的研究结果和建议是非常重视的，在购买中常常借鉴他们的建议。

四是渴望群体。主要指消费者渴望加入或作为参照体的个人或组织,如影视歌星、体育明星、社会名流、达官显贵等。消费者个人虽然不是这个团体的成员,但对渴望群体的崇拜和效仿,使许多消费者以渴望群体的生活方式和消费行为作为自己的生活准绳。如"李宁牌"服装和体育用品的畅销,就属于这一现象。渴望群体的消费行为往往是导致商品流行的主要因素。企业应充分重视消费者的崇拜心理,利用渴望群体,引导流行消费,拓展产品市场。

企业在拓展和进入市场时,要注意发挥市场领袖如下一些作用:

①分析与预测产品发展趋势。

②通过各种形式解释产品的性能、用途,提高消费者对产品的认知度。

③利用市场领袖本身的威信,发挥其专业影响力。

④通过市场领袖听取市场信息反馈。

⑤虚心听取市场领袖的意见,改进营销工作。

10)广告宣传先行进入法

在打进市场的早期阶段,通过广告宣传争取第一批顾客是十分重要的。第一批顾客是商品消费的带头人,他们起着连锁反应作用。如何加强商品推销宣传?首先,要加强与批发商和经销商合作,或是配合他们,从侧面起掩护作用,或是联合广告宣传,实行联合正面进攻,这样可以确保产品进入市场的渠道畅通,从而使产品顺利进入市场。其次,加强对企业与商标的宣传,通过大力宣传自己的商标,树立企业的形象,给消费者好感,给人以良好的第一印象,然后再谋求产品销售量的提高。

这是目前企业中应用比较广泛的一种方法。许多企业通过这一方法都成功地拓展了市场。"秦池"酒过去大家并不熟悉,但在1995年11月中央电视台1996广告黄金时段招标中以6 666万元夺得"标王"而引起海内外客商的广泛关注,纷纷向其订货。从其广告播出,到1996年第一季度产品销售收入就达到3亿元,此后销售量呈直线上升。虽然后来"秦池"因为与媒体打口水战等原因未能持续下去,但在其进入白酒市场初期大力进行广告宣传还是比较有效的。

【关键词】市场原则　市场道德　企业入市　入市战略　入市战术　入市能力

【案例分析】德克士两入北京失利

1996年,顶新集团魏氏四兄弟通过收购美国德克萨斯州一家叫"德克士"西式快餐,由老四魏应行挂帅,正式进军快餐业。魏应行很清楚,做中国市场必争北京,立足京城之后便可辐射全国。魏应行权衡利弊之后,他决定先找个肯德基尚未顾及的空白市场入手,待经验成熟、兵强马壮后再伺机入京。

德克士选择了重庆。魏应行首先是模仿肯德基,从店面布置、服务方式到产品的面包加炸鸡,再赠送汽水。为了区别肯德基的洋大叔形象,德克士推出自己的标志:绿色的大写字母"D"、白色小鸟和字母"Dicos"。仅有模仿是不够的,就产品而言,肯德基以炸鸡闻名。魏应行在接待一家开口炸锅厂商时,意识到,炸锅才是突破口。肯德基的主打产品吮指原味鸡,由封闭电压力锅炸制,但有点小问题:肉质偏老,非脆皮,因为是原味,味道不是很浓。

德克士推出的炸鸡则采用开口炸锅炸制，处于自然压力下，省去了焖制的工序，所以炸鸡块颜色金黄，口感更加酥脆。魏应行将产品直接取名“脆皮炸鸡”，专门将脆皮这个概念与德克士进行了品牌绑定。同时，在当时的重庆，吃西餐，哪怕只是西式快餐，都是一种时尚。德克士瞬间红透巴渝。没有竞争对手的德克士将自己的小鸟标志在重庆四面落地，且个个生意兴隆，并扩张到云贵川等地。魏应行自觉时机已经成熟，决定再烧一把火，进入北京。

德克士入京，自然避不开肯德基。魏应行也不肯输了气势。肯德基将店面开在前门，德克士进入前门；桑德士上校出现在王府井，德克士就去王府井谈店。当然，这样的贴身叫阵还有一层原因，肯德基开店经验丰富，选的位置全是黄金商圈，从未失手，德克士跟着肯德基必定开一个成一个。

得知德克士只是照猫画虎，肯德基亚洲总裁苏敬轼并不在意，毕竟肯德基在中国只把麦当劳当作对手。魏应行却雄心正盛。肯德基店面200平方米，德克士要500平方米；肯德基500平方米，德克士就敢1 000平方米。魏应行如此大手笔，主要得益于京城快餐业刚刚兴起，房东们态度不错，知道德克士是真心想在大城市扎根，政策也挺优惠：先付一部分订金，房租年终付清，这让德克士的资金链轻松不少。魏应行将自己在重庆大获成功的脆皮炸鸡搬到北京，自然针对了肯德基的痛处。魏应行投入血本，邀请张惠妹代言，进行广告轰炸。果然德克士单店月营业额大涨，有的店甚至超过10万元，虽然还不及肯德基一天的流水，但毕竟算站住了脚跟。暴风骤雨并未如期而至，一切似乎多虑了。魏应行快马加鞭，迅速在北京又开了两家店，并且进入上海、广州、武汉、郑州、苏州、玉溪……

正在德克士发展得顺风顺水的时候，意外发生，京城所有德克士门店突然收到通知，“房租涨价，而且一次付清数年的费用”。房东们态度强硬，要价超过德克士实际营业额数10倍！更让人郁闷的是，魏应行打听得知，房东们对肯德基和麦当劳不但不涨租金，还将年租模式改为流水抽成。原来，就在魏应行意气风发之时，苏敬轼正在密会麦当劳总裁坎塔卢。坎塔卢也早已对德克士这个不速之客产生了忧虑。虽然麦当劳与肯德基是全球死对头，但两家经过近半个世纪的争夺，谁也灭不了谁，在中国同样达成了一种战略平衡。如今德克士横切一刀，必然会打乱格局。面对财大气粗的肯德基与麦当劳的联手，房东们当然得罪不起，倒霉的只有翅膀不硬的德克士。

接下来，苏敬轼在电视上不断强化肯德基拥有半个世纪的炸鸡历史，这让德克士相当尴尬。德克士销售迅速下滑，一个店一个月的营业额，还不及肯德基一天的营业额。更棘手的是，上海、广州等一线市场纷纷跟随北京房租涨价，居高不下的房租成本迅速吞噬了德克士的利润，魏应行的资金链陡然绷紧，各地亏损高达1.5亿元。1998年，资金深陷泥潭的德克士，不得不忍痛断腕，被迫撤离一线市场。全国仅有重庆、玉溪、南宁、郑州等二三线城市的10来家门店幸存。

遍体鳞伤的德克士退守重庆等二线市场。好在，在重庆，德克士脆皮炸鸡已经取得成功，月销售数十万只。但魏应行知道，产品太单薄，要想日后抗衡肯德基，还需要更多主打产品。西式快餐，除了炸鸡，还有汉堡，魏应行决定从汉堡入手，以重庆为中心重新建立势力范围。

此时，肯德基仅有重庆解放碑会仙楼一家店，产品主要以不咸不辣的田园脆鸡堡为主，显然这对嗜辣的重庆人来讲，太不够味道，何况重庆人对面包兴趣不大。对手的弱点就是机会，魏应行借势上马，把肯德基的面包汉堡片升级成糯米蒸成的夹片，取了个名字叫米汉堡。这种简单升级，却颇迎合当地人口味，米汉堡单店月销售近万只。有了米汉堡劲爆火辣的成功基础，德克士又快速推出加了辣椒的鸡腿汉堡。借着重庆、郑州等二三线城市保持住的势头，魏应行快速将德克士拓展到福州、天津、杭州等地。2000 年，德克士残存的 10 余家店猛增至 110 多家。这当然是魏应行为了卷土重来所做的部署——先形成二线包围一线的态势，再谋京城。

米汉堡火爆引起了肯德基的警惕，肯德基也决定增兵重庆。以辣制辣，肯德基推出了香辣鸡腿堡，果然让消费者纷纷回头。凭借新品的势头，肯德基不但快速将店面从重庆解放碑向江北、沙坪坝等区域扩展，全面包围德克士，苏敬轼更是作好了向郑州、杭州等中南部地区全线反击的准备。魏应行这才见识了巨头的实力，紧急推出川味香辣堡，但毫无效果。2005 年 3 月，德克士重庆店的所有店长被召集到解放碑，看着对手店里人来人往，大家几乎作好了关门的准备。

就在德克士低落情绪上下蔓延之时，一个意外消息从天而降，肯德基北京店被工商查出汉堡鸡腿中含有违禁品苏丹红。食品安全是快餐业红线，肯德基大受打击，数月后其重庆解放碑店关闭。老对手麦当劳也趁机"落井下石"，在北京发起进攻，门店数量直追肯德基。苏敬轼不得不暂时放弃重庆等二三线市场，全力应付北京危机。魏应行大呼天无绝人之路。得到喘息的机会，德克士逆势翻盘，其脆皮炸鸡和米汉堡不仅成了西南市场的宠儿，而且迅速扩展至西安、兰州、西宁等地。当年，德克士门店猛然增加到 480 多家。

不到一年时间，德克士休整完毕，与肯德基在北京又有几次遭遇战。双方在营销、新品开发上各有斩获。最后，肯德基围魏救赵，派出一大批招商经理奔赴重庆、西安、昆明等地，准备在二三线城市再开 1 000 家店，对德克士形成围剿与挟制。后方告急，北京市场一时得不到优势，2007 年 7 月，魏应行再次撤出北京。

问题：

1. 德克士第一次进入北京市场时有哪些致命弱点？

2. 德克士第二次进入北京市场前，它在重庆等二线市场与对手竞争过程中有哪些长处和不足？

【课后练习】

1. 如何对市场形势进行分析和判断？
2. 市场规律、市场原则有哪些内容？市场道德包括哪些方面的要求？
3. 企业的入市能力表现在哪些方面？
4. 企业入市可以进行哪些战略选择？
5. 企业人市可以采取哪些战术？

第 7 章　企业形象与 CIS 策划

【案例引入】

1987 年成立的广东东莞黄江保健品厂，于 1988 年更名为太阳神，当时还是一家籍籍无名的乡镇企业，1988 年的总产值只有几百万元。太阳神最早推出的产品是生物健口服液，这个产品是对兴奋与抑制进行双向调节而达到人体平衡的新型保健品，可以增强消化，改善睡眠，提高免疫力，在理论和实践上都具有划时代的意义。然而，生物健口服液在国营批发渠道却备受冷遇，销售人员带着产品样本到那儿苦等两三个小时，也无人理睬和接洽。因此，怀汉新总经理意识到，太阳神企业的生命只能来自广大消费者的认可和信赖。除了产品的功能和质量必须经得起科学检验，还要有别具一格的推广方式，让越来越多的消费者认出太阳神的产品，信赖太阳神的产品，并对太阳神产生持久的好感。在走向市场经济的实践中，凡是有利于树立良好的企业形象的做法，太阳神都特别敏感，特别有兴趣。由此形成了太阳神推行品牌 CI 战略的最朴素的动机。

1988 年初，生物健口服液荣获国家体育运动委员会颁发的“中国运动营养金奖”。这是中华人民共和国成立以来，东莞市首次有工业产品获得国家级大奖，实现了零的突破。市委和市政府对此非常重视，各级领导纷纷前往该厂视察，予以鼓励。创业者们抓住这个机遇，适时提出以黄江保健品厂为生产基地，成立大规模开发中国保健产业的集团公司的建议，受到了市委和市政府的大力支持。成立集团公司作为一项重大举措，必将重组产权结构，调整管理体制和经营机制，正好为进行企业战略规划提供了有利的契机。于是，在 1988 年上半年，太阳神正式开始导入 CI 战略，成为中国内地最早展开这项工作的第一家企业。

推行 CI 战略至关紧要的一步，是要确认一个可以长期贯彻的总概念，并用它涵盖企业所有的经营管理活动，同时集中表现在企业命名和标志设计上。经过反复讨论和认真斟酌，尤其是在企业主要领导人怀汉新总经理的主持下，大家最终决定采用“太阳神”，放弃生物健来表达企业所需要的总概念。怀总的理由是生物健这个名称虽然不错，且有现代意义，但与太阳神相比，发展弹性不够大。而太阳神的名字内涵丰富，具有很强的可塑性和包容性。品牌主体这个无比重大的问题终于得以解决，之后数年成百倍销售增长无疑证明了这个选择是正确的。

7.1 企业形象与 CIS 的内涵

7.1.1 企业形象与 CI

1)企业形象的含义

从心理学的角度来看,形象就是人们通过视觉、听觉、触觉、味觉等各种感觉器官在大脑中形成的关于某种事物的整体印象,简言之是知觉,即各种感觉的再现。形象不是事物本身,而是人们对事物的感知,不同的人对同一事物的感知不会完全相同,所以其正确性受到人的意识和认知过程的影响。由于意识具有主观能动性,因此,事物在人们头脑中形成的不同形象会对人的行为产生不同的影响。

企业形象(Corporate Image)是企业内外对企业的整体感觉、印象和认知,是企业状况的综合反映。具体来讲,企业形象是指社会公众(包括企业员工)通过企业的各种标志和行为(如产品特点、营销活动、人员风格等)建立起来的对企业的总体印象,是社会公众与企业通过传播媒介或其他接触过程形成的。企业形象是企业文化的一种外在表现形式。企业形象能否真实反映企业的精神文化,以及能否被社会各界和公众舆论所理解和接受,在很大程度上取决于企业自身的主观努力。

企业形象具有下述功能:

(1)规范与导向功能

企业形象为企业自身的生存和发展树立了一面旗帜,向全体员工发出了一种号召。这种号召一经广大员工的认可、接受和拥护,就会产生巨大的规范与导向作用。像日产公司强调的"品不良在于心不正",德尔塔航空公司倡导的"亲和一家"等,都是在教育、引导、规范着员工的言行、态度,让他们在工作中注意把自己的形象与企业的良好形象联系起来。

(2)资产增值功能

企业形象是企业的无形资产。良好的企业形象有助于扩大企业的销售量,使企业在与竞争者相同的条件下,获得超额利润,从而形成了直接的利益,企业形象自身也因此具有了价值。企业形象的良好与否可以从品牌中看出,它具体体现为品牌的价值。

(3)关系构建功能

从企业内部来说,企业因不同的人从事不同的工作,人的性格、爱好、追求又不一样,如果没有一种精神力量把他们"黏合"起来,企业就会成为一盘散沙。企业形象确立的共同价值观和信念,就像一种高强度的理性黏合剂,将企业全体员工紧紧地凝聚在一起,形成"命运共同体",产生"集体安全感",使企业成为一个协调和谐、配合默契的高效率集体。从企业外部来说,只有塑造好企业的形象,才能为企业构建良好的公众关系打下基础,才可以从根本上留住顾客。

(4)激励功能

一般而言,企业具有良好的形象,会使企业员工产生荣誉感、成功感和前途感,觉得能够在企业里工作,是一件值得骄傲的事情,由此就会形成强烈的归宿意识和奉献意识。在这个意义上,好的企业形象可以视作一个激励员工的重要因素。

(5)辐射功能

企业形象的建立,不仅对内有着极大的凝聚、规范、号召、激励作用,而且能对外辐射、扩散,在一定范围内对其他企业乃至整个社会产生重大影响。像我国 20 世纪 60 年代大庆油田的“铁人精神”以及在日本企业界经常听到的“松下人”“丰田人”等说法,都是企业形象对外辐射的典型范例。

(6)促销功能

企业形象的最终确立是以达到公众信赖为标准。只有在公众信赖的基础上,公众才有可能进一步购买企业的商品或服务。这一机制是企业形象能够产生市场促销的根源。通常,在相同的质量水平下,好的企业形象,可以使企业的产品成为公众购买的首选商品。

(7)扩张功能

良好的企业形象可以为企业赢得良好的社会信誉,使企业能够在短时间内实现市场扩张,赢得大批经营资金,吸引更多的合作者,从而扩大自己的社会影响力。

2)CI 的含义

1914 年,德国著名建筑学家比德贝 · 汉斯受聘为德国 AEG 电器公司的设计顾问,并为其进行了统一的商标、包装、便条纸和信封设计,这为统一企业视觉起到了积极作用。这些商标、标识统一设计虽然还不能视为严格意义上的 CI 设计,但却可以看作 CI 视觉识别的雏形。CI 理论诞生至今,各个学科的专家学者对其有着不同的理解,加之研究的侧重点不同,因此对 CI 的定义域解释不尽相同。CI 是英文 Corporate Identity 的缩写。Corporate,是指一个单位、一个团体、一个企业。Identity 有如下两层含义:一是指主体的识别性,即主体有区别于其他同类的个性化特征;二是指主体的个性化特征要有完备的统一性,共同表达主体的识别性。可见,其基本意义是识别。因此,在大多数场合 CI 被译为“企业识别”。由企业识别的战略思想指导而规划出整套识别系统,就叫作“企业识别系统(Corporate Identity System),简称 CIS”。

CI 或 CIS 最初的表征就是:设计与展示一整套区别于其他企业,体现企业自身个性特征的标识系统,以突出企业形象,并以此达到在市场竞争中获胜的经营战略。CIS 与工业设计(Industrial Design)有一定的历史渊源。工业设计是指以工学、美学、经济学为基础对工业产品进行设计,除了研究产品性能,还强调通过合理的造型手段,使产品能够具备富有时代精神、符合产品性能、与环境协调的产品形态,使人们得到美的享受。所以,它是现代科学技术与现代文化艺术融合的产物。CIS 脱胎于工业设计,又有以下区别(如表 7.1 所示):

表 7.1 CIS 和工业设计的区别

区别	企业识别系统(CIS)	工业设计(ID)
设计的基点不同	基点是企业,是对企业整体的软件设计,即从经营理念、行为到视觉识别的系统设计	基点是产品,是对产品的材料、结构、外观、形态、色彩、包装与装饰等进行设计
行为层不同	是企业整体战略行为	属于企业具体操作层次的行为
设计的目标不同	以强化企业整体形象从而提高企业整体竞争力为目标	以提高产品的市场竞争力为目标

第二次世界大战后,世界经济开始复苏,各行各业又进入蓬勃发展时期。由于营运范围日益拓展,企业经营开始迈向多元化、国际化的大市场,企业形象问题受到欧美先进企业的重视。企业经营者感到建立统一的识别系统,以及塑造独特经营观念的重要性。CI 正式发轫于20 世纪40—50 年代的美国。在此期间,美国先后有 3 家企业采用 CI 设计,他们分别是哥伦比亚广播公司、美国国际商用计算机公司和西屋电器公司。其中,以美国国际商用计算机公司的标志设计最为著名。1956 年,美国国际商用计算机公司以公司文化和企业形象为出发点,突出表现制造尖端科技产品的精神,将公司的全称“International Business Machines”设计为蓝色的富有品质感和时代感的造型“IBM”。这八条线纹的标准字在其后半个世纪中成为“蓝色巨人”的形象代表,即“前卫、科技、智慧”的代名词,也是 CI 正式诞生的重要标志。但是,直到 20 世纪 60 年代中期,对于这种崭新的战略在名称上、概念上都还没有形成共识,到后来才有了统一的名称:Corporate Identity,即 CI。

早期的欧美 CI 更侧重视觉设计,日本在引进欧美的 CI 时,并没有完全照搬,而是将民族理念与民族文化融入其中,它发展和强化了“理念识别”,不仅创造了具有自己特色的 CIS 实践,而且对 CIS 进行了结构上的革命与完善。

日本 CI 专家山田理英指出,美国的 CI 定义与日本 CI 的定义是大相径庭的。前者认为:CI 是以标准字体和商标作为沟通企业理念与企业文化的工具。后者则认为:CI 是一种明确地认知企业理念与企业文化的活动。对 CI 概念不同的理解,必将产生不同的结果,这就是日本 CI 发展的根本原因。

综上所述,CI 不是一个不变的概念,其内涵在随着时代的变革、企业的发展而不断地创新与变革。同时,其概念内涵也随着不同民族文化而更新。但是,无论怎样变,其基本精神是始终不变的。CI 无论怎样发展与变革,它始终围绕着一个理念核心在运动,这就是为企业解决问题。更明确地说,是解决企业与社会、自然的关系问题,它所使用的工具就是塑造企业形象,它解决问题的方式就是不断变革,创造新的企业形象以改善和推进企业与社会、自然的关系状况,并以此推动社会发展,维护企业、社会和自然的动态平衡。因此,CI 战略的根基始终是放在企业自身形象的设计与开发上。所以日本的加藤邦宏说:“CI 就是对企业整体进行设计工作,以企业整体的活动作为设计对象,使企业本身、个性的表现合乎时代潮流。”从这种立场出发,加藤邦宏认为:“为了形成企业的形象而以设计开发为中心的活动,才是所谓的 CI。”

3)企业形象与 CI 关系

企业导入 CI 的目的是为了塑造良好的企业形象。CI 是与企业形象紧密相关,但绝非同一概念。CI 的英文全称 Corporate Identity,是企业识别的意思。企业形象的英文全称 Corporate Image,有时也简称 CI,但其英文的表述截然不同。

CI 设计的起点是将构成企业形象的要素转化成统一的识别系统,然后再借助于信息传达将其准确、清晰地展示在公众面前,在信息传送者和接受者之间反复的相互作用过程(信息传递与信息回馈)中形成符合 CI 设计原则的企业形象。可见,“企业”既是 CI 的出发点,同时也是 CI 达成的目标。

企业形象是指社会公众和企业职工对企业的整体印象和评价,也是企业的表现和特征在公众心目中的反映。这种印象和评价是公众综合认识的结果。企业形象并不是一成不变的东西;相反,随着环境的变迁、社会价值观的改变,企业必须通过企业再定位,调整经营理念来塑造新的企业形象。如果 CI 仅仅是对企业本身形象的社会传送,其作用就只限于为那些本来就具备良好的形象素质,但信息传递力不强的企业进行信息传达设计。但事实上,大量的企业是因其形象不适应于正在发展的信息时代形象竞争日趋激烈的需要,才求助于 CI 这一系统的手段,这也正是 CI 产生和发展的深厚基础。因此,可以说,CI 是传达、塑造企业形象的基本工具与手段。CIS 是企业建立和维护良好形象的一个系统工程。

CIS,即企业识别系统,将企业经营活动(Behavior)以及运作此经营活动的企业经营理念(Mind)或经营哲学,利用视觉沟通技术(Visual),以视觉化、规范化、系统化的形式,通过传播媒介传达给企业的相关者,包括企业员工、社会大众、政府机关等团体和个人,以塑造良好的企业形象,使他们对企业产生一致的认同和价值感,以赢得社会大众及消费群的肯定,从而提高企业的竞争力,为企业带来更好的经营绩效。

CIS 的意义:对内,企业可以通过 CI 设计对其办公系统、生产系统、管理系统以及销售、包装、广告宣传等形成规范设计和统一管理,由此调动企业每个职员的积极性和归属感、认同感,使各职能部门能各行其职,有效合作。对外,通过一体化的符号形式来形成企业的独特形象,便于公众辨别、认同企业形象,促进企业产品或服务的推广。

7.1.2　CIS 的构成

企业识别系统(CIS)的构成要素,有 3 个基本的子系统:即理念识别系统 MIS(Mind Identity System)、行为识别系统 BIS(Behavior Identity System)和视觉识别系统 VIS(Visual Identity System)。

【相关链接】

双星的商标图案为圆圈上闪耀着两颗巨星,英文字母“Double Star”(双星)位居圆圈上方,圆圈寓意为地球,象征着双星人紧密团结、奋进,让双星事业遍布世界各地。两颗星的不同含义:“物质文明一颗星,精神文明一颗星”“东半球一颗星,西半球一颗星”“双星企业一颗星,双星朋友一颗星”“企业一颗星,体育一颗星”“年轻人一颗星,老年人一颗星”。

方正集团 FOUNDER　美的 Midea

1991年"方正品牌"诞生。汉语"方正"一词，源于《汉书·晁错传》："察身而不敢诬，奉法令不容私，尽心力不敢矜，遭患难不避死，见贤不居其上，受禄不过其量，不以无能居尊显之位。自行若此，可谓方正之士矣！"它指人的行为、品性正直无邪，即方方正正，规规矩矩，既体现了公司依法经营、诚实经商的经营之道，又反映了公司从领导到职工的朴实无华、诚恳待人的处世态度和严谨、求实的科学精神。

同时，"方正"一词又有一方之中、一方之主、八方之正的寓意，体现了方正集团广采世界最新技术的开阔视野和吸纳天下一流人才的博大胸怀。英文主要意思为：奠基者、创立者、缔造者。

方正的图形商标是一个充满动感的立方体。标识既反映了公司的产品特点，又体现了公司的企业精神，达到了形神兼备的境界。从立体角度上看，右上角和左下角的黑色部分像两个箭头，向上的箭头表示科技顶天，向下的箭头表示市场立地。这意味着方正集团的高科技产业是顶天立地的事业。两个阴影部分似接非接，给人一种冲击感，体现了方正集团锐意进取、不断开拓、永远创新的企业精神。

1）企业的理念识别（MI）

MI（理念识别系统）是CIS最抽象、最深层的组成部分。其核心内容是企业精神，即企业经营活动中长期形成的、为员工所认同的价值观念和群体意识。所以，可以说，企业文化是企业形象识别系统的原动力和基石。

企业理念是企业在开展的生产经营活动中的指导思想和行为准则。它包括企业的经营方向、经营思想、经营道德、经营作风和经营风格等具体内容。企业理念，对内影响企业的决策、活动、制度、管理等，对外影响企业的公众形象、广告宣传等。所谓MI，是指确立企业自己的经营理念，企业对目前和将来一定时期的经营目标、经营思想、经营方式和营销状态进行总体规划和界定。

如麦当劳的经营思想："顾客永远是最重要的，服务是无价的，公司是大家的。"IBM的经营宗旨："尊敬个人，服务顾客，追求完美。"第一投资公司的企业精神是："人是我们的第一投资。"声宝公司的口号是："商标就是责任。"统一公司的口号是："您方便的好邻居。"

企业理念形象设计的主要方法：

①从企业优良传统中提炼个性化语言，反映出时代内涵，过于大众化的语言，如"团结""开拓""进取""务实""高效"等最好不要用。比较好的如平安保险的"以心感人，人心归"，九芝堂的"九州同济，兰芝同芳"及"九分情，一分利"，科龙电器的"科技巨龙"与"五湖四海"。

②从企业众多观念中选择出核心观念，并加以新颖的表述。核心理念要统揽全局，面向未来。如微软公司在摈弃官僚主义、构建学习型组织、鼓励个性化发挥等理念中，提出其核

心理念为“以人为本,追随智慧”。大唐集团的经营理念为“人为本,和为贵,效为先”。

③企业成功行为习惯的典型总结,如海尔集团的“赛马不相马”“日清日高”理念,沃尔玛的“帮顾客节省每一分钱”的理念。

④发挥员工大众的智慧,由员工评比决定。

2)企业的行为识别(BI)

BI(行为识别系统),体现着企业精神指导下的企业行为准则,它规划企业内部的组织、管理、教育,以及对社会的一切对外交活动。企业精神是抽象的,而企业行为是动态的,通常要物化为具体的形式表现出来。如通过厂容、厂貌、企业内部各种仪式、员工对内对外行为规范等来体现。

BI则直接反映企业理念的个性和特殊性,是企业实践经营理念与创造企业文化的准则,是对企业运作方式所作的统一规划而形成的动态识别系统。包括对内的组织管理和教育、对外的公共关系、促销活动、资助社会性的文化活动等。通过一系列的实践活动将企业理念的精神实质拓展到企业内部的每一个角落,汇集起员工的巨大精神力量。

BI包括以下内容:对内包括组织制度、管理规范、行为规范、干部教育、职工教育、工作环境、生产设备、福利制度等;对外包括市场调查、公共关系、广告宣传、流通对策、产品研发、公益性、文化性活动等。

企业的行为识别几乎涵盖了整个企业的经营管理活动。不同的企业,在内涵上又有所不同,如银行业重视外观形象和社会形象,销售企业重视外观形象和市场形象等。在企业行为中能直接作用到公众,形成公众的印象与评价的因素,主要可分为7种形象24项因素,包括:

①技术形象:技术优良,研究开发能力旺盛,对新产品的开发热心。

②市场形象:认真关注消费者,对顾客服务周到,善于广告宣传,消费网络完善,有很强的国际竞争力。

③公司风气形象:清洁,现代感,良好的风气,和蔼可亲。

④未来性形象:未来性,积极形象,合乎时代潮流。

⑤外观形象:信赖感,稳定性高,企业规模大。

⑥经营者形象:经营者具有优秀的素质。

⑦综合形象:一流的企业,想购买此公司股票,希望自己或子女在其公司工作。

企业的行为识别偏重于行为活动的过程,消费者对其的认识也需要一定的时间。而且,随着时代的变化,企业的行为识别内容也在不断地进行调整,以符合整体企业识别系统的变革。

3)企业的视觉识别(VI)

VI(视觉识别系统),是CIS 3个组成部分中最外在、最直观的部分,也是具体化、视觉化的传达形式。它通过组织化、系统化的视觉方案,传达企业的各种信息,主要包括企业标志、标准字、标准色和象征图形、吉祥物等基本要素,企业为公用品(信纸、信封、名片、文具)、车辆外观、办公室装饰、户外招牌、员工制服、产品包装、各种广告媒介等都可以成为VI延伸推广的载体。

VI 是以标志、标准字、标准色为核心展开的完整的、系统的视觉表达体系，它将上述企业理念、企业文化、服务内容、企业规范等抽象概念转换为具体符号，塑造出独特的企业形象。在 CI 设计中，视觉识别设计最具传播力和感染力，最容易被公众接受，具有重要意义。

VI 系统包括：第一，基本要素系统，如企业名称、企业标志、企业造型、标准字、标准色、象征图案、宣传口号等。第二，应用系统，如产品造型、办公用品、企业环境、交通工具、服装服饰、广告媒体、招牌、包装系统、公务礼品、陈列展示以及印刷出版物等。

在 CIS 所有活动中，企业的视觉识别效果最直接，在短期内表现出的作用也最明显。统一的 VI 设计可以在企业对外宣传和企业识别上获得最有效、最直接的具体效果。也正因为如此，很多人把视觉识别（VI）等同于 CIS，甚至把 VI 等同于"企业形象"。在企业视觉识别（VI）中，视觉的设计是论证 VI 成功的关键。

一个良好的视觉识别设计应注意满足以下 4 个要求：

①要能反映企业的理念识别（MI）基本特征。

②能反映企业基本经营性质。

③视觉设计必须容易辨认和记忆，具有系统性及严格区别于其他同类企业。

④视觉设计必须符合美感，赏心悦目，能被绝大多数人接受并能引起他们的好感。

【相关链接】

一个良好的视觉识别设计应该遵循的基本原则

一、统一性原则

为了达成企业形象对外传播的一致性与一贯性，应该运用统一设计和统一大众传播，用完美的视觉一体化设计，将信息与认识个性化、明晰化、有序化，把各种形式传播媒体上的形象统一，创造能储存与传播的统一的企业理念与视觉形象，这样才能集中与强化企业形象，使信息传播更为迅速有效，给社会大众留下强烈的印象与影响力。

对企业识别的各种要素，从企业理念到视觉要素予以标准化，采用统一的规范设计，对外传播均采用统一的模式，并坚持长期一贯的运用，不轻易进行变动。要达成统一性，实现 VI 设计的标准化导向，必须采用简化、统一、系列、组合、通用等手法对企业形象进行综合的整形。

同一性原则的运用能使社会大众对特定的企业形象有一个统一、完整的认识，不会因为企业形象识别要素的不统一而产生识别上的障碍，增强了形象的传播力。

二、差异性原则

企业形象为了能获得社会大众的认同，必须是个性化的、与众不同的。因此，差异性的原则十分重要。

差异性首先表现在不同行业的区分，因为，在社会性大众的心目中，不同行业的企业与机构均有其行业的形象特征，如化妆品企业与机械工业企业的企业形象特征应是截然不同的。在设计时必须突出行业特点，才能使其与其他行业有不同的形象特征，有利于识别认同。其次，必须突出与同行业其他企业的差别，才能独具风采，脱颖而出。

三、有效性原则

有效性是指企业经策划与设计的 VI 计划能得以有效地运用，VI 是解决问题，不是企业的装扮物，因此能够操作和便于操作，其可操作性是一个十分重要的问题。

企业 VI 要具有效性，能够有效地发挥树立良好企业形象的作用。首先，在其策划设计必须根据企业自身的情况，企业的市场营销地位，在推行企业形象战略时确立准确的形象定位，然后以此定位进行发展规划。在这一点上，协助企业导入 VI 计划的机构或个人负有重要的职责，一切必须从实际出发，不能迎合企业领导人一些不切合实际的心态。

企业在准备导入 VI 计划时，能否选择真正具有策划设计实力的机构或个人，对 VI 计划的有效性也是十分关键的。VI 策划设计是企业发展一笔必要的软投资，是一项十分复杂而耗时的系统工程，是需要花费相当经费的。要保证 VI 计划的有效性，一个十分重要的因素是企业主管有良好的现代经营意识，对企业形象战略也有一定的了解，并能尊重专业 VI 设计机构或专家的意见和建议。

四、审美性原则

好的 VI 设计能将原本枯燥的语言通过具有艺术性和趣味性的视觉图形表现出来，生动活泼的 VI 设计能吸引读者的视线，引发读者的好奇心，给人美感，让人心动，所以完美的 VI 设计有巨大的审美价值。

优秀的 VI 设计应具有强烈的视觉冲击力，且形式完美、装饰性强、创意独特，使人赏心悦目，让人们在愉悦中牢记其品牌含义。具有审美价值的 VI 设计，更能贴近人们的生活，有强烈的亲和力，让人们喜欢、耐看、易认、易记。VI 设计在品牌时代广泛应用于各种传播媒体，它能有效引导大众的审美观念，领导视觉艺术的时尚潮流。

一个完整的 CIS 系统必须包括 MI，BI 和 VI 三个要素。其中 MI 为主导要素，是企业在长期发展过程中形成的、具有独特个性的价值观体系，是企业宝贵的精神资产和不断成长的原动力。MI 的视觉化体现便是 VI，而 BI 则是 MI 的行为化延伸和展现。三者完善的融合和组织是塑造企业形象的有效手段。

若 BI 丧失 MI，企业职工就会说不清本企业怎样发展，也道不明怎样去做，企业行为很可能陷入不自觉状态。若 VI 不能表达 MI，则缺乏精神内涵的视觉冲击力，犹如无根之花草。反过来，MI 离开了 BI 与 VI，也就成了一句空头口号或一张废纸。换而言之，CIS 是由 MI（理念识别 Mind Identity）、BI（行为识别 Behavior Identity）、VI（视觉识别 Visual Identity）三个方面组成。在 CIS 的三大构成中，其核心是 MI，它是整个 CIS 的最高决策层，给整个系统奠定了理论基础和行为准则，并通过 BI 与 VI 表达出来。所有的行为活动与视觉设计都是围绕着 MI 这个中心展开的，成功的 BI 与 VI 就是将企业的独特精神准确地表达出来。

7.2 导入 CIS 的模式及时机策划

7.2.1 导入 CIS 的模式

一般而言主要有 3 种模式：

1）预备性 CIS 导入模式

这是针对新建的企业而言的。设计和策划，包括对企业经营思想、口号、信条、标志、吉祥物、标准色、标准字体、企业形象的社会定位、战略选择、计划实施方案、管理办法以及应用系统的设计与策划等。

2）扩张性 CIS 导入模式

该模式是企业在成长过程中为了实现资本扩张，把企业带进新的高一级的发展阶段而导入 CIS 的模式。它能使企业革新换面、脱胎换骨。形象策划应该立足于企业原有基础而着眼于发展层次和境界。

3）拯救性 CIS 导入模式

拯救性 CIS 导入模式，也称医疗性 CIS 导入模式。对于众多传统型企业来说，为了重塑形象，改变旧貌而重新调整经营理念、经营行为、经营者的视觉形象，以通过 CIS 的导入拯救企业的生存与发展前景。

7.2.2 导入 CIS 的时机

①企业名称老化，易被误认、误解。

②企业实施多角化的经营后，企业形象的一贯性、统一性逐渐丧失。

③与其他企业合并后，须重塑企业形象。

④企业名称与商品形象不符。

⑤在同行业竞争中，本企业形象竞争力处于不利地位。

⑥企业知名度低。

⑦企业形象不好，员工士气低落。

⑧企业形象因营销活动中某种事故受损，产生负面效应。

⑨旧的企业形象有碍于进军新市场。

⑩缺少能代表企业的统一性标志。

⑪企业某种特定的商品形象，成为其他商品的障碍。

⑫人才吸引力差。

⑬企业股票筹划上市，或股票走势显示企业处于劣势或遭遇障碍。

⑭商品与商标形象出现分歧。

⑮企业形象赶不上国际化形象的潮流。

⑯当前的营销战略与企业形象无法配合。

⑰创业周年或若干年纪念日。

⑱新产品的开发与上市。

⑲解脱经营危机，使停滞的事业得以活络。

⑳经营理念的重整等。

7.2.3 企业导入 CIS 后的几种状态

经过 CIS 武装的企业在市场上依据其发育状态往往呈 3 种境界。

第一层次，新姿绰约，别具一格——是成功地开发 CIS 的最初境界。这样的企业偏重于 VIS(视觉形象)，设计 MIS(行为识别)和 BIS(理念形象)尚处于初始阶段。它们往往致力于对自身新形象的宣传，通过各种媒体把本企业的标志、标准色、口号、商标、企业形象应用系统的特色等外在的东西渗入到公众的心目中去，它们给市场、给各类传媒带来新气象，显示了经济发展的活力和起色，给人耳目一新之感。

第二层次，左右逢源，独擅风流——是成功地开发 CIS 的第二境界。在此情境下，企业完成了 VIS 的对外宣传而偏重于 BIS 的策划与实施，企业通过若干真心真意地为消费者、为社会服务的重大举措造成社会影响，扩大知名度，提高企业声誉和魅力，从而广泛地赢得了赞誉，赢得了市场。

第三层次，桃李不言，下自成蹊——是成功地开发 CIS 的目标境界。企业 VIS，BIS，MIS 的实施均已定型，企业形象牢牢树立在市场上和公众心目中，市场占有率扩大，企业拥有大批忠诚的消费者，在盛名之下趋之若鹜。

这 3 种境界是循序渐进的。任何企业只要不故步自封，就能把 CIS 开发从表面引入里层，从形式引向实质，从设计引向实施，从投入引向产出，从而在 21 世纪的市场上，呈现出各类企业色彩纷呈的局面。

企业在导入 CIS 的过程中，由于对 CIS 的整体性、统一性、目的性、科学性认识片面，往往容易陷入误区。如单纯靠企业标志图案代替企业形象，企业形象仅靠征集企业标志来提高。企业标志图案运用不合规范；以为完成了 VI 设计即完成了 CIS 设计。在对出口商品进行 VI 设计时忽视了相应的外文标志，或是盲目地迎合潮流、忽视企业的个性特色等。CIS 是一个整体战略系统，导入这个系统是企业发展的战略行为，绝不是某种权宜措施。因此，导入 CIS 时，一方面要对本企业的历史、现状、未来发展前景有周详的调研；另一方面要对 CIS 作出整体规划和设计，即对 MI，BI，VI 作出彼此照应的、形成耦合整体的策划，仅仅停留在 VI 做表面文章就会陷入误区。

7.3 企业形象策划的程序

企业 CIS 战略是企业的一个长期的战略，不是一蹴而就的行为，必须设计出一种可以控制的、能实际操作的机制。

【相关链接】

CIS 的近期发展过程中,有相关人士提出企业听觉识别(Audio Identity,简称 AI)和企业环境识别(Environmental Identity,简称 EI)概念。

企业听觉识别系统(AIS),它是通过听觉刺激传达企业理念、品牌形象的识别系统。听觉刺激在公众头脑中产生的记忆和视觉相比毫不逊色,从理论上看,听觉占人类获取信息的11%,是一个非常重要的传播渠道,颇受广大企业青睐。企业听觉识别系统 AIS(企业 AIS 理论)于 2002 年由品牌音乐家寒春首次在中国提出,主要包括企业歌曲、广告音乐、企业注册的特殊声音、企业特别发言人的声音等内容。

企业环境识别(EIS)是对人所能感受到的组织环境系统实行规范化的管理。在此,环境不仅是一个区域概念,而且应视为一个空间概念,一个社会学、生态学的概念,一个涉及心理学、营销学、公共关系学、竞争学、伦理学、未来学的概念。长期以来,我们对环境重视不够。随着商品经济的发展,环境意识也已逐渐为大家所接受。根据系统科学的原理,环境对系统的发展是起着很大的作用的。因此,将其隐藏或捆绑在企业视觉识别中是远远不够的,有必要把环境作为企业识别系统的一个要素子系统单独研究。企业环境识别系统的内容包括:

1. 内部

门面是否标明单位名称、标志展示;

通道是否美观、实用,是否有宣传设施;

楼道、室内的指示系统管理;

配套家具、设施的风格、质量、价格;

智能化通讯设施;

空气清新度;

安全设施。

2. 外部

环境艺术设计;

生态植物、绿地;

雕塑、吉祥物;

建筑外饰,如广告、路牌、灯箱;

组织环境风格与社区风格的融合程度。

企业形象策划,即 CIS 导入的程序是个系统工程,简言之可以概括为“789”工程。其中,“7”意指整个过程分为 7 大步骤;“8”即前期调研的 8 个方面;“9”即设计的视觉、理念、行为及其应用系统所涉及的 9 个方面。

1)调研

调研的内容包括企业的历史、企业的经营现状、企业的发展战略、企业法人代表及高层管理人员的经营风格、企业组织文化氛围、市场同业竞争形势与市场同类产品竞争形势、企业知名度、市场地位及产品竞争力等问题的调查、分析与评估。

2)策划

企业形象策划主要围绕企业形象的社会定位、市场定位与风格定位,企业形象的表现,战略的选择,企业形象的计划实施方案及管理办法方案等方面进行。社会定位,是因为企业不仅是经济人,它还具有社会公民的身份,应当具备社会公民道德,承担社会责任。企业的社会责任涉及企业利益、消费者权益、员工福利、纳税义务、环境保护和公益事业等诸多方面。根据设计的企业形象进行市场定位,以保证企业在消费者心目中占据适当的位置,赢得顾客的厚爱。

3)设计

CIS 设计包括 3 个基本要素(见前述)和 6 个应用系统。

【相关链接】

视觉设计相关理论

2012 年,定位理论的卓越继承人劳拉·里斯女士在其新书《视觉锤——视觉时代的定位理论》里,从企业品牌传播的角度提出了视觉锤的概念。用以弥补传统的"语言概念"这颗钉子在当前"视觉时代"遭遇到的定位乏力。心理学中说人有两个大脑,左脑是理性的,记忆基于词语(Word),右脑是感性的,情绪化的(Emotional),以视觉形象为记忆单元。劳拉·里斯认为,在数字媒体时代信息太多,以至消费者开始用右脑思考。所以在现在这个时代,"语言定位"不能完全搞定,需要"视觉锤"(The Visual Hammer)以形象的方式表演出来。比如,可口可乐的"钉子"是"开启快乐",但是要传递出去,可口可乐就用了"女性身形瓶子"这样一个"视觉锤";比如,麦当劳的是"钉子",是"为快乐腾点空间",但是传播时用了"金色拱形门"那样一个"视觉锤"。另外,像耐克的钩子、Target 的圈圈,都被认为是简洁而鲜明的"视觉锤"。她列举了 10 种方式创造视觉锤(形状 Shape,颜色 Colour,产品 Product,包装 Package,动态 Action,创始人 Founder,符号 Ymbol,明人 Star,动物 Animal,传承 Heritage)。

企业形象设计的 6 个应用系统,包括办公室内陈设系列、办公用品系列、交通工具系列、员工制服系列、产品包装系列、广告用品系列等。

4)定位

根据设计的企业形象进行市场定位,以保证企业在公众心目中占据适当的位置,赢得顾客的厚爱。

5)宣传

对拟订的 CIS 实施计划进行整理,编订成册,召开新闻发布会,借助各种传播媒体全面宣传企业形象。

6)培训

有领导、有步骤地对企业内员工进行 CIS 系统培训,包括 CIS 知识启蒙教导、高层管理人员 CIS 沟通研讨、部门经理集训、员工礼仪训练、企业内外环境改善计划、企业公共关系及公益活动计划研究等。

7)CIS 策划的落实与保持

CIS 策划落实及保持方法主要有:

①企业建立根本制度作为保障。如方太厨具在落实 CI 过程中制定了"企业宪法",从制度上保障每名员工的责任和权利,把公司利益和员工利益紧密地联系在一起。

②建设配套的管理机制。如沃尔玛为落实"员工是合伙人"理念,相应的建立了"利润分享机制""员工购股机制""损耗奖励机制"。

③企业领导者推动。包括领导者率先垂范、以身作则以及建立专门的 CIS 推进与管理机构。

④规范工作与生活细节。英特尔让一些资深管理者担任"清洁大使"在办公楼内检查卫生。

⑤实行项目管理方式。将 CIS 的落实分解为针对性强、目标任务清晰、措施具体的若干"工程",在某一阶段集中力量解决某一方面问题。

⑥反复强化。CIS 往往打破企业员工的旧习惯,进一步形成新习惯。新习惯的形成需要不断地对相关人员进行强化。包括情景强化、活动强化、风俗强化、奖惩强化。如海尔集团"砸冰箱"事件、松下公司的"人人是总裁"、平安集团员工每天清晨高唱"平安颂"、惠普公司开除通过贿赂取得超额订单的员工等。

企业形象设计流程及纲要(见表 7.2)。

表 7.2　企业形象设计流程及纲要

调研	企业的历史、企业的经营现状、企业的发展战略、企业法人代表及高层管理人员的经营风格、企业组织文化氛围、市场同业竞争形势与市场同类产品竞争形势、企业知名度、市场地位及产品力等问题调查、分析与评估。
策划	企业形象策划主要围绕企业形象的社会定位、市场定位与风格定位,企业形象的表现战略的选择,企业形象的计划实施方案及管理办法方案。
设计	1. 企业精神形象设计。 (1)企业理念(经理思想)。 (2)企业精神信条。 (3)企业标语口号。 (4)企业歌曲。 2. 企业视觉形象设计。 (1)企业标志画法:企业标志的意义、企业标志使用规范。 (2)企业标准字体:中文标准字体、英文标准字体。企业标准字体的意义。 (3)企业象征图形(如吉祥物):画法、意义、用途及使用规范。 (4)企业标志与企业标准字体组合系统:组合方式、使用规范。

续表

设计	(5)企业标志、企业标准字体、企业象征图形组合系统:组合方式、使用规范。 (6)企业标准色调系统:主色系统、辅助色系统、标准色意义、用途及使用规范、主辅色组合。 3.企业投资赞助的选项原则及媒体选择。 (1)选项原则。 (2)投资期限(长期、中期、短期)。 (3)投资方向(工业、高科技、学校、房地产、旅游、公益事业)。 (4)赞助项目(文化体育活动、公益事业、学校、道路修建)。 (5)媒体选择。 (6)联谊活动。 4.企业对内外行为规范。 (1)员工训练:礼仪训练、素质训练、技术训练。 (2)内部机构规范。 (3)公关活动规范。 (4)外来活动规范。 5.企业形象应用系统设计之一——办公用品系列。 (1)名片:纸质、颜色、用途、设计样式(中文式、英文式)。 (2)公司职员识别证。 (3)信纸信封(中式、西式)。 (4)便笺纸。 (5)邀请函。 (6)贺卡。 (7)证书。 (8)明信片。 (9)赠券。 (10)票券。 (11)入场券。 (12)贵宾卡。 (13)贴纸。 (14)公文卷宗。 (15)公文信封。 (16)公文纸。 (17)报表。 (18)资料卡。 (19)笔记本。 (20)旗帜。 6.企业形象应用系统设计之二——广告用品系列。 (1)报纸广告。整版样式、半版样式、报头(专栏)样式。 (2)杂志广告。跨页设计样式、整页设计样式、半页设计样式。

续表

设计	(3)直邮广告。横式、竖式、二折式、三折式。 (4)车厢广告。 (5)墙面广告。 (6)日历广告。 (7)月历广告。 (8)年历广告。 (9)海报(宣传画)。 (10)气球广告。 (11)礼品广告。 (12)社会公益性建筑广告。 (13)横式路牌广告:直式广告,立地式广告,霓虹灯广告,告示、指示广告,建筑屋顶广告塔,广告吊旗。 (14)立体传播媒体广告。电视媒体广告,电台媒体广告,多媒体广告,幻灯片广告,灯箱(静态、动态)模型。 7. 企业形象应用系统设计之三——交通工具系列。 (1)公司交通车。造型(外部造型与色调)、车体(广告)标志。 (2)公司工程车、工具车、车体(广告)标志。 (3)小车:造型、车用饰物与示牌。 8. 企业形象应用系统设计之四——制服系列。 (1)公司职员夏季办公服装。 (2)公司职员冬季办公服装。 (3)管理人员礼服系列。 (4)职员休闲运动服(夏季)。 (5)职员休闲运动服(冬季)。 (6)职员服饰系列(徽章、饰花)。 (7)职员服装配件系列(领带、皮鞋、饰带、袜子、钥匙链等)。 (8)公文包。 9. 企业形象应用系统设计之五——办公室内布置。 (1)办公室环境空间设计。 (2)办公室设备(式样、颜色)。 (3)照明灯。 (4)壁挂。 (5)绿色植物与盆景。 (6)橱窗。 (7)部门牌。 (8)标志符号。 (9)告示牌。 (10)记事牌。 (11)公告栏。

续表

设计	(12)茶具、烟具、清洁用具。 (13)办公桌及其桌上用品。 10. 企业形象应用系统设计之六——包装系列。 (1)包装用封套。 (2)包装纸。 (3)手提袋。 (4)包装盒。 (5)包装箱。 (6)包装造型与图案色调。
宣传与培训	对拟订的CIS实施计划进行整理,编订成册,召开新闻发布会,借助各种传播媒体全面宣传企业形象。 有领导、有步骤地对企业内员工进行CIS系统培训,包括CIS知识启蒙教导、高层管理人员CIS沟通研讨、部门经理集训、员工礼仪训练、企业内外环境改善计划、企业公共关系及公益活动计划研究等。
控制	监督、检查、评估、修正。

【关键词】企业形象　企业识别系统　理念识别　行为识别　视觉识别

【案例分析】鄂尔多斯集团CIS手册(节选)

鄂尔多斯集团是由1981年建成投产的原伊克昭盟羊绒衫厂发展壮大起来的现代化大型企业集团,经过20多年的发展,集团已形成羊绒、煤炭、电力、冶金、化工五业并举、协同发展的全新格局。集团羊绒制品的产销能力已经占到中国的40%、世界的30%,“鄂尔多斯”品牌价值达150.67亿元,是中国纺织服装第一品牌。

企业标志:

1. 司徽为红色象征火,体现了企业奋发向上,富有强大生命力和竞争力的性格。同时,也代表我们集团全体员工将始终以火的热情,为全人类服务,让“鄂尔多斯羊绒衫,温暖全世界”。

2. 司徽形象为汉语拼音“e”,即鄂,代表鄂尔多斯。

3. 司徽上部形象代表山羊角,象征着集团是以山羊绒起家、以山羊绒为基础发展壮大,下部两平行杠代表多种产业并存。整体象征我们鄂尔多斯集团是以羊绒业为主,多种产业并存的大型企业集团。

4. 司徽整体形象是以零为起点，从无到有，从小到大发展的，象征集团从无到有、从小到大的发展历程。

5. 司徽的圆形环状形象象征我们鄂尔多斯集团公司呈滚动发展态势，像滚雪球一样越滚越大。

6. 司徽形象像海浪，象征着在改革的浪潮中，鄂尔多斯集团勇立潮头，蓬勃发展。

7. 司徽的形状没有闭合，象征我们集团的发展是开放性的螺旋上升式，在大胆引进、吸收、开放的基础上前进。

8. 司徽的形象又像地球，象征着我们集团公司的事业要走出国门，走向世界，创世界名牌。

公益事业：

鄂尔多斯集团在20多年的发展历程中，始终坚持与社会共同进步，积极参与社会公益事业，为回馈地方、促进地区经济发展作出了巨大的贡献。这些年来，鄂尔多斯集团共计为社会捐款3 000多万元，主要用于各产绒区的抗旱救灾。

捐资援建鄂尔多斯集团希望学校是鄂尔多斯集团贸、工、牧一体化战略的重要举措之一，主旨在于感谢各产绒区人民对鄂尔多斯羊绒事业的长期支持，密切产绒区和企业间的鱼水之情，传播鄂尔多斯集团的经营理念，以真情回报社会。

考察一个企业的企业形象，可以洞察文化的系统概貌和整体水平，也可以评估它在市场竞争中的真正实力。随着“鄂尔多斯”品牌的盛名远扬，随着集团事业的不断壮大，对企业员工素质提出了新的、更高的要求和标准，为此，制定了职员行为准则。

第一章　道德准则

一、社会公德

1. 树立正确的人生观、价值观、世界观。爱祖国，爱人民，爱国旗，爱企业，爱劳动。勇于进取，乐于奉献。

2. 遵纪守法，自觉维护公共秩序。

3. 待人诚实和气，微笑迎客，讲文明，讲礼貌，礼遇外宾，不卑不亢。

4. 乐于助人，尊老爱幼，家庭和睦，团结邻里。

5. 养成良好的习惯，不酗酒、不赌博、不吸毒，不做危害社会的事。

6. 美化环境，爱护公共设施，维护公共卫生，养成不乱扔果皮纸屑、烟头，不随地吐痰的良好习惯。

7. 严格遵守交通规则。

二、职业道德

1. 热爱集团事业，为集团事业作贡献。与企业同荣辱、共命运的情感是热爱企业、献身企业的集中表现，也是员工做好本职工作的思想基础和力量源泉。

2. 安全生产，爱岗敬业。每个员工的工作质量都会不同程度直接或间接地影响企业的安危。安全是企业内部各个部门工作的综合反映。

3. 尊重客户，文明服务。这是全心全意为企业、为客户服务的基本道德要求。

4. 遵章守纪，廉洁奉公。

5. 顾全大局，团结协作。正确处理国家、企业、个人三者的利益关系，以大局为重，团结协作，相互尊重，文明交往，共同维护集团荣誉，树立一盘棋思想。

6. 勤俭节约，艰苦创业。

第二章　着装准则

基本原则：端庄、大方、整洁、得体，便于工作。

一、男性的着装和仪容

1. 头发整洁：不蓬头、不留胡子。
2. 脸部要刮干净。
3. 服装要整洁。
4. 衣服的颜色和花纹不要太华丽。
5. 工作时间要着工作装，禁止穿短裤、背心上班。
6. 原则上工作时间禁止佩戴首饰。
7. 手部要干净，指甲不应过长。
8. 衣服要烫好。
9. 要穿暗色袜子。
10. 皮鞋要擦亮。

二、女性的着装和仪容

1. 头发要整洁，长发要束起，禁止散发。
2. 化妆要自然，禁止浓妆艳抹。
3. 服装要整洁。
4. 衣服的颜色和花纹不应太华丽，不穿露、透的服装，不着超短裙、背心或露脐装。
5. 工作时着工作装。
6. 首饰要得体。
7. 手部要干净，指甲的长度适中。
8. 衣服要烫好。
9. 长筒袜的颜色不应太显眼（不应有花边或花纹），夏季不宜不穿袜子。
10. 皮鞋要擦亮，鞋后跟高度应为3～5厘米，可以穿平跟鞋，不穿拖鞋及前露脚趾的凉鞋。

三、着装仪容应注意以下情况

1. 不要卷上袖子。
2. 与客人见面时应尽量穿正装，不穿露肩露背装。

四、员工参加下列活动须着工作服

外事活动，接待重要客人，赴外参加会议，重大节日，重大活动及有统一要求等。

第三章　举止准则

基本原则：端庄、大方、得体、优雅。

一、员工举止准则

1. 仪表端庄大方，不卑不亢，举止文明，神态自然，面带笑容。

2. 接待客人一般要起立，脸部自然，眼睛平视着对方。若因工作需要坐着时，要抬起头，面向对方，但不要上下打量客人。

3. 上岗时坐姿要端正。当坐着与客人谈话时，座位最多不要超过椅面的前半部，身子略前倾，眼睛注视着对方面部，并不时地点头。

4. 在岗位上站立迎宾时，对站姿的一般要求是：女士两脚并立，双手虎口交叉自然放在身前。男士若是两脚并立，则两手放在身后；若是两脚开立，两手定要放在身子两侧。

5. 与客人迎面相遇时，要靠右侧行走。若道路较窄，应主动让路。与客人同行时，要让客人走在前面，并主动为客人开门。如遇客人在通道或其他地方谈话时，不要从中间穿过，若因路窄，应先说"对不起"，然后通过。

6. 客人之间谈话，不要随便打断或探听，如需插话时，应等客人讲完一句话后，说声"对不起，打扰一下"，再插话。

7. 给客人端茶送水，水不要斟得过满或太少，以七八成为宜。奉茶时，用右手端着杯子下半部，左手扶杯，送到客人面前，若使用杯碟，则用双手捧着，杯把手应对着客人右手。

8. 给客人递送客票、单据或现金时，一边"唱收唱付"，一边轻轻放在台上或递到客人手中。需要签收的，要将签收单放在客人面前，不要随手乱抛或用力摔在台上。

9. 同女性客人握手，一般不要先伸手。握手时，姿势要端正自然，用力要适当，时间不宜过长。

10. 与客人站着谈话时，要面向客人，保持约1米的距离，不要将手插在口袋里，双手可自然地放在身子两侧。也不要一面谈话，一面看表。说话时注意时间，简单明了，语气谦和，不说大话，不责备客人，不露厌烦神色。

11. 上班时，不得在客人活动场所乱跑、高声喊人或放声大笑，不要聚集在一起闲谈、追逐打闹、大声喧哗，不准在客人面前吃东西、吸烟。

12. 不得在客人面前闲坐、脱鞋、换袜或更衣。

13. 不得在客人面前拉手、扒肩、背手、抄手、挎胳膊、吹口哨、打响指等。

14. 不得随意翻阅和摆弄客人的文件、书籍、食品、衣物等东西，如因工作确需移动客人物品时，应先征得客人同意，再轻拿轻放，整理完后要放回原处。

二、呈受名片礼仪

1. 递送名片应择机准备好。名片正面向上、正向，双手呈上，说声："请！这是我的名片。"或"您好，我叫×××。"

2. 接受名片应双手接过后，认真仔细看一遍，说"谢谢"，不要随便乱放。

问题：

1. 结合VI设计原则，鄂尔多斯企业标志有什么值得借鉴之处？

2. 从鄂尔多斯对内对外交往过程中的行为规范，可以看出它的哪些企业理念？

【课后练习】

1. 什么是企业形象和企业识别？两者关系是怎样的？
2. CIS 与工业设计有哪些区别？
3. CIS 由哪几个部分构成？各子系统分别包括哪些内容？
4. CIS 是怎样兴起与发展的？
5. 中国为什么要导入 CIS？
6. 导入 CIS 有哪几种模式？有哪些时机适合导入 CIS？
7. 何谓 6810 工程系统？

第8章 产品市场推广策划

【案例引入】

"谭木匠"的品牌之路

梳子虽然普通,但作为人人必备的物品,具有很大的市场潜力。近年来,随着保健、防静电等功能要求的提出,木梳和牛角梳逐渐成为主流。梳子市场上的一些小品牌,都停留在最基本的顺发功能上,产品式样单一,品牌形象不突出,所以一直没有形成气候。在高端市场上,更是一片空白。这时,"谭木匠"横空出世,以差异化经营方式塑造了独特的品牌形象。谭木匠的品牌塑造与销售非常好地结合在一起,广告投入不多,但由于正确整合了一系列品牌塑造要素,获得了很高的品牌知名度,这在"梳子"这个行业内绝无仅有,也是中小企业低成本塑造品牌的典型案例。

谭木匠公司曾经用"三峡""先生"等作为产品品牌,但是效果都不理想,经过仔细推敲,最后才推出"谭木匠"这个品牌。"谭木匠"是一个很好的品牌名称,"木匠"是对中国传统木工手艺人的称呼,"木匠"前冠以"谭"字,符合中国传统商号的取名习惯,念出来,就给人一种沧桑厚实的历史感。另外,这3个字的造型也称得上匠心独运,"谭"用隶书,"木"是几块木板搭成,"匠"则配以木工作坊劳作图,极具中国传统文化特色。

"谭木匠"梳系列,将传统工艺与现代专利抛光技术、插齿技术结合起来,用料考究,具有防静电、保健、顺发等基本功能。目前其产品主要有以下类型:

1. 按产品开发概念划分的系列。有牡丹、翠竹组成的"花开富贵,竹报平安"系列,有"凤求凰"系列,突出了民族特色,符合中国人的欣赏习惯,为产品增添了文化特色。

2. 按照木材质地划分的产品系列。黄杨木系列、各种檀木系列、牛角系列。

3. 按照用途划分的产品系列。有普通桃木梳、护发梳、合家欢、婚庆梳、"凤求凰"系列、"鹊桥仙"系列等,以及相关的发夹、镜子、佛珠等木制系列。

4. 按包装划分的系列。高档木梳有礼品盒包装,普通木梳的外包装是黑色或篮底白花的中式小布口袋,非常富有中国传统特色。礼品袋、礼品盒的设计使谭木匠的产品不仅有实用价值,还成为馈赠佳品。

丰富的产品系列不仅使消费者有了更多的挑选余地,也扩大了消费群体,还能体现"谭木匠"优秀的产品研发和设计能力,这又是高档次品牌应该给客户留下的印象。

现在,谭木匠在全国的连锁专卖店已经超过100家,遍布主要城市的商业区。能把木梳这种家常使用、司空见惯的小商品做到这样的规模和这样的层次确实非常不容易。

"谭木匠"公司作为一个小企业,用于宣传的费用很少,却获得如此高的品牌知名度,其成功之处在于综合应用了品牌接触理论中的各种关联要素，从而使“谭木匠”这个品牌获得了创新性的定位，并得到良好的传播。

资料来源：包兴安，《三农中国·A版》，2007年第1期。

8.1 产品品牌构建策划

8.1.1 品牌及其相关概念

1）品牌的概念

品牌（Brand）是用以识别某个销售者或某群销售者的产品或服务，并使之与竞争对手的产品或服务区别开来的商业名称及其标志，通常由文字、标记、符号、颜色和图案等要素或这些要素的组合构成。品牌是一个集合概念，包括品牌名称（Brand Name）和品牌标志（Brand Mark）两部分。

2）与品牌相关的概念

（1）品牌名称

品牌名称是品牌中可以读出的部分——词语、字母、数字或词组等的组合，如海尔、红双喜1999、TCL等。

（2）品牌标志

品牌标志是品牌中不可以发声的部分——包括符号、图案或明显的色彩或字体，如耐克的一勾造型，小天鹅的天鹅造型，IBM的字体和深蓝色的标准色等。

（3）品牌角色

品牌角色是用人或拟人化的标识来代表品牌的方式，如海尔兄弟、麦克唐纳、米老鼠、康师傅等。

（4）品牌文化

品牌文化是指品牌在经营过程中逐渐形成的文化积淀，代表了企业和消费者的利益认知、情感归属，是品牌与传统文化及企业个性形象的总和。

（5）商标

商标是受法律保护的整个品牌、品牌标志、品牌角色或者各要素的组合。当商标使用时，要用“R”或“注”明示，意指注册商标。

【相关链接】

品牌的由来

品牌的英文单词Brand，源出古挪威文Brandr，意思是“烧灼”。人们用这种方式来标记家畜等需要与其他人相区别的私有财产。到了中世纪的欧洲，手工艺匠人用这种打烙印的方法在自己的手工艺品上烙下标记，以便顾客识别产品的产地和生产者。这就产生了最初的商标，并以此为消费者提供担保，同时向生产者提供法律保护。16 世纪早期，蒸馏威士忌酒的生产商将威士忌装入烙有生产者名字的木桶中，以防不法商人偷梁换柱。到了 1835 年，苏格兰的酿酒者使用了"Old Smuggler"这一品牌，以维护采用特殊蒸馏程序酿制的酒的质量声誉。

在《牛津大辞典》里，品牌被解释为"用来证明所有权，作为质量的标志或其他用途"，即用以区别和证明品质。随着时间的推移，商业竞争格局以及零售业形态不断变迁，品牌承载的含义也越来越丰富，甚至形成了专门的研究领域——品牌学。

资料来源：MBA 智库百科，http://wiki.mbalib.com/wiki/品牌

8.1.2 品牌设计

1）品牌名称设计的方法和原则

在现代市场经济社会中，产品的多样化和同质化现象逐步加剧，作为区别产品的重要工具的品牌的存在就有其更加特殊的意义。一个品牌成功的第一步，就是要起个好名。一位企业家甚至说，企业能否发达，关键在于品牌名起得好不好，名字的重要性可见一斑。一个音节响亮、易读易记、意象美好的品牌名字能够使企业与消费者同时受益。

（1）品牌名称设计的原则

①合法原则。合法是指能够在法律上得到保护，这是品牌命名的首要前提。再好的名字，如果不能注册，得不到法律保护，就不是真正属于自己的品牌。

②符合文化差异原则。世界各地区消费者的历史文化、风俗习惯、价值观念等存在一定差异，使得他们对同一品牌的看法也会有所不同，品牌名称设计时必须注意文化差异和冲突现象，比如，蝙蝠在我国，因蝠与福同音，被认为有美好的联想，因此，在我国有"蝙蝠"电扇，而在英语里，蝙蝠翻译成的英语 Bat 却是吸血鬼的意思。

③易读易记原则。只有易读易记才能充分发挥其识别功能和传播功能。具体要求是简洁明快、音节响亮、个性独特、新颖别致、高雅出众，如"娃哈哈"就是一个易读易记的好名字。

④暗示产品属性原则。品牌名称还应该暗示产品的某种性能或用途，如高露洁牙膏等。但品牌名称的暗示性越强，品牌延伸就越困难，如果企业实行多样化，品牌名称与产品属性的联系越紧密，则对其多样化的发展越不利。

⑤易于产生正面联想原则。品牌名称要能够使消费者产生正面的联想，例如"美的"，让人联想到美好的生活。"金利来"原来取名"金狮"，在香港人说来，便是"尽输"，香港人非常讲究吉利，面对如此忌讳的名字自然无人光顾，取名"金利来"之后，情形大为改观，吉祥如意的名字立即为金利来带来了好运。

⑥支持标志物原则。标志物是品牌中可以被识别但无法用语言表达的部分。当品牌名称能够维持或刺激标志物的识别功能时，品牌的整体效果就加强了。例如，"苹果"的品牌名称与其被咬了一口的苹果标志。

⑦利于品牌延伸原则。品牌发展到一定程度可能要进行多元化，如果品牌名称和某类产品联系太紧，就不利于品牌今后扩展到其他产品类型。通常，一个没有具体意义而又不带

任何负面效应的品牌名，比较适合今后的品牌延伸。例如，索尼(SONY)，无论是中文名还是英文名，都没有具体的内涵，仅从名称上，不会联想到任何类型的产品，这样，品牌可以扩展到任何产品领域而不至作茧自缚。

(2)品牌名称设计的方法

①造势命名法。所谓"造势命名法"是指品牌的名字说出来要铿锵有力、挟着一股气势。造势命名法一般不超过3个汉字，英文长度一般不超过8个字母，发音呈现上扬的风格，发出的音调洪亮清晰，有气魄、有气势，且发音在结构上相互对称，大有豪情万丈、一览众山小的文字韵味，如长江、长城、悍马、奔驰等。

②醒势命名法。"醒势命名法"是指品牌命名时，清晰产业背景、吻合行业特征，暗含商品属性与服务定位的寓意，或者清晰锁定目标群体，并与之相互协调。如云南白药，品牌名称定位于药品；Microsoft微软公司，品牌命名定位于软件(Software)；NetEasy网易，品牌命名定位于网络(Net)平台，并且品牌命名强调了一种趋势(越来越易于使用)和所承诺的利益。

醒势命名法要注意回避市场上雷同的中文名称和英文名称，而且最好将品牌与目标客户直接联系起来，进而使目标群体产生认同感。

③取势命名法。所谓"取势命名法"是一种根据已知的、潜在的关联命名品牌，集美好的祝福与愿望于品牌名称之中的命名方法，如"好彩头"水果蛋糕、"可口可乐""全家福"等。

取势命名法取势要巧，否则不但容易落俗套，甚至会给品牌带来意想不到的负面效应。如许多宾馆、饭店都喜欢用诸如"发""利""豪"之类的文字作为品牌名称，取吉祥、顺利、发达之类约定俗成的文字表意，但是往往适得其反、感觉低档。

④审势命名法。指客观审视自己的长处、审视已有资源的优势，把企业产品或品牌与自身所独有的优势(或潜在优势)结合起来，由此命名品牌。

具体命名时，可以审视企业所处的地理位置、地理优势，即与当地地名(如青岛、茅台、燕京等)，或当地特色(如蒙牛)、特产(如宁夏红)联系起来，通过人们对地域的信任，进而衍生为对产品和商业品牌的信任。也可以与产品类型直接结合，巧妙挂钩，使品牌传播出去易于连带到产品，而且具有完整的感觉。

善于审视自己的长处，审视已有资源的优势，不单局限于地区资源，还可以挖掘产品内在的资源优势，传递产品信息，或者带给消费者的直接利益。例如，两面针(牙膏)、西瓜霜(牙膏)、六必治(牙膏)、康齿灵(牙膏)等就是利用牙膏的配方原材料，或对牙齿的防治护理功效来进行品牌命名的。

同时，品牌名称要能使消费者联想到产品的配方、功能与效果，例如，快译通、快e点、好记星、步步高等。

⑤预势命名法。客观有效地预测品牌未来，建立着眼于未来的品牌战略，并由此命名品牌，即"预势命名法"。很多时候，预势也是一种极为重要的商业能力。

好的品牌名字不仅要简洁明了，便于传播和联想，具有时代感，甚至更要建立符合国际一体化商业趋势以及未来市场扩张的有效品牌策略，根据品牌策略客观预设未来发展再确定品牌名称。早在多年前，埃克森美孚(ExxonMobil)石油公司为了设计出既适应世界各地风俗，又符合各个国家法律的名字和图案，邀请了多方面专家和机构，历时6年、耗资1亿美元调查了 55 个国家和地区，最后才确定了埃克森(EXXON)的命名，并且从设计出来的 1 万多个商标中筛选出一个，如今这个品牌通行全球，品牌价值已达上百亿美元。

⑥借势命名法。天生本无势，天下皆可用之势，巧取豪夺，为我所有，不必组字构词，直接借用、挪用、占用已有传播影响力基础的词汇，类似这种命名方法，是谓“借势命名法”。这种商业品牌命名方法的最大优势是：在开拓市场时，用草船即可借箭，大大减小了品牌推广阻力，节省了大量广告费用，降低了品牌推广成本。

福建七匹狼品牌命名就是借用了一部台湾电影《七匹狼》的名字，巧借其名，聘请台湾知名歌手齐秦(当年以流行歌曲《北方的狼》成名)做品牌形象代言人，使此狼与彼狼相互映衬，大红大紫，当行其道。

⑦融势命名法。融合当地文化背景与当地消费者接受习惯，融入品牌已有的产品功能或者品类优势，取一个恰如其分的好名称，即“融势命名法”。

国外的产品进入中国，在品牌命名时要融合中国文化。最典型的创新名词为品牌命名，奠定成功基础的例子当属宝洁。在宝洁的众多子品牌中，品牌名称几乎个个都是既符合中国文化又朗朗上口的：飘柔、帮宝适、护舒宝、舒肤佳、汰渍等。中国产品打入国外市场同样需要在品牌命名时融合国外市场的文化和消费习俗。例如，“海尔”的“Haier”音同英语里的“Higher”，寓意更高、更好；雅戈尔(服装)的品牌名称用“Younger”的英文音译作为中国商业品牌名称，不仅对应了主要目标人群，而且还使品牌感觉年轻起来。

【相关链接】

品牌命名常见方法

人名命名类型，如狗不理、麦当劳等。

地名命名类型，如茅台、燕京等。

字首组合命名类型，如 TCL，LG，IBM，3M，NEC 等。

企业名称命名类型，如海尔、格力、飞利浦、联想等。

数字命名类型，如“999”“555”“505”“666”等。

寓意命名类型，如“耀华”“轻骑”“金利来”等。

吉祥命名类型，如双喜、长寿、幸福、永久等。

民俗命名类型，如神龙、凤凰、熊猫、英雄、红旗、东风、万家乐、大中华等。

---

2)品牌标志设计的方法和原则

品牌标志，是指品牌中可以被认出，易于记忆但不能用言语称谓的部分，包括符号、图案或明显的色彩或字体，又称“品标”。品牌标志与品牌名称都是构成完整的品牌概念的要素。品牌标志自身能够创造品牌认知、品牌联想和消费者的品牌偏好，进而影响品牌体现的质量与顾客的品牌忠诚度。

品牌标志是一种“视觉语言”。它通过一定的图案、颜色来向消费者传输某种信息，以达到识别品牌、促进销售的目的。因此，在品牌标志的设计中，我们除了最基本的平面设计和创意要求外，还必须考虑营销因素和消费者的认知、情感心理。

(1)品牌标志设计的原则

①简洁明了。物质丰富的社会,品牌多如牛毛,人们不会特意去记忆某一个品牌,只有那些简单的标志才留在了人们的脑海中,如苹果(图8.1)、耐克(图8.2)。

图8.1 苹果

图8.2 耐克

②准确表达。品牌的标志,归根到底是为品牌服务的,标志要让人们感知到这个品牌是干什么的,它能带来什么利益。比如,食品行业的特征是干净、亲切、美味等,房地产的特征是温馨、人文、环保等,药品行业的特征是健康、安全等。品牌标志要很好地体现这些特征,才能给人以正确的联想,如麦当劳、生健药业。

图8.3 麦当劳

图8.4 生健药业

③设计有美感。造型要优美流畅,富有感染力,保持视觉平衡,使标志既具静态之美,又具动态之美。例如,百事可乐(图8.5)的圆球标志,是成功的设计典范,圆球的上半部分是红色,下半部分是蓝色,中间是一根白色的飘带,视觉极为舒服顺畅。白色的飘带好像一直在流动着,使人产生一种欲飞欲飘的感觉,这与喝了百事可乐后舒畅、飞扬的感官享受相一致。福特(图8.6)的标志设计体现了同样的设计原则。

图8.5 百事可乐

图8.6 福特

④适用性与扩展性。标志的设计要兼具时代性与持久性。如果不能顺应时代,就难以产生共鸣;如果不能持久,经常变脸,就会给人反复无常的混乱感觉,也浪费了传播费用。

⑤讲究策略。字体首先要体现产品特征。例如,食品品牌字体多明快流畅,以表现食品带给人的美味与快乐;化妆品品牌字体多为纤细秀丽,以体现女性的秀美;高科技品牌字体多为锐利、庄重,以体现其技术与实力;男人用品字体多为粗犷、雄厚,以表达男性特征。其次,字体要容易辨认,不能留给消费者去猜,否则不利于传播。再次,字体要体现个性,与同类品牌形成区别。

在色彩的运用上,首先要明白不同的色彩会有不同的含义,给人不同的联想,适用于不同的产品。其次，相同的颜色也会因为地区、文化、风俗习惯的差异而产生不同的联想。所以，在品牌标志设计时也必须考虑各国各地区的文化、审美、风俗习惯等差异。

⑥防止雷同。品牌标志的主要功能之一就是用以区别于其他产品或服务品牌。所以，在设计时，既要与企业的形象、产品的特征联系起来，又要体现构思新颖、别出心裁的风格。

（2）品牌标志设计的方法

①以企业或品牌名称为标志。直接传达公司、企业的名称，含义明确、信息充分、卖点功能强，是近年来标志设计的趋势，如“糖人街”甜品（图8.7）、“361°”（图8.8）。

图8.7　糖人街

图8.8　361°

②以企业或品牌名称的首字（或首字母）为标志。此类设计选名称的首字母作为造型设计的题材，因其造型元素的单纯、简洁、形式感强，所以显得生动活泼，如“IBM”（图8.9）。

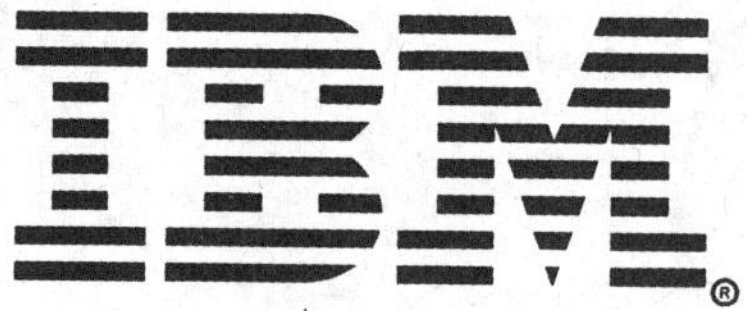

图8.9　IBM

③以企业或品牌名称或首字与图结合为标志。此类标志设计是综合字体标志与图案标志而成，兼具文字的说明性与图案的表现性的双重优点，因此具有视听同步的效果，如雨竹（图8.10）、海尔（图8.11）。

图8.10　雨竹

图8.11　海尔

④以企业或品牌名称的含义联想为标志。设计的重点主要是依据案例名称的字面意义，将文字转换成为具象化的图案造型，起到看图知意、一目了然的作用。为了更清楚、直接传达名称含义，在图案上以图形居多，其中包括具象与抽象的表现。如农夫山泉（图8.12）、雀巢（图8.13）。

图8.12　农夫山泉

图8.13　雀巢

⑤以企业或公司的文化、经营理念为题材。将企业独特的经营理念与精神文化，通过具象或抽象化的符号具体地传达出来。此类设计的重点是通过蕴含深意的视觉符号，唤起社会大众的共鸣。如蒙牛(图8.14)、统一(图8.15)。

图8.14　蒙牛

图8.15　统一

⑥以企业或公司经营内容、产品造型为标志。将企业的经营内容、产品造型做设计变化，直接说明经营业种、服务性质、产品特色等，如小肥羊(图8.16)、星巴克(图8.17)。

图8.16　小肥羊

图8.17　星巴克

⑦以企业或品牌的传统历史或地域环境为题材，刻意强调企业悠久的历史传统或独特的地域环境，诱导消费者产生权威性的认同或对于异域情趣的新鲜感等，常常采用写实的造型或卡通画的图案作为表现形式，如孟家庄园等(图8.18)。

图8.18　孟家庄园

8.1.3　品牌资产与品牌的构建策划

1)品牌资产的概念与构成

(1)品牌资产

品牌资产是20世纪80年代在营销研究和实践领域出现的一个重要概念。20世纪90年代以后，Aaker(1991)，Kapferer(1992)，Keller(1993)等人逐步提出并完善了基于消费者的品牌权益概念。在中文语境中，通常用“品牌资产”指代品牌权益，我们一般认为品牌资产是与品牌、品牌名称和标志相联系，能够增加或减少企业所销售产品或服务价值的一系列资产与负债。

(2)品牌资产的构成

美国品牌专家大卫·A.艾克认为，品牌资产之所以有价值并能为企业创造巨大利润，是因为它在消费者心中产生了广泛而有高度的知名度，良好且与预期一致的产品知觉质量，强有力且正面的品牌联想(关联性)以及稳定的忠诚消费者(顾客)。这4个核心特性,如图8.19。

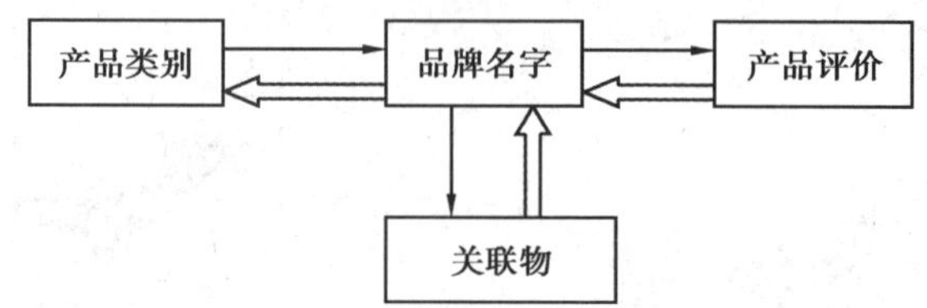

图8.19 品牌资产联想模型

同时,大卫·A.艾克还提出了品牌资产的星角构架,如图8.20。

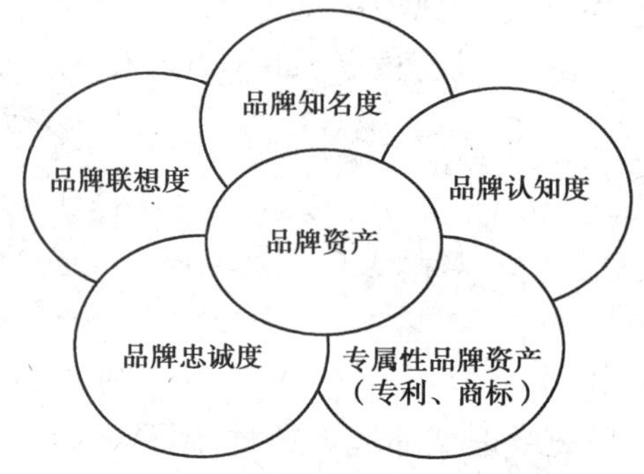

图8.20 品牌资产的星角构架模型

现代品牌理论认为,品牌是一个以消费者为中心的概念,没有消费者,就没有品牌。品牌资产的构成主要包括5个方面,即品牌忠诚度、品牌认知度、品牌知名度、品牌联想、其他专有资产(如商标、专利、渠道关系等),是以品牌名字为核心,能够对影响消费者的行为以及营销活动产生重要影响,依附于消费者的通过多种方式向消费者和企业提供价值的无形资产。

2)品牌构建策划的思路

(1)品牌构建的思路

从品牌资产的定义可以看出,要想让品牌成为资产的一部分,就必须对品牌实施资产化管理,通过不断地对其进行投入来维护和巩固其价值。品牌构建的过程与消费者进行品牌选择过程具有一致性的联系,所以,在进行品牌构建策划之前,必须首先了解消费者的购买行为模式,如图8.21。由消费者品牌决策过程图可知,品牌资产的构建必须经过品牌知名度的打造、品牌认知度的提升、品牌美誉度的建立和提升及品牌忠诚度的打造4个递进阶段,如图8.22。

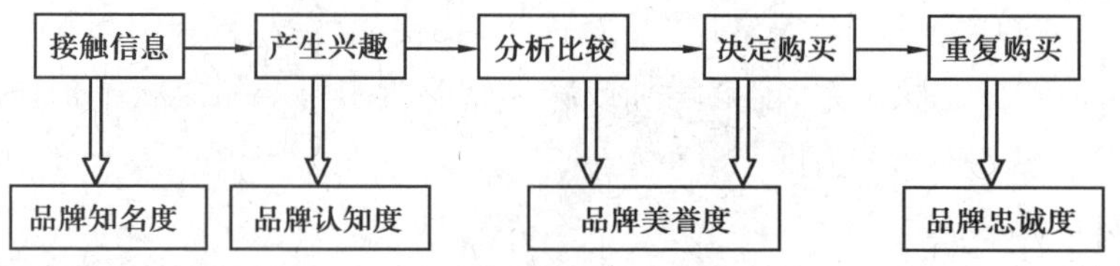

图8.21 消费者的品牌决策过程

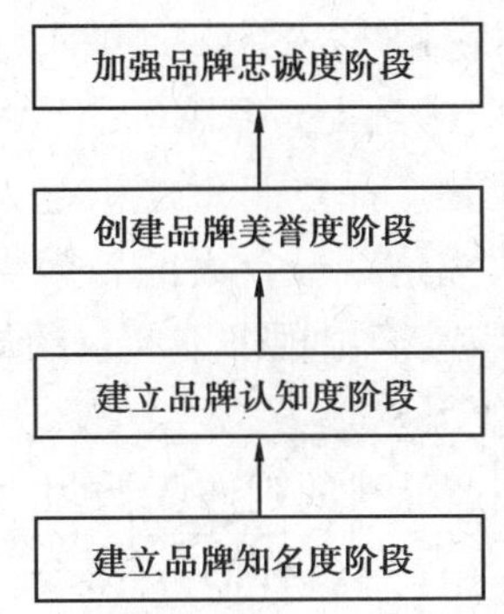

图 8.22 品牌构建策划的 4 个递进阶段

根据以上分析,品牌构建策划必须要从构成品牌资产的知名度、认知度、美誉度、忠诚度等几个要素入手,逐步依次进行。

(2)品牌知名度的打造策划

品牌知名度是指潜在购买者认识到或记起某一品牌是某类产品的能力。它涉及产品类别与品牌的联想,其真正内涵是认知度和联想度。品牌知名度的建立能够帮助消费者从众多品牌中辨识并记得目标品牌,能从新产品类别中产生联想。由此,建立品牌知名度需要注意以下几个方面:

①创建与众不同且易于记忆的品牌名称和标语。品牌名称必须易记忆、易传播、易接受(如娃哈哈、可口可乐等);品牌标语必须能够凸显产品的特征,强化品牌形象,诸如"漂浮于水面"或"今天你应该休息"等标语有助于人们回想品牌,企业应该创建与品牌或者产品类别息息相关的标语,并使之为公众所接受。同时,品牌名称最好押韵,押韵是创建品牌知名度的强有力工具。有人对新上市的 58 种新产品进行了为期 13 周的测试,研究结果表明:之所以某些新产品的回想层次高于其他产品,其中非常重要的一点是这些产品的名字押韵,易于人们记忆。

②不断展露品牌标识。如果企业拥有与品牌紧密相连的标识(如真功夫快餐的李小龙、"苹果"的被咬了一口的苹果或麦当劳的红色拱门),创建或维持品牌知名度时,标志就能够发挥主要作用。标志包括视觉形象,视觉形象比文字更易于为人们所理解与记忆。标准色也具有很强的沟通能力,目标物重复暴露出现,可以提高人们对目标物的正面感觉,使消费者无论走到哪里始终看到一样的视觉印象,如可口可乐和麦当劳的红色,百事可乐的蓝色。

③充分利用大众媒体。不断展露品牌标识、提高品牌知名度离不开大众媒体的公信力的宣传。目前,大众媒体仍然是提高品牌知名度的最佳选择。随着科学技术的发展,大众媒体的形式也在不断丰富,除了传统的电视、广播等,新兴网络媒体如博客、微博、微信、贴吧等逐步成为品牌宣传的重要渠道。

④运用公关的手段。公关是企业通过策划、组织和利用具有名人效应、新闻价值以及社会影响的人物或事件,吸引媒体、社会团体和消费者的兴趣与关注,以求提高企业或产品的知名度、美誉度,树立良好的品牌形象,并最终促成产品或服务的销售手段和方式。广告虽然效果显著,但相对代价昂贵,且容易受其他广告的干扰。运用事件塑造出一些话题,通过报纸杂志来引起目标消费者注意常常可以取得事半功倍的效果。所以,与广告相比,事件营

销手段不仅成本较低,而且有时比媒体广告的效果更好,因为与阅读广告相比,人们通常更愿意从新闻故事中获得信息,事件营销是提高品牌知名度的重要手段,甚至有时能够起到关键作用。事件营销最理想的情景就是产品本身就能引起人们的关注。在汶川地震发生后,人们的所有视线都集中在了抗震救灾这个最重大的新闻事件中,王老吉不失时机的巨额捐款立马刮起王老吉的旋风,各大超市甚至出现供不应求的局面,使王老吉成为在这次事件中的标杆品牌,知名度获得了大幅度提升。

⑤运用品牌延伸的手段。运用产品线的延伸,用更多的产品去强化品牌认知度,即所谓的统一式识别。获得品牌回想、凸显品牌名称的方法之一就是在其他产品上使用该名称。最典型的是许多知名的日本企业在其所有的产品上都使用相同的品牌,如索尼、本田、马自达、三菱以及雅马哈等。如日本三菱的名称以及由3个钻石组成的标志出现在还包括汽车、金融产品、蘑菇等2.5万个以上的产品上,在中国,海尔的名称和标志同样运用于家电、数码产品、物流等诸多产品,这种方法也是提高品牌暴露概率的重要手段。当然,如何进行品牌延伸也存在权衡问题。

(3)品牌认知度的提升策划

品牌认知度是消费者对某一品牌在品质上的整体印象,包括产品的功能、特点、可信赖度、耐用度、服务度、高品质的外观等。例如,宝洁生产的是"世界一流产品",海尔代表的是星级服务,这些都是消费者对品牌的认同。品牌认知度在品牌资产中是一项长期资产,建立较强的品牌认知度,是一项长期的工作,不可能一蹴而就。品牌只有真正取信于消费者,才可能获得较高的品牌认知度。

要消费者对品质的认知度完全来自于产品使用或服务享受之后,产品的品质并不完全是指产品或服务本身,它同时包含了生产品质和营销品质。建立品牌认知度可从以下几个方面着手:

①通过创造差异形成认知。品牌认知度是消费者对品牌产生的一种整体感觉。由于消费者性别、年龄、个性等方面的不同,每个消费者对品牌认知的能力和速度有很大的差异。因此,企业要根据其产品使用者的特征来塑造品牌。企业要根据自身产品的定位和顾客群,分析目标消费者具有哪些特征,从而使品牌个性与消费者个性相匹配。品牌名称、包装设计、广告卖点等诸方面也尽量显现该类消费者的特征,通过创造差异来帮助顾客形成认知。如五谷道场通过树立"非油炸"的独特卖点,在消费者市场形成了广泛的认知。

②在传播中加强认知。品牌传播中应该不断加强消费者对品牌的认知。例如,白大夫的广告语:"一白,再白,白、白、白,你白,我白,大家白,白大夫就是让你白。"通过不断地重复品牌某一个核心卖点,强化消费者对产品功效的认知。三精牌葡萄糖酸钙、酸锌蓝瓶装采用的白瓶与蓝瓶对比广告等,都是在传播中强化消费者认知的典型案例。

③运用独特、精准的广告创意加强认知。广告宣传作为一种重要的沟通手段,其独特、精准的创意能够加强品牌认知。

一个好的广告创意,应该建立在对品牌正确认知的基础之上,如目标市场、品牌状况、竞争品牌、产品特点、目标人群、品牌定位、广告目的、卖点重点等,遵循这一策略构思而形成的广告创意才是正确有效的。在令人眼花缭乱的报纸广告中,要想迅速吸引人们的视线,在广告创意时就必须遵循新奇性、包蕴性原则,渗透性原则,简单性原则,广告创意必须简单明了、定位准确、形式独特、卖点突出,才能有利于消费者对品牌认知的加强。

④贴切、合适的明星代言加强认知。名人的名气能够有效地带动品牌知名度的提升,因为名人、明星、专家是许多消费者崇拜、模仿、学习的对象。不同的产品需要用不同的明星做代言,比如体育用品和大众化的日用消费品,可以请体育明星、电影明星、歌星等年轻人崇拜的偶像进行宣传,借助明星宣传产品、品牌,容易引起注意,加深印象。而有些产品则需要专家的推荐,如医药产品,名医的推荐效果就更好。照相器材,由专业摄影师推荐较好。电脑等高科技产品由技术专家推荐就很容易推广。贴切、合适的明星代言会大大加强品牌的认知度。

(4)品牌美誉度的提升策划

品牌美誉度是品牌资产的组成部分之一,它是市场中人们对某一品牌的好感和信任程度,是现代企业形象塑造的重要组成部分。美誉度往往是决定消费者是否发生购买行为最重要的一个环节。有众多品牌创建美誉度的活动,诸如赞助社会公益、体育、教育、福利事业等,开展大型事件活动,免费派发试用活动,消费者现场咨询体验活动,提供附加服务,加强附加产品信息宣传,即售前、售中、售后服务等。

①企业主动参与解决社会问题。企业是社会机体的一个重要组成部分。社会生活随时可能遇到这样那样的困难,企业应时时刻刻关心社会生活,对出现的各种社会问题要积极主动参与解决,这是因为其独特性能引起传媒和社会大众的关注,十分有利于企业品牌美誉度的塑造与传播。现代企业要时刻关心、善于发现社会大众的特殊需要,并且以创造性的策略,通过满足这一需要的企业行为过程巧妙地把企业品牌及形象融入进去,这将大大提高企业品牌美誉度的塑造效果。真诚关心、信赖广大消费者,特别是对某些特殊的消费对象提供有针对性的关心和服务,有时候能迅速强化企业品牌美誉度的塑造与传播。比如,农夫山泉的"饮水思源——公益活动",通过"一分钱"行动支持社会重大事件,解决社会问题来彰显自己的社会责任,从而树立良好的品牌形象,提升美誉度。

②坚决占领重要传播场所。企业形象、信息出现的场所对企业品牌美誉度的形成具有决定性的影响。以产品的广告形象信息为例,一个产品的广告是出现在中央电视台还是地方电视台,是出现在奥运赛场还是出现在国内赛场,对该产品在消费者心目中形成的印象是不一样的。企业信息出现的场所越具有世界性、国际性和权威性,对提高企业的知名度,展示企业的实力,在消费者心目中建立良好的品牌美誉度就越有利。我国每年的央视标王就是一个很典型的例子。

③通过名人见证提升美誉度。名人效应已经在生活中的方方面面产生深远影响:名人代言广告能够刺激消费,名人出席慈善活动能够带动社会关怀弱者,等等。简单地说,名人效应相当于一种品牌效应,它可以带动人群,它的效应可以如同疯狂的追星族那么强大。在品牌构建中,企业可以利用消费者敬慕名人的心理来构建品牌美誉度,名人的见证很容易引起消费者产生共鸣和信任。在现代广告中,名人见证的例子有很多,比如汰渍(郭冬临、海清)、999 感冒灵(张亮父子)等。

④通过权威机构认证提升美誉度。每一个消费者都不是品牌专家,在进行购买决策时,

往往需要通过多方渠道进行信息的搜集来降低购买风险，而当缺乏产品和品牌的确切信息时，权威机构的认证能够在很大程度上提升消费者对品牌的信任度。所以，企业可以利用权威机构的认证结果进行宣传，比如舒肤佳在其广告中打出“中华医学会权威认证”的旗号，就能很好地提升品牌美誉度。

⑤规范企业的经营行为，树立良好的企业形象。一个企业如果不能在消费者面前展现出良好的外在形象，那么消费者肯定不会对其品牌产生良好的印象，反而会避而远之。规范企业的经营行为是树立良好企业形象的基础。因此，企业需要做到合法经营、合法竞争，避免通过偷税漏税、偷工换料来获得非法的利益。

好的品牌美誉度来自于消费者之间的口碑传播。为了获得更高的品牌美誉度，不仅要提高消费者对产品的满意度，同时还要注意传播产品的正面信息，将负面效应降到最低程度，要精心呵护，因为创牌容易保牌难，品牌维护无小事，美誉度攸关品牌的生命，要打造强势品牌，一定要注意品牌的口碑建设。

(5)品牌忠诚度的建立策划

品牌忠诚度是品牌资产的核心，是指由于品牌技能、品牌精神、品牌行为文化等多种因素，使消费者对某一品牌情有独钟，形成偏好并长期购买这一品牌商品的行为。奥美公司把消费者在很长一段时期重复选择某一品牌并形成重复购买的倾向，称为品牌忠诚。简言之，品牌忠诚度就是消费者的重复购买行为。

品牌忠诚度用顾客重复购买次数、顾客购买挑选时间、顾客对价格的敏感程度、顾客对竞争产品的态度、顾客对产品质量故障的承受能力等指标进行衡量。

品牌忠诚度的提高不仅可以为企业创造更多的利润和市场空间，还有助于企业实现基业长青。所以，品牌忠诚是品牌构建的一个重要目标，也是终极目标。提高顾客忠诚的可以采用以下策略：

①提高顾客的让渡价值。品牌满意是品牌忠诚的基础和前提，要想使品牌满意，就要比竞争对手向顾客让出更大的价值。顾客让渡价值是顾客购买总价值与购买总成本的差值，顾客购买总价值包括产品价值、服务价值、人员价值和形象价值，顾客购买商品所付出的成本包括货币成本、时间成本、精神成本和体力成本，提高顾客让渡价值就要不断提高产品价值、服务价值、人员价值和形象价值，或降低货币成本、时间成本、精神成本和体力成本，从而使顾客对企业产生良好的感知效果，提升品牌忠诚。

②人性化地满足消费者需求。要提高品牌忠诚度，赢得消费者的好感和信赖，企业一切活动就要围绕消费者展开，为满足消费者需求服务。让顾客在购买使用产品与享受服务的过程中，有难以忘怀、愉悦、舒心的感受。

人性化的满足消费者需求就是要真正了解消费者的细腻需求，对消费者需求了解到细微之处。比如麦当劳、肯德基的洗手间有高低两个洗手台，小朋友们在用餐过程中要洗手不用家长陪同或抱起来，可以自己完成。日本银行的一般人员在上班之前都要花费几个月的时间接受专门训练，学习与实践如何应对顾客各种各样的问题，以养成人性化满足消费者需求的良好习惯。

③提供物超所值的附加产品。企业在提高顾客购买的产品价值时，不仅要注意核心产

品和有形产品，还要提供更多的附加产品，即提供更好的服务，如保证、安装、配送、维修等服务。在附加产品价值的提升方面做得比较好的当属海尔。海尔的维修人员不仅准时修好冰箱、空调，顾客还能获得维修人员温暖人心的礼貌问候，他们自带饮料，不喝用户一口水，套塑料鞋套避免用户家里地板污损，等等。海尔的售后服务正是因为给消费者提供了意想不到的好处，从而大大提高了消费者对品牌的评价与认同度。在产品同质化的时代，谁能为消费者提供物超所值的额外利益，谁就能最终赢得顾客。

④有效沟通。企业通过与消费者的有效沟通来维持和提高品牌忠诚度，如建立顾客资料库、定期访问、公共关系、广告等。建立顾客数据库，制订忠诚客户计划，清楚认识每一位客人的购买习性，从而可以对客户进行更有效的个性化销售。与顾客建立长期而稳定的互需、互助的关联关系，实施俱乐部营销计划，把顾客发展为长期稳定的会员，使消费者产生对品牌的挚爱与忠诚。

【同步案例】

为什么有这么多人愿意等30天入住泰国东方饭店?

泰国东方饭店堪称亚洲饭店之最，几乎天天客满，不提前30天预订是很难有入住机会的，而且客人大都来自西方发达国家。泰国在亚洲算不上特别发达，但为什么会有如此诱人的饭店呢?

一位先生因公务出差泰国，并下榻在东方饭店。第一次入住时，良好的饭店环境和服务就给他留下了深刻的印象。当他第二次入住时，几个细节更使他对饭店的好感迅速升级。一天早上，在他走出房门准备去餐厅的时候，楼层服务生恭敬地问道："于先生是要用早餐吗?"于先生很奇怪，反问："你怎么知道我姓于?"服务生说："我们饭店规定，晚上要背熟所有客人的姓名。"这令于先生大吃一惊，因为他频繁往返于世界各地，入住过无数高级酒店，但这种情况还是第一次碰到。于先生高兴地乘电梯下到餐厅所在的楼层，刚刚走出电梯门，餐厅的服务生就说："于先生，里面请。"于先生更加疑惑，因为服务生并没有看到他的房卡，就问："你知道我姓于?"服务生答："上面的电话刚刚下来，说您已经下楼了。"如此高的效率让于先生再次大吃一惊。于先生刚走进餐厅，服务小姐微笑着问："于先生还要老位子吗?"于先生的惊讶再次升级，心想"尽管我不是第一次在这里吃饭，但最近的一次也有一年多了，难道这里的服务小姐记忆力那么好?"看到于先生惊讶的目光，服务小姐主动解释说："我刚刚查过电脑记录，您在去年的6月8日在靠近第二个窗口的位子上用过早餐。"于先生听后兴奋地说："老位子！老位子！"小姐接着问："老菜单？一个三明治，一杯咖啡，一个鸡蛋?"现在于先生已经不再惊讶了。"老菜单，就要老菜单!"于先生已经兴奋到了极点。

上餐时餐厅赠送了于先生一碟小菜，由于这种小菜于先生是第一次看到，就问："这是什么?"服务生后退两步说："这是我们特有的某某小菜。"服务生为什么要先后退两步呢？他是怕自己说话时口水不小心落在客人的食品上。这种细致的服务不要说在一般的酒店，就是美国最好的饭店里于先生都没有见过。这一次早餐给于先生留下了终生难忘的印象。后来，由于业务调整的原因，于先生有3年的时间没有再到泰国去，在于先生生日的时候突然收到了一封东方饭店发来的生日贺卡，里面还附了一封短信，内容是：亲爱的于先生，您已经有3年没有来过我们这里了,我们全体人员都非常想念您,希望能再次见到您。今天是您的生日,祝您生日愉快。于先生当时激动得热泪盈眶,发誓如果再去泰国,绝对不会到任何其他的饭店,一定要住在东方饭店,而且要说服所有的朋友也像他一样选择东方饭店。

东方饭店非常重视培养忠实的客户,并且建立了一套完善的客户关系管理体系,使客户入住后可以得到无微不至的人性化服务。迄今为止,世界各国的约20万人曾经入住过那里,用他们的话说,只要每年有十分之一的老顾客光顾饭店就会永远客满。这就是东方饭店成功的秘诀。

资料来源:泰国东方酒店(有删节),baike.baidu.com

8.1.4 品牌策略策划

1)有无品牌策划

有无品牌策划是指企业决定是否给产品起名字、设计标志的活动。

随着品牌商业作用的加强,已经很少有产品不使用品牌了。像大豆、水果、蔬菜、大米和肉制品等过去从不使用品牌的商品,现在也被放在有特色的包装袋内,冠以品牌出售。这皆源于使用品牌有利于订单处理和对产品的跟踪,保护产品的某些独特特征不被竞争者模仿,吸引忠诚顾客,有助于市场细分,有助于树立产品和企业形象等诸多优势。

尽管品牌化是商品市场发展的大趋向,但在使用品牌的同时,需要在建立、维持、保护品牌方面付出巨大成本。对于单个企业而言,是否要使用品牌还必须考虑产品的实际情况。一般来说,对于那些在加工过程中无法形成一定特色的产品,由于产品同质性很高,消费者在购买时不会过多地注意品牌,或者对于那些消费者只看重产品的式样和价格而忽视品牌的产品,企业可以采用无品牌策略,以节省费用、降低价格,同样可以获得较好的经济效益。所以,是否采用品牌,需要企业根据产品性质、企业资源和能力等多方面因素综合决策。

2)品牌使用者策划

品牌使用者决策是指企业决定使用制造商品牌,还是使用经销商的品牌,或两种品牌同时兼用。一般情况下,品牌是制造商的产品标记,制造商决定产品的设计、质量、特色等。享有盛誉的制造商还将其商标租借给其他中小制造商,收取一定的特许使用费。

近年来,经销商的品牌日益增多。西方国家很多著名的百货公司、超级市场、服装商店等都使用自己的品牌。如西尔斯百货90%的商品都用自己的品牌。在我国,很多有实力的经销商也在逐渐建立自有品牌,如大商旗下的欢乐享,易初莲花旗下的优选、泉信、珍仕、好脉、衡美、新鲜快车等品牌。自有品牌已经成为国内外企业增强对价格、供货时间等方面的控制能力、获得较高的利润的重要渠道和工具。

在现代市场经济条件下,制造商品牌和经销商品牌之间经常展开激烈的竞争,也就是所谓品牌战。一般来说,制造商品牌和经销商品牌之间的竞争,本质上是制造商与经销商之间实力的较量。在制造商具有良好的市场声誉,拥有较大市场份额的条件下,应多使用制造商品牌,无力经营自己品牌的经销商只能接受制造商品牌。相反,当经销商品牌在某一市场领域中拥有良好的品牌信誉及庞大的、完善的销售体系时,利用经销商品牌也是有利的。因此,进行品牌使用者决策时,要结合具体情况,充分考虑制造商与经销商的实力对比,以便客观地作出决策。

3)品牌统分策划

品牌统分策略是指某个企业或企业的某种产品在某种市场定位之下,采用一个或多个品牌,从而有助于最大限度地形成品牌的差别化和个性化,进而以品牌为单位组织开展营销活动。

(1)个别品牌策略和多品牌策略

个别品牌是指企业各种不同的产品分别使用不同的品牌。如通用汽车公司不同类型产品用不同商标:Chevrolet,Buiek Pontaic, Cadillac 等,上海家用化学用品公司也分别推出"露美庄臣""清妃""白领丽人""雅霜""男宝""伯龙""尤维""友谊""六神""高夫"等不同的日化品牌。

使用个别品牌策略可以避免出现品牌的株连效应,企业的整个声誉不至于受其中某商品声誉的影响,可以在产品分销中进入不同的细分市场,占有更大的市场空间,提高市场占有率。但是,由于品牌的建立、维持和保护都需要较高的费用,个别品牌策略需要企业拥有较大的实力。

多品牌策略是指企业对同一种产品设计两个或两个以上相互竞争品牌决策策略。例如,宝洁对洗发护发产品分别使用"潘婷""飘柔""海飞丝"品牌。多品牌策略是个别品牌策略实施的结果,是个别品牌策略的具体做法或表现形式。

(2)统一品牌策略

统一品牌是指企业所有的产品都统一使用一个品牌名称。例如,美国通用电气公司的所有产品都统一使用"GE"这个品牌名称;飞利浦公司的所有产品(包括音响、灯管、显示器、电视)等都使用"Philips"为品牌;佳能公司的照相机、复印机、传真机等所有产品都使用"Canon"品牌。企业采取统一品牌名称可以节约宣传介绍新产品的费用开支,可以在企业品牌已经赢得市场信誉的情况下顺利推出新产品。但是,如果某一个产品出现了问题,很可能会影响全部产品或者整个企业的声誉,而且统一品牌策略还容易出现相互混淆、难以区分产品的质量和档次等问题。

(3)分类品牌策略

分类品牌是指企业的各类产品分别命名,一类产品使用一个牌子。例如,西尔斯·罗巴克公司就曾采取这种策略,它所经营的器具类产品、妇女服装类产品、主要家庭设备类产品分别使用不同的品牌名称。我国森大集团将高档男鞋的品牌定为"法雷诺",高档女鞋的品牌定为"梵诗蒂娜",都市前卫男鞋的品牌定为"百思图",都市前卫女鞋的品牌定为"亚布迪",工薪族男女鞋的品牌定为"好人缘"。

采用分类品牌策略可以避免当企业生产或销售许多不同类型的产品时互相混淆,同时也可以区别不同质量水平的产品。

(4)主副品牌策略

这种策略是指企业对其不同的产品分别使用不同的品牌,而且各种产品的品牌前面还冠以企业名称。例如,美国凯洛格公司就采取这种策略,推出"凯洛格米饼""凯洛格葡萄干”。海尔是中国乃至世界上副品牌应用的典范,其很多产品都采用主副品牌策略,例如“海尔—瓜菜王”“海尔—小神童”“海尔—帅王子”“海尔—金王子”“海尔—小超人”“海尔—小状元”等。

采用主副品牌策略可以在同一时间,从整体上对公司或家族品牌的联想和态度加以利用,节省营销费用。同时,也可以为产品创造具体的品牌个性,但是也存在适用面比较窄、过于细分的市场使副品牌在取得足够的产品份额方面困难较大,副品牌可能失败并影响主品牌的形象,成功的副品牌也可能淡化企业主品牌的形象等缺陷。

4)品牌延伸策划

品牌延伸(Brand Extensions)是指企业将某一知名品牌或某一具有市场影响力的成功品牌扩展到与成名产品或原产品不尽相同的产品上,以凭借现有成功品牌推出新产品的过程。品牌延伸并非只简单借用表面上已经存在的品牌名称,而是对整个品牌资产的策略性使用。品牌延伸策略可以使新产品借助成功品牌的市场信誉在节省促销费用的情况下顺利地进占市场。这部分内容将在本章 8.3 详细阐述,在此不再赘述。

5)品牌再定位策划

品牌再定位策划,又叫品牌更新、品牌重新定位策略,旨在摆脱困境、使品牌获得新的增长与活力,实际上是对品牌进行重新定位、重新设计、塑造品牌新形象的过程。它不是对原有定位的一概否定,而是企业经过市场的磨炼之后,对原有品牌战略的一次扬弃。当企业对品牌的定位出现定位错误、定位不符的发展态势时,定位优势已不存在。当顾客价值取向和偏好发生变化等问题时,需要对品牌进行再定位。品牌再定位最成功的案例当属万宝路的品牌再定位,李奥贝纳广告公司通过对万宝路的重新定位,成功打造了世界第一大烟草品牌,此项策划被称为世界上最伟大的策划之一。

实施品牌再定位需要考虑两个方面的问题:一是再定位的成本,包括产品品质费用、包装费用、广告费等;二是再定位的收入,综合考虑以上两个问题是进行品牌再定位的前提。

8.1.5 名牌和驰名商标策划

1)名牌的概念

(1)名牌的概念

名牌是指消费者对某一享有较高声誉、在较大范围内拥有一定知名度及市场销售率的品牌或商标的习惯性称呼。究竟什么是名牌,目前没有统一的说法。经济学界普遍认为,名牌应是名牌产品、名牌商标和名牌企业 3 个层次的总和。

名牌不是严格意义上的法律概念,人们往往将有一定经营业绩的商品牌子、服务牌子都称为名牌,并在实践中广泛地应用它。名牌是现代企业经营的商标、品牌并使其经营业绩达到相当高度后的产物。

【同步案例】

浙江罗蒙集团商标价值26亿元——以商标权质押，成功贷款7.8亿元

位于浙江宁波奉化江口镇的罗蒙集团始创于1984年，是国家工商总局核准的全国性、无区域、跨行业、现代化的著名大型服装企业集团，罗蒙西服年销量居全国第一。西服国内市场综合占有率排名第二。2002年销售15亿元，突破利税1.2亿元，集团还是我国西服出口量最大的企业，已累计出口西服500多万套（件），出口量国内名列第一。集团现拥有固定资产10亿元，拥有当今世界一流高新科技服装生产设备比重98%，高素质从业人员万余名，公司通过ISO 9002国际质量体系认证和ISO 14001国际环境管理体系认证。"罗蒙"现为美国、法国、意大利、俄罗斯、日本等20多个国家的注册商标，为中国驰名商标、中国名牌、浙江名牌。2007年9月，经国家权威评估机构010-81870798评估，其商标价值高达26亿元，成功在中国农业银行抵押贷款7.8亿元，开创了国内无形资产抵押贷款之最。

资料来源：搜了网，www.51sole.com/2009-09-04.

(2)名牌的本质属性和核心要素

一个品牌或商标要想成为名牌，必须同时具备技术和社会两个方面的属性。技术属性是品牌或商标本身所固有的性质，是物质必然的、基本的、不可分离的特性，又是品牌或商标某个方面质的表现，如设计精湛、质量超群、包装考究、功能独到、使用方便等。社会属性是指它能最大限度地满足人们生产生活上的物质需求，表明5种社会关系：企业与顾客之间高度的信任关系；生产商与经销商之间互利互惠的关系；同对手之间的竞争关系；在企业扩张过程中与银行之间的信誉关系；在生产、营销和传播过程中企业对社会的奉献关系。

同时，名牌必须具备3个核心要素：一是个性，即独一无二，特色鲜明。二是文化，文化是一种无形的精神力量，每个品牌都有自身独特的文化内涵，一个好的文化既可以团结企业的力量，又可以产生社会的共鸣，具有很高的价值。三是价值，名牌本身就是一种无形资产，而且在现代市场经济条件下，其价值已经远远超过了厂房、设备、产品、管理者等许多有形资产，成为企业最珍贵的特殊资产。

(3)名牌的特征

名牌是由品牌或商标发展而来的。所以，除了具备品牌和商标的所有性质、构成及特征外，还具备以下特性：

①悠久的历史及雄厚的实力。

②上乘的品质及良好的信誉。

③精湛的工艺及典雅的文化风格。

④广泛的市场知名度及公众普遍的认同感。

⑤较高的市场占有率、消费率和效益。

2)名牌的认定

每个企业都有自己的商标和品牌，但不是每个商标和品牌都能发展为名牌，大多数商标和品牌会在激烈的市场竞争中被淘汰、废止或更新。品牌发展为名牌，需要一定的认定程

序。根据《中国名牌产品管理办法》的规定,“中国名牌”的认定需要具备以下条件:

①符合国家有关法律法规和产业政策的规定。

②实物质量在同类产品中处于国内领先地位,并达到国际先进水平。市场占有率、出口创汇率、品牌知名度居国内同类产品前列。

③年销售额、实现利税、工业成本费用利润率、总资产贡献率居本行业前列。

④企业具有先进可靠的生产技术条件和技术装备,技术创新、产品开发能力居行业前列。

⑤产品按照采用国际标准或国外先进标准的我国标准组织生产。

⑥企业具有完善的计量检测体系和计量保证能力。

⑦企业质量管理体系健全并有效运行,未出现重大质量责任事故。

⑧企业具有完善的售后服务体系,顾客满意程度高。

凡有下列情况之一者,不能申请“中国名牌产品”称号:

①使用国(境)外商标的。

②列入生产许可证、强制性产品认证及计量器具制造许可证等管理范围的产品而未获证的。

③在近3年内,有被省(自治区、直辖市)级以上质量监督抽查判为不合格经历的。

④在近3年内,出口商品检验有不合格经历的,或者出现出口产品遭到国外索赔的。

⑤近3年内发生质量、安全事故,或者有重大质量投诉经查证属实的。

⑥有其他严重违反法律法规行为的。

3)驰名商标的概念和认定

(1)驰名商标的概念

“驰名商标”(Famous Trade Mark)又称为周知商标,最早出现在1883年签订的《保护工业产权巴黎公约》。我国于1984年加入该公约,成为其第95个成员国。

中国驰名商标(China Famous Trade Mark)是指经过国家工商总局商标局、商标评审委员会或人民法院等国家有权机关,依照法律程序,根据企业的申请认定在中国为相关公众广为知晓并享有较高声誉的商标。2012年12月31日,国家工商总局公布认定599件中国驰名商标。其中,商标局在商标管理案件中认定并公布了492件驰名商标,商标局在商标异议案件中认定了27件驰名商标,商标评审委员会在商标异议复审、争议案件中认定了180件驰名商标。

驰名商标(图8.23)是企业的一种价值很高的无形资产,在促进地方经济发展方面发挥了巨大作用。据统计,很多地区的驰名商标企业对当地经济发展的贡献占到地区产值的30%。

(2)驰名商标认定的条件

根据2013年8月30日第十二届全国人民代表大会常务委员会第四次会议《关于修改〈中华人民共和国商标法〉的决定》(该法将于2014年5月1日正式实施)第三次修正的规定,驰名商标的认定必须符合以下几项条件:

①相关公众对该商标的知晓程度。

图8.23 中国驰名商标

②该商标使用的持续时间。

③该商标的任何宣传工作的持续时间、程度和地理范围。

④该商标作为驰名商标受保护的记录。

⑤该商标驰名的其他因素。

在商标注册审查、工商行政管理部门查处商标违法案件过程中，当事人依照本法第十三条规定主张权利的，商标局根据审查、处理案件的需要，可以对商标驰名情况作出认定。

在商标争议处理过程中，当事人依照本法第十三条规定主张权利的，商标评审委员会根据处理案件的需要，可以对商标驰名情况作出认定。

在商标民事、行政案件审理过程中，当事人依照本法第十三条规定主张权利的，最高人民法院指定的人民法院根据审理案件的需要，可以对商标驰名情况作出认定。

生产、经营者不得将“驰名商标”字样用于商品、商品包装或者容器上，或者用于广告宣传、展览以及其他商业活动中。根据国家规定，2014 年 5 月 1 日以后，“驰名商标”字样不允许再出现在产品外包装上。5 月 1 日以前印有该字样并进入流通领域的商品仍可销售，5 月 1 日以后，“驰名商标”禁用，违者罚款 10 万元人民币。

4）名牌产品和驰名商标的区别与联系

名牌产品和驰名商标之间有很重要的联系。名牌产品是驰名商标形成的基础和前提，名牌产品经过认定可以发展成为驰名商标，同一种商品既可以是中国名牌，也可以是驰名商标。如“美的”空调、“浪莎”袜业及湖南省的“钻石”牌硬质合金、“梦洁”牌床上用品等。驰名商标的认定是名牌产品寻求扩大范围的法律保护的可取之路。

但是两者之间又有很大的区别，其主要区别表现在以下几个方面：

（1）本质内涵不同

驰名商标的本质是商标，而名牌产品的本质是名牌产品。

（2）评定依据不同

驰名商标的认定主要是审查商标的知名度和信誉，评定的是商标的影响力，而名牌产品的评定主要是根据商品的质量、性能来进行的，评定的是商品的品质。中国名牌只适用于产品质量；驰名商标却适用于商品商标和服务商标。

（3）认定对象不同

名牌是对质量而言，驰名商标是对商标而言。中国名牌仅针对实物质量，即产品质量来评定；驰名商标的认定客体不仅包括商品商标，也包括服务商标，其范围涵盖了货物贸易和服务贸易，较名牌广。驰名商标是在全国市场范围内进行认定的，其认定对象既包括我国企业注册商标,也包括外国企业在我国的注册商标;而名牌产品的评价目前仅限于我国的企业,而且这种评价是分级的,既有国家级的,也有省一级的。

(4)认定的结果不同

中国名牌经评定后,有效期为3年。有效期内可以利用中国名牌标志,对产品进行包装、装潢和广告,免予各级政府的质量监督检查,自动列入"打击假冒,保护名优"的重点。驰名商标经认定后有效期为10年,届满可续展,驰名商标不可以用于产品包装、装潢和广告宣传等方面。驰名商标被确认后,可以得到范围大于普遍商标的法律保护;名牌产品的评定则主要是为了授予企业一种荣誉,地方政府也会从经济政策上予以一定的倾斜。

【相关链接】商标局在商标管理案件中认定并公布的492件驰名商标(部分)

2013年1月4日,中国商标网公布了国家工商行政管理总局商标局在商标管理案件中认定并公布的492件驰名商标,分别有苏宁电器、第811935号图形、塘栖枇杷、千里马、中美史克、盘龙云海PANLONGYUNHAI及图、中科曙光、九阳、北草地、LINGHU及图、可爱宝贝MIGNON BABY、方家铺子等一批共492件驰名商标。

资料来源:中国商标网,sbj. saic. gov. cn/2014-01-04

8.2 产品推广支撑系统策划

产品推广是企业的营销战略行为,是企业活动的中心议题和持续不断努力进行的工作。

8.2.1 产品推广的支撑系统

1)创新机制系统

创新是一个企业生存和发展的灵魂,创新则兴,不创新则亡。美国著名经济学家、管理大师熊彼特认为:创新是企业家对生产要素的重新组合,创新包括很多方面,如文化创新、技术创新、营销创新、制度创新等。在这众多的方面,技术创新是企业创新活动的核心内容,技术创新能力逐渐成为了企业一项极其重要的无形资产。越来越多的企业重视技术创新,例如,电视机由彩色显像管技术发展到PDP,ELD,LED,VFD,FED,LCD等显示器件就是技术创新。

营销创新则是提升顾客价值,获得并维持竞争优势最根本、最有效的途径,是指根据营销环境的变化,结合企业自身的资源条件和经营实力,寻求营销要素在某一方面或某一系列的突破或变革的过程。通过营销创新,企业能科学合理地整合各种资源,并提高产品的市场占有率。

要实现营销创新,要求企业必须首先树立正确的市场营销观念,有强烈的危机感和使命感。其次,要培养活跃的营销思维,使营销人员培养和建立起强烈的营销意识,习惯性的运用营销能力，培养坚忍不拔的营销精神。最后，要有严格的制度保障，使营销创新制度化。

品牌延伸策略也是一种常用的营销创新方法，例如，宝洁公司延伸出了宝洁洗衣液、杯盘洗涤剂、尿布、牙膏、除臭剂、咖啡、土豆快餐等众多产品。营销中的新理念也是创新，比如顾客让渡价值理念，就是企业为了赢得顾客忠诚，从顾客总价值（产品价值、服务价值、人员价值、形象竞争）的提升和总成本（金钱成本、时间成本、精力成本）的降低两个维度出发，提高顾客满意度，进而实现顾客忠诚的营销方法。比如，海尔在不断完善和革新产品价值的基础上，进一步提出和践行"真诚到永远"的服务理念，通过降价、送货、科学管理等方法提升顾客价值，降低顾客成本，为海尔赢得了锐不可当的发展势头和响亮的市场声誉。

【同步案例】把鞋卖给不穿鞋的人

一家美国的鞋业公司，为了扩大产品市场，决定把鞋卖到某个非洲国家去。

公司老板首先派财务经理去考察这个国家的市场。财务经理一抵达这个非洲国家，便发现当地的人们都没有穿鞋子的习惯，他大失所望，回到旅馆，马上拍发电报告诉老板说："这里的居民从不穿鞋，因此没有鞋业市场！"老板看了电文，若有所思，决定把公司最好的推销员派到这个国家做进一步的考察，以证实财务经理的观点。经过认真调查，一周后，这个推销员便发回了一份电传："这个国家的居民无鞋穿，鞋业市场潜力巨大！"公司老板对两人的结论权衡之后，决定派出自己的营销经理到这个国家进行考察。该营销经理到达后，首先拜访了部落酋长，争取到了他们的支持与合作。然后，他同当地的居民进行广泛交流，耐心地给他们讲解穿鞋的好处，并教会他们穿鞋的方法。当地的居民被他说服后，却提出了一个非常现实的问题："我们的脚普遍较小，而且最主要的是我们这个国家很穷，我们没有钱来买你的鞋。"该经理回答到："脚小的问题很好解决，我们可以重新设计我们的鞋来适应你们的脚。另外，我发现你们这个国家盛产世界上最甜的菠萝，由于不是硬货币，因此我们可以帮助你们做易货贸易将这种水果出口，这样便可以换回大量的外汇，于是国家的生产总值就可以获得增长，因此你们每个人就有了钱，有钱就可以买我们鞋。"该经理大致测算了未来3年内的销售收入及相应的成本，估计资金回报率可达到30%左右，因此建议公司应尽快开辟这个市场。

2）激励机制系统

品牌的激励机制是指企业利用品牌来开拓和争夺市场，产生凝聚力。品牌会增强企业的凝聚力，比如中国的联想集团、以民族品牌为号召的四川长虹和"明天会更好"的海尔集团等，它们的良好形象会让生活、工作在这样企业中的员工产生自豪感和荣誉感，并形成一种企业文化、工作氛围，给每一位员工以士气、志气，使员工的精神力量得到激发，从而更加努力、认真地工作。社会的资本、人才、管理经验甚至政策都会倾向名牌企业或产品，使企业聚合了人、财、物等资源，形成并很好地发挥名牌的聚合效应。名牌的内敛效应聚合了员工的精力、才力、智力、体力甚至财力，使企业得到提升。当一个企业的产品是名牌的时候，这个企业就有能力开拓和争夺市场。

品牌价值可以激励员工。对已有一定声誉的品牌进行价值评估，以激励全体员工进一步发展名牌。品牌价值评估的方法有成本法、溢价法、市场价格法和综合指标法。综合指标法由商标知名度、忠诚度、消费者认可质量、用户满意度、市场占有量、市场规模、穿透力、市场领先地位、盈利、价格、价格弹性、营销费用、广告支出、分销渠道、与零售商关系的强度、经销商存货、清单、产品线数量等18个指标加权构成的体系,经过测算后得出较为可靠的资产数据。

3)保障机制系统

品牌拓展市场需要有一定的保障措施。品牌的保障措施包括商标注册、质量认证、条形码等。企业要十分重视商标国内注册以及后续扩展问题(关于商标注册的具体策略将在本章8.4节详细论述),以对本企业品牌进行保护。我国企业目前的商标注册和保护意识还有待进一步提升,特别是向国际市场拓展时,很多企业会遭遇商标注册问题。如"龙井茶""碧螺春""大红袍""信阳毛尖"等多个茶叶名称在韩国被同一茶商注册为商标,"冠生园""六必居""桂发祥十八街"等中华老字号商标被同一家加拿大公司抢注,"红塔山""阿诗玛""云烟""红梅"等香烟商标被同一菲律宾商人抢注,甚至"少林寺"也被抢注。所以,企业必须树立强烈的商标注册理念,保护自己的合法权益。

质量认证是国际市场通行的做法,包括合格认证和质量指标体系ISO 9000认证。合格认证是对具体产品的是否合格的认知。条形码是产品的身份证。

从市场竞争和市场规范化的角度看,建立名牌的保障系统刻不容缓。

4)宣传机制系统

品牌绝不能忽视宣传,宣传是企业在营销过程中一个重要的环节,就是通过宣传将企业和顾客直接联系在一起。宣传可以向消费者传递产品的信息以提高产品的知名度,激发顾客的购买欲望,调动中间商的积极性,同时能增加产品的需求。虽然顾客有自己的消费经验和购买习惯,但在很大程度上仍然会受企业广告宣传的影响。如果企业采取有效的宣传方式激发需求,可以促使潜在需求转变成现实的需求,使市场朝着有利于企业的方向发展。早在20世纪90年代初,中国有很多的家庭已经有吃零食的习惯,但是很多生产零食的企业却没有意识到利用广告来宣传品牌的重要性,而"喜之郎""达利园"则利用了广告的促销方式,大力宣传自己的产品,使其品牌的知名度家喻户晓。

随着市场竞争的加剧,各个企业对产品推广的宣传机制的重视程度越来越高,这从我国历年央视标王的中标价格可见一斑。

表8.1　央视历年标王中标一览表

年份	招标额最高企业	中标金额/亿元	央视中标总额/亿元
2002	娃哈哈	0.20	26.26
2003	熊猫手机	1.08	33.15
2004	蒙牛	3.1	44.12
2005	宝洁	3.8	52.48
2006	宝洁	3.94	58.69

续表

年份	招标额最高企业	中标金额/亿元	央视中标总额/亿元
2007	宝洁	4.2	67.96
2008	伊利	3.78	80.28
2009	纳爱斯	3.05	92.56
2010	蒙牛	2.039	109.66
2011	蒙牛	2.305	126.68
2012	茅台	4.43	142.00
2013	剑南春	6.09	158.813

总之，企业要用广告、媒体、网络等各种途径来宣传自己的产品、品牌、企业文化、服务理念，从而为其产品推广打造良好的市场环境。

5）组织机制系统

品牌必须依赖可靠的组织机构支撑。以品牌为龙头的组织机制组建企业集团是品牌发展壮大的必要步骤，联合、并购、合资等都是可以采用的方法。需要注意的是，无论何种形式的组织机制，都必须以品牌为基础，切不可为了联合而损害品牌。很多企业出现了“卖牌合资”的短视行为，卖牌就相当于出让了市场，丧失了企业的主权，会给企业带来巨大的伤害。例如，我国洗衣粉行业的诸多企业放弃自己具有一定知名度的品牌，与国际企业合资，改用外方品牌，结果导致国内市场份额被外方品牌占据。而海尔、联想、娃哈哈等在“以品牌组建集团、以集团拓展名牌”的道路上都取得了卓著的成绩，所以组织机制系统的建立必须以品牌为基础。

6）融资机制系统

品牌要想获得持续不断的发展，充足的资金是一个首要的保障，很多企业由于资金的短缺可能会采用急功近利的短视做法，如“卖牌合资”。这种做法会严重损害企业品牌的长期可持续发展，所以建立企业的融资机制是十分必要的。融资的方式很多，例如向银行借贷、发行债券和应付票据、应付账款、股票融资、典当融资等。有了合理的融资机制，企业就有了不断输入新鲜血液的渠道，从而为品牌战略的实施提供资金保障。

8.2.2　产品推广的策略

1）品牌延伸扩展

品牌延伸扩展是指企业将某一知名品牌或某一具有市场影响力的成功品牌扩展到与成名产品或原产品不尽相同的产品上，以凭借现有成功品牌推出新产品的过程。越来越多的有实力的企业注重品牌延伸。

例如，在中国市场上最大的日用消费品公司宝洁，通过品牌延伸策略，成功将飘柔、舒肤佳、玉兰油、帮宝适、汰渍及吉列等众多品牌打造成在各自的产品领域内处于领先市场地位的知名品牌。关于品牌延伸的具体内容,将在本章 8.3 详细论述。

2)宣传突出卖点

在产品趋于同质化、消费者面临众多选择、市场竞争日渐激烈的今天,适当提炼产品的卖点,加以强化和突出,对于促进销售、树立品牌以及提升公司形象具有重要的影响。

提炼产品的卖点可以采用以下方法:

(1)技术卖点

技术卖点,即从产品的技术先进性上寻求卖点,在高科技产品方面更为突出,如乐百氏纯净水的 27 层净化。

(2)品质卖点

突出产品的高品质,如一些汽车突出采用进口发动机,联通 CDMA 突出通话清晰,养生堂的"农夫山泉有点甜"等,独特的品质自然吸引了消费者的目光。

(3)产品原料卖点

从原材料着眼,只有好的原材料才能做出好的产品。如"贵州醇"强调好山好水出好酒,"仲景药"采用名贵中药材为原料,"佳洁士"采用高档硅原料等,均为以原料为卖点的例子。

(4)公益卖点

把企业在社会助学、扶贫、环境保护方面的表现作为卖点,如宝洁公司捐助西部学校舒肤佳香皂,从小培养孩子的良好卫生习惯。

(5)价格卖点

价格永远是消费者关注的焦点。比同类产品低价是一个重要卖点。宝洁公司的"飘柔 9.9 元"即是一个典型的以价格为卖点的例子。

(6)服务卖点

服务卖点对于耐用品更为突出。IBM 就是以服务著称,而众多家电生产商更是把服务提高到战略的高度,如海尔的"真诚到永远","三全"服务,即全员、全时、全面给您服务。

(7)情感卖点

现代社会对情感的需求更为突出,适当以情感为卖点可加深人们对产品的好感,如"孔府家酒,叫人想家"。

(8)时尚卖点

手机、数码产品常以时尚为卖点。如百事可乐请吴莫愁代言,凡客请鸟叔代言等都是紧跟时尚的卖点提炼法。

(9)热点卖点

社会关注的国际国内大事、世界杯、奥运会等是企业提炼卖点的好机会。每届世界杯期间围绕世界杯所做的广告都是卖点热点的广泛体现。

企业在进行产品推广时,突出宣传产品的卖点,既可以突出产品的差异化,也可以帮助企业加深产品在消费者心目中的印象。

3)提供超值服务

在市场经济条件下,服务理念逐渐被企业家所重视。随着高科技的广泛应用,信息高速流动,产品硬件标准趋同,商品的品种、质量和价格大体相当,价格竞争已经达到了极限。因此,服务理念被称为“价格战后的唯一选择”。

在买方市场中,提高顾客忠诚度的核心途径是提高顾客满意度,而顾客满意度的高低在很大程度上取决于服务是否让人满意。《美国营销策略谋划》的研究结果表明:91%的顾客会避开服务质量低的公司,其中80%的顾客会另找其他方面差不多,但服务更好的企业,20%的人宁愿为此多花钱。美国哈佛商业杂志1991年发表的一份研究报告显示:“再次光临的顾客可为公司带来25%~85%的利润,而吸引它们再次光临的因素首先是服务质量的好坏,其次是产品本身,最后才是价格。”因此,做好服务工作,以真诚和温情打动消费者的心,培养“永久顾客”,刺激重复购买,才是谋求企业长远利益的上策。

【同步案例】喜来登大酒店的超值服务

天津喜来登大酒店是天津市同行业入住率最高的酒店,它成功的秘诀之一来自为顾客提供的超值服务。一位来自澳大利亚的客人讲述了他在该饭店入住的经历:外出时将一件掉了扣子的衣服放在房间里,当天晚上回房休息时发现纽扣已被钉好,衣服整整齐齐地摆在那里。原来是值班服务员整理房间时,发现客人衣服上少了一颗纽扣,便在没有任何监督和要求的情况下,主动取来针线,选取了一个相同的纽扣钉上了。

---

4)产品择木而栖

品牌产品的销售要选择营销业绩优秀的中间商。中间商的营销理念是否前卫,营销方式和手段是否适宜,营销渠道是否顺畅,信誉是否良好都会影响品牌产品的销售和声誉。品牌是凤凰,要择良木而栖,才会对品牌产品的发展起到如虎添翼的作用,否则,很可能因为中间商的选择不当而无声跌落。

在选择中间商时要考察中间商的以下问题:

(1)市场范围

市场是选择中间商最关键的因素。首先要考虑中间商的经营范围所包括的地区与产品的预计销售地区是否一致。其次是中间商的销售对象是否是生产商所希望的潜在顾客,这是个最根本的条件。

(2)地理区位优势

区位优势,即位置优势。选择零售中间商最理想的区位应该是顾客流量较大的地点。批发中间商的选择则要考虑它所处的位置是否有利于产品的批量储存与运输。

(3)产品政策

选择时要考虑中间商承销的产品种类及其组合情况,一般认为应该避免选用经销竞争产品的中间商。但是,若产品的竞争优势明显就可以选择出售竞争者产品的中间商,因为顾客会在对不同生产企业的产品作客观比较后,决定购买有竞争力的产品。

(4)产品知识

选择中间商时要考虑他们是否有销售产品的经验,有专门经验的中间商能帮助企业很快打开销路。

(5)合作意愿

中间商与生产企业合作得好会积极主动地推销企业的产品,对双方都有益处。生产企业应根据产品销售的需要确定与中间商合作的具体方式,然后再选择最理想的合作中间商。

(6)经营实力及管理水平

中间商财务实力的大小直接决定了它能否按时结算或预付货款。综合服务能力(如售后服务、储运服务、赊购或分期付款等)的高低直接影响企业的信誉。企业销售管理是否规范、高效,关系着中间商营销的成败,而这些都与生产企业的发展休戚相关。

(7)促销政策和技术

采用何种方式推销商品及运用选定的促销手段的能力直接影响销售规模。有些产品运用广告促销比较合适,而有些产品则适合通过销售人员推销。有的产品需要有效的储存,有的则应快速运输。要考虑到中间商是否愿意承担一定的促销费用以及有没有必要配备物质、技术基础和相应的人才。选择中间商前,必须对其所能完成某种产品销售的市场促销政策和技术的现实可能程度作全面评价。

【同步案例】爱普生(Kpson)公司如何选择中间商

日本的爱普生公司是制造电脑打印机的大厂家。当时该公司准备扩大其产品线,增加经营各种计算机,该公司总经理杰克·沃伦(JackWhalen)对现有的经销商颇不满意,也不相信他们有向零售商店销售其新型产品的能力,因此,他秘密招聘新的配销商以取代现有的配销商。沃伦雇用了一家名为赫根拉特尔公司(Hergenrather&Company)的招募公司,并给予下述指示:

1. 寻找在经营褐色商品(如电视机等)和白色商品(如冰箱等)方面有两步分销经验(从工厂到分销商到零售商)的申请者。

2. 申请者必须具有领袖风格,他们愿意并有能力建立自己的分销系统。

3. 他们每年的薪水是8万美元底薪加奖金,提供375万美元帮助其拓展业务,他们每人再出资25万美元,并获得相应的股份。

4. 他们将只经营爱普生公司的产品,但可以经销其他公司的软件;同时,每个分销商都配备一名培训经理并经营一个维修服务中心。

招募公司在寻找合作的、目的明确的、有希望的候选人时遇到了很大困难。他们在《华尔街日报》上刊登的招聘广告(不提及爱普生公司的名),吸引了近1700封请求信,但其中多半是不合格的求职者。于是,该公司通过电话簿上用黄纸印刷的商业部分电话号码,得到配销商的名称,并打电话与他的第二常务经理联系。公司安排了有关人员会见,并在做了大量工作之后提出了一份最具资格的人员名单。杰克·沃伦会见了他们,并为其12个配销区域选择了12名最合格的候选者。招募公司为其招募工作得到了25万美元的酬金。

最后的步骤是终止爱普生公司现有的配销商。由于招募是在暗中进行的,因此这些配销商对事态的发展毫无所知。杰克·沃伦通知他们将在90天期限内交接工作,他们当然感到震惊,因为他们曾作为爱普生公司最初的配销商与之共事多年。但是他们并没有订立合同。沃伦知道他们缺少经营爱普生公司扩大电脑产品线和进入必要的新流通渠道的能力。

他认为除此之外别无他法。

资料来源:周莹玉,营销渠道与客户关系策划,中国经济出版社,2003 年

---

5)产权釜底加薪

企业要以品牌为龙头,与有关企业进行合作,通过与不同的企业之间签订协议或其他联合方式以及通过内部资本或有机的资本投入实现增长,以获取整体优势。企业之间的联合可以增加合作各方的收益,创造和开拓新市场,加快产品开发和投入市场的进程,使合作各方费用共摊,风险共担,促进资源的合理利用,增强各方的市场竞争力,扩大产权,实现强强联合。

在寻找合作对象时需要考虑合作双方是否优势互补,是否存在互补性产品,有无可能形成供需链等问题。当相互竞争的企业对有限的资源进行争夺时,如果继续强化竞争,很有可能两败俱伤,有必要对有限的资源进行重新分配利用而进行合作;或者当企业存在瓶颈现象,无法完成自己的目标或自己完成所有的任务目标成本太高,而企业的领导者又有合作意愿时,可以与有关企业合作。

常见的合作有:联营、入股、购买、兼并、代管、战略联盟、供需链管理、企业集团等。

【同步案例】蒙牛并购雅士利

2013 年 6 月 13 日,雅士利和蒙牛均自 13 日 13 时左右起临时停牌,引发蒙牛收购雅士利的传闻。18 日,工信部消费品工业司司长王黎明证实,经过数月的谈判,蒙牛乳业已在 17 日与雅士利签订收购协议。同日,雅士利和蒙牛联合宣布,双方已与雅士利国际控股股东张氏国际、二股东 CA Dairy Holdings(凯雷亚洲基金全资子公司)达成要约收购协议,收购资金超过 110 亿港元。这一举动不仅意味着蒙牛获得了雅士利和施恩两个奶粉品牌,奶粉收入一下狂增逾 30 亿元,也意味着国产奶粉进入伊利、蒙牛“两分天下”的时代。

资料来源:蒙牛并购雅士利,baike. baidu. com

8.3 产品品牌延伸策划

品牌延伸是企业品牌经营的重要策略之一,早在 20 世纪初就盛行于欧美发达国家,世界许多的著名企业大多是靠品牌延伸实现其快速扩张的。美国著名经济学家艾·里斯说:“若是撰述美国过去 10 年的营销史,最具有意义的趋势就是延伸品牌线。”①

---

① 王丰国. 品牌延伸策略类型分析[J]. 商业时代,2004(23).

8.3.1 品牌延伸的含义

品牌延伸(Brand Extensions)是指企业将某一知名品牌或某一具有市场影响力的成功品牌扩展到与成名产品或原产品不尽相同的产品上,以凭借现有成功品牌推出新产品的过程。品牌延伸并非只简单借用表面上已经存在的品牌名称,而是对整个品牌资产的策略性使用。

品牌延伸作为一种经营战略,在20世纪初就得到了广泛的运用。但是其作为一种规范化的战略理论则是在20世纪80年代后才引起国际经营管理学界的高度重视,这一理论传到我国则是90年代中期。世界各国很多知名的品牌普遍采用品牌延伸策略来拓宽市场占有率。比如,万宝路从香烟延伸到牛仔服、牛仔裤、鸭舌帽、腰带等产品;登喜路(Dunhill)、都彭(S. T. Dupont)、华伦天奴(Valentino)等奢侈消费品品牌也都延伸到了西装、衬衫、领带、T恤、皮鞋、皮包、皮带甚至还有眼镜、手表、打火机、钢笔、香烟等产品;"惠普""微软""SONY""宝洁"等也都采用品牌延伸策略。在我国,"海尔""新飞""华润""万达"等一些知名品牌也纷纷利用品牌延伸策略来获得广阔的市场空间。

之所以众多企业青睐品牌延伸,是因为成功的品牌延伸具有加快新产品的定位,保证企业新产品投资决策迅速、准确;有助于减少新产品的市场风险;有利于降低新产品的市场导入费用;有助于强化品牌效应、增加品牌这一无形资产的经济价值;增强核心品牌的形象,提高整体品牌组合的投资效益等诸多优点。值得注意的是,品牌延伸是一把双刃剑,如果利用成功,则可以为企业开辟广阔的市场空间和营销业绩,反之,如果消费者不认可,则会影响原有品牌的市场声誉。

8.3.2 品牌延伸策略

据统计,在美国的某些消费品市场上,开创一个新的品牌,费用需要8千万至1.5亿美元。如此庞大的投入费用,促使相当一部分企业使用已经具有市场信誉的品牌,借助它们的影响,推出新的产品,这就是品牌延伸策略。但并非所有的品牌都能任意延伸,也并非所有的延伸策略都能取得成功。所以,对当前一些品牌延伸策略进行分类和辨别,然后结合我国企业的自身实际,进行品牌延伸和管理就显得十分必要。

1)在产业上延伸

从产业相关性分析,可向上、向下或同时向上向下延伸。采取这种品牌延伸方式,为材料来源、产品销路提供了很好的延伸方式。另一种是产业平行延伸,一般适应于具有相同(或相近)的目标市场和销售渠道,相同的储运方式,相近的形象特征的产品领域。这样一方面有利于新产品的营销,另一方面有利于品牌形象的巩固。

按品牌延伸领域的不同可以将品牌在产业上的延伸分为在同一产业和不同产业领域的延伸。

在同一产业领域内的延伸是指企业将原有品牌延伸使用到企业所开发的属于同一产业领域内的其他产品身上。例如,我国的著名家电企业"海尔",当其开发冰箱成功后,又将该品牌运用到洗衣机、空调、微波炉、彩电等多种家用电器上。又如,台湾著名的品牌"统一",广泛将"统一"品牌运用于奶粉、汽水、纯净水、茶饮料、果汁、方便面、酱油等产品中,这些产品均属于“食品领域”。由于延伸到的新产品与原来产品属于同一产业领域，具有较高的相关性，因此这一延伸策略风险较小，容易取得成功。

在不同产业领域内的延伸。该策略一般在企业实施多元化战略的过程中较多采用。例如，我国著名的巨人集团，将其“巨人”品牌从计算机软件领域延伸到保健品、房地产等领域，这是一种较典型的在不同产业领域内进行延伸的策略。由于延伸的领域与原有领域无相关性，因此这一延伸策略风险较大，需谨慎使用。

2）在产品质量档次上延伸

包括3种延伸方法：向上延伸、向下延伸和双向延伸。

（1）向上延伸策略

该策略是指企业原来生产经营中低档产品，在品牌延伸的过程中，提升产品档次，使产品向中高档方向延伸。采用向上延伸策略一旦成功，将能够为企业带来丰厚的利润。

日本企业在汽车、摩托车、电视机等行业多采用这种方式。20世纪60年代率先打入美国摩托机车市场的本田公司，将其产品系列从低于125CC延伸到1000CC的摩托车。雅马哈则紧跟本田，陆续推出了125CC，600CC，700CC的摩托车，还推出一种三缸四冲程轴驱动摩托车，从而在大型旅行摩托车市场上与其展开了有力的竞争。在美国市场上这种成功案例也比较多，非常畅销的“加罗”桶装葡萄酒，为了与高档品牌“戈兰·艾伦”竞争，不得不推出瓶装高档的“加罗·维尔特斯”葡萄酒。在很多年里，公司将从“加罗”品牌上获得的利润源源不断地补充到“加罗·维尔特斯”上。从短期来看，公司的营销成本上升了，但是从长期来看，公司的这种策略最终使得“加罗”品牌的形象得以改善，而品牌形象改变的一个直接结果是品牌的资产的提升。

但是，由于原来产品在消费者心目中形成的“思维定式”，企业要扭转原来的“低档”形象还是具有较大难度的。美国牛仔服品牌“李维斯”曾经进入高档时装领域，但未取得成功，其中一条就是品牌原有形象与新业务给公众的感觉相去甚远。

（2）向下延伸策略

该策略是指企业原来生产经营高档产品，在品牌延伸过程中，增加产品线中的中低档产品系列，使品牌延伸低档次化。向下延伸又称为品牌低档化策略，品牌低档化比品牌高档化要容易得多，其营销成本低廉、操作简单，所以许多企业热衷于向下延伸。但是，向下延伸给企业带来的可能只是短期利益，将强势品牌名冠于别的产品上，可能导致原强势品牌产品和延伸品牌产品产生冲击，不仅损害了延伸产品，还会株连原来强势品牌的原有声誉。以“五粮液”为例，该公司在推出“五粮醇”“五粮春”“五粮王”等廉价酒后，虽然其子品牌十分“火爆”，但对“五粮液”高档品牌的形象却造成了严重伤害，最后不得不舍弃这些低档品牌。在国外，“派克”钢笔号称钢笔之王，属于高档产品。1982年，“派克”却展开了对低档钢笔市场的争夺，开始生产经营每支3美元以下的大众化钢笔。结果，“派克”公司不仅没有顺利打入低档笔市场，反而让对手克罗斯公司乘虚而入，其高档笔市场被冲击，市场占有率下降到17%，销量只及克罗斯公司的一半。因为“派克”经营低档笔后，其“钢笔之王”的形象和美名受到损害，不能再满足人们以“派克”为荣和体现身份的心理需要。

(3)双向延伸策略

双向延伸策略是指企业原来的产品定位在中档产品水平,在企业的生产经营水平趋于成熟后,向产品线的上下两个方向延伸,一方面增加高档产品,另一方面增加低档产品,扩大市场范围,为不同层次的消费者提供服务。20 世纪 70 年代后期的钟表工业市场竞争中,日本“精工”公司采用的就是这种策略。当时的国际手表市场,正逐渐形成高精度、低价格的数字式手表的需求市场。精工以“脉冲星”为品牌推出了一系列低价表,从而向下渗透进入这一低档产品市场。同时,它还收购了一家瑞士公司,向上渗透高价和豪华型手表,其中一种售价高达 5 000 美元的超薄型手表进入了高档手表市场。

3)其他相关延伸

(1)母子品牌或称副品牌策略

该品牌延伸策略是在母品牌之下延伸出若干子品牌,母品牌往往可能就是企业名字本身。借助这种策略,既可以突出母品牌的形象,又可以让消费者记住子品牌的个性。当然,子品牌是基于母品牌的品牌,离开了母品牌,子品牌也就失去了活力。子品牌的各种运作须以母品牌为中心,紧紧围绕母品牌。

(2)特许经营式的品牌延伸策略

特许经营式的品牌延伸是世界许多著名品牌(如麦当劳、肯德基等)惯用的一种特许经营式的品牌延伸策略。如果做得成功,可以以较少的资金及管理投入获得较大的利润。以迪斯尼制片为例,全世界各地有几百家制造商向他买到特许权,以使在他们生产的衬衫、鞋子、睡衣、床单、玩具、书籍、唱片、珠宝、家具、学习用具、食品等等产品上,挂上迪斯尼公司所有的名字、造型、人物。迪斯尼商店在全世界的大型购物中心都有据点,只卖挂有他们商标的产品,结果非常成功。当然,特许经营也有其不足,如授权对象的产品不成功,反而拖累品牌的优良名声。所以,事前必须作深入调查,否则好品牌未得其利,反受其害。如我国的白酒著名品牌五粮液采用的就是特许经营式的品牌卖断策略,授权对象可以在其产品上使用五粮液这个总品牌(以公司名的方式),但同时授权对象还可以拥有一个属于自己的产品品牌,结果五粮液家族几年间就延伸出了五粮春、五粮醇、五福液、金六福、浏阳河、东方龙、川酒王、老作坊、铁哥们、情酒、岁岁乐、喜寿宴、蜀帝宴、五夜丰、交杯喜等上百个品牌。由于五粮液的过度延伸,这些延伸品牌鱼目混珠,大大破坏了五粮液高档名贵的市场形象。

其他相关延伸,也叫扩散法延伸,这对于刚成长起来的名牌非常有意义。它有 4 层含义:一是单一品牌可以扩散延伸到多种产品上去,成为系列品牌。二是一国一地的品牌可扩散到世界,成为国际品牌。三是一个品牌再扩散衍生出另一个品牌。四是名牌产品可扩散延伸到企业上去,使企业成为名牌企业。

8.3.3 品牌延伸的核心

品牌延伸理论认为,品牌延伸研究要从决定品牌延伸成功的现有品牌成熟度、产品关联性、品牌联想度、延伸产品的市场竞争程度 4 个核心要素入手。

1)现有品牌的成熟度

成熟品牌是企业实施品牌延伸的基础,在进行品牌延伸时必须首先考虑现有品牌的成熟度，主要包括品牌知名度、品质认知度、品牌忠诚度等几个方面。现有品牌的成熟度是品牌延伸取得成功的根本保障，所以企业必须对现有产品的品牌知名度、品牌认知度、忠诚度等资产进行全面、有效地提升，打造成熟品牌，积聚品牌延伸所需资源，夯实品牌延伸的基础。在品牌成熟度尚未完全确立之时，切不可过早过快延伸，否则可能会导致薄弱的品牌资产无法提供延伸产品在高强度市场环境中获得竞争优势所需要的资源，不仅延伸效应无从产生，还会对现有品牌造成伤害。

2）延伸产品和现有产品的关联度

延伸产品和现有产品的关联度是企业实施品牌延伸的核心。品牌延伸不仅仅是借用初始产品表面上的品牌名称，而是把品牌原始积累的良好资产转移到新品牌或新产品上。只有相关性强的品牌或产品之间才易转移。品牌延伸成功关键是要使消费者形成并体验到延伸品牌与原品牌之间相似的程度。在品牌已具有包容性的前提下，原产品与延伸产品的相关度越高，延伸成功的可能性就越大。

相关性包括技术相关性、类型相关性，如胶卷、相纸、照相机因在使用上高度相关，柯达公司将其统一在柯达品牌旗下；纳爱斯在透明皂、洗衣粉、洗涤剂等相近产品项目中的延伸。另外，还有渠道相关性（海尔的洗衣机、电冰箱、电视机等家电品牌延伸）、市场相关性等。一般而言，品牌延伸应首先从与原产品相关度的领域开始，因为这有利于企业利用已有的技术和营销资源，且符合消费者心理接受的一般特点，便于提高延伸的成功率。

3）品牌联想度

品牌联想是指提到某品牌名称，消费者头脑中出现的所有事物。美好的、丰富的品牌联想意味着品牌的独特性容易被消费者接受、认可，增强消费者的购买信心，极大地丰富品牌的价值和品牌资产。符合品牌联想是品牌延伸的准则，确定原品牌有哪种品牌联想是决定是否进行品牌延伸，以及往哪个方向延伸的前提。品牌通过延伸后可在一定程度上把品牌联想转移到产品上，创造延伸产品的联想。

品牌联想有3个方面的评价指标：品牌联想的强度、品牌联想的受欢迎度、品牌联想的独特性。品牌联想的强度越大，受欢迎度越高；越具有独特性，就越容易被顾客所接受，延伸产品也更容易成功。

4）延伸产品的市场竞争程度

延伸产品的市场环境竞争程度是营销延伸成功与否的另一个关键因素。所谓市场竞争度是指在同一个细分市场上各产品之间的竞争激烈程度。总的来说，延伸产品的市场竞争度越低，品牌延伸就容易成功；反之，品牌延伸成功的难度就加大。延伸产品的市场竞争程度主要包括延伸产品所处的市场状况和企业的营销能力两个方面。

延伸产品的市场状况主要包括延伸产品所处的市场容量、市场竞争程度、产品生命周期的阶段等市场因素。市场容量的大小是品牌延伸是否成功的一个市场因素。一般来讲，市场容量越大，企业把一个品牌做大做强的机会就越多，适宜进行品牌延伸。同样，市场的竞争程度不激烈，延伸就容易成功，反之就容易失败。

品牌延伸还与产品的生命周期和产品所处市场的竞争程度有关。品牌延伸适宜在同类产品处于产品生命周期的早期进行，而不是在产品生命周期的成熟期进行。

【同步案例】顶新集团的品牌延伸

顶新集团的前身为台湾彰化一家油厂,1988 年进军中国大陆。在大陆,顶新最初主打的产品是"顶好"清香油,自 1992 年起,才开始以"康师傅"品牌生产方便面。10 年后,"康师傅"在大陆的市场占有率已高达45%。从 2002 年 12 月开始,顶新集团首次回到台湾生产和销售"康师傅"方便面。在此之前,"康师傅"这个在大陆家喻户晓的品牌,在台湾其实并不存在,因为它是一个完全在大陆培育起来的品牌。除了方便面,顶新集团的市场发展甚至涵盖到纯净水、饮料、糕饼、八宝粥等方便食品,近年来更延伸到量贩、餐饮连锁、物流业、计算机量贩、便利商店连锁等。顶新集团于 1998 年与味全食品工业公司合并,取得控股权,计划透过味全在产品研发、制造、人才并转移味全的冷藏品生产技术,结合顶新集团在大陆的通路,朝着强化流通事业以及活用资产经营的目标迈进。

8.3.4　品牌延伸的风险和时机

1)品牌延伸的风险

品牌延伸策略运用得当,自然能为企业营销活动带来许多方便和利益;品牌延伸策略把握不准或运用不当,则会损害原有品牌形象在消费者心目中的定位,如消费者因不能接受"施乐"电脑致使施乐美国公司损失了 8 400 万美元。不相容或者毫不相干地延伸产品可能影响原有成熟品牌在消费者心目中的特定心理定位,淡化品牌个性,使消费者对产品的认知出现"跷跷板"现象,造成延伸产品的株连效应。当然,还存在品牌延伸宽度不当,从而加大管理难度等风险。

2)品牌延伸的时机

鉴于品牌延伸可能会出现上述诸多风险,企业在决策品牌延伸时必须考虑以下几种情况:

①延伸产品和原有产品有很高的相关度。

②共性化、感性化的产品。

③不同品牌间转换的消费行为不可避免。

④当前产品的市场容量较小。

⑤主要竞争对手开始品牌延伸。

⑥企业发展新产品的目的仅仅是发挥成功品牌的市场促销力。

⑦企业的财力和品牌推广力较弱。

品牌延伸决策不是一蹴而就的,需要综合考虑品牌核心价值、新老产品的相关度、行业与产品特点、产品的市场容量、企业所处的市场环境、企业发展新产品的目的、市场竞争格局、企业财力与品牌推广能力等诸多问题。

成功的品牌延伸能使品牌放大、增势,进而使品牌资产得到充分利用,并在利用中增值,但品牌延伸毕竟存在很多潜在的风险。因此,企业必须从长远发展的战略高度审视品牌延伸,切不可只因眼前利益而不顾时机、不考虑延伸条件和可行性,盲目地在新产品上扩用成功品牌。在作出品牌延伸决策时要理智地权衡利弊得失,采取科学、合理及有效的方法规避风险,确保品牌延伸的成功。

8.4 产品推广的商标策划

商标是企业无形价值的集中反映,商标的价值是企业资本的重要组成部分。

8.4.1 商标的价值构成及评估

商标(英文 TradMark,简称 logo),是指生产者、经营者为使自己的商品或服务与他人的商品或服务相区别,而使用在商品及其包装上或服务标记上的由文字、图形、字母、数字、三维标志和颜色组合,以及上述要素的组合所构成的一种可视性标志。根据我国新《商标法》第八条规定:“任何能够将自然人、法人或者其他组织的商标与他人的商品区别开的可视性标志,包括文字、图形、字母、数字、三维标志和颜色组合,以及上述要素的组合,均可以作为商标申请注册。世界已知最早的商标是距今近千年的北宋“济南刘家功夫针”,以一只白兔图案为标记。

1)商标的价值构成

商标是企业最重要的无形资产,它与有形资产一样是有价值的。商标价值的构成主要取决于取得的成本和预期收益。预期收益是预测未来的获利能力,包括经济效益和经济寿命。商标和企业的知名度、美誉度是决定商标价值的重要因素。产品的商标和企业的知名度、美誉度是公众对品牌形象、外表形象、内在形象、人员形象、实力形象、服务形象等系列形象的综合评价。

2)商标的价值评估

随着市场经济的发展,商标权作价交易日益频繁,如何科学、客观地计算一个商标的价值显得尤为重要。商标评估最初兴起于英美等国,它是随着资产评估工作及人们对产权认识的不断深入而逐渐发展起来的。国际上一些著名企业都十分重视对自身商标价值的评估。如英国品牌价值咨询公司 Brand Finance 在 2013 年评选出了全球十大最有价值商标。谷歌以 443 亿美元位居榜首,微软以 428 亿美元位居第二,沃尔玛以 326 亿美元位居第三。我国是在 20 世纪 90 年代国有资产严重流失的情况下,为了查清国有资产的家底才开始重视知识产权的评估。我国内地首例商标评估,是 1993 年对青岛啤酒股份有限公司拟上市的“青岛”啤酒商标的评估,之后越来越多的企业先后开始了对商标价值进行评估。

在商标评估实践中,通常用成本法、收益法和市场法 3 种方法计算一个商标的价值。

①成本法。指的是将商标标识的设计费,为选定商标而向销售商、专业律师、相关消费者进行咨询的费用,注册申请的一切费用,广告费及其他促销费用等累计,作为商标的价值。

②收益法。收益法是把有关商标有限期内每年的预期收益,以适当的折现率折现,然后累加得出商标的现有价值。

③市场比较法。是指在市场上选择一个或一个以上的与被评估商标所标示商品或服务相同或相近似的商标，且该商标已有公认的成交价格，然后以被评估的商标与之进行比较，通过比较估算其相应价值。

【相关链接】

商标价值评估方法

中国品牌研究院作为一个品牌研究和咨询机构，在假定商标价值是交易价格的基础上，依据超额收益现值法研究制定了一套商标价值评估方法。

$V=(P-R_1)\times(1-R_2)\times Y\times I\times M$

V：某品牌的价值；P：使用该品牌的商品或服务最近3年的加权平均营业纯利；R_1：实现同等销售收入的正常资本的正常年回报或收益；R_2：所得税率；Y：品牌预期再使用年限；I：品牌价值行业系数；M：市场地位增值系数。即：$V=[P-C\times(R_1+R_2)\times 1/2]\times(1-R_3)\times Y\times I\times M$；V：某品牌的价值；P：使用该品牌的商品或服务最近3年的加权平均营业纯利润；C：实现同等销售收入的正常资本需求量；R_1：银行3年期定期存款年利率；R_2：最近3年加权行业平均利润率；R_3：所得税率；Y：品牌预期再使用年限；I：品牌价值行业系数；M：市场地位增值系数。

资料来源：《商标价值评估方法》(有删节)，中国品牌研究院.

8.4.2 商标管理

1)商标注册策略

根据《马德里(商标)协定》和《商标注册条约》的规定，申请人可以直接向世界知识产权组织的国际局申请国际注册。申请国际注册的企业，其所属国须先参加《保护工业产权巴黎公约》(我国已于1984年加入该组织)。国际注册的有效期为20年，续展的有效期也为20年。

申请注册的商标，应当有显著特征，便于识别，并不得与他人在先取得的合法权利相冲突。

商标注册可以运用以下策略：

①抢先申请法。为了预防相关企业抢商标，本企业采取抢先申请策略，以免被他人侵权。

②按时续展法。我国商标的有效期一般只有10年，企业必须掌握时机，按时续展，以免被他人抢注。

③防御注册。根据国际商标协议和我国商标法，要对商标的相近音域或相似图形的商标进行防御性注册，如娃哈哈，便同时注册了娃娃哈、哈哈娃等商标；又如少女之春，也可以同时注册相似商标少女之夏、少女之秋和少女之冬等。

2)商标的管理

我国商标萌芽于东周时期，河南伊川、汝阳一带酿酒者用自己的姓名“杜康”作为标记，以区别同类产品的不同生产者。我国发现最早的成形商标是北宋济南刘家功夫针铺的白兔商标。明清以后，商标使用较普遍，如景泰蓝珐琅制品、张小泉剪刀、六必居酱菜、内联升布鞋等。而对商标管理则始于欧洲产业革命之后，1803 年法国“关于工厂、制造场和作坊的法律”是最早涉及商标管理的法律。该法律把假冒商标定为私自伪造文件罪。1857 年，法国正式制定《商标法》，规定侵犯注册商标专用权的判处 500 ~ 15 000 法郎的罚款并处以 3 ~ 5 年监禁，对屡犯者从重加倍处罚，法庭废止假冒商标及没收制造商标的使权具。1905 年英国颁布商标法，历经两次修改，对侵害商标专用权罪的处罚和赔偿金没有具体规定，依法院判决。在美国，法院对商标侵权者作出赔偿高于实际损失的裁决，最多时可高出损失额的 3 倍，并可判监禁、罚金、没收销毁货物、吊销营业执照等。我国于 1983 年起开始实施《中华人民共和国商标法》，我国已成为世界商标大国之一。截至 2012 年上半年，我国商标累计申请量达 1 054 万件，累计注册 717 万件，有效注册商标 609 万件，均位居世界第一。

商标管理主要包括以下内容：

①受理、审查、批准、注册商标。

②运用法律手段保护注册商标免受侵权。

③督促并办理商标续展。

④裁决商标抢注纠纷。

⑤评定驰名商标。

⑥评估商标价值，等等。

【关键词】品牌　市场推广支撑系统　品牌策划　商标策划

【案例分析】海尔的品牌战略

海尔创立于 1984 年，经过 29 年创业创新，从一家资不抵债、濒临倒闭的集体小厂发展成为全球白电第一品牌。海尔秉承锐意进取的海尔文化，不拘泥于现有的家电行业的产品与服务形式，在工作中不断求新求变，积极拓展业务新领域，开辟现代生活解决方案的新思路、新技术、新产品、新服务，引领现代生活方式的新潮流，以创新独到的方式全面优化生活和环境质量。

一、品牌战略

1. 名牌战略发展阶段(1984—1991 年)：要么不干，要干就干第一。

20 世纪 80 年代，正值改革开放初期，很多企业引进国外先进的电冰箱技术和设备，包括海尔。那时，家电供不应求，很多企业努力上规模，只注重产量不注重质量。海尔没有盲目上产量，而是严抓质量，实施全面质量管理，提出：“要么不干，要干就干第一。”当家电市场供大于求时，海尔凭借差异化的质量赢得竞争优势。1985 年，一位用户来信反映海尔冰箱有质量问题，张瑞敏让员工用大锤亲自砸毁 76 台有缺陷的冰箱，砸醒了员工的质量意识。

2. 多元化战略发展阶段(1991—1998 年)：海尔文化激活“休克鱼”。

20 世纪 90 年代，国家政策鼓励企业兼并重组，一些企业兼并重组后无法持续下去，或认为应做专业化而不应进行多元化。海尔的创新是以“海尔文化激活休克鱼”思路先后兼并了国内 18 家企业，使企业在多元化经营与规模扩张方面，进入了一个更广阔的发展空间。从

1992年到1995年,海尔品牌逐步延伸到电冰柜、空调等制冷家电产品。1997年,海尔又进入黑色家电领域。1999年,海尔品牌的电脑成功上市,现在海尔集团已拥有包括白色家电、黑色家电、米色家电在内的58大门类9200多个规格品种的家电群,几乎覆盖了所有家电产品,在消费者心目中树立了海尔家电王国的形象。名牌竞争力为海尔扩大生产规模提供了保障。张瑞敏把海尔的这种多元化战略概括为"东方亮了再亮西方"。

3. 国际化战略发展阶段(1998—2005年):走出国门,出口创牌。

20世纪90年代末,中国加入WTO,很多企业响应中央号召走出去,但出去之后非常困难,又退回来继续做订牌。海尔认为走出去不只为创汇,更重要的是创中国自己的品牌。因此,海尔提出"走出去,走进去,走上去"的"三步走"战略,以"先难后易"的思路,首先进入发达国家创名牌,再以高屋建瓴之势进入发展中国家,逐渐在海外建立起设计、制造、营销的"三位一体"的本土化模式。

海尔坚持以创国际名牌为导向的国际化战略,国际声誉日益提高,自1990年以来,海尔制定了"先难后易"的出口战略,先出口发达国家,创出牌子,再以高屋建瓴之势进入发展中国家市场,继而创出国际名牌。目前,海尔获得了美国UL、德国VDE、加拿大CSA等几十项国际市场通行证与荣誉称号,在质量保证体系、产品国际认证、检测水平国际认可等方面与国际接轨,拥有了"国际护照",海尔产品在世界市场畅通无阻,"海尔造"响遍了全球。海尔把产品源源不断地销往世界各地时,也把海尔的文化理念输入到海外。海尔集团分期分批地对海外经销商进行星级服务理念与服务模式培训,加强他们对海尔企业和产品的理解。张瑞敏称之为:"出口创牌,而不仅仅是创汇。"

4. 全球化品牌战略发展阶段(2005—2012年):创造互联网时代的全球化品牌。

互联网时代带来营销的碎片化,传统企业的"生产—库存—销售"模式不能满足用户个性化的需求,企业必须从"以企业为中心卖产品"转变为"以用户为中心卖服务",即用户驱动的"即需即供"模式。互联网也带来全球经济的一体化,国际化和全球化之间是逻辑递进关系。"国际化"是以企业自身的资源去创造国际品牌,而"全球化"是将全球的资源为我所用,创造本土化主流品牌,是质的不同。因此,海尔整合全球的研发、制造、营销资源,创全球化品牌。

目前,海尔已分别在北美、欧共体、中东等重点市场发展了30多家海尔专营点、5 500多个经营点,并通过这些专营商使海尔在国际市场上的市场份额及声誉不断提高,取得了良好的市场效果。海尔已在菲律宾、马来西亚、美国等5个国家设立工厂,在美国、法国、德国、日本等国家设立了10个信息站,6个设计分部,根据当地消费习惯和风格设计能满足当地消费者需求的产品使海尔产品打破地域的限制,受到国外用户的喜爱。

5. 网络化战略发展阶段(2012—2019年):网络化的市场,网络化的企业。

互联网时代的到来颠覆了传统经济的发展模式,而新模式的基础和运行则体现在网络化上,市场和企业更多地呈现出网络化特征。在海尔看来,网络化企业发展战略的实施路径主要体现在3个方面:企业无边界、管理无领导、供应链无尺度,即大规模定制,按需设计,按需制造,按需配送。

6. 借道天猫进军电商C2B市场(2013年2月27日—3月8日)。

海尔电器借道淘宝天猫进军电商C2B市场！大象跳起互联网舞步！国内领先的家电企业海尔全面进军电商渠道，2013年开春展开史无前例的大规模电商C2B定制预售——2月27日至3月8日，海尔联手天猫，推出“2013，海尔我的家，定了！”大规模家电预售，期间海尔天猫旗舰店在天猫预售平台预售冰箱、洗衣机、厨电、电视、空调、热水器、小家电和平板电脑等8大类17种商品。据相关负责人介绍，此次活动尝试大规模C2B预售，汇集消费者需求订单后反向供应链生产，省去流通仓储等各种成本，确保消费者“省到家，定的值”。这也是天猫预售平台首次介入家电业大规模预售。

二、实施品牌维护战略

产品质量和售后服务构成了海尔品牌市场竞争力的两大基础。随着家电业市场竞争的激烈，国内各家电企业也开始注重产品质量，而这时海尔却把重点转向服务。这是因为：在产品供不应求的情况下，名牌的主要内涵就是质量，当供求关系发生了，服务就成了一个非常重要的因素。但在产品服务上，海尔不仅强调售后服务，还强调售前、售中服务。到目前为止，已全部实现国际星级服务。一般企业强调的仅仅是产品的维修，而海尔认为服务不仅仅是维修、安装、答疑等，还应该了解消费者的意见、需求，以便进行产品再开发、再改进的重要途径。“用户的难题就是我们的课题”，以用户的难题为海尔开发的课题，海尔有两个原则：一是设计人性化，二是使用简单化。根据这一理念，海尔开发出了“小小神童”洗衣机，“画王子”冰箱，“大地瓜”洗衣机等。1998年10月28日，海尔举行了首届“用户难题奖”颁奖大会，5位用户成为第一批获奖者。在用户服务方面，海尔人不仅及时解决消费者的问题和担忧，而且还免费提供额外服务，定期调查用户的满意度，甚至用高价收购用户的意见，以便及时改进他们的工作，使用户永远满意。为了保持和培养消费者对海尔的忠诚，海尔人做了大量工作，如在产品开发上面，他们根据市场需求进行市场细分，不断开发出新产品，不断提供更新换代产品。现在海尔平均每天开发一个新产品，一天申报两项专利，这就增加了海尔品牌的吸引力。

海尔还十分注重提高产品的质量，即把产品的高质量信息通过各种途径传递给消费者，变成消费者的品牌形象。他们首先从产品特点和附加功能等方面作为宣传海尔产品质量高的依据，如ISO 9001国际质量保证体系认证，以提高宣传的可信性，使消费者容易接受对海尔的宣传。海尔每得到一种认证，特别是在拿到了进入美国、德国、日本等发达国家和地区的各种认证时，都及时告诉消费者，因为能拿到这种认证，对国内消费者肯定是一种鼓舞和支持。

要建立用户对海尔品牌的忠诚度，企业首先要对用户忠诚。“用户永远是对的”，海尔根据这一理念进一步形成“真诚到永远”的全方位承诺，“国际星级服务一条龙”新概念，使海尔品牌与用户之间形成一种亲情般的关系。海尔在服务上对自己要求：一是不断向用户提供意料之外的满足；二是在让用户在使用海尔产品时毫无怨言。目前，我们在全国各大城市都设立了“9999”售后服务热线，用户只需要一个电话，剩下的事全有海尔来做，在海尔与消费者之间架起了一座座“心桥”。海尔人的真诚服务在得到了用户赞誉的同时，也大大提高了海尔品牌的美誉度。这是海尔的无形财富，也是海尔的动力源泉。

三、产品领域

在成功树立海尔品牌之后，海尔实施了品牌延伸策略。目前旗下的品牌涉及家电、通信、IT、数码产品、家电家居、家居集成、智能家居、软件、物流、金融、保险、房地产、数字家庭、生物制药、医疗设备等众多领域。

四、服务理念

先卖信誉后卖产品。质量是产品的生命，信誉是企业的根本，产品合格不是标准，用户满意才是目的。营销不是“卖”而是“买”，是通过销售产品的环节树立产品美誉度，“买”到用户忠诚的心。

1. 浮船法。只要比竞争对手更高一筹，“半筹”也行，只要保持高于竞争对手的水平，就能掌握市场主动权。

2. 只有淡季的思想，没有淡季的市场。海尔认为企业的经营目标应紧贴市场，最重要的是开发市场、创造新市场，从而引导消费来领先市场。

3. 市场不变的法则是永远在变，我们要根据永远在变的市场不断提高目标。

4. 创造未来。创造感动，就是对工作充满激情，就是不断满足用户的个性化需求，就是用“心”工作，对产品用心，对用户用心。海尔人一直在创造感动，正如国际著名咨询公司兰德公司专家所言：“在海尔国际化进程中，一定会以一个不断创造感动、极具凝聚力和创新变革的品牌形象，启动美好未来！”

5. 用户永远是对的。1995 年，海尔提出“星级服务”，其宗旨是：用户永远是对的。即用户就是衣食父母，只要能够不断给用户提供最满意的产品和服务，用户就会给企业带来最好的效益。

6. 市场的难题就是我们创新的课题。“创造市场”的内涵是并不局限于在现有的市场中争份额，而是以自己的优势另外创造新的市场。企业要善于重做“一块蛋糕”，通过创造新市场，引导消费来领先市场。

7. 紧盯市场创美誉。紧盯市场的变化，甚至要在市场变化之前发现用户的需求，用最快的速度满足甚至超出用户的需求，创造美誉。

问题：

1. 运用本章的相关理论知识，分析海尔实施的品牌策划策略。
2. 分析海尔的产品推广策略。
3. 海尔是如何进行品牌延伸和品牌维护的？

【课后练习】

1. 如何策划产品的全面营销质量？
2. 如何策划产品的品牌并促成其为名牌？
3. 如何策划企业的产品推广支持系统？
4. 在产品推广中为什么要策划进攻策略？
5. 在促成产品发展为名牌产品的过程中，策划应提供哪些有效的方法？
6. 产品品牌延伸的关键是什么？为什么？

7. 如何才能使品牌延伸取得成功?
8. 品牌延伸策划要考虑哪些因素?
9. 副品牌运用策略具有哪些特征?
10. 子品牌与副品牌有哪些区别?
11. 如何认识商标的价值及其构成?
12. 如何运用商标的设计、使用、注册策略?

第 9 章　促销活动策划

【案例引入】

NIKE 广告创意

耐克(NIKE)创建于 1971 年,现已成为全球最著名品牌之一。究其成功的原因,除了它不断开发新的产品之外,更重要的还得益于它的品牌创意策略。纵观其品牌成长过程,广告创意策略的制定始终围绕其品牌的核心价值——人类从事运动、挑战自我的体育精神。

耐克品牌创意的成功之道,就是在确立了品牌的核心价值和使命之后,无论在世界的哪一个地方进行推广,都始终如一地去表现其品牌的核心,传达了品牌准确的市场定位。同时,根据各国不同的文化背景、目标市场、消费特性,形成风格各异的广告创意。

耐克已经是一种被物化了的体育精神或人类征服自然和超越自我的象征。产品的功能已经被品牌所寓意的象征和情感所融化,这就是成功品牌的精髓所在。优秀的创意赋予了产品一种能够满足目标顾客心理的、视觉美感和情感的附加值,结合产品卓越恒久的品质,两者兼容并蓄,共同构筑起了耐克的国际品牌形象。

创意法则 1:篮球不是球

将篮球运动和自己的产品形象紧紧地结合成为一对天然的关系。优秀的品牌都会找到一种自然的象征,让品牌生长在另外一个物体上来演绎产品自身所无法表现的个性。

借助篮球运动建立品牌形象,是耐克长期以来不变的法则,以乔丹为代表的运动员将耐克内涵推向了一个极致:卓越、力量和不可战胜的顶峰。篮球已经成为耐克品牌的象征,并失去原本"球"的意义。随着 NBA 在全球的影响,耐克被注释为美国文化的象征,化为一个国家的文化符号。一个品牌一旦和国家与文化的因素融合为一体,它就具有了神一般的力量,人们很难抵御其品牌所产生的魅力。耐克被赋予了独一无二的胜者形象。

创意法则 2:用速度征服速度

1998 年耐克推出了一种新型的气垫运动鞋。为了反映产品的优良性能,广告创意用一个运动员在沙漠旷野奔跑留下的一串脚印,和一队风驰电掣的赛车形成强烈对比。这串脚印风一般迅疾地穿越过正在行驶着的车队,车快还是人快?哪个速度占了上风?

黑白相间、广袤的天际,汽车、大自然和运动员的视觉关系,巧妙地诉求了产品的优越特征,将产品的物理个性演绎为人征服速度或超越自我的一种精神象征。速度对比的创意是耐克在所有广告创意中常常采用的手法。其实,征服速度一直是人类有史以来的梦想。穿上耐克就可以实现你心中的愿望——征服速度,它迎合了每一个人。

创意法则3:让产品"思想"起来

耐克1997年推出的一系列广告。这组黑白系列广告是用一组年轻人的特写,刚毅的面庞、冷峻的风格,通过文案阐述了对社会、失败、人生等不同事物的看法,暗喻耐克坚毅、反叛而充满青春与活力的品牌个性。

年轻人一直是耐克创意的主角。这则广告有一段富有哲理的话:"一个不相信年轻人的社会注定要失败的,或者,甚而言之,是一个残缺的社会。"

品牌不仅仅是用人物单纯反映产品特性或功能,还要善于在人物和产品之间找到可以折射思想和观点的东西,赋予产品一种与众不同的"思想",它引起目标对象的共鸣,最终就在消费者心中沉淀为良好的认知——品牌。

创意法则4:不要放过灵魂

让你离开人世后还使用耐克的产品,真是"鞋鬼情未了"。创意发挥得淋漓尽致,其魅力连神鬼都为之撼动。

这组卡通式极为夸张的创意风格似乎违背了耐克一贯的创意风格。广告是1997年由伦敦一家广告公司创作的。其创意极为大胆反叛,其中一则文案写道:"快跑——你去世后,你的灵魂可以在地球上散步。"创意诙谐幽默,一改耐克传统的"戏路",这也许和英国人的文化背景有关,但无论怎样,创意的相关性还是与耐克所有的广告一致,它们共同强调"穿上耐克的鞋会跑得更快更舒适",即使你的灵魂也是这样。

创意法则5:最好让产品也讲话

随着全民运动的普及,耐克为了提高市场占有率,将产品定位为大众化的、非职业运动员都可以穿的品牌。

采用在风雨中骑自行车运动员一往无前的形象,阐述一种不屈不挠的精神,强调人与自然抗争、顽强战胜自我的精神状态。

文案讲道:"寒冷喊叫道:放弃吧;风号叫着:回家去吧;而你的衣服则说:太阳每一天都是新的!"文中没有提到有关鞋或耐克的字眼,但就是能打动你的心,让产品与消费者之间建立起一道心灵沟通的桥梁。生活中,每天都会遇到许多困难和挫折,以乐观和从容的态度去对待生活,并将这一生活态度巧妙地用广告创意表现出来,不是说教,而是寓于自然的、人性的画面以及轻松的文案之中。也不是自夸,而是达观地反映自我。耐克在风雨和动感视觉中,传递了自己的价值观。

创意法则6:让不可能变为可能

优秀广告创意的精髓就是将生活中看似不可能的事,通过产品诉求变为可能。其创意的法则是:要在产品和事物中找到某种关联,而且是内在的,不是表象的关联。

让著名跳远运动员Jackie Joyner-Kersee跨越看似不可能的距离,夸张的比喻暗示了运动员之所以有着超越不可能的力量,就在于他们脚上的那双神奇的运动鞋。

画面中只有耐克的标志,没有产品的功能介绍。品牌让你充分展开想象的翅膀:人类征服不可能的事情都是从想象开始,耐克赋予人们好感的不正是它无限的想象空间吗?

创意法则7:老当益壮显身手

"80岁的她,人们说还有一次大显身手的机会。但她不这么认为,她说她还有好几次。"人性化是耐克品牌最能打动消费者心的杀手锏。用老妇人老当益壮、身手矫健的文案诉求,形象而生动地刻画出了生命在于运动的哲理。耐克赋予人生活力和生命的品牌个性跃然纸上。在生命和运动之间画上等号,挖掘出了受众渴望生活、珍惜生命的心理需求和期盼。在女性、弱者、年迈与雄性、健康、年轻象征的耐克之间找到一种联结和关联,杰出的创意是没有年龄界限的,人性是永恒的。这一创意并未因老者的形象而弱化品牌个性,反而进一步强化了耐克的人性和健康活力的诉求,这就是该创意的成功所在。

简洁是一种永恒的美,也是一种大胆的冒险。

创意法则 8:究竟谁怕谁?

耐克采用反向思维的方式让消费者在深夜奔跑于荒郊野外。一轮明月,枯竭的树干,勾画出了旷野的荒凉与恐怖。但是,不用怕,"是狼害怕你,而不是你怕狼"。文案的副标题写道:"晚上就如在家里。"广告创意用一个生活中我们有可能经历的一个场景,将耐克产品隐藏在了恐怖与夜色之中,但它却鲜明地彰显出了如同阳光一般明媚的个性。

优秀的创意即使在黑暗中也照样发光,关键是如何从生活的源泉中去观察和体验产品特性与品牌之间的内在联系,之后,再用一种意想不到的方式将它表现出来。耐克在黑夜、狼和恐惧的反面要素中,找到了与品牌的联想。

创意法则 9:善用明星武器

网球巨星阿加西作为耐克品牌的形象代表,他的网球价值观是:要狠狠地击球,更要狠狠地打击对手的自我意识。耐克将这段文字作为其创意文案与阿加西击球刹那间的动作结合在了一起,传达了耐克力克群雄、追求成功的品牌理念,迎合了购买者崇尚明星、渴望成为胜利者的心理欲望和潜在需求。好的创意不是滥用明星,而是善用。不要让明星成为产品的道具,而要成为品牌的精神化身和有血有肉的代言人。耐克正是有效地利用了各种各样的世界体育明星,才使它没有被明星的光辉所淹没,而是让明星永远照耀着品牌。

创意法则 10:图腾,图腾

耐克和纹身之间建立了什么?耐克的创意暗示:精神是一种心理的图腾,耐克可以将人类的图腾变为现实。耐克标志或者说,著名世界品牌不就是存在于现代消费者心中的图腾吗?

"有全能的(指网球等比赛中的)正手打保护着我"。用纹身创意将品牌和一种图腾联系在一起,让受众在意念的想象空间,思考和对应着两者之间的关系。究竟是谁包容了谁?人类对体育竞技生生不灭的理想和追求都镌刻在了这肉体与品牌的血肉相连之中。

创意法则 11:跑不跑由你

比较一向是广告创意常用的手法之一,但能在比较广告中不伤害竞争对手,并显示出可以包容不同生活方式的人或事,乃是品牌创意的大家风范。

"今天,你要么跑要么不跑。"

创意用一动一静反映出来两种生活形态。其实,跑或不跑都没有对错,选择了耐克就等于选择了运动和生命的流动。耐克没有很主观地评价跑就是唯一的生活选择,对不同生活方式的包容,流露出了耐克品牌的胸襟和气量。比较创意不是薄此厚彼,而是能容得下不同于我们行为方式的人或事。

创意法则 12:"要穿不要熨"

2000 年耐克推出多元化的产品,其品牌形象表现与以往创意风格似乎较温柔且女性化。

如何由里及外地反映产品特质,这则广告给我们的启发就是让消费者在使用中亲身体验。

耐克除了运动鞋之外,在今年又推出了健身运动服的广告。其广告诉求讲,护理运动装,不是用熨斗,而是要用身体。运动装的价值就是要在锻炼实践中方可体现出来。创意用一个使用熨斗的服装标志和黑白虚拟的人物画面,集中突出了富有色彩的产品。创意的风格很现代,可能这是新世纪耐克在创意上的又一大胆突破。但简洁突出其核心要素——运动这个主题还是永恒的。

创意法则13:"我爱橄榄球"

好的创意是找到一种与产品有内在关联的象征。有了这点,伤痕都可以拿来做创意。广告的标题是:"我爱橄榄球。"即使他已经伤痕累累,但对橄榄球的挚爱和追求不变。看不到产品和运动之间,或者说和当事人之间有任何直接的联系,唯有体育的精神和境界。黑白照片的风格和特写的男性脊背的伤痕,整个画面洋溢着雄性和阳刚之气。耐克倡导的体育精神和永不言败的豪情不言而喻,品牌所能打动人心的魅力也就自然寓在其中。借某种象征表示一种精神,间接地表现产品内涵,是品牌发展到一定阶段采取的创意策略。当然,前提必须是该品牌具有一定的知名度和可信度。

耐克品牌创意综述:品牌就像一个人,其核心价值和信仰要保持不变,才可成就自我;要有自己长久的形象特征,无论用什么表现,都要坚持到底;要用创意去打动人,而不是用自我表白。

资料来源:百度文库

9.1 促销策划概述

9.1.1 促销策划的内涵

1)促销的定义

促销(Promotion)是指通过人员推销或非人员推销的方式,向目标消费者传递产品或服务的存在及其性能、特征等信息,帮助消费者认识商品或劳务所带给购买者的利益,从而引起消费者的兴趣,激发消费者的购买欲望及购买行为的活动。促销活动一般包括广告、公共关系、营业推广和人员推销。本章重点介绍广告和公共关系策划。

2)营销策划的内涵

营销策划是在对市场营销环境及市场发展趋势作出分析与预测的基础上,对企业未来的促销活动所作的谋划,并形成一定的行动方案,以实现预定的营销目标。

9.1.2 促销策划的流程

1)通过市场调查,识别目标受众

市场调查是指对影响企业促销活动的有关资料进行收集和整理,分析企业促销的外部环境和内部状况，其目的是为企业的促销决策提供依据，是促销策略设计的重要的基础工作。

目标受众，又称目标顾客、目标群体和目标客群，是一个促销活动作为目标的人口群体。目标受众可以是某一个人口群体，如年龄组、性别、婚姻状况等。常见受众有青少年、女性、单身等。目标受众也可以包括几个不同的人口群体，比如所有 20 ~ 30 岁的男性。营销过程也可以计划如何对待其他非目标群体，决定一个产品或服务的适当受众是市场调查中很重要的一部分。不了解自己的目标受众只会造成一个低效力的营销活动。

通过具体调研，建立目标受众的人口统计和心理资料，可以最充分地了解目标受众。此项调研应至少回答关于目标受众的如下问题：

他们是谁/在哪儿（人口统计）？

他们如何获得日常信息（渠道）？

他们的榜样是谁？

就宣传所要涉及的问题来说，他们现有的观念、知识、需求、需要、倾向以及行为如何？

什么因素在阻止他们选择宣传活动所倡导的备选行为？

什么因素可以激励他们选择所倡导的行为？

2）确定沟通目标

目标受众一旦确立，就要确立促销活动所要达到的预期目标。例如，新产品沟通目标是为了让消费者了解产品；对于目标消费者已经熟悉的产品，沟通目标是让消费者产生兴趣，直至采取购买行为；所以，我们要了解消费者是处在准备购买阶段的哪一个阶段，对症下药，引起共鸣，达到预期。

（1）消费者的购买阶段

消费者一般都处在 6 个准备购买阶段中，即：

①知晓阶段。在这个阶段，营销者的沟通目标是使顾客知晓，沟通形式可以采取在公众场合或宣传媒体上多次重复出现产品或企业名称。

②认识阶段。在这个阶段，营销者的沟通目标是使顾客对本企业产品的性能、特点等有清楚的认识。

③喜欢阶段。在这个阶段，营销者的沟通目标是使顾客对本企业产品产生好感，沟通的形式是着重宣传产品或企业的特色。

④偏好阶段。在这个阶段，营销者的沟通目标是使顾客形成对本企业产品的偏好，沟通的形式是着重宣传使用本企业产品的优越性。

⑤确信阶段。在这个阶段，营销者的沟通目标是努力促使顾客建立或强化购买的决心，沟通方式是着重宣传购买这种产品是最佳的选择。

⑥购买阶段。在这个阶段，营销者的沟通目标是促进购买行为的实现，沟通方式可采用降价、分期付款、增强服务质量、试用等促销手段。

（2）企业促销目标

企业的促销目标应与企业营销目标以及该阶段促销目标相配合。促销目标可以是对市场或财务等经济效益性质目标的描述，如扩大市场份额，提高产品接受程度，增加销售额；也可以是对企业形象目标的描述。企业在经营的不同时期开展促销的具体目标是不同的。为进一步区分具体的促销目标,可以将其细化为以下分类。

①产品生命周期各阶段与促销目标。

A. 导入期。缩短产品与顾客之间的距离,引导目标顾客试用、认知新产品。

B. 成长期。鼓励重复购买,刺激潜在购买者,增强中间商的接受程度。

C. 成熟期。刺激大量购买,吸引竞争品牌的顾客,保持原有的市场占有率。

D. 衰退期。处理库存。

②销售淡旺季与促销目标。

A. 销售淡季。维持顾客对产品的兴趣,刺激需求,减轻淡季的库存压力。

B. 销售旺季前。影响消费者的购买决策,争取竞争品牌的顾客。

C. 销售旺季。鼓励重复购买和大量购买,鼓励消费者接受品牌延伸的新产品。

D. 销售旺季后。出售旺季剩余产品以回笼资金,减少积压风险。

③不同销售对象与促销目标。

A. 针对消费者的促销目标。

a. 鼓励现有消费者继续购买本品牌产品,把延时性购买变为及时性购买,鼓励大批量购买,接受由本品牌延伸的新产品。

b. 争取潜在客户,培养新的客户群。

c. 争取未使用者的试用,从品牌竞争者手中夺走品牌转换者。

B. 针对中间商的促销目标。

a. 改善促销渠道,维持和巩固现有的销售渠道及货架陈列,争取让中间商存放额外的开架样品和不定期的促销样品,鼓励中间商销售完整的产品系列。

b. 维持较高的存货水平,诱导中间商储存更多的本品牌产品,鼓励储存由本品牌延伸的新产品和相关产品。

c. 建立品牌忠诚度,排除竞争者促销措施的影响,吸引新的中间商。

d. 激励中间商推销本品牌产品的积极性,如进行特别的展示和陈列,布置有吸引力的卖场广告,对本品牌的产品进行不定期的降价销售等。

C. 针对销售人员的促销目标。

a. 鼓励销售新产品或新品种。

b. 鼓励寻找更多的潜在顾客。

c. 刺激淡季销售。

3)设计促销内容

设计促销内容,即沟通什么,包括:

①信息内容,指说什么。信息内容要有感染力,感染力的挖掘可从与目标顾客个人利益挂钩着手。通过表达能激发目标顾客中某种否定或肯定的感情,以促使其购买。信息内容的诉求是只搞正面宣传还是搞正反两面评论,即在赞誉这一产品的同时还提及它的某些缺点,通常表现在3个方面:理性诉求与受众的自身利益相关,所以信息内容强调商品功能;感情诉求通过情感共鸣来激发购买,如害怕、内疚、羞愧等;道义诉求针对公众对是非的评价标准,如慈善词、义卖。

②信息结构,指要合乎逻辑地说。在信息中是提出一个明确的结论还是只提问题,由消

费者自己思考并作出结论。例如,结论性肯定——“怕冷就穿北极绒”;好坏皆说、暴露缺点——“让我们做得更好”。

③信息表达形式(次序),即把最具说服力的评论放在开头展示还是逐渐展开最后提出。如果信息的内容只搞正面宣传,用开门见山的手法提出最强有力的论点,有助于引起消费者的注意和兴趣。如搞正反两面信息,消费者又倾向于反面信息的,营销者从反面论点着手较好,以此解除消费者戒心。同时,让营销者有机会提出其最有力的正面信息作为终结。信息形式要新颖,有吸引力,与信息内容相适应。

④选择信息传播媒体。人员沟通渠道是一种双向沟通形式,不少信息可以通过此渠道获得,如面对面谈话、信函、电话、邮寄函件等形式。这种形式能及时得到对方的反馈,效率高,适用于那些产品价格昂贵、有风险或购买次数少的产品。非人员沟通渠道是一种单向沟通形式,通过报刊、杂志、广播、电视、录音磁带、录像带、广告牌、海报等媒体传播信息。媒体选择时既要考虑信息的内容、目标顾客,又要考虑媒体本身的特点。另外,由公关部门举办的新闻发布会、开幕式、展销会也属于非人员沟通形式。

⑤选择信息发送者。消费者对信息可信性在很大程度上取决于他们对信息发送者的看法。对不同对象、产品采取不同人员为“发布代表”进行传递。例如,由著名的时装设计师对某一时装进行评述将很具说服力;由文艺或体育明星为服装产品做广告,比一般人更具吸引力。所以,选择合适的信息发送者很重要。

⑥信息反馈。信息发出后,应及时了解消费者对所发送的信息的反应。如是否知晓,印象如何,对购买行为产生了多大影响,多少人在信息影响下购买了产品等。

4)确定促销组合

确定促销组合是指对广告、公关、人员推销、营业推广要素在整个促销活动中运用的比重进行谋划。促销组合的选择除了要受到产品性质、营销策略、产品生命周期、购买者准备阶段等几个因素影响外,最重要的是具体的促销组合必须能够有利于达到所制定的促销目标。

实践表明,同时使用多种促销方法比单独使用一种方法更加有效。因此,在选择促销方法时,要特别注意各种促销方法的创意组合。我们以营业推广为例看促销组合的运用。

为了让消费者看到售点广告,最好的刺激方法就是兑奖,这种促销方法可以使消费者在心理上由衷地投入整个活动,同时达到阅读广告的目的。

免费赠送的样品包装可以作为优惠券使用,使消费者在试用过后有兴趣产生第一次购买。

为了增加折价券的兑换率,可以在折价券上加上抽奖或者竞猜的活动信息。

消费者参与抽奖活动没有中奖,抽奖凭证可以作为下次消费的优惠券,此举不但能够实现较高的参与率,同时会减少未中奖者的挫折感。

为取得最大的效果,对消费者的促销与对经销商的促销应该同时进行,如果配合以销售人员的特殊激励,那么带来的影响将更为巨大。

为了促使零售商大量购入存货,可以将多项优惠条件同时提供给零售商。

在进行消费者促销时,为了得到零售商更多的协助和支持,可以增设一项针对零售商的销售比赛。

企业向消费者承诺，如果他们在一家商场购买了一定数量的产品，则可以免费或以比较低的价格购买该店出售的其他产品。由于这种优惠可以增加零售商的营业额，因此零售商也乐于支持这样的促销活动。

5）确定促销预算——花多少钱

常见的预算方法有：

①量入为出法。即根据本企业的财力情况来安排促销经费。这种方法可以量力而行，易于操作，但却忽视了促销对销售的影响，计划性较差。

②销售百分比法。具体有两种方式：一是根据上一年度销售额的某一百分比决定促销预算；二是根据下一年度的预测销售额的某一百分比决定促销预算。销售百分比法充分考虑了促销与企业收入之间的关系，但容易忽视企业的促销目标和促销策略。

③竞争对等法。按照竞争对手的促销费用来决定本企业的促销预算。使用这种决定促销预算的方法，有以下基本前提：企业了解竞争对手的促销预算；企业与竞争者之间的类似性高，差异性低；企业是竞争追随者，而非领导者。

④目标任务法。即首先确定促销目标以及实现目标所需要的具体任务，然后再确定要完成这些具体任务所需要的经费。理论上讲，这种方法比较合理，但实际操作起来却比较困难。

6）分配促销预算——钱花在哪？

【相关链接】

广告费用分配

目前国际上公认的广告费用开支表，是由美国最权威的广告刊物之一《印刷者墨汁》于1960年刊出的。1981年美国的查尔斯·帕蒂和文森特·布拉斯特通过对100家著名广告公司的调查，验证了该表。该杂志把广告费用的支出划为3大类：列入白表的费用可以作为广告费用支出；列入灰表的费用即可以作为广告费用的支出，也可以不作为广告费用的支出；列入黑表的费用是不能作为广告费用的支出。

一、列入白表的费用有

1.购买广告媒体及其他广告的费用。包括广播、电视、报纸、杂志媒体、户外广告、POP广告、直邮广告、商品目录、宣传小册子、电影、幻灯、交通广告等。

2.管理费用。包括广告部门有关人员的工资、办公费用，付给广告代理和广告制作者以及顾问的手续费、差旅费用。

3.广告制作费用。包括美术设计、文字编辑、印刷制版、纸型、照相、录像、录音、包装设计等。

4.其他费用。包括广告材料的运送费用，如邮费及其他投资费，陈列橱窗的安装服务费用，涉及白表各项活动的杂费。

二、列入灰表的费用有

样品费、示范费、客户访问费、推销表演费、商品展览费、广告部门的存货减价处理费、电话费、广告部门的其他各项经费、推销员的推销费用、宣传汽车费用、有关广告协会和广告团体费用、商品目录费用、研究及调查费用。

三、列入黑表的费用有

免费赠品、社会慈善、宗教、互助组织的捐献品和费用，旅游费、包装费、标签费，新闻宣传员的酬金、报纸杂志费、行业工会费，接待费、陈列室租金、推销会议费、推销样本费，工作人员的生活福利费、娱乐费、潜在顾客接待费。

7）编制促销计划

在具体活动的策划阶段，要分别制定广告策划、营业推广策划、人员推销策划方案等的内容，并制订促销费用预算计划。具体包括：

（1）确定促销范围

企业不可能只生产或经营一种产品，但企业的内部资源如人、财、物等是有限的。因此，在进行促销活动策划时，首先要确定促销的产品范围。同时，企业的市场区域通常要有主要市场和次要市场之分，促销活动所涉及的市场范围也是企业需要慎重考虑的问题。

促销范围的确定主要根据不同销售区域的销售情况、企业的自身资源状况、企业经营目标和市场竞争状况来决定。例如，企业的主流畅销产品是主要的现金流和利润来源，应保持促销力度和更新促销方法；企业开发新产品的作用是发展新的细分市场，寻求新的利润增长点，应加大新产品的促销投入；而处于衰退期或者非主流的产品，则可以适当减少促销投入。又如，为拓展新的区域市场，获取更大市场份额，通常在新的市场区域采取较大力度的促销。

（2）确定促销时机

企业在什么时间进行促销活动，对促销效果的影响是不一样的。一般来说，促销时机的选择应根据消费者需求和市场竞争的特点，结合整体市场营销战略来确定。例如，如果产品需求存在明显的季节性，则应在旺季来临之前和旺季期间展开促销活动；如果调查结果显示竞争对手即将有重大促销政策出台，则在竞争对手之前展开促销活动，会起到先发制人的效果。

把握最适宜的促销时机，还能够收到事半功倍的效果。事实上，许多企业都善于利用重大节庆或社会活动、企业开业或周年庆典、新产品上市等有利时机开展各种促销活动。

（3）确定激励规模

要使促销获得成功，最低限度的刺激物是必不可少的。较高的刺激程度会产生较高的销售反应，但超过一定点时，其增加比率却是递减的。因此，企业在制定促销方案时必须考虑成本效益比，以达到最大的激励规模。

（4）确定参与条件

企业的激励是面对目标市场的每一个人，还是有选择的部分人，这种范围控制有多大，哪类人员是主攻目标等，这类问题选择的正确与否直接影响到促销的最终效果。设定参与条件要注意两个问题：一是避免将优惠给予不可能成为产品固定使用者的人；二是防止因条件太苛刻，阻碍了大部分品牌忠实者或喜欢优惠活动的消费者参与。通常，赠品只送给那些参与促销活动的购买者；抽奖则限定在一定范围内，如不允许企业员工的家属参与。

（5）促销媒介

企业还必须决定使用哪种促销媒介，以及如何向目标顾客传达促销方案。假设促销方法是凭证优惠，则至少有4种方式可以使顾客获得优惠券：置于包装袋内，在商店入口处派发、邮寄、印刷在报纸媒体上。每一种方式都代表不同的对象、到达率和成本。包装内的方式主要送达经常使用者，成本较低，而邮寄方式虽然成本较高，却可以送达非品牌使用者。

(6)持续时间

如果促销活动的持续时间较短，一些消费者可能因为太忙而无法参与这个活动；而促销时间太长，消费者则认为可能这是长期降价，使促销活动失去应有的作用，并对品牌产生怀疑。确定促销活动的持续时间应综合考虑产品特点、消费者的购买习惯、促销目标、企业经济实力、竞争策略及其他因素。

9.1.3　撰写促销策划书

当促销活动各项计划确定之后，必须按一定的规则将其文案化，以指导促销活动的实施。

表9.1　促销策划书的一般格式

一、市场调研分析 1. 总则。 2. 促销调研报告。 3. 市场预测与建议。 二、促销目标 促销目标涉及促销的市场目标、财务目标等多个方面。有时只确定总体目标就可以明确责任，有时则必须对整体目标进行分解后才能明确责任。 1. 总体目标。 2. 目标分解。 三、促销提案 1. 方案细则。 (1)促销主题。 (2)促销时机和持续时间。 (3)促销对象。 (4)促销地点(区域)。 (5)促销产品。 (6)促销方法。 (7)促销媒介。 (8)促销活动方式。 2. 活动详细说明。 四、广告配合方式 五、公关宣传配合方式 六、促销预算 1. 预算计划。确定促销的总预算和各项分类预算，包括管理费用、促销费用、附加利益费用，以及预算适用的原则，要求和预算管理办法等。 2. 资金费用来源。 七、附录等

9.1.4 促销计划的实施与管理

在促销活动中,有三分策划七分执行之说,可见促销活动执行的重要性。每项促销活动应该确定实施和控制方案,实施计划必须覆盖准备阶段、实施阶段和后期延续阶段的工作。

1)前期准备

(1)人员安排

在人员安排方面,要做到“人人有事做,事事有人管”,无空白点,也无交叉点。谁负责与政府、媒体的沟通,谁负责文案写作,谁负责现场管理,谁负责礼品发放,谁负责客户投诉,各个环节都要考虑清楚,否则会造成临阵顾此失彼。

(2)物资准备

在物资准备方面,要做到事无巨细,大到车辆,小到海报等,都要罗列出来,然后按单检查,确保万无一失。

(3)实验方案

由于活动方案通常是在经验的基础上确定下来的,因此有必要进行一定的市场实验来判断促销工具的选择是否正确,刺激力度是否合适,传播方式是否理想等。市场实验可以采取询问消费者、收集调查表或在特定区域实施促销方式等方式。

2)中期操作

中期操作主要包括促销活动开展时的控制,对参与活动的人员作出纪律约束与规定。把促销活动各个环节的时间、程序安排清楚,做到有条不紊、忙而不乱。同时,在方案的实施过程中,还要及时对促销范围、强度和重点进行调整,保持对促销活动的实时控制。

3)后期延续

后期延续主要是媒体宣传的问题。例如,对这次活动采取哪种方式,在哪些媒体上进行后续宣传。

9.1.5 促销效果评估

在促销策划方案实施之后,管理者及策划者要对方案的实施效果进行评估。评估的对象是由于实施促销方案后实际产生的业绩效果。这种业绩效果可以通过销售增长率、成本降低率、市场占有率等客观指标反映出来,也可以通过调查所得到的数据进行主观判断。因此,促销效果的评估方法也可以分为客观的评估方法和主观的评估方法。同时,对各个促销工具的策划方案可以单独进行评估,如对广告效果进行评估,可分别对广告的传播效果和销售效果进行评估,采用固定的公式来计算。在此不一一进行介绍,只列举销售促进活动的效果评估方法。

1)客观评估法

客观评估法是以企业经营的实际指标反映方案的实施效果,这些指标包括销售指标和成本指标。通过销售指标进行分析是最常用的方法,因为销售数据容易收集而且能够反映目标市场对销售组合的反应。在进行评估时，可以通过把当前销售数据与期望的销售数据、行业销售数据、特定竞争对手的销售数据进行对比和评估。通过成本指标进行分析，就是通过成本与收益的比较，测定正在实施的促销策划方案的实施效果。客观评价法以实际经营资料为依据，所以它具有科学性强的特点。但是，它没有考虑顾客心理和市场环境变化对促销策划实施效果的影响，因此只采用这一指标还不能准确地反映策划方案实施的实际情况。

2）主观评价法

主观评价法通过对消费者的调查，考察消费者对促销活动的直接和间接反应，考虑顾客心理和市场环境变化对促销策划实施效果的影响，从而克服了客观评价法的一些缺陷。就营业推广活动而言，可以采用的主观评估法有：

①直接观察消费者对营业推广活动的反应。如对参加竞赛和抽奖的消费者人数、优惠券的回报率、赠品的偿付情况等加以统计，从而得出结论。可以将这种方法作为客观评估法的补充，两种方法可以结合使用。

②对消费者实行抽样调查。这种方法尤其适合于评价营业推广活动的长期效果。具体做法是：寻找一组消费者样本，和他们面谈，了解有多少消费者还记得营业推广活动，活动对他们的影响程度如何，有多少人从中获益，对他们今后的品牌选择有哪些影响等，通过分析这些问题的答案，就可以了解到活动的效果。

9.2 广告策划

9.2.1 广告的内涵

1）大广告与小广告

（1）大广告

广告者，广而告之也。将一个人或一件物推广出来，让大家都知道，是广义上的广告，其标的极泛，对象也泛。例如，可口可乐——挡不住的诱惑！非常可乐——中国人自己的可乐！

（2）小广告

在市场营销中，一种付费形式的非人员促销办法，目的明确，标的较为狭窄。例如，百事可乐的减肥可乐。

2）深广告与浅广告

（1）深广告

有的广告，诉诸报刊，则洋洋洒洒数万字，占了几个版面还要连载，诉诸电视屏幕，则连续十几分钟甚至更长。可以称作专题报道，其好处是讲得深，讲得透，讲得全面；其弊端是耗时耗力耗金钱。例如，脑白金广告包括报纸软文广告 10 部电视专题片等，媒体组合遍地开花，让 13 亿人都知道了脑白金。

(2)浅广告

有的广告,只有几幅画面,或一句广告词,简洁明了,做得好,可以让人记住一生;做得不好,过眼即忘。这就是简洁的两种极端结果。策划时,应因时因地因势制宜。讲得深,记得深;讲得浅,给人的感觉却不能浅。例如,万宝路广告,纯以画面见长,既不夸味道正宗老到,也不提百年老店信誉一流。以景动人,以形象诱人,乃是浅广告的典范。其余如丰田的广告词"车到山前必有路,有路就有丰田车"等,都有"不鸣则已,一鸣惊人"的效果。

3)显广告与隐广告

(1)显广告

王大娘卖瓜,拼命自夸,叫卖式的广告。从早期的"凤凰凤凰,鸟中之王,凤凰牌自行车……"到"雀巢咖啡,味道好极了"。

(2)隐广告

广告人,就是要深入人心,淡化气息,于不知不觉之间,抓住产品诉求的对象。嫣然一笑百万生的"美的"空调广告的形象策略。"巩俐美的一笑! 配音:美的空调,美的享受",使"美的"传遍千家万户。

现在作为隐性广告的一种"植入式广告"(Product Placement)也越来越被策划者青睐。"植入式广告"是指把产品及其服务具有代表性的视听品牌符号融入影视或舞台产品中的一种广告方式。

一部《刘老根》捧红了鸭绿江边河口的"龙泉山庄";《一声叹息》,徐帆扮演的妻子在电话里多次提到"欧陆经典",特别是在影片结束前,徐帆在电话里再次说道:"过安慧桥,过了安慧桥左转,就是'欧陆经典',牌子很大,一眼就看见了!"

《海尔好兄弟》则是用海尔的吉祥物做主演,在低龄观众心目中根植下对海尔品牌的广泛认同。植入式广告的介入形式很多,除电视、电影植入,还有奖品提供,如6+1节目,节目道具用公司产品。台词植入《大腕》中李成儒那段台词:"……不是开奔驰就是开宝马,你要是开一日本车,都不好意思跟人打招呼……"《大宅门》中白景琦一把火烧了儿子做得不合格的产品,把同仁堂"炮制虽繁必不敢省人工,品味虽贵必不敢减物力"的古训宣扬得淋漓尽致;《疯狂的石头》中,道哥吃着康师傅方便面,给黑皮和小军讲解作战计划;包头拿着谢小盟的相机镜头盖,说:"耐克? 耐克也出相机?"而后,镜头迅速摇向尼康相机镜头盖……《爱情呼叫转移》整部影片中,除了徐朗的那只艳遇手机外,所有的手机清一色的由诺基亚独家提供;《天下无贼》整部影片中冯导精心安排的隐性广告还远不止这一个,从宝马汽车、诺基亚手机到惠普笔记本、佳能数码摄像机和便携式打印机、中国移动、《北京晨报》等,甚至贼帮扮成的旅游团手里拿的旗帜上还不忘来一个"淘宝网"的广告;福特汽车一直以来都是007系列电影赞助商,像阿斯顿·马丁DB5这辆车正是凭借在1964年的007电影《金手指》扬名天下。而福特为了邦德能在《皇家赌场》中继续驾驶福特车型付出了1亿美元的高额代价。

还有病毒营销,如搜索连接;名人口碑,利用明星代言;诱导营销,禁止偷窥;电子游戏营销;歌曲营销,如娃哈哈、百事可乐等。

无论某广告属于哪一类,广告的使命都是一样的:让别人认识自己及其产品,牢记,激起购买欲望。在说优点时,避开缺点;展示美时,掩饰起丑陋,有许多广告,特意暴露不足的一面，也收到了良好的效果。其实究其实质，仍是通过展示小缺点，引出大优点，收到让人明白“瑕不掩瑜”的效果，或是表现其真诚负责。所谓“醉翁之意不在酒”“明修栈道，暗度陈仓”都是这个道理。但是，自打板子怎样才能既真切，又不能打得太痛，怎样把打板子的理由说得既着边，又不至于引起别人的反感，这些都是越来越艺术化。所以，广告业，不仅要自求发展，而且还要与策划业相配合，进行广告策划。

9.2.2 广告创意理论

1）USP 理论

20 世纪 50 年代初罗瑟·瑞夫斯（Rosser Reeves）提出 USP 理论，在 1961 年写的《广告实效》（*Reality in Advertising*）一书中作了系统阐述。USP 的英文全称是 Unique selling proposition，译为独特的销售主张。

USP 理论主要有 3 个要点：

①明确的概念。每一则广告必须向消费者说出一个主张，必须让消费者明白，购买广告中的产品可以获得什么具体的利益。

②独特的主张。所强调的主张必须是竞争对手做不到或无法提供的，必须说出其独特之处，在品牌和说辞方面是独一无二的。

③实效的销售。所强调的主张必须是强而有力的，必须聚焦在一个点上，集中打动、感动和吸引消费者购买相应的产品。

20 世纪 30 年代，玛氏（Mars）公司当时在美国也算是一个小有名气的私人企业，尤其是在巧克力生产上具有相当优势。公司在 1954 年开发了一种产品——巧克力豆，但在广告宣传上不太成功，销售效果不是太理想。经过缜密思考，精心创意，瑞士夫创作了这样一部电视广告片：电视画面上有两只手，一只脏手，一只洁净手。画外音：哪只手里面有 m&m's 巧克力糖？不是这只脏手。因为，m&m's 巧克力只溶在口，不溶在手。广告片播出，m&m's 巧克力豆顿时名声大震，人们争相购买，销量猛增。

USP 是营销概念创意的一个有效思考工具，许多营销人由此而创造了不可一世的“经典”。“农夫山泉，有点甜”“乐百氏，27 层净化”“海尔氧吧空调”。宝洁公司的海飞丝的诉求点是“去头屑”；飘柔说的是“洗发，护发二合一，令头发飘逸柔顺”；潘婷的特点是“含维他命原 B_5，兼含护发素，令头发健康，加倍亮泽”；洗发水润研“黑发，专为中国女性设计”；舒肤佳诉求的是“洁肤且杀菌”，并通过显微镜对比，说明唯有其取得中华医学会认可”等都是经典的 USP。

2）BI 理论

广告大师大卫·奥格威 20 世纪 60 年代提出 BI 理论。BI 理论的全称是 Brand image，译为品牌形象理论。

其基本观点如下：

①广告最主要的目标是为塑造品牌服务。

②任何一个广告都是对广告品牌的长期投资。

③同类产品的差异性日渐缩小，消费者往往根据对品牌的好恶来选择购买。因此，描绘

品牌形象比宣传产品的具体功能特征更加重要。

④消费者购买时所追求的是：实质利益+心理利益，因此，广告尤其重视运用形象来满足消费者的心理要求。

当 USP 从产品内部找产品诉求点困难时，BI 试图从产品外部说明产品。李奥·贝纳广告公司创意的万宝路广告：1924 年美国菲利普——莫里斯生产，专供女士，广告口号"像 5 月的天气一样柔和"，但业绩不佳，20 世纪 40 年代初，这一品牌停产。李奥·贝纳在没有换配方的情况下，以粗犷、剽悍、豪爽的牛仔形象，赋予其硬汉的气质，显示真正的男子汉气概，展示出充满野性、豪放不羁、自由洒脱的万宝路世界。目前，万宝路占美国香烟总销量的 1/4，年销售量 3 000 亿支，盈利超过 30 亿美元。

"维珍"，一个由 350 家公司构成的商业帝国，英国最大的私营企业。从唱片到航空、铁路、电信、大卖场、婚纱、影院、金融服务、可乐，维珍提供的产品和服务基本上涵盖了人们生活的方方面面。在英国，维珍的品牌认知率达到了 96%，而其中有 95% 的人能正确地说出维珍的创办人就是布兰森。作为企业领袖，布兰森的形象已经成为维珍品牌的象征——叛逆、创新、自由。这些创意都是依靠品牌形象走向成功的经典创意。

3）定位理论

进入 20 世纪 70 年代，随着竞争的加剧，产品同质化现象日益严重。在一个媒体过度、传播过度、产品过度的时代，消费者真正可以接收到的信息却越来越少。

在这样的背景下，1972 年，两位年轻的广告人，艾尔·里斯（Al Ries）和杰克·特劳特（Jack Trout）在《工业行销》杂志上，提出了广告定位理论（Positioning）。后来他们出版了《广告攻心战略——品牌定位》，系统地介绍了广告定位理论。

定位理论的基本思想是：要在预期客户的头脑里给产品定位，定位本质上并不是要改变产品，产品的价格和包装事实上都丝毫未变，定位只是在顾客脑子里占据一个有价值的位置，而且这个位置必须是别人还没有占有的。

定位理论强调需要创造心理差异、个性差异，主张从传播对象（消费者）的角度出发，由外向内地在传播对象心目中占据一个有利位置。

随着时间的推移，定位的应用范围不断扩大：从最初在广告业中作为打动顾客的传播与沟通技术小试锋芒，到后来被应用到整个营销领域里，定位方法也大放异彩。常用定位技巧有：

首席定位：是追求成为行业或某一方面"第一"的市场定位。"第一"的位置是令人羡慕的，因为它说明这个品牌在领导着整个市场。品牌一旦占据领导地位，冠上"第一"的头衔，便会产生聚焦作用、光环作用、磁场作用和"核裂变"作用，具备追随型品牌所没有的竞争优势。百威啤酒宣称的是："全世界最大。"

比附定位：通过与竞争品牌的比较来确定自身市场地位的一种定位策略。其实质是一种借势定位或反应式定位。

比附定位策略包括：比附定位——甘居"第二"，就是明确承认同类产品中另有最负盛名的品牌，自己只不过是第二而已。伯恩巴哈领导的 DDBO 公司为艾维斯出租车公司所做的广告就是定位理论的成功典范。

【相关链接】

比附定位——"艾维斯在出租车业只是第二位,那为何与我们同行?"

20世纪60年代之前,艾维斯在租车业一直不很景气,甚至到了快破产的地步,直到1962年聘任了罗伯特·陶先德(Robert Townsend)担任总裁后才有了转机。当时,在租车业赫兹(Hertz)是第一位,资本是艾维斯的5倍,年营业额是3倍半。以一个弱势品牌要想对抗一个强势品牌当然要有一套创新有效的营销策略和广告创意。1963年,伯恩巴克为艾维斯做的广告标题是:"艾维斯在租车业只是第二位。那为何与我们同行?"(Avis is only No. 2 in renting cars. So why go with us?)内文是:"我们更努力(当你不是最好时,你就必须如此),我们不会提供油箱不满、雨刷残破或没有清洗过的车子,在我们的车里座位已经调好,加热器已经打开,除霜器业开始工作。你可以看得到,我们尽力将事情做好。我们会为你提供一部新车和一个愉快的微笑……下次与我们同行,我们的柜台前队伍短些。"这个广告坦言自己在出租业中不是老大,因此,不能像老大一样凡事都不在乎。在广告史上,从来不曾出现过这样的广告。将自己的公司在同业界里定位为第二位,这可以说是第一次。

另一则广告,标题直接说:《老二主义:艾维斯的宣言》(*No. 2 ism. The avis manifesto*)。内文是这样的:"我们在租车业,面对业界巨人只能做个老二。最重要的,我们必须要学会如何生存。在挣扎中我们也学会在这个世界里做个老大和老二有什么基本不同。做老大的态度是:'不要做错事,不要犯错,那就对了。'做老二的态度却是:'做对事情。寻找新方法,比别人更努力。'老二主义是艾维斯的教条,它很管用。艾维斯的顾客租到的车子都是干净的、崭新的。雨刷完好、烟盒干净、油箱加满,而且艾维斯各处的服务小姐都笑容可掬。结果艾维斯当年就转亏为盈了。艾维斯并没有发明老二主义,任何人都可以采用它。全世界的老二们,奋起吧!"

比附定位——攀龙附凤。具体来说,就是首先承认同类产品中已卓有成就的品牌,本品牌虽自愧不如,但在某一地区或在某一方面还可以与这些最受消费者欢迎和信赖的品牌并驾齐驱,平分秋色。如泸州老窖——塞外茅台。

比附定位——奉行"高级俱乐部策略"。借助群体的声望的手法,打出入会限制严格的俱乐部式的高级团体牌子,强调自己是这一高级群体中的一员,从而提高自己的地位形象。如美国克莱斯勒汽车公司宣布自己是美国"三大汽车之一",使消费者感到克莱斯勒和第一、第二一样都是知名轿车了,从而收到了良好的效果。

4)共鸣论

共鸣论又称李奥·贝纳的固有刺激法。产品本身内在固有刺激的产生是建立在消费者的欲求和兴趣的基础之上的。但是,这种创意方法的出发点是产品,从产品出发去寻找消费者心中对应的兴趣点,即认为产品中必然包含有消费者感兴趣的东西。通过产品与消费者的相互作用,创作出吸引人的、令人信服的广告。

共鸣论主张在广告中述说受众珍贵的、难以忘怀的生活经历、人生体验和感受,以唤起并激发其内心深处的回忆,同时赋予品牌特定的内涵和象征意义,建立受众的移情联想。通过广告与生活经历的共鸣作用产生效果和震撼。

共鸣论侧重的主题内容是:爱情、童年回忆、亲情等。"铁达时"手表的广告是一个典型的案例。"不在乎天长地久,只在乎曾经拥有"的广告词配以兵荒马乱战争年代的动人爱情场面,使消费者对该品牌产生强烈的共鸣。

再如香港维他奶广告"背影篇"就是以浓郁的怀旧请调,从容展开画面——一位少年暑假回乡村探望从未见过面的祖父,很有"近乡情更怯"的神色,初到乡村既新鲜又有些不适,祖父给他碰青了的膝盖擦跌打药水,一起翻阅昔日的家庭生活照……快乐的暑假过去了,祖父送孙子上火车,开车前祖父越过铁轨,爬上对面的月台,在小吃店买回一盒维他奶给孙子途中解渴。火车开动,祖父的音容淡去,但是他脸上淡淡的愁容却永远刻进了孙子的心田。此时画面水到渠成出现字幕"始终的维他奶"。真挚的亲情,让观众再一次回忆起少年的难忘经历。广告播出之后,产生了很强的心灵震撼。许多人看过之后,眼中都有泪光。

5)ROI理论

ROI是一种实用的广告创意指南,是广告大师W.伯恩巴克创立的DDB广告公司制定出的广告策略上的一套独特的概念主张。其广告的秘诀就是实施重心法,抓住问题,然后将其变成一条图像刺激而又诚实可信的优点。

ROI的观点是好的广告应具备3个基本特质:

关联性(Relevance),所谓关联性就是说广告创意的主题必须与商品、消费者密切相关。

原创性(Originality),即广告创意应与众不同,其创意思维特征就是要求"异"。突破常规的禁锢,善于寻找诉求的突破。

震撼性(Impact),就是指广告作品在瞬间引起受众注意并在心灵深处产生震动的能力。台湾中华汽车以怀旧的情绪抒发了一个主题"最重要的一部车——爸爸的肩膀""最长的一条路——妈妈的皱纹"两部感人至深的广告片。随后,中华汽车又以"连续剧"的形式推出从两人共组小家庭、怀孕生子到养育孩子的3部广告片,描写生活中的温情故事,为公司增添了一层浓浓的人情味。

9.2.3 广告策划步骤

1)产品定位

一件产品,就像一条生命,只有找到了它在社会上的地位,明确了其所负的使命、所具有的功用,它才能有一块适合的天地茁壮成长。

例如服装,广告策划者首先必须要明确,是高端还是低端,是老年、青年还是儿童服装等。上述问题全都弄清了,才有可能制出合适的广告来。将其定位在高档还是低档,对制造工序来讲技术上可能并无问题,但对于定价、市场前景、广告策略等相关工作,结果就有着决定性的意义。

产品定位切忌定位过高,如面霸、彩霸;定位过于广泛,如有病喝三株,给人包医百病的感觉;定位不稳定,朝令夕改。

2)确定目标市场

明白广告所要诉求的对象,对不同对象,选择使用的方法是不一样的。例如大宝广告,对高收入阶层,广告的着眼点可以注重于保证健康、增强活力、显示身份。对高学历阶层,可以把重点放在生活的情趣、人生满足感,以及显示知识背景等。对一般工薪阶层,安全、节约、持久可靠的质量是必须强调的关键。

3)市场调查分析

这个步骤和产品定位,确定目标市场,其实是同时进行的,即在调查前,策划者要先对产品定位和目标市场心中有数,以便做到调查时有的放矢。但同时,根据市场调查所得结果分析和结论,适当调整广告战略,以便更加符合实际,收到更好的效果。市场调查内容见表9.2。

表9.2 市场调查的具体内容

1. 市场环境调查和分析	2. 市场竞争性调查和分析	3. 消费者调查和分析
宏观环境 微观环境	该类产品的市场总容量、其他品牌产品的发展轨迹、竞争潜力、销售渠道、广告及其他促销手段的运用等。	①需求调查:购买的动机以及需求强度。 ②购买方式调查:可以用以确定广告方式,是以利诱人,还是以理服人,还是以情动人?

4)媒介选择

(1)广告媒介的种类

广告媒介的种类见表9.3。

表9.3 广告媒介种类

视觉媒介	听觉媒介	视听两用媒介
报纸杂志、海报张贴、传单标牌等	无线电、有线广播、流动宣传车、电话等	电影、电视、光盘以及网络等
一般使用的广告媒介,大多是报纸、杂志、无线电、电视等		

(2)广告媒体的特点

广告媒体的特点见表9.4。

表9.4 广告媒体的特点

评价要素	听觉	视觉	视听两用	网络
信息量	小	大	小	最大
真实感	最弱	较强	强	最强
印象深刻度	较强	差	强	强
印象持久性	较强	差	强	强
保存性	差	最好	差	较好
互动性	无	无	无	有

(3)广告媒体的选择

①消费类产品。生存资料,其中包括食品、服装、医药品、日用品、家具、住宅、文教用品,多以电视广告和户外广告为主。享受用品广告的成功之道在于精准定位和产品形象,适宜在电视、商业类杂志、奢侈品商场、高档住宅区等特定的范围内进行精心设计和广告推广。

②产业类产品。是指不用于个人和家庭消费,而用于生产、转售或执行某种职能的产品,多属于中间产品或技术产品,如原材料、耗材、零部件等。因此,此类产品的广告主要针对供应商,利用专业性的网站、电子邮件、实体市场、户外装饰作为主要广告方式。建筑物及土地权、重型设备、轻型设备以及维护、修理和经营用品等。建筑物及土地权是指厂房、办公室等建筑物及其附属设备的设计、建造、安装和土地使用权等;重型设备通常是为特殊用户的需要而特别设计和制造的工业用品;维护、修理和经营用品是维持企业正常经营所消耗的、不构成产品实体的物品。此类产品多为实体形式存在,消费行为比较固定和单一化,使用时间长,顾客忠诚度较高。因此,适宜专业类报纸、杂志、户外广告等传统传播媒介,公关也可以作为重要的广告方式来使用。

③多功能型产品。这类产品需要较多文字表达,应以平面媒体为主。

④产品市场生命周期。引入期产品,广告介绍以新产品为主,利用大量的媒体投放,使之加深对新信息的印象。成长期和成熟前期产品,用劝导性广告,注重品牌和形象,改变消费者的选择权;成熟后期和衰退期产品,用提示性广告,提示忠诚购买者和落后使用者购买。

9.2.4 广告创意

好的创意可以化腐朽为神奇,可以起始回生,可以引人遐思,可以动人心魄。点子,顾名思义,重在一点;而创意,则意蕴更远,包含更广,涉及更大。广告策划中的创意,必须是整个广告活动的中心,是广告活动的灵魂,是其卖点。广告创意策略有:

1)新颖出奇

在广告的海洋中要想独树一帜、引人注目,新颖是一个直接的要求。20 世纪 70 年代,牛仔裤成为流行服装,但女性市场尚有待开发。有个厂商设计的一则广告:其上有象征牛仔裤袋的织线,口袋左上角是该厂商的商标。创意者要向公众介绍一身轻便贴身、尽显女性身材的女装牛仔裤,这样的图像可谓达到了表达这一意思的极点。这则广告后被美国纽约大都会博览馆收藏。

2)逆向思维

好的广告,出人意料。而且利用人们的心理弱点,或顺水推舟,或欲擒故纵,或将欲取之,必先予之。广告有时与为人一样,你越是热情满怀、感情奔放、求之甚切,人家反而不接受,用防备而怀疑的眼光上下打量;而你一旦傲然挺立、冷若冰霜、拒人于千里之外,人家却又往往心向往之了。

苏联有个酒厂,要推销产品,在街上造了个小木屋,四周打上小圆孔,并挂起了“禁止参观”的牌子,来往的人哪能受小木牌的约束,一个个探头偷窥。结果见到的是“美酒飘飘香,请君品尝”的字样,并有香气从圆孔中飘出。结果,偷看者纷纷解囊买酒。

3)文化是永恒的源泉

人们的消费要求不仅是物质方面的,而且是精神方面的。文化是能给人的精神带来持久享受的源泉。广告策划者必须认识、选择、隐藏在自己所要推出的产品背后的文化,并用易于理解的方法表现出来。

在南方黑芝麻糊的广告《怀旧篇》中,深邃的小巷、古朴的打扮、民族特色的音乐,都在烘托着一种氛围,这种氛围,就是悠悠中华、漫漫情思。创作者以南方黑芝麻糊作为这一文化氛围的见证和代表,从而将这种文化装进了他的产品。这一构思,在众多喧嚣的广告节目中显得如此意蕴久远,回味悠长,以至于很多人将看这则广告当作一种享受,相应地接受了"南方"。

文化广告的另一股潮流是欧美的产品带过来的。麦当劳叔叔可亲的笑容像花朵一样开遍中国大地,可口可乐自太平洋倒灌入黄河、长江。有谁会说汉堡包的味道好过中国菜肴,可口可乐比红茶、绿茶更加有益健康?中国人在接受这些产品之前,其实早就已经接受了美国的文化,把这些来自大洋彼岸的东西认作现代社会的象征,世界潮流的代表。在1999年初的电视中,肯德基上校以动画的形象开始了叫卖吆喝,加上配音的问题,把肯德基代表的形象抹杀得一干二净,这就是舍本逐末了。

4)寻找新的渠道

这种广告中,人们不能一眼看穿其中的技巧,要在不知不觉中引导顾客,推荐产品。大广告的一个范例是日本航空公司的《空中小姐》。电视剧中,没有关于日本航空公司的正面介绍,但是通过那群清丽活泼的培训中的空中小姐和英俊敬业的教官,日航的形象以另一种方式树立起来了。故事的展开是通过爱情的跌宕波折实现的,但受的是航空服务环境的熏陶,不知不觉之间,一种熟悉感、亲切感就在日本航空公司和观众之间树立起来了。到故事结尾,每个受训小姐(笨拙、懦弱、迟钝)都成了合格的空中小姐。没有人责问美化日航,而相信这的确是日航能做到的。

5)唯有真善方为美

消费者总是愿意购买优质、美好的产品,广告策划者采用诚实广告。"举世皆浊我独清",日本的美津浓运动器具公司是一个年营业额20余亿日元的大公司,其创业者美津浓在一开始就决定对顾客采取坦诚的态度,以期获得顾客的信任。美津浓说:"做这些欺骗顾客的生意,还不如关门歇业……"在该公司售出的运动衫中,带有这样一张纸,上面写着"这种运动衫使用的是本国最好的染料,染色技术更是本国最优秀的。不过感到遗憾的是,酱色之类的颜色至今无法做到永不褪色……"这种广告的效果是:公众对美津浓的诚实称赞不已,美津浓产品的形象也树立了起来。

6)感情是通向心灵的捷径

广告是一种引导,一种劝说,是一种让顾客进行决策的推动。进行劝说,可以以理服人,摆出一大堆道理,细细分析,得出结论;也可以以情动人,选择心灵的脆弱点,渲染氛围,不战而胜;还可以危言耸听,列举不听从自己的危害;或可以诱之以利,列举听从自己的好处。这几种手法,在广告中都有采用。但如果将它们细细比较,则是"以情动人"为其中最优者。

情,可以是爱情、亲情、思乡之情、追忆之情。选择哪一种感情作为通路,要视产品特点而定。

重庆奥妮的百年润发广告是1997和1998年公认的杰作。从火车飞驰的空间跨度,到世事沧桑的时间跨度,以及悠长清丽的音乐、歌声,先把人置身于一种轻松而略带惆怅的环境中,对广告的提防被这些美丽而意味深长的画面和歌声洗涤一空。然后是与这些画面融为一体的解说词:“假如说人生的离合是一场戏,那么百年的缘分更早有安排。”最后周润发给女主角洗头,其画面清新亮丽,极具震撼力。这一则广告,选点选得很好,即感情角度准确,画面拍摄优美,配乐、配词均属一流,使以情动人的“情”受到充分表现与烘托,其效果,润发百年深入人心,不仅知名度高,而且形象颇佳。

7)于无声处听惊雷

这专指电视等视听两用媒介的广告而言。电视的一个优点是声音、图像并茂,对人的感官刺激较大。但人们总是对与众不同的东西更能集中注意力。暂时放弃声音的解说功能,专以图像吸引人,给人以片刻的清静,这也可以作为广告创意的一个方面。

凡是看过麦当劳广告的人大概都会对它印象深刻,而且感觉极佳。一个尚在襁褓中的小孩在秋千上一晃一荡。每当荡到高处时,就见到蓝天、白云和在蓝天白云间的黄色的“M”。整个广告中没有一句话,甚至没有一个字,但每个人都知道它宣传的是什么,这可以说是无声广告的典范。

8)借来东风好扬帆

社会上,名人名物多得不可计数。广告无非是塑造另一个名牌而已。是凭空靠自己塑造一个,还是巧作势,巧借势,把别人的名借来为我所用,这对广告策划者说,关系到辛苦的程度和努力的效果。做得巧,四两可拨千斤重。

借东风而不是买东风,才是创意成功。

中国的茅台酒是借“东风”航得最远的。而且这股“东风”甚至不是借的,而是送的。当年周总理宴宾必用茅台,而且必要夸奖一番。尼克松与茅台的故事也是人尽皆知。茅台的知名度、美誉度,由这两位天字号人物送出风来,自然是“好风凭借力,送我上青云”。何阳说,茅台不是没广告,而是周总理给它做了许多免费广告,此言不虚。

9.2.5 广告策划制约因素

广告创意是整个广告策划的中心。其指导思想,在于一个“活”字。

当年岳飞说兵书兵法,“运用之妙,存乎一心”。在今天的商战中,广告策划更不能拘泥。但也并不是说创意就可以天马行空,毫无约束,胡作非为。其实广告策划的制约因素是很多的。

1)政治因素

政治环境是广告策划的“天时”。一个企业再强大,也不可以逆“天”行事。“统一”的广告词“统一情,中国心”,1997年的紫荆花旗,就是顺天时。香港有家企业曾以希特勒的形象做过广告,结果引来全球愤怒的抗议和讨伐之声,不得不进行道歉。政治环境是只能顺,不能逆的。

2)文化背景

如果将美国的著名广告策划师请到中国来进行策划,他可能成功,但更大的可能是不为人所理解,受到冷落而失败。除非人们因为他的名气先在心中无条件接受其思想。例如,索尼有一则广告:释迦牟尼庄严法相,双目闭合入静,但随着索尼收音机放出的音乐,他慢慢睁开双眼,并逐渐随音乐摆动起来。在一般人看来,这不失为一种良好创意,但泰国人不能容忍对佛的亵渎,并引起官方抗议。索尼被迫取消了这则广告。

3)广告费用预算

广告预算是企业和广告部门对广告活动所需费用的计划和匡算,它规定了广告计划期内广告活动所需的费用总额、使用范围和使用方法。

一般可以列入广告预算的费用有:

①广告媒体费。主要指购买媒体的时间和空间的费用,约占广告费用总额的80%~85%。

②广告设计制作费。主要包括广告设计人员的报酬、广告设计制作的材料费用、工艺费用、运输费用等,约占广告费用总额的5%~15%。

③广告调查研究费。包括广告调研、咨询费用,购买统计部门和调研机构的资料所支付的费用,广告效果检测费用等。这一部分经费约占广告费用总额的5%。

④广告部门行政费用。包括广告人员的工资费、办公费、广告活动业务费、公关费以及与其他营销活动的协调费用等,约占广告费用总额的2%~7%。

广告预算作为对广告活动所需要费用的匡算,对广告活动具有计划上和控制上的作用。作为计划手段,广告预算是以经费形式说明广告计划;作为控制手段,广告预算在财务上决定广告计划执行的规模和进程。广告预算费用的多少受产品、销售额、利润率、企业实力、消费者、媒体因素等方面的影响。

4)产品自身特点

耐用消费品,广告的取向应该是比较实在的方面,例如冰箱空调,一般都会强调其省电节能、保鲜功能、健康环保等看得见、摸得着的内容。

而诸如泡泡糖、朱古力等消费品,广告就应该着眼于感觉,着眼于形象。例如大大泡泡糖的广告,通片是节奏感强的音乐和健康帅气的小伙子的滑板表演。

在《计算机报》上刊登广告的,是电脑业及相关行业的厂商,在《建材工业信息》上做广告的,是建筑材料业主,由此可见,产品特点决定了媒体选择。

9.2.6 广告计划书

在完成了市场调查,明确了广告目标的任务和目标,制订出初步广告创意之后,就应着手制订广告策划计划书。完整的广告策划计划书如表9.5所示。

表 9.5　广告计划书

一、前言 在前言部分，须详细说明广告计划的任务和目标，并列举相关信息，如广告者的整体营销战略等。 二、市场分析 这是市场调查和分析的结果。市场分析应做到准确、全面、及时、有效。它主要包括 3 个方面的内容：企业经营情况分析、产品分析、消费者分析。 三、广告战略 根据产品定位和目标市场选择以及市场状况，确定广告的大方针，如以何种方式树立形象，以何种方式促销购买等。 四、广告对象和地区 这是目标市场的具体化。根据调查结果可以得出广告对象的人数及其构成，并分析其地区分布、心理特征、需求特征等。 五、广告战术 这是广告战略的具体化和细分化。具体如下： 选择哪种、哪家媒介，并列出其详细情况，如报刊的发行日期、版面、次数等；电视台的频道、播出时间及频率等；促销活动举办的日期、活动方式等。 对多种媒介共同采用的情况，对其配合方式，也应予以说明。 六、广告预算及分配 详细列明每笔费用的去向，尤其是对不同媒介的费用分配要说明。 七、广告效果预测 策划者预计广告主按此方案实施广告所能达到的效果。

【相关链接】

菲利浦·莫里斯的品牌广告策略

“禁止吸烟”的口号有如洪水猛兽般，不断地袭击每个烟草制造商，他们最大的危机在于：现在大部分顾客都在打听“如何戒烟”，而不是“哪一种香烟比较好抽”。一些立法机构与健康组织不断地推广“吸烟有害健康”的概念，他们也不遗余力地对香烟广告设限。烟草商不仅必须承受来自政府与民间的巨大压力，同时，在营销活动的推广上，无法像以往那样通过大众传播媒体肆无忌惮地表达抽烟时的种种风情与魅力，使得各家都面临“有钱无处花”的窘境。因此，在几年之中，全美主要烟草公司总计花在广告、印刷物与户外看板上的费用，由 1988 年的 4 亿 5 千万美元减少为 3 亿美元，当然，业绩也不断下滑。

在这个大环境中，美国烟草商开始想尽办法试图力挽狂澜。而第一个想到利用一对一地与潜在消费者沟通方式的公司，就是在美国排名第二的烟草公司尔杰·雷诺（UR）。这家公司在 20 世纪 80 年代就花了近 1 亿美元来建立一座约有 5 500 万人名的消费者行为数据库（差不多美国吸烟人口的一半）。他们每年都会寄出约 8 000 万份的问卷，来询问美国家庭是抽何种品牌的香烟，或购买频率等各类与家庭生活有关的问题，并在不断研究资料的过程中，想出一些方法把其他香烟品牌的消费顾客拉到自己的 Salem 或其他产品来。其中，免费试抽就是一项令人难以抗拒的诱惑，他们会赠送烟瘾小的消费者一包免费试抽的产品，而烟瘾大的消费者甚至可以收到两包或更多的免费产品。

菲利浦·莫里斯首先尝试改变万宝路香烟的促销手法，也就是缩减16.6%的广告预算，而以增加卖场、零售点的方式来刺激购买。到了1976年，正式采用直复营销策略。

菲利浦·莫里斯首先在《新闻周刊》《时代杂志》与其他主要杂志上刊登了一则有夹页的跨页广告，标题上写道："我们跟你打赌，只要你抽了这两包免费的试抽烟，你就会喜欢上这个领导品牌的淡烟，不信你自己试试。"而且，在内容中并没有指出品牌或任何广告主，他们只是很单纯地请抽烟人士来函索取两包免费的试抽香烟。不过，若要索取这两包试抽香烟，则必须按规定详细地填写在夹页回函中的一份长问卷，内容包括：你现在抽哪种牌子的烟？你一周抽几支烟？有无滤嘴？软盒还是硬盒等许多相关题目。

在将回函寄出后不久便收到公司送给他们的两包没有注明品牌的香烟。之后，他们又会收到一封信，告诉他们那两包神秘的香烟就是他们常听到的Merit，然后，他们就要求消费者填写第二份详细问卷，其中当然也包含了一些关于这种香烟口味测试的反应。

根据美国产业报导指出，有将近200万个瘾君子从头到尾配合这项问卷调查，其中，竟有100万以上是"云丝顿""骆驼"等菲利浦·莫里斯现有竞争品牌的使用者。接着，又在直接信函的测试中，得知有将近50万个竞争品牌的使用者表示觉得Merit牌香烟比他们现在抽的品牌品质更好。由于在这些连续问卷中，瘾君子所回答过的问题与其他额外资料全数都被加入数据库中，因此，菲利浦·莫里斯在日后的活动中，便可针对不同瘾君子提供不同的促销优惠条件。

莫里斯所投入的预算在大众媒体上就花了1 500万美元来吊那些会感兴趣的消费者的胃口，而这些花费只不过是为了建立数据库的档案，再接下来花了将近1 500万美元，而这些则是用在针对个别有潜力的顾客作诉求，并得到他们比较喜欢Merit的信息，使得产品在这些消费者之间建立了极高的知名度。虽然，菲利浦·莫里斯并不对外公开他们最后改变了多少人的品牌忠诚度，但是根据研究机构传出的消息指出，菲利浦·莫里斯在推出这个活动的15个月内，整个活动中所花费的成本就从新吸收来的Merit品牌消费者身上回收了。第二年，菲利浦·莫里斯再一次以同样方式促销公司中另一个品牌的烟，成效也再度受到肯定。

这种利用大众营销手段找出理想的潜在消费者，并与他们进一步接触，且不惜将许多促销预算都投入在这群人身上的新营销观念，也正说明了数据库导向广告的强大威力，莫里斯在1987—1988年的一年中，创造了可观的利润。

我们从这则Merit牌香烟的促销活动中，看到了直复营销运用的最基本精神，它让瘾君子来参加这个口味测试的过程中，就比一般直接将试用品发出去的手法令人感到新鲜。在回收的问卷中，它不仅为自己的Merit牌香烟提供了近100万的消费者资料，也得到了另外100万名竞争品牌使用者的资料，使他们能针对市场需求，陆续推出适当的促销活动和机会。之后，菲利浦·莫里斯与其直复营销工作小组的代理商也将这个经验带到了日本。日本香烟市场竞争激烈的状况是众所皆知的，一般外国品牌的香烟要打入日本市场无不碰得头破血流。然而，菲利浦·莫里斯却成功地以同样手法将Merit牌香烟推入日本市场，不过，在活动过程中，他们与在美国"送二包试抽烟"的做法稍有不同——因为日本政府的法律规定烟草商只能赠送给消费者一包免费的样品香烟。后来，他们得到超过90万名日本瘾君子所寄回的问卷,也使得Merit牌香烟在一夜之间夺得日本香烟市场0.7%的占有率,这对一个刚加入战场的品牌而言,算是很不错的成绩了。这也证明了:针对潜在消费者建立直接关系的直复营销概念,原来竟可消除国界、人种的限制。

除此之外,菲利浦·莫里斯也曾对竞争品牌的消费者寄出一份直接信函,内容包括一份可换其另一品牌万宝路香烟的3元折价券与5包新万宝路香烟的免费样品,在这一项新万宝路香烟的促销活动中,公司方面为了鼓励潜在消费者寄回所设计的问卷,除了赠送免费的香烟样品与折价券作为酬谢外,他们还举办回函抽奖活动,幸运的中奖者便可以得到Cirvette名牌跑车。因此,马上收到为数可观的回函。拥有这些详细的资料后,菲利浦·莫里斯再利用直复营销手段直接和消费者做双向沟通的交流活动,展开凌厉的攻势,说服了许多竞争者的顾客投向自己怀抱。结果,新的万宝路香烟很快席卷了全美烟草市场1.5%的占有率。

这种直复营销的手法,的确对烟草商在争取新客户方面有很大帮助,根据数字显示,一个美国瘾君子,平均每年花费750美元在香烟的消耗中。所以,也难怪烟草商愿意在所不惜地投资巨款与心力在这上面,因为,类似香烟这种"会上瘾"的产品,一旦消费者成为你固定的使用顾客,他极可能终生忠实于你的品牌。

资料来源:www.eb21.org/2005-3-22

9.3 营销公关策划

9.3.1 "公关"一词的来历

1807年美国《韦氏新九版大学辞典》将Publicrelations简称"PR",1903年成为专门职业,1923年成为一门学科,多译为"公共关系"。

1)本原属性

公关是社会组织同构成其生存环境、影响其生存与发展的那部分公众的一种社会关系。

2)综合的功能性定义

公关是社会组织为了生存发展,通过传播沟通、塑造形象、平衡利益、协调关系、优化社会心理环境,影响公众的科学与艺术。

9.3.2 公关策划的内涵

公关策划,即"公共关系策划",是公共关系人员在预期外部环境、核查企业自身资源的基础上,形成决策的过程。

公关策划的核心,就是解决以下3个问题:一是如何寻求传播沟通的内容和公众易于接受的方式;二是如何提高传播沟通的效能;三是如何通过企业(沟通主体)、沟通(中介)、公众(客体)这三要素的和谐活动来达到塑造企业形象、提升企业名声的目的。

9.3.3 公关策划的特征

1)以公众为对象

公众,是公共关系中的又一主体,也是公共关系工作的对象,他们构成了组织公共关系中必不可少的一方。公众的数量及其态度,在很大程度上决定着组织无形资产的质与量,也决定着组织环境的优劣。正确地认识和分析公众,积极地影响公众,争取不同类型公众对组织的理解和支持,是公共策划工作的核心。真正将自己的生存与发展与自觉维护公众利益结合起来,最大限度地为公众服务、让公众满意的企业、组织,就能显示出勃勃的生机,形成明显的竞争优势。

2)以信誉为目标

高知名度加低美誉度等于臭名昭著,高知名度加高美誉度等于成功之路。信誉是构建企业美誉度的基础。所谓信誉,是指依附在人之间、单位之间和商品交易之间形成的一种相互信任的生产关系和社会关系。讲求信誉是商业道德的基本规范之一。信誉要求企业塑造人的诚实守信品行、品德和人格,构建信誉为基石的文化。

3)以互惠为原则

营销公关策划,力求形成良好的公众关系,它不是靠血缘、地缘或空洞的说教来维持,而是以一定的利益关系为纽带。组织对公众要以诚相待,不能靠"耍嘴皮子""耍笔杆子"欺骗公众,更不能"做套"愚弄公众。组织必须给公众实实在在的利益,这样才能使他们对组织产生信赖感,乐于与组织合作。

4)以长远为方针

公关策划是一种持续不断的过程,它是一种战略性的长期工作。成功的获得并非一朝一夕的努力,也不是一曝十寒的推广。

5)以真诚为信条

公关策划需要奉行真诚的信条。企业传播的信息必须以真实为前提,企业与公众的沟通必须以诚恳为基础,任何虚假的信息传播、任何夸大的沟通方式都会损害企业的形象。唯有真诚,才能取信于公众,赢得合作和认可。IBM 公司凭借 CIS 而成为"蓝色巨人",它标志着企业形象制胜的时代来临。然而 IBM 公司也曾一度陷入困境,1992 年该公司亏损达 80 多亿美元,1993 年公司综合实力由全美第一位降至第 12 位,几年共裁员 10 万人,几乎濒临破产。究其原因,居然是来自企业形象的失败。IBM 声称"顾客第一",但却漠视顾客的需求,拒不生产小型计算机,经专家评定,顾客满意度仅为 C 级;IBM 声称"顾客至上",其实是企业至上,口口声声扬言要"教育顾客""纠正顾客";IBM 的经营理念是"服务、服务、再服务",可事实却是"利润、利润、再利润",尽管其演出了许多诸如空投维修人员的"公关秀",但该公司 1991 年的服务收入仅为 9%。

9.3.4 公关策划程序

公关策划一般包括以下 5 个步骤:

1)收集公关信息

公关信息包括:政府决策信息、新闻媒介信息、立法信息、产品形象信息、竞争对手信息、消费者信息、市场信息、企业组织形象信息和流通渠道信息。

2)策划公关目标

公关目标是指公关活动所要达到的理想境地和标准。主要有:

①提高组织知名度,树立组织的形象及信誉。

②使组织与公众保持经常化的信息沟通与交流。

③监测社会、环境和舆论变化的趋势,根据这种趋势及时调整组织的政策与行动。

④争取公众舆论的支持与协作。

⑤开展企业内部公关。

⑥提高产品的市场占有率。

3)公关对象策划

确定与组织有关的公众。如一个企业的公众,就可以划分为员工、投资者、消费者、社区、供应商、经销商、竞争者、金融机构、新闻媒介、政府、学校、科研院所、社会团体、服务业、行业团体、社会公益组织、合作者等10多种不同类型的公众。公众不同,公关内容的诉求重点就不同。例如,脑白金面对老年市场,强调年轻态;娃哈哈针对儿童市场,强调吃饭就是香。

4)公关策略策划

常见的公关策略有:宣传型公关谋略、交际型公关谋略、服务型公关谋略、社会型公关谋略、征询型公关策略等。

(1)宣传型公共关系策划

宣传型公共关系策划是运用大众传播媒介和内部沟通方法,开展宣传工作,树立良好组织形象的公关模式。

主要做法是:利用各种媒介和交流方式,进行内外传播,让各类公众充分了解组织,支持组织,进而形成有利于组织发展的社会舆论,使组织获得更多的支持者与合作者,达到促进组织发展的目的。

其特点是:主导性强,时效性强,传播面广,推广组织形象效果快。

(2)交际型公关策划

此种策划是在人际关系中开展公关工作的模式,其目的是通过人与人的直接接触,进行感情上的联络,为组织广结良缘,建立广泛的社会关系网络,形成有利于组织发展的人际环境。

方式:团体交际和个人交往。团体交际有:招待会、座谈会、工作午餐会、宴会、茶话会、慰问、舞会等,个人交往有:交谈、拜访、祝贺、个人署名、信件往来等。

(3)服务型公关策划

服务型公关策划是一种以提供优质服务为主要手段的公关活动模式。其目的是以实际行为来获取社会的了解和好评,建立自己良好的形象。

(4)社会型公关策划

社会型公关策划是指组织利用举办各种社会性、公益性、赞助性活动塑造组织形象的模式。其目的是:通过积极的社会活动,扩大组织的社会影响,提高其社会声誉,赢得公众的支持。

其活动形式有3种:一是组织机构以本身的重要活动为中心而开展的活动;二是以赞助社会福利事业为中心开展的公关活动;三是资助大众传播媒介举办各种活动,提高组织的知名度。

香格里拉饭店"为了留名做好事"。北京香格里拉饭店,为援助遭受百年不遇洪水袭击的华东数省,提出了"人帮人"的响亮口号,举行了为期两周的赈灾义卖,将所得的义卖款全部捐给了灾区。在情感上拉近了普通老百姓与五星级酒店的距离,树立起了"充满爱心,为人民服务"的朴实形象。

(5)征询型公关策划

征询型公关策划是以采集社会信息为主。其目的是:通过信息采集、舆论调查、民意测验等工作,了解社会舆论,为组织机构的经营管理决策提供咨询。

可采用的形式:征询调查,征文活动,民意测试,访问重要用户,建立信访制度,设立监督电话,处理举报和投诉,进行组织发展环境的预测等。

5)公关时机策划

捕捉和把握最佳公关时机是取得企业公关策划方案实施效果的先决条件,所谓"机不可失,时不再来"。一般来讲,适合于公关活动的时机有以下几种(参照胡建宏的《现代企业管理》):

①组织创办或企业开业之际。

②企业推出新的产品或新的服务项目之际。

③组织发展很快但声誉尚未树起之际。

④组织更名或与其他组织合并之际。

⑤组织在某方面出现失误或遭到误解之际。

⑥遇到突出性危机事件之际。

⑦企业周年庆典活动。

⑧企业新产品投放市场的面世活动。

⑨企业推出新的服务项目。

⑩企业重点工程投产。

⑪企业获得荣誉之际。

⑫企业经营性质发生改变之际。

⑬企业举行赞助大型公益活动签字仪式之际。

⑭企业遇到国内外重要节日之际。

⑮企业参加国内外展览会、展销会或交易会之际。

⑯企业巧借名人祭辰等重大事件之际。

【相关链接】

公关策划书的格式

公关策划文案的内容主要包括以下10个方面：

一、标题

一份完整的公关策划文案，必须有一个标题，使人一读就明白这是一份活动策划书而不是一份工作小结或评估报告。

标题可以直接写成“××公司××活动策划书”，也可以采用点明某一活动主题的词语作为主标题，而将“××公司××活动策划书”作为副标题列在其下。

标题撰写要明白易懂。

二、前言

前言，也称背景介绍，即简略地介绍组织策划这份文案的背景情况。说明背景具体策划内容（方案）。前言要言简意赅，抓住本次策划活动的意图。

三、调查分析

公关策划是建立在调查分析的基础上的，调查分析是公关活动策划的先期工作。调查分析主要是对组织形象作出具体分析，可以从当前组织形象存在的优势点、问题点和机会点3个方面进行分析，从而明确下一步公关工作的重点和方向。

调查分析要注重调查对象的代表性，调查手段的适用性，调查方法的科学性，资料收集的真实性和全面性，分析结论的可靠性。

四、策划目标

为了提高公关活动的效果，必须确立公关目标。应根据组织的具体情况选择目标分类，如将目标分成总目标与分目标，长远目标、阶段目标、具体目标等。

公关策划目标主要考虑所设目标符合组织的发展战略，符合组织形象的定位要求，符合公众需要，符合社会文化及其发展需要，是否针对组织存在的问题等。

五、创意说明

创意是公关活动成败的关键。创意是公关人员根据调查结论、社会组织形象特性和公众需求所进行的一种创造性思维活动，它是整个公关活动策划中的画龙点睛之笔。一个富有创意性的公关策划，能吸引和感染公众，使公关传播收到良好的效果。

创意的内容包括：

1. 活动主题。
2. 活动名称和项目。
3. 标语。
4. 宣传作品等。

活动主题要新颖，富有独特性和个性，有意境感和吸引力。

六、媒介策略

公共关系活动过程也就是组织向公众的信息传播、双向沟通过程。因此，正确选择传播媒介是使活动取得成功的重要一环。

媒介的选择要有针对性、可行性、有效性。

七、活动计划

活动计划是对具体活动的指导。应根据各个活动项目分别制订各项活动计划。活动计划要有周密性、可操作性和具体性。

八、经费预算

正确的经费预算是实施活动的保证。

经费预算要合理、全面、留有余地。

九、效果评估

正确地评估本次活动的效果，有助于组织了解公关方案的实现程度，衡量公关活动的实际效果，调动公关人员的积极性，并为下一轮公关工作提供新的信息。

效果评估要依据目标，实事求是，并给出评估的效果的方法。

十、署名

文案最后须写明：

1. 策划者名。公关公司、公关部名称或策划人员名称。

2. 策划书写作时间。××××年××月××日。

来源：秘书资格考试

【关键词】促销策划　广告策划　公关策划

【案例分析】危机公关见成效　康泰克出招应对PPA风波

危机来临：2000年11月，国家下发通知：禁止PPA！康泰克被醒目地绑上媒体的第一审判台，在很多媒体上都可以看到PPA等于康泰克或者两者相提并论的现象。

11月16日，中美史克公司接到天津市卫生局的暂停通知后，立即组织危机管理小组。危机管理领导小组，制定应对危机的立场基调，统一口径，并协调各小组工作；沟通小组，负责信息发布和内、外部的信息沟通，是所有信息的发布者；市场小组，负责加快新产品开发；生产小组负责组织调整生产并处理正在生产线上的中间产品。由10位公司经理等主要部门主管组成危机管理小组，10余名工作人员负责协调、跟进。

16日上午，危机管理小组发布了危机公关纲领：执行政府暂停令，向政府部门表态，坚决执行政府法令，暂停生产和销售；通知经销商和客户立即停止康泰克和康得的销售，取消相关合同；停止广告宣传和市场推广活动。

17日中午，召开全体员工大会，总经理向员工通报了事情的来龙去脉，表示了公司不会裁员的决心，赢得了员工空前一致的团结精神。同日，全国各地的50多位销售经理被迅速召回天津总部，危机管理小组深入其中做思想工作，以保障企业危机应对措施的有效执行。

18日，他们带着中美史克《给医院的信》《给客户的信》回归本部，应急行动纲领在全国各地按部就班地展开。公司专门培训了数10名专职接线员，负责接听来自客户、消费者的问询电话，作出准确专业的回答以打消其疑虑。21日，15条消费者热线全面开通。

20日，中美史克公司在北京召开了新闻媒介洽谈会，表明不停投资和"无论怎样，维护广大群众的健康是中美史克公司自始至终坚持的原则，将在国家药品监督部门得出关于PPA的研究论证结果后为广大消费者提供一个满意的解决办法"的立场态度和决心。面对新闻媒体的不公正宣传，中美史克并没有做过多追究，只是尽力争取媒体的正面宣传以维系企业形象，其总经理频频接受国内知名媒体的专访，争取为中美史克公司说话的机会。对待暂停令后同行的大肆炒作和攻击行为，中美史克公司保持了应有的冷静，既未反驳也没有说一句竞争对手的坏话，表现了一个成熟企业对待竞争对手的最起码的态度与风度。一番努力之后，终于取得了不凡的效果，用《天津日报》记者的话说："面对危机，管理正常，生产正常，销售正常，一切都正常。"

评价中美史克公司在这场PPA风波中的表现，应该说是上乘的，踏踏实实地修炼内功，以理服人，让事实说话，易于赢得各方支持。反应迅速、果断，及时组织危机管理小组，是决定中美史克危机公关成效的一个重要砝码。中美史克明确了危机管理小组的工作职责，并配备了有总经理参与的强大工作班子，保证了权威性、全局性。其次，在内部公关赢得员工的信任与支持方面还是蛮有成效的，更容易凝聚为一个整体，员工表示甘愿与企业共患难，这是内部公关的胜利。对比国内爱多电器的危机处理，很多员工不知道公司发生的事情真相，甚至是从媒体上才了解到，这是公关的失败。离开了员工的支持，危机公关还会有什么威力？第三，开通消费者热线，配备训练有素的专职接线员，是架起中美史克公司与客户、消费者的一道桥梁，一个极为有效的沟通渠道。训练有素的消费者热线工作人员往往是危机公关的第一道门户，经过他们的努力，会使消费者的顾虑、抱怨和投诉等负面因素降到最小。第四，召回销售经理专门进行个别沟通，保障了整体危机公关措施不折不扣地执行。很多危机公关的方案不是不优秀，但就是在执行中缺乏一致有效而走样变味。

资料来源：中国经营报，张玉波，2001年07月31日

问题：

1. 康泰克通过哪几步化解危机？
2. 本案例给你带来哪些启示？

【课后练习】

1. 促销策划的内涵。
2. 促销策划的要素。
3. 广告策划的流程。
4. 广告策划的谋略有哪些？如何运用？
5. 公关策划的内涵。
6. 公关策划的特征是什么？
7. 公关策划的流程。

第10章 营销策划经典案例集锦

案例1：东润枫景全套文案

东润枫景全套文案(1)

标题:生命,可以浪费在美好的事物上

正文:衡量生命厚度的坐标不是时间,而在于是否体验到更多美好的事物。当然,这需要美好的心情和环境,在东润枫景,你会拥有这些:她离燕莎城2 500米,时间和距离的意义,在你就是省下尽量多的时间,去充分享受生活。在枫丹白露树,听林风沙沙,虫儿啾啾;闲坐中央广场,看孩子跟鸽子姗姗学步;咖啡店一隅,心情如行云悠悠淡淡;往来的是,与你一样对美和品位的追求不曾妥协的邻人……在这里,常感觉时间不够,实在有太多的美好让人沉醉。东润枫景,发现居住的真意。

东润枫景标志说明:

标志为楼盘的形象识别物,它应该言简意赅传播出东润枫景的主题意——发现生活的真意。

本组标志形似枫叶又像人形,活泼而唯美。4个写意的元素,有大小、远近对比,显得生动有空间感。"D"组标志以空灵的线条更勾勒出东润枫景悠闲、自由、轻松的生活氛围。4个动态"人形"的聚合,赋予东润枫景以人气,喻示她是张扬"人本主义"的社区。

标志的英文名意译为"Fontainebleau",即"枫丹白露",一个很美很有格调的名字。这是标志中另一闪光点,在"高级灰"们阅读她,心弦为之一动时,东润枫景四字已然感性起来。

东润枫景户外广告创意说明:

楼盘户外广告,其作用是传播楼盘整体形象。

东润枫景的传播定位是:发现生活的真意——这是纯生活的地方,完全抛离了压力,艺术而有品位的生活。

所以,本创意选取名油画《大碗岛星期天的下午》《草地上的午餐》和《枫丹白露的早晨》

为主画面，感性地渲染出一种优雅迷人的生活环境和方式；配合标题“这里有生活，有艺术，有美，唯独没有压力”，点明小区是高级灰（高级白领）式纯生活。

我们深信，以高级白领的语言（油画、优雅的设计风格）和让人感动的生活观点，可以很好地与目标消费者沟通，并得到他们的认同和好感。

报纸广告创意说明：

（规划篇）

引文：有根的稳固着，无根的流浪着

标题：东润枫景，发现居住的真意

正文：东润枫景，位于东四桥与亮马桥交会处，燕莎城东 2 500 米，一片叫枫丹白露林的地方。她占地 26 公顷，西傍朝阳公园，南连 228 公顷的城市绿化区，与东四环路之间是百米宽的绿化带。北美格调的社区，为加拿大 B+H 公司的国际设计师呕心之作。这里有生活，有艺术，有美，唯独没有压力。

（交通）

引文：生活，就是要把时间浪费到美好的事物上

标题：工作与生活——2 500 米

正文：东润枫景北距四元桥 2 千米，西临东四环，距首都机场高速公路仅 2 千米，到燕莎城不过 15 分钟车程，多路公交车将小区与城中繁华地轻松相连。居住在这里，距离和交通的意义，就是能省下尽量多的时间去享受生活。随着东四环的开通和 WTO 临近，东润枫景成为 CBD 居家投资的魅力之城。

（人文）

引文：东润枫景印象：咖啡、音乐、书、画

标题：这里，品味与品味为邻

正文：人选择住宅，住宅也选择人。专为 CBD 白领而诞生的东润枫景，以清新的环境、闲淡优雅的生活气氛和现代的气息，吸引了许多城中精英来这里定居。外表和职位不能代表的人文素质，在这里时时可以感受。

东润枫景电台广告(30″)

脚本 1：

悠扬的萨克斯曲《归家》旋律、咖啡店里轻微的说话声。

厚实、低缓的男声：我不在家，就在咖啡馆（略停顿），不在咖啡馆，就在去咖啡馆的路上。

感性、优雅的女声：在东润枫景，咖啡馆不是一步一家。不过，这儿的生活氛围却如同咖啡般闲淡写意。

厚实、低缓的男声：燕莎以东 2 500 米的东润枫景，一个纯然放松的北美式生活社区，为 CBD 白领而诞生。

东润枫景，发现居住的真意。

感性、优雅的女声：售楼热线：64316262，64316363

脚本2：

女人忧虑的声音：儿子现在老爱玩电子游戏，你也……

（一阵嘈杂的电话铃声此起彼伏）

男声：好的，张总，我马上回公司。

（足球赛热烈的喝彩声和解说员声音）

激烈的男声：就这个价，让无可让！

（女孩欢快地哼歌）

（大街嘈杂声）

歉意的男声：对不起，有个客户要见，我不能陪你……

（以上部分的不同声音快速切换）

浑厚男声：工作就是工作，生活就是生活，不应该混在一起。

（舒缓萨克斯风《回家》，男女和小孩笑声、鸟虫吟声、流水哗哗声）

女声：来东润枫景看看，你将发现居住的真意。

售楼热线:64316262,64316363

东润枫景电台广告脚本影视：

（喧闹的街市背景声，汽车喇叭声，一个接一个的电话铃声、说话声交杂在一起。赵传的歌曲《蜗牛的家》："在密密麻麻的高楼大厦找不到我的家。"）

男甲：别人说CBD白领风光，可谁知道咱们每天加班没完没了。想住舒服些吧，CBD的房价太贵，住远点呢，交通又麻烦。唉！自己理想的家在哪儿呢？

（悠扬的小提琴声起，和着欢快的笑声。）

男乙：可不是，工作哪能代替生活！听说，在CBD商圈燕莎城东2 500米，有个专门为CBD白领建的生活社区——东润枫景，她紧挨着朝阳公园和城市绿化带，均价每平方米才5 000元。怎么样，咱也去瞧瞧？

响亮男声：发现居住的真意，东润枫景。

东润枫景全套文案(2)

楼书文案(序)

人是万物的尺度。

——普罗塔哥拉

衡量社区品质的第一元素是适于市民生存的"城市生物尺度"。立足于"人"的基点，城市生物尺度理解为"城市人性尺度"。当我们回顾、品味、体验、评价居住环境是否方便、舒适、宜人、温馨？基本标准就是城市人性尺度。

今天，人们对城市发展的控制心余力绌——生活空间的质与量赶不上心灵的需求；建筑失去了与人的亲密关系；夸大了商业价值的尺度；人在都市丛林里，得不到应有的尊重。

今天，人人追求功利，速度也越来越快。对工作而言，这无可厚非，可生活呢，莫非也越快越好？走马观花，到头来，可能说不出任何一种花的样子和香味。

所以，我们建造这样一个社区：塑造舒适的生活环境，人性的建筑、园林、阳光、空气和绿地，这里——有生活，有美，有艺术，唯独没有压力。

她的名字是——东润枫景

（规划篇）

社区是人创造的，也是为人所创造的。

蓝天、碧水、绿地是人最基本的生活条件。

唯一使都市人还与自然保持联系的就是植物了。

植物不仅能降低温度，减小噪声，消尘，而且可以舒缓压力，让人获得慰藉和灵感。

引文：城里工作，郊外生活，一种曾让人梦寐以求的生活模式。今天，在北京东四环路的北部，这个梦终于可以圆了。

标题：在东润枫景，发现了居住的真意

正文：如果你喜欢现代生活，又对清新空气、阳光、泥土还有深深的眷念，那你真该来东润枫景走走。

离燕莎城 2.5 千米，东四桥与亮马桥交会处，有一片被生态学家称为"都市林荫"（Urban Shadow）的地方，那就是东润枫景。她占地约 26 公顷，对居住的真意有独特理解——生活就是纯粹的，当然要与工作完全剥离。由加拿大 B+H 公司规划设计的社区里，在张扬现代风格的同时，还流露着闲淡的北美情调。

东润枫景——新经济和返璞归真新生活的平衡点。她属于广义东部中央商务区（CBD）和燕莎商圈，地理位置得天独厚；又依傍"城市绿肺"朝阳公园，南连城市绿化区，西与东四环隔着 100 多米的绿化带；另一位芳邻是北京最大的十八洞高尔夫球场。漫步社区的现代建筑和园林，满眼葱翠，清甜的气息随风沁入心脾，广场上，白鸽点头踱步，歌声悠扬处有咖啡香袭来。这一切，离工作刚刚 2.5 千米！

（交通和物业价值）

有根的稳固着，无根的流浪着

东四环路将是 CBD 未来最重要的轴线。

地段，物业价值永恒的试金石。

交通的尺度，是工作和生活是否可以兼顾。

对时间的态度，说到底是对生活的态度。

引文：也许，没有不堵车的大城市，但却有不堵车的城区。这里的生活也因此多了分悠闲。

标题：15 分钟，工作和生活的距离

正文：对居住而言，最理想的是省下尽量多的时间，用在生活的享受上——东润枫景是这样认识距离和交通的意义。

东润枫景北离四元桥 2 千米，西临东四环。距首都机场高速路及燕莎城均 2 千米，是市区里距首都机场最近、最方便的社区。402，710，401，405，408 等多路公交车将东润枫景和中央商务区（CBD）轻松相连，10 来分钟车程，连接着两个不同世界，一边是工作与效率，一边是与人居相依的悠闲生活。随着今年"十一"东四环路的正式开通,东润枫景将成为拥有清幽与现代生活的居住典范。

(园林绿化)

阳光、空气、绿地,是人居住的基本需求。

自然生机也是愉悦感的重要来源。

由纯速度、速度本身而得到的快感,并非快乐或乐趣,前者的目的是速度上的高潮,越快越好,而后者却可以"慢慢"体会。

引文:刚刚进入东润枫景,节奏忽然慢了下来,不一样的感觉油然而生。那是一种追寻已久的生活情调,让人一下子就喜欢上了。

标题:那树那草那园那家,一例 B+H 的北美闲淡

正文:下了班,不过10来分钟,车子已穿行在东润枫景和东四环路的百米绿化带里。一阵林风过来,不由深深一吸,和着泥土、树叶味的气息,便沁入了心脾。

进入小区,眼前豁然开朗,没过多修饰的植物抖擞着绿意。在这绿化率有30.8%的小区,青葱与视线相依相伴。绿油油的草地上,鸽子停在老人肩上咕咕着。孩子们在中央广场,跑着、笑着。清风拂过池水,泛起了涟漪。步移景换,走到哪儿都有不同的绿色景致。巧手匠心的园艺师,把一草一木与建筑的开敞围合结合起来,让这现代园林应了"天人合一"的美学原则。即使季节变换,园中常绿植物依然清秀可人,暗香盈袖。你不由地想停住脚步,慢慢地享受。一切,是如此闲淡、从容,仿佛身在北美一隅。云杉树下,长木椅上,和邻居有句没句地聊天儿,不设防的交流,如水的情,淡了,却纯了。

(社区人文特点)

人心理上的想象,感情活动的愉悦,更常常凌驾于实质感官功能上。

人喜欢欣赏人,人的视觉或经验,常选择性地对人文这一动态景观留下深刻的印象,一个能提供丰富文化、休闲活动的社区,便容易使居民产生认同和归属感。

居民和文化相互作用出社区的性格。

东润枫景印象:咖啡、音乐、画、书。

引文:你选择住宅,住宅也在选择你。优雅的社区氛围,就是在这相互选择中逐渐形成的。

标题:在东润枫景,品味与品味为邻

正文:人以类聚,朴素的真理。如果人们可以自由选择,同类型的人就会逐渐住到一起。东润枫景,就是为这座城市的精英们而建。不工作时,无论晴雨,社区咖啡馆都是一个消磨时光的好去处,喝一下午咖啡,聊天,看书,或者只是喝咖啡。在这里,不是一步一个咖啡馆,可东润枫景却有咖啡般的生活节奏和氛围。一如我们的生活方式:白天西服、领带,并不妨碍晚上一身休闲泡小区酒吧。生活就是生活!

假日,去社区的生活沙龙看看画展,听听滋润心魂的旋律,无论雅尼,还是罗大佑。风淡云清的日子,相约三五同好的邻人,背上行囊,野营攀岩去。

外表和职位不能代表的人文素质,在这里时时可以感受得到。

(建筑室内环境)

爱好节奏和谐之美的形式,是人生来就有的倾向。

——亚里士多德

有韵律感的建筑立面就像音乐。

空间元素间的连续和秩序是律动感的来源。

对一个家而言,没有什么正确的地点,只要能发现生活的迷人之处,便是一个满意的家。

引文:建立一个家的态度有两种,一是将自然拒之门外,另一种是与自然共处一室,让空间保留一份朴素的优雅。

标题:家,因舒适而美丽

(配外立面的图)许多人第一次见到东润枫景建筑时,会有两个词从心里涌出:现代、简约。加拿大 B+H 设计公司,让东润枫景的房子带着地道的北美情调。林木幽处,绿白相间的现代建筑群,没有繁复的修饰,色彩、线条、外立面简约、清新,如出水芙蓉。

(配有阳光的家居图)冬日的阳光从窗外溜进来,一种暖洋洋的情绪在屋子里悄悄滋生。考虑到阳光对心情和健康的微妙影响,东润枫景的建筑户户朝南,楼宇进深控制在 15 米以内,而且依据日照轮廓原理,规划塔式建筑 1∶1.2 的间距,板式 1∶1.6,保证了日照时间。

配户型图

(配图)恬静,是都市人对家的一份希望。东润枫景在尽量减少每一单元的住户,带电梯的小高层,一梯 2 ~ 3 户。这样,宁静就成了居家生活的环境。

(配客厅的图)一家人活动,多数时间是在客厅,这也是居室的"动区"。东润枫景让客厅有宽绰的空间和充足的采光。客厅面积一般 38 ~ 50 平方米,窗户低而宽大,让自然光和清新的空气在屋子里自由穿行,还能看见更多的蓝天白云和园中景色,想来心情也变得快乐。

(配卧室图)卧室,首先要舒适,同时私密性要好。东润枫景,考量了不同人对空间大小的舒适感受标准而设计,主卧室面积在 17 ~ 27 平方米,小卧室面积 10 ~ 13 平方米。卧室都是南北朝向,通风采光好,还保持人体磁场和自然磁场的和谐,而且户型设计时利用走廊和不同房间的位置安排,把卧室和公共区隔离,巧妙地保有了生活的私密性。

(生活配套)

人的生活、自然、社会、物理等需求,是任何社区设计者不可忽略的要领。

散步的乐趣在于,充满有趣的人、事、物。

运动经验可产生动态的张力,静止的构成亦具张力。

公共设施的水准,反映出该社区的居住水准。

一个社区要求实用功能和精神享受相平衡。

当科技越来越昌明和感性时,人就笑了。

引文：简单生活，将生活和现实价值相结合，将有限的时间和精力浪费到美好的事物上。

标题：速度带来快感(Jaissance)，"慢"的生活才最快乐(Plaisir)

正文：

(配3～4幅图)在喧嚣和尘土的都市大街，散步失去了乐趣。在东润枫景，你能找回久违的散步的快乐。东润枫景，引入风行北美的"5分钟步行法"——倡导区内步行的风尚，近距离布置社区商店、保健中心、幼儿园、园林、咖啡屋等生活设施，和你家的步行距离不超过5分钟。小区林荫道，一家人散步，清风送来淡淡的芬芳，阳台上的熟人，点头打招呼，聊几句，仿佛又回到从前的大院儿。

(配球场、泳池图)闲了，跟着风的脚步，来到温馨会所，纵身碧波，让肌肤和池水相亲；球场挥拍，心情随汗滴飞扬，还一个快乐着的真你！

(配图)冬日，安坐家中，独立式中央家庭采暖空调和24小时热水系统，让满室暖意融融。打开电视，除了50多套国内节目，还有卫星电视系统接收的国际节目。

(配图)在东润枫景，可心的不单是黄泥、青石、阳光和优雅，还有那些让生活优游的科技元素——智能化设施：社区安全保卫由门禁、周边监控报警、电子寻更三大系统组成，全方位数位保安体系，让你安之若素，住户安全。想买点什么，看场电影，预订球场……有100 M宽带数据网，你只需鼠标轻轻一点，即如你所愿。

(发展商)

人类所有伟大的文化，都是由居住产生的。

——史宾格勒

人们常说："这个人很懂得生活。"这"懂得"，其实就是一种艺术，要沉浸其中，自在关照，不但得有深厚的文化背景，而且要有一个关注生命、热爱生活的心灵。传统文化向来重视自然的和谐共存。然而，在过度追求物质文明的过程里，我们不自觉地抛离了这宝贵的文化精髓。如果说生活是息息相关的话，那么，人与大自然的合二为一，或许是我们迈向美好生活的唯一方向。

引文：成熟，是阅历的雕琢。洞悉人和世界，是悠悠岁月的锻造。感动心灵，是热爱生活的回报。对一个建房子的人来说，这三者不可或缺。

标题：风雨十六年，广厦千万间

正文：北京天鸿集团成立于1983年，一个中国新时期房地产业发展与演变历程的见证者。16年来，天鸿集团共投资120亿元，开发建设各类房屋800多万平方米，总资产超过100亿元，一共有80多家国内外全资、控股及参股企业，而且在国内和美国、澳大利亚以及中国港澳地区等地拥有多个成功项目，积累了丰富的专业经验，在业内外有极高的声誉。

天鸿旗下的宝润、宝汇、宝泰、宝瑞等房地产开发公司，多年来在北京成功开发了回龙观文化居住区、莲花小区、恩济小区、曙光花园等项目。

在新世纪伊始，天鸿集团凭借多年的经验、卓尔的实力，以及对居住真意的深切认识，洞察时代先机，在"腾飞"的北京CBD和燕莎商圈上，开发建设大型现代休闲生活社区——东润枫景——一个纯粹生活意义的家。

热爱生活的东润人,努力建造让热爱生活的人们感动的家。

东润枫景全套文案(3)

展板文案

标题:你还记得今天是一个节日吗?

正文:可能许多人的确不记得今天是一个节日——教师节。当然,也就忘了向那些自己记得和不记得名字、音容笑貌的老师说一声:谢谢!今天,我们懂得道理,有学识,甚而成为城市精英,或许有些人和事真的不该忘了。这里,让我们向所有从事教育工作的人,致以深深的敬意——因为,我们尊重知识,更尊重传播知识的人。东润枫景,和所有以知识文化为荣的人一起,努力建造一个还原生活本来面貌的家。

标题:这里的生活气息,属于自己

正文:有没有想过,在什么地方自己最自在无拘?是的,在属于自己的生活氛围里。它,不一定是你见得最多的,也并非要形而下的占有,而是一种你内心认同、渴望的生活环境、氛围和人。东润枫景,那一片枫丹白露林,北美式园林建筑,亲切和谐的社区氛围,从容、优雅的生活调子,吸引着许多京城精英择此为家。这一切,如此熟悉而亲切,让每个懂得生活与格调的人,感觉到轻松自在。因为,这生活气息是属于自己的。东润枫景,发现生活的真意。

标题:这里,"慢"是生活的调子

正文:人在喧嚣都市,总想时间快些——实在没多少值得流连。对工作,你更讲高效率。不过生活呢,就该"慢"起来,才有从容的心情,去细细享受美好。在东润枫景,我们立足建设纯然的生活环境——北美式建筑园林、中央广场、咖啡馆、酒吧、私立名校,甚至地板供热每个细节。没想到,这里的生活节奏因此与别处有些不一样。一进东润枫景,心情舒漫起来,脚步也不由慢了,这儿有太多美好的情趣,让人沉醉。不管是枫丹白露林,还是阳光里喝咖啡的人……东润枫景,发现生活的真意。

标题:发现居住的真意

正文:选择一个社区,就是认同一种生活方式。在北京,燕莎商城东边2.5千米,有一片远离工作压力、纯然放松休闲的北美式生活社区——东润枫景。在这里,居住的意义被诠释为:工作就是工作,生活就是生活。所以,这个社区弥漫着加拿大式闲淡写意的氛围和优雅气质,吸引着许多城市精英择此而居。东润枫景,发现生活的真意。

展板

音乐图:生命,可以浪费在美好的事物上。

咖啡图:我不在家,就在咖啡馆,不在咖啡馆,就在去咖啡馆的路上。

油画图:这里,有艺术,有美,有生活,唯独没有压力。

书籍图:优雅和优雅为伍。

老人画画图:笔可以勾勒风景,色彩生活只可用心感受。

吸氧图:让人沉醉的,是清风与芬芳,还有这自在的舒展。

父子图:稚子一声笑,便胜却人间无数。

男女图:多年以后,我们忆起这段日子,会感激地说:我真正生活过了。

戏水图:阳光里嬉戏,青草地上成长,生命快乐就好。

标题：东润枫景的日子，如歌的行板。

正文：衡量生命的厚度，需要一种美好的心情和环境。东润枫景，离燕莎中心 2 500 米，交通在这里的意义，就是让你省下尽量多的时间，去尽情享受生活。在枫丹白露树，听林风沙沙，虫儿啾啾。闲坐中央广场，看孩子跟鸽子姗姗学步。咖啡店一隅，听老歌流转。往来的是，与你一样对美和品位追求不愿妥协的邻人……在这儿，常感觉时间不够，实在有太多的美好让人沉醉。东润枫景，发现居住的真意。

资料来源：wenku. baidu. com 2011-12

案例 2：宝洁公司新产品“润妍”上市策划案

关于“润妍”，宝洁大中国区洗发护发用品总经理戴怀德先生介绍说：“‘润妍’结合了国际最先进的润发技术和中国天然中草药精华，带给现代东方女性展现乌黑、滋润、风采的迷人秀发，并令她们释放出更健康、更有生命力的内在美，这是‘润妍’品牌的特质和理念。”他指出，“‘润妍’的上市还为广大中国消费者带来了专门的润发理念，因此，‘润妍’也表达了我们对中国消费者，尤其是东方女性的关爱。”

一、构思润妍

早在 1997 年，宝洁公司就打算在中国推出一种全新地展示现代东方女性黑发美的润发新产品，取名为“润妍”，意思是“润”与“美丽”。在研制产品之前，按照宝洁公司的惯例，首先要找准目标消费者的真正需求，研究全球的流行趋势。因为只有切合潮流趋势，又具自己特色的产品，才是最有生命力的产品。为此，宝洁公司先后请了 300 名消费者进行产品概念测试。

“理想中的黑发是什么？”

“具有生命力的黑发。”绝大多数消费者如是说。

“那进一步的心理感受呢？”

“就像一颗钻石，只是蒙上了尘埃，只要将她擦亮，就可以让钻石发出光芒。”

在调查中，宝洁公司又进一步了解到，东方人向来以皮肤白皙为最美，而头发越黑，越可以反衬皮肤的白皙。经过反复 3 次的概念测试，宝洁公司基本把握住了消费者心目中的理想护发产品是既能滋润又能乌发的产品，因为滋润而又具有生命力的黑发最美。“润妍”产品的目标市场定位于成熟女性，这类女性不盲目跟风，她们知道自己美在哪里，融传统与现代为一体的、最具表现力的黑发美，也许就是她们的选择。为实现这种东方之美，宝洁公司决定研制推出专门针对东方人发质、发色设计的中草药配方洗润发产品，这种产品能为秀发提供全面的、从内到外的滋润，并逐渐加深秀发的自然黑色。

二、润妍诞生

在中国市场上已经形成这样一种习惯：绝大多数中国人已习惯使用二合一洗发水，较少使用专门的护发产品，那么新产品上市后能被广泛接受吗？对此，宝洁公司产品开发部认为，专门用润发露护发的方法已经是全球化的趋势，发达国家约有 80% 的消费者长期使用润发露。在日本，这一数字则达 85%。而在中国，专门使用润发露的消费者还不到 6%。因此，可以确定润发露在中国有巨大的潜在市场，关键问题在于什么样的护发产品是消费者最需要的？

从消费者的需求出发进行技术创新，宝洁公司的日本技术中心研制开发出了冲洗型和免洗型两款“润妍”润发产品，从不同层面滋润秀发。冲洗型在使用洗发露清洗头发之后使用，再利用其独特的润发专利技术来强化滋润作用。免洗型中新颖的水润配方能随时随地提供秀发所需的水分和养分，在干发或湿发上都可以使用，是专为忙碌的职业女性研制的。“很多女性往往对自己的皮肤格外呵护，却很少留意头发的需求。”该公司资深护发专家指出：“无论使用何种洗发露，即使是二合一洗发露，都应该持续使用专门的润发露。”润妍产品推广的正是这一护发理念。

产品研制出来后，宝洁公司并没有马上投放市场，而是继续请消费者做使用测试，并根据消费者的要求进行产品改进，最终推向市场的“润妍”倍黑中草药润发露强调专门为东方人设计，在润发露中加入了独创的水润中草药精华（何首乌），融合了国际先进技术和中国传统中草药成分，特别适合东方人的发质和发色。

从创意产生到产品上市，“润妍”品牌“怀胎”了将近3年，产品设计出来后，下一步要做的工作就是选择外包装和广告。为了更好地了解顾客的偏好，宝洁公司专门设立了模拟货架，将自己的产品与不同品牌特别是竞争品牌的洗发水和润发露放在一起，反复请消费者观看，然后调查消费者究竟记住什么，忘记什么，并据此进行进一步的调整与改进。同时，公司先请专业的广告公司拍摄一组长达6分钟的系列广告，再组织消费者前来观看，然后请消费者选择他们认为最好的3组画面。最后，根据绝大多数消费者的意见，将神秘的女性、头发芭蕾等画面进行再组合。广告片的音乐组合也颇具匠心，现代的旋律配以中国传统的乐器古筝、琵琶等，进一步呼应“润妍”产品现代东方美的定位。

三、润妍上市

“润妍”——让秀发更黑更漂亮，内在美丽尽释放，进一步的阐述是：“润妍”信奉自然纯真的美，并认为女性的美就像钻石一样熠熠生辉。我们希望能拂去钻石上的灰尘和沙砾，帮助现代女性释放出她们内在的动人光彩。为了让顾客更好地了解“润妍”所蕴含的东方的自然之美，2000年宝洁公司做了如下的产品推广活动：

润研在2—3月以“创造黑白之美”为主题利用上市时机进行宣传。把品牌形象描述的方式用来做上市活动，以润妍将要上市了，如果是一个具有东方美的女子，应怎么描述为题，举行润妍现代东方系列文化大赛。润妍在选择“上市之地”上费了一番心思，最后选定了杭州，这是个孕育着无限商机的城市，早就成为商家的必争之地。宝洁公司润妍品牌经理黄长青认为，浙江是中国改革开放的前沿，是中国最富饶的地区之一，人们生活水平较高，购买力比较强，而且，老百姓的观念也比较新，对新事物比较容易接受。尤其杭州是著名的国际旅游风景城市，既有深厚的历史文化底蕴，富含传统的韵味，又具有鲜明的现代气息，受此熏陶兼具两种气息的杭州女性，与“润妍”要着力塑造的既现代又传统的东方美一拍即合。

4月，北京恭王府春色满园，宝洁公司举办的“东方之风黑发之韵——润妍品牌发布会”在此拉开帷幕。发布会上，宝洁大中国区洗发护发用品总经理戴怀德先生宣布，突破性的润妍倍黑中草药洗发系列产品已在中国正式面市，它包括润妍倍黑中草药洗发露以及冲洗型和免洗型润发露，特别倡导专门的润发理念。在产品定位上，润妍属于中档品牌，价格比飘柔略高,比沙宣低。

4—5 月,润妍又开展了新一轮的推广活动,举行"润妍户外嘉年华"活动,在北京、广州繁华闹市举行现场活动,以吸引人群注意。

5 月,在上海,借上海国际服装文化节举行之时,以赞助的方式举办 2000 年"润妍杯"上海国际时装模特大赛,进一步使品牌深入人心。

10 月,利用国庆节以"摘绿叶,许愿望,拿大奖"为主题举行现场推广活动。

8—10 月,"润妍"在浙江推出了一个颇具神秘感的书法暨平面设计比赛,鼓励大家或饱蘸浓墨,或运用现代设计手法,在黑白分明的世界里写出千姿百态的"润妍"。比赛得到了热烈的回应,进一步扩大了品牌的传播广度。之后,润妍又赞助中国美院,共同举办创造黑白之美"水墨画展"。可以说,润妍通过书法、平面设计、水墨画等比赛,创新地用黑白之美作为桥梁,表现了现代人对东方传统和文化中所蕴含的美的理解,同时也呼应着润妍品牌通过乌黑美丽的秀发对东方女性美的实现。

不到 1 年时间,润妍品牌通过系列推广活动已在消费者心中占据了一席之地。

四、推广过后是什么?业绩平平,悄然离市。

2001 年 5 月,宝洁收购伊卡璐,表明宝洁在植物领域已经对润妍失去了信心,也由此宣告了润妍的消失,2002 年 4 月,润妍全面停产,一个经历 3 年酝酿、上市刚刚 2 年的产品就这样退出了市场。到目前为止,宝洁在中国的 18 个品牌,均是其已有的国际化品牌。宝洁 1988 年登陆中国以来,针对中国消费者研发却又因为种种原因退出市场的品牌里,润妍是第一个,也是唯一的一个。据业内的资料显示,润研产品在过去两年间的销售额在 1 个亿左右,品牌的投入大约占到其中的 10%。两年中,润妍虽获得不少消费者认知,但据有关资料显示,其最高市场占有率,不超过 3%——这个数字,不过是飘柔市场份额的 1/10。一份对北京、上海、广州和成都女性居民的调查也显示,在女性最喜爱的品牌和女性常用的品牌中,同样是定位黑头发的夏士莲排在第 6 位,而润妍榜上无名,同样是宝洁旗下的飘柔等四大品牌分列 1,2,4,5 位——时间是 2001 年 3 月。润妍上市的半年之后,一份来自白马广告的调查则表明,看过夏士莲黑亮去屑洗发水的消费者中有接近 24% 愿意去买或者尝试;而看过润妍广告的消费者中,愿意尝试或购买的还不到 2%。那么为何润妍不能成为宝洁的第五大品牌?

1. 目标人群有误,失去需求基础。润妍从孕育开始,宝洁居然舍弃了已经存在的市场而独辟蹊径,将目标人群定位为 18 ~ 35 岁的城市高知女性,于是,我们可以看到润妍具有唯美的广告形象和唯美的视觉冲击,其包装也是素雅和高贵的。但问题在于,这部分人群是否是真正的购买者?当然,我们不怀疑宝洁长达 3 年之久得出的调查结论,这一部分人群在调研时也必然表现出对黑头发的向往,但这还绝对不是真正购买的理由。让我们来看一下通过黑头发成功的例子。重庆奥妮最早提出了黑头发的利基,但是经由调研得出的购买原因却是因为明星影响和植物概念,而夏士莲黑头发的概念更是建立在"健康、美丽夏士莲"和"黑芝麻"之上的,由此我们不得不怀疑黑头发是否是真正的购买诱因?再来看一下它们所针对的人群,基本上都是大众化和普通的家庭使用者,这部分人群具有讲求实用、购买能力较低的特点,而"黑头发"是与生俱来的特质,符合她们在基础护理层面的直接效果和心理联想。

反观润妍的人群，属于社会阶层当中的潮流引导者，她们的行为特点就是改变与创新。随着染发事业的不断发展，其发型与颜色都在不断变换，多种颜色当中也许黑色才是最守旧的一种，虽然她们也需要"黑头发"，但却是本身健康的发质颜色，而且是希望能快速见效的那种。于是，问题出现了，将目标人群锁定位为这样的人群，仅仅提供黑头发的利益，也许是润妍最大的败笔，可能宝洁认为应该让高端消费群影响低端消费群吧。事实上，夏士莲的黑芝麻洗发水也是与润妍差不多时间推出的，其很好地借用了奥妮遗留的市场空间，针对大众人群，以低价格快速占领了市场，也许应该成为宝洁的反衬。

2. 未突出新功能和配方，购买诱因不足。就现有成功运作的品牌而言，消费者真正的购买诱因更多地集中在植物、天然或品牌形象上，而黑头发的作用并不明显，黑头发我们都喜欢，也都认同，就像东方美一样。但是单纯东方美已经是我们所具有的特质，也是无法去感受到改变的，因此不会因为这个缘由而去尝试购买。即使买了，也会因为效果不明显而放弃。由此我们不难发现，黑头发仅仅是符合现有消费者的认同和情感联想，而其他的支撑或利益才是购买诱因。这就是为什么看夏士莲广告的有24%左右的人愿意尝试购买，而润妍的不过2%的原因。其实，润妍上市之初的策略还是较为有效的，突出中草药的概念而不是简单的黑头发，其所做的促销及赠品也都是在这一点上突破的。但遗憾的是，也许宝洁以为，形象的作用更为明显，于是在中草药的概念尚未深入人心之际就开始转变策略，将润妍的品牌完全形象化，在推广时犯了炫耀性销售的毛病，广告和赞助活动高潮迭起，但却不能带给消费者真正的触摸，美则美，却似乎只是搭建了一个海市蜃楼。润妍在丰富的推广中没有把消费者最重视的利益点突出出来，这就使产品脱离了根基，轰轰烈烈的广告中掩盖了润妍的植物中草药配方的特性，只留给消费者一幅美丽却苍白的图画。据调查发现，大部分消费者都不知道润妍的中草药成分，更谈不上知道它的功能了，消费者印象深刻的就是黑发，也许这是润妍失败的又一根源。

3. 品牌自视太高，遭遇推力障碍。宝洁因为四大品牌的缘由，已经成为主导渠道的代表，每年固定6%左右的利润率成为渠道商家最大的痛，只是因为消费者指名购买的原因，不得不做宝洁的产品，但也仅仅是在四大品牌范围内，润妍作为一个新上市的品牌，当然不具备这样的实力，于是思维定式造成的利益矛盾就十分明显了。一方面，宝洁以过去的经验确定润妍的价格体系；另一方面，经销商觉得没有利润空间而消极抵抗，致使产品没有快速铺向市场，有广告见不到产品的现象在宝洁也出现了。一些当时代理宝洁的经销商总结润妍的失败就是只注重广告拉动，而忽视渠道推动。一贯作风强硬的宝洁，当然不会向渠道低头。当然，渠道也不会积极配合宝洁的工作，润妍与消费者接触的环节被无声地掐断了，就好比一个美丽的大姑娘刚要出嫁，却发现没有人抬轿子，难道要自己走过去？也许宝洁当初若能适度让出部分空间给经销商，能够更好地实现双赢，也许对于宝洁而言，润妍并不是最主要的品牌，宝洁要将目标集中到大品牌大生意上，以便更好地利用研发等资源，也许应该把润妍的引退"归功"于伊卡璐，如果没有伊卡璐，宝洁也许还会给润妍更多的时间。

资料来源：宝洁公司如何从润研的失败中走出来，zhidao. baidu. com. 2010-03

案例3：娃哈哈校园推广营销之“步步为营，笑傲江湖”

一、策划主题

步步为营，笑傲江湖

二、策划目的

本方案通过对娃哈哈产品锡兰奶茶为例进行详细分析，结合当前校园消费者的需求与市场研究，特推出本校园推广方案，从而为娃哈哈公司该产品的营销策划及产品推广提供参考。

三、产品分析

1. 产品：娃哈哈锡兰奶茶

——健康好滋味，暖心又暖胃

2. 产品特点

(1) 精选原料，精良技术

娃哈哈呦呦奶茶，来自祁门红茶和滇红红茶的精华，融在香浓柔滑的牛奶中，醇香的新西兰牛奶是做奶茶的上选牛奶，而只有昼夜温差大的斯里兰卡高山锡兰红茶，才拥有强劲、厚重的口味，其茶香在与牛奶交融后，“香得刚刚好，回味也更好”。

尖端无菌灌装技术，让牛奶的营养和红茶的健康丝丝入扣保留在这瓶优雅的奶茶里面！

(2) 口味独特，健康多多

娃哈哈呦呦奶茶，浓浓的奶，香香的茶，蜂蜜（护肤美容、抗菌消炎、促进组织再生、促进消化、提高免疫力、促进长寿）、维生素，营养多多，低脂、多纤维，健康多多！呦呦锡兰奶茶还特别添加了GABA氨基酸，它具有抗焦虑，降血压，改善脑功能，增强记忆及提高肝、肾机能，促进酒精代谢，减肥等作用。医学研究表明，成年人每天保健需求量不低于10～20 mg的GABA。

绝妙口感，娃哈哈呦呦奶茶，将让你领略奶香、茶香、花香，那份原味的纯正、茉莉的清香、金桂的浓郁、香芋的香醇，总能让你找到自己喜欢的味道。不容错过！

(3) 随时随地，美味活力

一杯呦呦奶茶，冰镇、热饮，随心随愿。清晨一杯，唤醒身心。工作间隙，恢复活力。用餐时分，倍添美味。逛街郊游，充满情趣！那份温暖而悠闲的味道，让人无限神往！

四、营销环境分析

1. 当前饮料市场状况及市场前景分析

中国的饮料行业，从来都是一个风云变幻、群雄逐鹿的战场。经过激烈的市场洗礼，中国的饮料市场已由当年的“汽水”一枝独秀，发展为由碳酸饮料、饮用水、果汁饮料、茶饮料、功能饮料、含乳饮料等百花齐放的态势。与此同时，随着人们对健康的日益重视，曾经风靡全球的碳酸饮料也正逐渐被非碳酸饮料所取代，“非碳酸饮料市场前景无限，将进一步扩容，未来的发展里，饮料企业也将围绕健康这一主题角逐市场”。

杭州娃哈哈集团有限公司创建于1987年，是中国最大全球第五的食品饮料生产企业，在资产规模、产量、销售收入、利润、利税等指标上已连续11年位居中国饮料行业首位，成为目前中国最大、效益最好、最具发展潜力的食品饮料企业。2010 年,全国民营企业 500 强排名第 8 位。娃哈哈集团有限公司始终坚持以创新为企业发展的不竭动力,不断提升企业技术实力,在瞬息万变的竞争中牢牢把握市场主动权,以其鲜明的产品创新和品牌定位,快速地进入含乳饮料、茶饮料市场。经过近几年的潜心经营,娃哈哈已经成功地确立了其新兴的品牌:在口感的基础上,积极契合健康、营养、包装精美的消费新观念,树立精准的市场定位,不断适时推出优秀的产品,在饮料市场上将发挥越来越重要的影响力。

2. 强劲的市场竞争

在茶饮料市场,统一、康师傅、娃哈哈、三得利、雀巢、百事、可口等品牌基本上占据了茶饮料市场的领头位置。台湾双雄统一和康师傅主攻绿茶红茶,三得利在乌龙茶的基础上不断研发,加之百事、可口在碳酸饮料下的新产品的研发,整个饮料市场正面临着激烈的品牌竞争和市场瓜分。强大的市场竞争下便需要各个企业不断地推陈出新,以创新的模式快速抢占市场。

3. 不断变化的消费者需求

专家指出,人们的消费意识正在由"需求型消费"向"健康型消费"转变。随着对自身健康的日益关注,人们对于食品饮料的要求越来越高。今天人们所希望的食物是低热量、低脂肪、使用天然原料制成的。而"三低"食品(低糖、低热量、低脂肪)的炙手可热,无不说明健康已经成为当下消费者实现消费行为的强大推动力。在这样的消费观下,果汁奶饮料的市场发展潜力将是无穷的。

五、SWOT 分析

1. 优势(S)

(1)娃哈哈的通路策略。厂商之间实行双赢的联销体制度,娃哈哈构建了稳定有序的共享网络与经销商共创品牌,娃哈哈锡兰奶茶可以以最快的速度被市场所熟知。

(2)娃哈哈的品牌策略。品牌的基础是市场销售,市场销售的动力主要靠渠道通路上的推力和广告传播上的拉力,促进"健康、青春、活力、纯净"这一品牌核心内涵的突出。在消费者心中,娃哈哈的品牌也已深入人心,凭借娃哈哈的品牌优势,锡兰奶茶在市场上就有一部分较为稳定的消费者保障。

(3)娃哈哈的经营管理

一切为市场服务,一切信息来源于市场。锡兰奶茶的研发也是市场信息的最终结果,是符合消费者需求的。

(4)娃哈哈的广告风格

娃哈哈的广告风格对立竿见影提升知名度特别有效,娃哈哈在农村的知名度很高。

2. 劣势(W)

(1)娃哈哈的广告丰满度不够,气质上略显粗糙,直接导致了一线城市的市场占有率不高。

(2)娃哈哈的传播过多依赖电视广告,缺乏多方位的宣传。

(3)市场产品组织还不够完善,制约了企业与品牌的快速发展。

3. 机会(O)

(1)中国是个农业大国,农村人口占了很大比例,娃哈哈的产品主要集中在全国二、三线城市,对占领全国市场有着很大的帮助,对未来的发展有很大的好处。

(2)我国饮料市场还不够完善,再加上政府对此的扶持,可以帮助娃哈哈加速企业的扩张。

(3)金融危机对全国的饮料市场进行了洗牌,可以帮助娃哈哈建立一个新的竞争环境,获得更好的市场机会。

4. 威胁(T)

(1)国内饮料市场份额竞争激烈,外国公司乃至跨国公司的进入,加剧了国内饮料企业的威胁。

(2)饮料行业同质性强,易模仿,可替代性比较高。

(3)经济危机导致通货膨胀严重,产品成本进一步提高,利润不断缩减。

六、营销目标

在我们所制定的营销方案之下,争取实现80%的销售额,使利润率达到20%,同时扩大本产品在校园里的知名度与影响力。

七、营销策略

我们的主打产品就是"暖心又暖胃"娃哈哈锡兰奶茶,本次制定的营销方案如下:

产品名称	数量/瓶	成本价/元	总额/元
娃哈哈锡兰奶茶	100	3.50	350.00
合计			350.00

一日限时销售方案策划:

1. 明确销售地点、人群及方式

消费者人群:定位为大学生。

销售地点:考虑到时间段的因素,在傍晚接近晚饭的时间,主要选取靠近食堂,以及学生流量比较多的地方。以海洋学院为例,我们会选取东校区的活动中心前,以及老区的第一食堂外面。

销售手段:我们打算把呦呦奶茶作为一种礼物,现代大学生送礼现象比较普遍,所以我们想让送锡兰呦呦奶茶成为一种时尚。

2. 借助特殊节日的巨大感染力

大学生是一群喜好赶潮流的特殊消费群体。2011 年 11 月 11 日恰逢一个"世纪性的光棍节",大学生对该"世纪光棍节"的热衷程度是无法想象的。我们可以借助此次光棍节,以男生为主要消费对象,将娃哈哈锡兰奶茶与恋爱、追求相融合,打出一系列锡兰奶茶恋爱套装,既暖心又暖胃。

实施细则:

(1)买 2 瓶套装代表心心相印,买 4 瓶象征着爱你一世等。恋爱套装产品皆免费包装并赠送寄语小卡片。

(2)包装。以漂亮的纸袋为材料。主要是用于包装2瓶及4瓶,两瓶是针对情侣间,而4瓶也可以是针对寝室的室友。

3.结合消费者普遍的消费心理(以女生为主要对象):一次性买4瓶就有一次抽奖机会,买8瓶有两次抽奖机会,以此类推。买就送圣诞小卡片的销售方案,具体说明如下:

(1)贺卡

卡片是自己制作的,买彩卡片制作。贺卡主要起到两个作用:一是作为送人时的贺卡;二是作为圣诞节当天对呦呦奶茶的消费回馈。

(2)抽奖

以纸箱作为容器当场抽奖,礼物有实用的本子、笔等,也有娃娃一类的奖品,对于娃娃一类的礼品,主要是考虑到将奶茶作为一种礼物,如果有幸抽到娃娃,也可顺便送给想送的人。

4.吸引人的现场布置

为了让销售地点更加吸引人,我们打算将会场进行布置,从里到外依次是:背景会播放呦呦奶茶的电视广告,在销售中心左右两边会用气球绑在呦呦奶茶的空瓶子上,放在地上围成两个心形以及挂在帐篷上作为装饰,既起到装饰效果又起到吸引大学生眼球的这样一个目的。在销售点以及心形的中间会放置海报,海报内容大致包含这几个方面:呦呦奶茶的原料表,但不是每个成分都会写上去,会写一些类似蜂蜜、纤维等,再附上这些成分的有益效用。因为现在的大学生已不是简单地追求口感,在一定程度上也很重视自己的营养。

5.完备的反馈流程

具体内容如下:

12月25日的圣诞节临近,我们把一日限时销售作为重点,但是在圣诞节当天会做一个呦呦奶茶的消费者意见及建议的反馈。

以圣诞节许愿作为主题,在当天销售的地点摆上圣诞树(圣诞树是以木板、钉子以及硬纸板作为材料),每个买呦呦奶茶的大学生都可凭那天的卡换许愿卡,在换许愿卡片时要让大学生对呦呦奶茶做一个评价或是提一下建议。因为考虑到成本的问题,既然要做消费的调查,那就直接做个反馈,而且还可以起到一个再次宣传的作用。写好贺卡后,由我们将他们的卡片挂上圣诞树或是由他们自己挂上。

八、财务预算

产　品	单价/元	数　量	总金额
气球	0.5	20	10
卡片	2	5	10
袋子(小)	1	20	20
袋子(大)	2	15	30
海报	10	2	20
礼品(大娃娃)	100	1	100
礼品(小娃娃)	20	5	100
娃哈哈锡兰奶茶	3.5	20	70
圣诞卡片	1	30	30
合计			390

九、方案调整

以上所制定的营销策略会根据实地销售情况适时进行相对应的合理调整，一切从实际出发。

资料来源：abc. wm23. com/kk1/2012-10

案例4：欧莱雅营销渠道分析报告

一、欧莱雅企业介绍及产品介绍

产品介绍（中国品牌）

高端	中端（美发）	中端（活性健康）	大众类
赫莲娜 兰蔻 碧欧泉	卡诗 欧莱雅专业美发	薇姿 理肤泉	巴黎欧莱雅 羽西 美宝莲 卡尼尔 小护士

二、欧莱雅中国

自1996年底进入中国市场以来，欧莱雅公司凭借先进的营销方式和对中国消费者及市场的准确把握，在中国的业务突飞猛进，员工队伍也迅速发展到7 000多人。目前，欧莱雅已成为中国市场上最知名的跨国企业之一。

现状：销售持续、稳定、快速增长，品牌架构日趋完整，并在中国建立研发中心。

三、企业营销组合策略及SWOT分析

1. 企业SWOT分析

优势（Sthength）：品牌形象突出，产品质量良好。

劣势（Weakness）：功能针对性不强，价格优势不明显。

机遇（Opportunity）：欧莱雅公司开拓中低端市场，发展新农村战略。

威胁（Threat）：兄弟品牌及外部品牌的激烈竞争。

采取SO战略：抓住大众化妆品市场迅速增长的机遇，充分利用欧莱雅集团开拓中低端化妆品市场的战略支持，积极调整市场营销策略，提高市场占有率。

2. 欧莱雅营销组合策略

（1）产品策略。

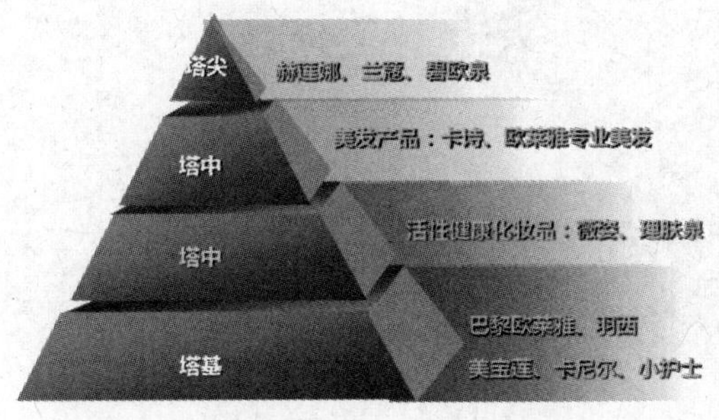

(2)价格策略。欧莱雅采取价值导向型定价方法。

欧莱雅选择以“价格、档次”为区分的多品牌战略，产品所标榜的审美情趣与品位以及由此决定的价格是品牌区隔的主要准绳。

(3)促销策略。

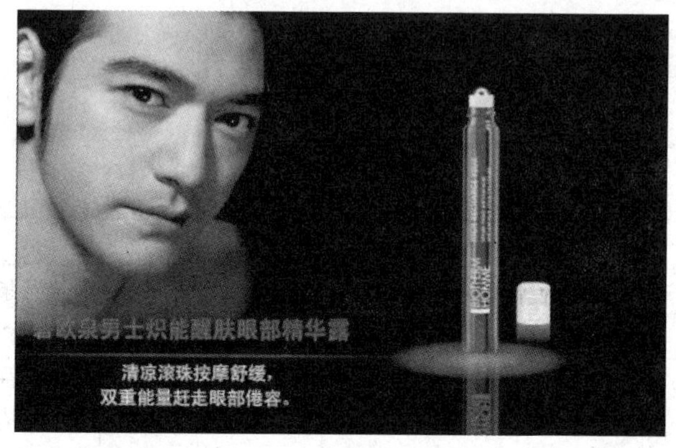

①广告策略。

欧莱雅的宣传渠道主要有：高档的时尚类杂志、街上的广告招牌、电视、网络。

欧莱雅对于不同的产品采用不同的广告策略，根据不同的目标顾客，欧莱雅采取了行之有效的促销方法。

②公共沟通策略。

欧莱雅积极利用文艺、选美、模特赛事、体育等活动，展现产品的特点，宣传品牌。

(4)渠道策略。

欧莱雅目前在中国一共拥有12个品牌，其全方位的品牌及产品营销战略归结为独特的金字塔式战略。

欧莱雅全面进军中国，加快在中低档化妆品市场的争夺。在收购小护士和羽西后，欧莱雅实现了本土品牌销售渠道与其现有渠道的互补。

①高档化妆品：有选择性地通过化妆品专卖店、百货商店专柜向顾客提供产品。

②美发产品：仅限于发廊及专业美发店销售。

③活性健康化妆品：薇姿和理肤泉通常通过各大中城市的专业药房经销。

④大众化妆品：百货商场、大型卖场、超市、化妆品专营店、药妆店、美容院或美容沙龙。

四、分销渠道策划设计——以卡尼尔水润凝护系列为例

卡尼尔水润凝护系列

1. 产品简介

(1)卡尼尔的理念:健康之美源于自然。

(2)卡尼尔属于欧莱雅金字塔品牌架构塔基部分的大众品牌。

(3)卡尼尔明星产品包括:天然科技护肤系列、百分百真彩系列、莹彩系列、营养焕肤系列等。卡尼尔水润凝护系列就属于天然科技护肤系列。

2. 目标市场选择及市场定位

市场集中化:针对大众消费者中对皮肤补水有需求的顾客群。

3. 营销渠道设计

(1)分销目标。

我们的分销目标是确保在16~60岁愿意花80~120元的女性消费者。只要来到百货商场、大型卖场、超市、化妆品专营店、药妆店,就能购买到我们的产品。

(2)渠道结构。

渠道形式——以零售商为基础。

渠道宽度结构——密集型分销。

一级市场:

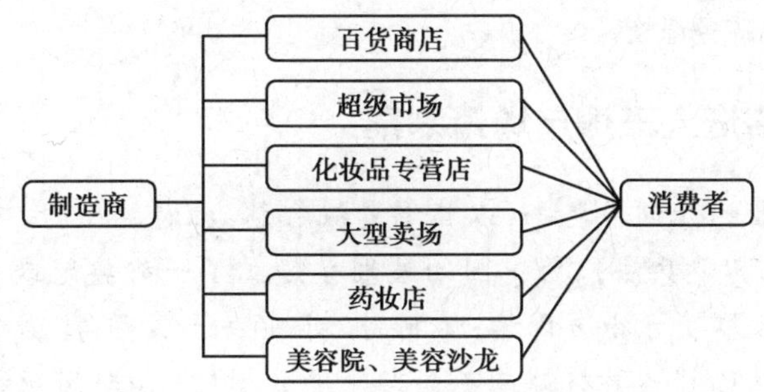

二级市场:

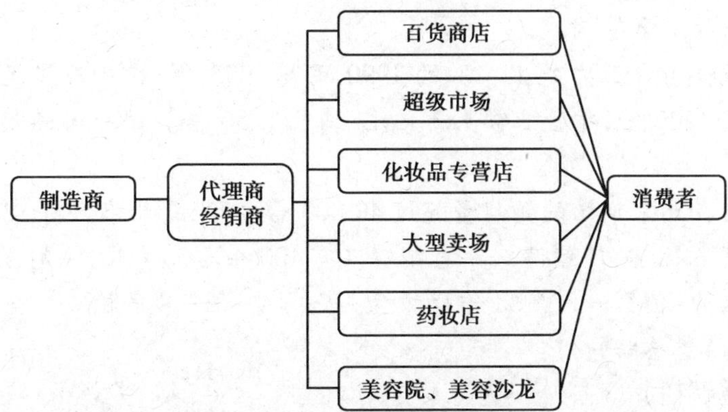

注:药妆店。药妆泛指经由药品销售渠道(医院或药店)出售的功能性化妆品,主要用于问题性皮肤的调理和保养,药妆店是指有药品和化妆品销售的店铺。

国内零售药店的化妆品经营在化妆品整体市场消费总额中仅占2%,药店经营化妆品的空间还很大。

三、四级市场：

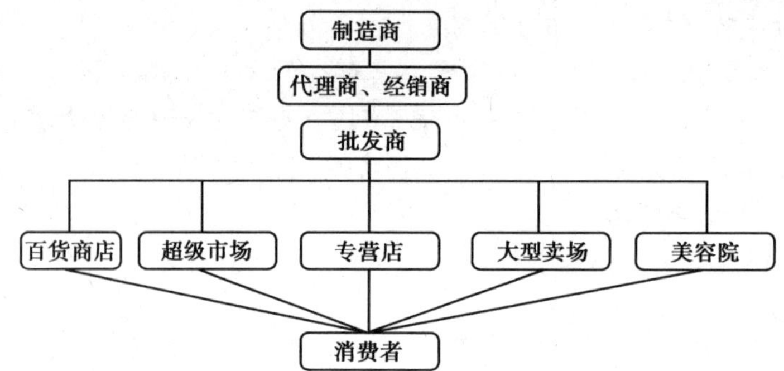

网上销售新渠道：制造商网上直接销售、在线零售商。

(3)渠道管理和渠道激励。

①加强渠道终端管理。

②转变观念。将终端从盈利支撑点放到媒介展示台的位置。

③转变战略。加强终端管理，依据“三四律”的市场原则，选择重点化妆品专卖店配以高额返利。

④转变战术，加强服务营销。

案例5：亚都加湿器进入天津市场策划案

王力是中国策划业的开创人之一，以其重量级智慧，独特的个性、丰富的社会阅历和深厚的国学知识背景(尤其是兵法)，为中国的策划界建立了一种典范或一个流派——谋略实践派。一个企业的发展取决于很多因素：体制、机制、领导人素质等，策划是其中之一。经王力策划的企业有的虽然已经不再辉煌或不如当年那么辉煌(如郑州亚细亚)，但王力的策划思路却是永远辉煌，其策划案例仍然是不会过时的经典。“亚都加湿器进入天津市场”就是产品进入异地市场的一个范例。

亚都人工环境公司从王力先生入驻的1990年到1993年，在经济界迅速崛起——注册资本1亿元，增长了200倍；年营业额1.3亿元，增长了56倍。该公司的起步产品是空气加湿器。

当亚都加湿器在北京市场的销售量超过40 000台之际，距北京只有120千米的天津市，“亚都”产品几乎无人问津，连续两三年总销售只有400余台。为此，决定在天津开展促销战役。战役阶段依次为：侦察——制定作战方案——军备——第一枪——全面展开——打扫战场(活动总结和销售总结)。

一、侦察(市场调研)

军事上叫“侦察”，市场营销叫“市场调查”，具体内容为：

1. 天津消费市场的社会文化环境

(1)调查目标。

深入细致地了解天津的风土人情、传统习俗以及消费心理，从中获取对天津市民直接、有效的了解。

(2)调查手段。

①调阅大量描述天津市井生活的通俗读物。

②收看近期、远期天津内容的影视节目。

③收听天津相声演员的相声,分析天津人的性格。进一步分析天津人与北京人兴趣与兴奋点区别。

④与天津当地居民攀谈。

⑤在北京与天津籍人士交谈。

⑥与天津市官员及新闻媒介接触。

⑦仔细旁观天津市民的购物情况。

2. 天津市的科技产业政治环境

结合亚都高科技特点,详细了解天津市政府对科技发展的实际关注程度,调查论证包括:

(1)李瑞环当年在天津工作时期的有关精神、讲话。

(2)本届天津市委和市政府领导有关言论、举措。

(3)天津开发区的规模、政策以及与各地开发区的对比。

(4)天津市检察机关近期在扶助高科技企业的具体特殊表现。

(5)天津市场对"开发区""保税区"的认识与看法。

3. 天津市场促销战例

详细调研近年来天津市场出现过的主要促销表现,认真分析其成败原因。

4. 当地同行/地方力量

接触天津公关机构,做前期铺垫以防自身力量不足。

5. 当地新闻媒介

详细了解天津新闻媒介新闻宣传栏目、版面、专题节目、读者结构、发行量、广告价格、广告刊例、广告周期、广告风格。

二、制定作战方案

天津人具有对北京不服气,"好说、好参与"的特点。进入天津市场应采取谦虚的姿态和鼓励天津市民参与的方式。在《易经》中,唯有"谦"卦六爻皆吉。这是作战谋略或战略,具体方案体现在后面条目中(本部分根据作者推测添加,并不在王力先生所披露案例中)。

三、军备

再次招募一批临时配合人员进行了培训。培训内容包括加湿器技术、企业形象、公关、市场营销及市场谋略。进行了基础培训后,从中选拔了100名合格人员,进行了二次培训,使之掌握这次活动所需要的技巧。对他们的着装也作了规定,外衣统一为白大褂。尽管王力先生一向反对披绶带,但这次活动也戴上绶带,因为要与白大褂形成反差,只能借用红色。绶带上书"亚都加湿器研究所"而未用"亚都人工环境公司",因为普通百姓似乎难以从后者看出"高科技",也难以看到"加湿器"。

另外,对他们有一个苛刻的要求:让他们每人准备一副眼镜,因为老百姓心目中,高科技人士是穿白大褂、戴眼镜的,这样便于与公众的实际感受贴近。印刷了大量的宣传资料,有二三十万张，因为要用一次性行动来轰开“津门”，给养必须充足。

所有的准备工作是从1991年8月开始的，包括提前在《天津日报》《今晚报》《天津广播电视报》、天津电视台等预订了11月份的广告位置。

四、第一枪

“天津战役”真正打响的时间是1991年11月15日。这是我国北方地区统一的室内供暖日。老百姓到这一天，便会想到供暖，便会感到干渴，便会突然感到不适。如果早一天去做广告，房间很冷，亚都再喷出一层“好气雾”，可谓是“雪上加霜”，当然不会有人感兴趣。

从新闻媒介讲，主要侧重《天津日报》《今晚报》和《广播电视报》。第一篇广告选择《天津日报》是因为11月15日是星期五，按我国特定的办公秩序，允许上班时间看报纸。花了8 000多元，提前3个月时间定下了这天抢眼的广告位置。王力先生相信，这一天会有很多《天津日报》的读者成为这件事的关注者。

报纸广告：

“亚都超声波加湿器”向天津市民有偿请教

尽管“亚都加湿器”的特殊功能满足了现代完善生活的新需求，

尽管“亚都加湿器”在与“洋货”竞争中市场占有率仍高达93%，

尽管“亚都加湿器”销售已突破首都小家电市场零售总额的38%，

尽管“亚都加湿器”的热销被商业部部长称为“亚都现象”，并引起国内大新闻单位数10次重点报道。

总之，尽管“亚都加湿器”顺天时地利人和已成热销定势，但奇怪的是，天津市场的购销情况却不尽理想。

是天津冬季室内气候不干燥吗？不，不是！

是天津的老年人不了解湿度对益寿延年的重要性吗？不，不是！

是天津的女士不懂得湿度是美容驻颜的第一要素吗？不，也不是！

是天津的婴儿不需要更接近母体湿度的环境吗？不，更不是！

是天津市民情愿自家乐器、家具、字画等名贵物品在冬季干裂变形吗？不，绝不是！

面对上述困惑，国内规模最大、专业性最强的人工环境开发高科技机构——北京亚都人工环境科技公司在百思不得其解后，特决定向聪慧的天津公众虚心请教，请热情的天津市民为北京高科技企业指点迷津。

来函赐教，或宏论，或短语，均请注明详细通信处，亚都人将以礼相谢。“亚都现象”请参阅1991年9月14日《人民日报》、2月14日《科技日报》、3月31日《经济参考报》、1月13日《北京日报》、3月20日《中国日报》报道。

函寄：北京海淀区魏公村118号亚都公司公关部（邮编：100081）。

亚都加湿器科技咨询活动近日在国际商场、华联商厦、劝业场、天津商场开展。

第二天，11月16日，星期六，同样广告内容的天津市民通俗读物《今晚报》上再次出现。这样做，一是因为11月15日的广告能够引发《天津日报》读者的兴趣，这些读者主要是机关、企业、院校、科研单位和其他一些社会阶层人士，要成为大家争相传看的内容。第二天，则考虑到要影响天津市民，成为周六晚上的一个热门话题，因为有了周五的铺垫，周六的热门话题应该不成问题。

在广告版面设计上，按照常规，文字广告不应使用过多的字，因为占满了版面，往往会引起读者的逆反心理。为了使这篇广告有醒目的标题，广告正文有意缩小字号，扩充内容。广告标题请《天津日报》广告科的同志加重处理，在“有偿请教”4个字上加重颜色。因为这是第一次活动，为了吸引天津公众，迫不得已选择了“有偿字眼”，但该活动严格地限制为“有偿”绝非“有奖”。王力先生不愿使“亚都”高科技的概念掉价，更不愿意损伤天津朋友。由于天津市政府对高科技一向特别重视，因此王力先生认为，请天津市民来帮助北京的高科技将会带来积极反应。

五、全面展开

11月17日，周日。事先安排做好充分准备的100名“亚都公关人员”拂晓从北京出发，清晨赶到天津，分别出现在天津商场、百货大楼、劝业场、国际商场等地。他们统一着装，身佩绶带，向过往顾客散发“有偿请教”的宣传品，宣传品的背页则是湿度科普介绍。同时悬挂横幅、播放亚都公司及产品录音、录像，解答顾客有关人工环境、湿度与健康等问题。

从11月17日开始，11月25日、12月1日、12月8日4个周日连续派员前去天津开展咨询活动。总共散发各类宣传品（请教函、感谢函、商品介绍）20余万张，与顾客直接接触近百万人次。

报纸广告发出后，短短10天内收到了1 200封天津市民来信，文字含量为80万，其中最长的一封有5 000字。寄信人来自天津的各个单位，有机关干部、专家学者、公司职员、市民、学生、军人、警察等，共提出建议与批评4 000余条。

六、打扫战场

12月3日，亚都向1 200名来信寄去了感谢函，并随函寄去了“感恩卡”，凭卡可特价购买加湿器1台，并告知12月8日将在天津商场举行一次大型答谢活动。

12月6日，亚都公司在《今晚报》打出了一则通栏广告，总标题是“深谢天津人民厚爱，亚都公司全体鞠躬”，1 200名来函者的名字以姓氏笔画为序逐一见诸报端。

深谢天津人民厚爱，亚都公司全体鞠躬

“亚都加湿器向天津人民请教”活动圆满结束

亚都公司就市场困惑问题，目前在天津新闻媒介刊出请天津公众指点迷津的讨教函。短短10日，先后收到函件千余封，含80余万文字量，颇具深度与广度的建议或批评达4 000余条。这些来自天津各行各业的赐教者，或宏论或短评，无不倾注了伟大的天津人民对发展和推动我国高科技事业所特有的非凡热情，无不体现出可敬的天津人民仗义扶助我国高科技民族工业的赤诚肝胆……

千余名恩师的名字深入亚都人心，来自天津的万般感触更令亚都没齿难忘。为感谢扶助之恩，亚都公司特别决定：

公开鸣谢赐教者，送呈“感谢函”与“感谢卡”，持卡特价购买亚都加湿器。

自12月8日起，亚都加湿器在天津特约经销单位执行北京地区零售价。

七、效果总结

短短十几天的公关战略活动，有效地使亚都公司、亚都品牌、加湿器新观念进入千家万户。十几天前，天津人98%以上不知道加湿器，不知道亚都，更不知道"亚都现象"。而目前，知道湿度重要性的天津人大有人在，认知"亚都"品牌的人大有人在，知道亚都身手不凡的人大有人在，知道亚都极富人情味的人大有人在。总之，在全部广告费用30 000元(包括印刷费、交通费、补助费等)的前提下，能使综合认知率等于零的商品迅速上升到上述结果，是不多见的。

12月初，亚都已在天津突破500台销量。从1991年11月15日至1992年1月25日，亚都加湿器两个月在天津的销售量达4 000余台，相当于过去3年销量总和的10倍。

案例思考：

1. 请分析亚都所做两次广告的：①语法修辞、措辞以及语言风格；②广告诉求。
2. 进攻天津市场的促销组合是怎样构成的？用"整合营销传播"概念进行解释。
3. 请分析"兵战"和"商战"的相同点与不同点。

案例6：美的郑州促销策划案

2009年12月15日广告《东方今报》《大河报》

贺美的【空调、冰箱、洗衣机】三军聚首，缔造中国家电新帝国

美的三军盛宴中原　岁末亿万大酬宾

错过三天　再等一年

敬请高度关注

2009年12月18—20日

等着瞧！

我们要做到

绝不后悔和绝对超值

距美的三军盛宴中原，岁末亿万大酬宾

倒计时**003**天

引子：从今日开始，美的空调一个雷人的广告吸引了消费者的眼球，让不少读者难以忘却——"等着瞧"。瞧什么？这两年，美的重磅动作一个接着一个。这次，美的又要抛出什么重磅炸弹，这个炸弹真能引爆处于淡季消费的空调市场吗？对此问题，河南美的市场部工作人员三缄其口，笑称这只是"美的年末冲锋号吹响之后的第一枪"！

当"错过三天,再等一年!美的三军盛宴中原,岁末亿万大酬宾,敬请高度关注美的空调。2009年12月18—20日——我们要做到绝不后悔和绝对超值。倒计时003天……"等文字赫然出现在美的近期的广告中,本年度最雷人的广告诞生了。然而,接招的消费者却看不出任何促销信息,美的到底想做什么?这则广告吊足了人们的胃口。

消费者:葫芦里卖的什么药?

"美的这则广告既没说价格,也没促销内容,只让我们'等着瞧',实在令人不解。而且美的还让我们去同类商家里面比价格、比质量、比售后,信心十足啊!"家住陇海路的李先生近来想为乔迁新居购买空调,把目标锁定了国内几个大厂品牌,没想到在出手之际被美的的这招弄了个一头雾水。"真恨不能立马把空调抱回家,但万一周五美的拿出让人震惊的促销措施,那不就亏死了,等等再看吧。"

美的公司:三缄其口守住秘密

"无可奉告!到周五你就知道了。可以肯定的是,这项促销内容将是消费者在市场上从未见过并且未来一年之内也不可能享受到的优惠。"昨天上午,美的河南分公司总部一位负责人仍三缄其口。

大胆猜想:三大谜团揭示雷人广告

这则雷人广告的背后究竟隐藏着什么秘密?人们就此进行了大胆探寻。

谜团1:在全球金融海啸和国家多重拉动内需政策的影响下,我国2009年的家电市场可谓喜忧参半,各大家电企业的境况各不相同,而美的一直异常活跃。岁末将至,美的再次发力,美的宣布整合旗下家用空调、冰箱和洗衣机产品营销平台,成立美的制冷产品销售有限公司。至此,以美的等家电巨头为首的集团化作战趋势明显,家电市场的新格局呼之欲出。美的要在新格局下扮演什么样的角色,新格局下如何对成为世界白电的寡头进行突破,我们拭目以待。

谜团2:岁末年终,回顾2008年12月的促销是年度销售额冲刺的关键时刻,各大家电厂家都已经制定好促销策略,美的必会以饕餮盛宴回馈消费者。

谜团3:在今年国庆"黄金周"的联合促销中,美的空调、冰箱、洗衣机的整合优势已得到初步显现。国庆期间,美的变频空调的销售占比超过35%。综观2009年,美的变频空调国内销量已超过150万台,占30%以上的国内市场份额,居行业绝对第一。岁末年终的促销盛宴,有利于进一步巩固行业地位。

孰知美的促销,让我们共同关注!

问题:

1. 该例运用了什么营销理论?分析其巧妙之处。

2. 运用此策略需要考虑哪些因素?

案例7:看守大堡礁——世上最好的工作和最好的营销

一个"馅饼",引起世界的疯狂

在2009的上半年,一条招聘广告在经济一片萧条的冷清之中掀起了不小的波澜,"海景别墅、潜水喂鱼、半年薪水15万澳元(约合人民币75万元)……"澳大利亚人在全世界范围内为自己的“大堡礁”寻找看护员，优厚的待遇、宽松的应聘条件让人难以置信，即使在欧美中产阶级的眼里这也是一份难得的美差。全世界都在心动，你不心动吗？

这正是澳大利亚人的高明之处，这个被称为“世界上最好玩的工作”吸引了世界各地35 000人前来竞聘，因基础条件不够未能报名的更是不计其数，其招聘活动的官方网站在开启当天便达到了百万人次的浏览量，甚至导致网站瘫痪。世界媒体蜂拥而至，纷纷将镜头对准这里。澳大利亚人成功地将世界目光聚焦到自己的身上，“大堡礁”随即成为许多媒体的娱乐主角。在经过开展了几乎半年的“选秀”活动之后，一名叫 Ben Southall 的英国人凭借不俗的表现成功获得了这份大家梦寐以求的美差。

事后，昆士兰旅游局首席执行官得意地向媒体宣称：“我们一向是以开辟市场战略而闻名，最好的工作海选是我们第一次真正意义上的全球活动。全世界对海选活动高度关注，为全球旅游市场营销开拓了一个全新的领域。”昆士兰旅游局品牌销售总监也向媒体透露，这是一项精心筹划了3年的营销活动，总投入仅仅170万澳元（约合735万元人民币），其中包括了护岛人15万澳元的薪水，而最终的成果却是“大堡礁”不仅更为世人所了解，并且还创造了一亿两千万澳币的广告营销价值。

但这场游戏只是刚刚开始而已，昆士兰旅游局准备在 Ben Southall 的身上去做更多的文章来继续推动世界对“大堡礁”的持续关注。

案例8：美特斯邦威“不走寻常路”之营销七武器

美特斯邦威之所以一直以来“不走寻常路”，最大的原因是，它将自身特有的魅力通过出色的广告诉求传达给消费者。这既规避了传统制造业的周期风险，又全力倾注于产品的研究、开发以及营销传播，提升了其核心竞争力。

长生剑、孔雀翎、碧玉刀、多情环、离别钩、霸王枪、拳头，7种非一般江湖武器，件件富含深意，个个精妙绝伦。当这7件武器交汇在一起的时候，一幅幅神出鬼没、奇崛诡异的悲欢离合“画卷”斗然而生。

事实上，这7种武器能够立足武侠江湖，在于它们往往会得到一种有效的承载体，出色地聚集它们散发的能量，毕其功于一役，使这些能量在恰当的时候出现在恰当位置。

现实中，商海江湖同样如此，当这7种武器令消费者倍感神奇刺激、漫无缥缈的时刻，那肯定它们遇到了一个成熟的承载体——广告。广告本身就是用一种武器，如果在承载上这神奇的7种武器的时候，那此江湖顿时就非彼江湖了。品牌知名度、销售业绩、受众口碑、顾客回头率……各种效应统统尽收眼底。而擅长运用这种混合武器的，往往操作成熟、规范和颇具人缘的江湖魁首，比如美特斯邦威集团就是如此。

一、长生剑——品牌定位的魅力

广告诉求应当根据产品在市场中定位确定目标。选择恰当的广告目标是一个企业制定销售业绩战略的基础，是广告运动获得成功的关键。而现在的时代，是个性化消费的时代，一个有特色的品牌所传递的个性，已逐渐成为消费者选择它的核心因素。在个性化生活突出的服装行业，表现尤为如此。消费者选择服装其实就是选择一种生活主张、生活态度，展现一种自我的个性。

美特斯邦威服饰的主力消费对象为年龄18～28岁的年轻一族:他们活力四射,个性张扬,渴望真实的自我,渴望证明自己,不愿随波逐流,并愿为此付出与实践,他们希望美特斯邦威能给他们传递一种他们认可的、不同寻常的、能证实自我的生活主张、生活态度,展现他们的独特个性。同时,在休闲服设计、用料的同质化,使品牌个性化更显重要,品牌形象所传递的品牌个性成为"时尚"的关键因素。

所以,美特斯邦威便紧密围绕品牌的定位、价值与个性,通过产品设计、产品陈列、店铺设计、广告投放、签约代言和各类营销活动,借助目标消费群体所关注的国内外各类公众、时尚事件,进行高频率、多层次的整合营销活动,不断提升自身的品牌和产品形象。以此,美特斯邦威抓住这个普遍心理矛盾,把自己适时塑造成一个"不走寻常路"的品牌形象。从郭富城到周杰伦,从张韶涵到米勒,每个代言人,都是引领年轻活力的典范。

周杰伦外表很酷,不善言谈却充满个性,内心却很细腻,擅长用音乐传递感情。这正是年轻一代酷辣印象的绝佳体现。张韶涵圆眼小脸,如邻家女孩般可爱。潘玮柏街头味十足,是年轻人模仿的榜样。全新"ME&CITY"代言人温特沃斯·米勒,更是棱角分明,阳刚气十足……这些代言人的个性和号召力与品牌内涵的完美结合,使这个中档价位的休闲服饰品牌一举击败了市场上其他同类型品牌,拥有了可观的市场占有率。

根据Euromonitor的统计,早在2006年美特斯邦威品牌在国内休闲服零售业的占有率,就已经是国内市场主要休闲服品牌中的榜首了。国内休闲服零售的国内与国际品牌众多,市场格局分散,其中以美特斯·邦威、佐丹奴、班尼路、真维斯、以纯和森马为代表的主要休闲服品牌合计占有休闲服零售市场份额的半壁江山。除此,Levi's,Lee,tam,Jack & Jones,Only,Vero Moda,ZARA,H&M,UNIQLO等也是业内的主要竞争品牌。

小结:一个准确有效的定位能使产品快捷、长久地进驻消费者心灵,使传播效率提高。在对本产品和竞争产品进行深入分析,以产品物质属性和非物质属性为独特点,寻找消费者心理空隙,在对消费者的需求进行准确判断的基础上,从产品与众不同的优势以及与此相联系的在消费者心理空隙的独特地位,并将它们传达给目标消费者的动态过程。旨在确立产品在消费者心目中的与众不同的地位。

二、孔雀翎——鲜明的广告主题语

没有鲜明的品牌语言,其竞争力也是苍白的。主题语是广告的眼睛,它的"带电量"决定消费者是否能把这商品研究下去的可能性。因为,主题语包含的功效利益点及价值感决定了商品的被关注程度。

比如耐克——1988年推出代表耐克品牌核心形象的经典口号"Just Do It",一举奠定耐克体育用品第一品牌地位。虽然在20世纪90年代中期耐克采用"I Can"的新口号,但耐克并未想用它来代替"Just Do It"这一永恒口号。因为,正是这一广告语,使得耐克以潜伏的精神力量鼓舞和激励人们运动的内在美。

相比耐克,美特斯邦威"不走寻常路"也有着异曲同工之妙,时尚、自然、格调,每个人都有自己的舞台。不过于直白、大众化、缺乏力度,几乎无个性可言的新形象,与其他休闲服品牌相比,美特斯邦威显然有自己鲜明的个性。

小结:永恒的主题,能够有效延续原有品牌的核心形象。丰富的表现方式,与众不同的鲜明色彩,这对美特斯邦威深化市场、开拓销售市场、品牌的持续将更为有利。

三、碧玉刀——产品的主题卖点

有了充足电量的主题标语以后,就要提炼产品或项目的核心卖点。产品日趋同质化,概念被模仿的今天,提炼一个好卖点在招商广告中起着举足轻重的作用。提炼的卖点一定是要能够让经销商眼前一亮、引爆市场的,绝不是让商家视觉疲劳的卖点。

因为在电视台、杂志、报纸、网站等专业媒体中的广告如此表达,美特斯邦威为自己生产的服装提炼的核心卖点为:时尚、个性、自然,就是成功的,它能够让商家们感受到经营的市场前景,而不是虚无缥缈的很俗气的卖点。

小结:产品的核心卖点可以从产品层面、产品机理、社会观念等不同的角度去挖掘、提炼。时尚、个性、自然的卖点,令美特斯邦威在休闲服饰业内独树一帜。

四、多情环——客观实在的修饰

美特斯邦威,无论是专业的直营店,还是加盟店,都会看到琳琅满目的商品,在店面的每个位置都摆放得错落有致、别具一格,给消费者赏心悦目的感觉。传统服饰销售摆放,有一个共同的弊病,那就是单调、没有格调,容易使消费者"审美疲劳"。

对陈列的主体内容,一定要本着客观实在的态度去描述,而不能夸夸其谈。从长远看,富有格调的陈列效果越好,销售能力越强。因为,修饰是指通过讲事实摆道理,旁征博引实际案例、市场现象、市场事件来表现产品的市场潜力和发展前景,这样才会打动消费者,才有可能与你共同开拓市场。

小结:美特斯邦威通过对服饰消费群体的分析,把目光聚焦在时尚人群身上,并顺藤摸瓜,把时尚潮流的装修布置,营造花季梦幻的效果。无论任何店面,布置自然、专业、细致,为其销售的成功注入了一支强心剂。

五、离别钩——有的放矢的品牌形象策略

在营销学上,有一个4C理论。4C,即顾客的欲望和需求、满足欲望和需求的成本以及与消费者的沟通。美特斯邦威开设品牌形象店,正是对4C理论的实践。

一般说来,销售公司产品的主力在于品牌形象店的好坏。所以,为了达到品牌和经销商琴瑟和弦的程度,美特斯邦威先期开办品牌形象店办成一个为公司培养一批得力的销售骨干的"黄埔学校",以此帮助经销商做促销,提高经销商销售额的同时也提高美特斯邦威的销售额。

品牌形象店最实际的目的是准确传达产品可靠的卖点与商家能够轻松、安全赚钱的理由和保证,然后吸引更多的消费者眼球。而美特斯邦威适时从消费者的需求出发,掌握他们的心理,给他们提供宣传资源、促销手段、投资回报等真实可信的品牌服务。

小结:分析顾客结构,巧妙选择消费心理,由"零散批发"转向品牌形象,这对美特斯邦威的销售渠道而言是一件举足轻重的大事。时刻从消费者的需求出发,也确实为其新市场的开发奠定了基础。

六、霸王枪——震撼的创意感

一个没有强大品牌创意感的公司,生命力往往是很脆弱的。美特斯邦威尽管现在算是"名声在外",但如果没有强有力的品牌创意,自身品牌或许会在激烈的市场中逐渐淡出。

一个成功的广告除了在内容上要求有震撼性，吸引商家的眼球外，还需要具有独特创意的平面设计。有的广告，设计上花里胡哨，元素堆积太多，甚至有很多与广告内容一点关系都没有的元素，让人根本分不清主题是什么，甚至搞不清楚是什么产品，让人不知所云。美特斯邦威在这一点上的确有自己独到的见解。周杰伦张韶涵们，就是最好的说明。

小结：广告无论大小，创意才是硬道理。一则制胜广告绝不是一个简单的文案，而是需要呕心沥血地统筹策划。它包含产品概念的提炼，视觉标题的创意，形象的独特设计，主体内容的客观描述以及精准的计划和执行力。

七、拳头——有效的情感营销

一个产品可以同质化，但策略必须差异化。和前面几点所说的一致，消费者是最终的“决断者”，产品口碑和业绩好坏的决定因素都在这里。所以，美特斯邦威把最重要的一种武器还是放到了顾客的消费心理上。作为服装产品，除了款式与价格因素外，情感因素便是促成消费者购买的一大动因。特别是时逢情人节、七夕节、生日、国庆长假等重要节日，美特斯邦威所有店面工作人员更是与顾客打得“火热”，情如兄弟，爱如伙伴，无论是学生一族还是工薪阶层，都“一视同仁”，在任何时候都将微笑带给消费者。

小结：某种程度而言，情感营销其实是很俗气的销售方法，美特斯邦威尽管也用这种方法，但不同于其他竞争对手的是：它能举一反三，使每位顾客逐渐成为自己的朋友，从而强化了客户的忠诚度，并形成了良好的口碑效应。

持续的广告创新与完善的市场营销。积极有效的创新管理，以大规模分销和铺天盖地的广告来占领市场，然后再集中全力从你的竞争对手中抢夺市场份额，这是一个品牌生命力的“持续模式”。美特斯邦威正是凭借这样的模式，为其赢得了市场和消费者。但更重要的是它在变革中，逐渐掌握了广告沟通艺术，形成自己独特的广告思想和策略，那就是必须致力于沟通，而不是销售诉求。这一独特的策略和做法，鞭策着美特斯邦威在市场发展中不断成功，迅速成长。

问题：

1. 美特斯邦威“不寻常”在什么地方？

2. 广告设计应该考虑哪些因素？

参考文献

[1] 李本辉,邓德胜.企业营销策划实务[M].北京:中国经济出版社.2008.

[2] 张德,吴剑平.企业文化与CI策划[M].北京:清华大学出版社.2013.

[3] 张天平.市场攻防战[M].北京:电子工业出版社.2008.

[4] 孟韬,毕克贵.营销策划—方法技巧文案[M].北京:机械工业出版社,2013.

[5] 董从文,易加斌.营销策划原理与实务[M].2版.北京:科学出版社,2008.

[6] 陈放.品牌策划[M].北京:蓝天出版社,2005.

[7] 张鸿.营销策划学[M].广州:中山大学出版社,2011.

[8] 朱雪芹,李丰威.市场营销学[M].郑州:河南科学技术出版社,2010.